北京高等教育精品教材立项项目　　对外汉语教学中级教材

现代汉语

实用语法分析

(第二版　上册)

朱庆明　编著

清华大学出版社
北　京

内容简介

《现代汉语　实用语法分析》是专门为学习汉语的外国留学生编写的一套实用型语法教材，适合已经学完汉语基本语法并掌握了两千个左右汉语常用词语的中级学生使用。本教材第二版分为上、下两册，各十四课，每课均设有知识讲解、语词分析、病句分析和应用练习四项内容。

《现代汉语　实用语法分析》上册，以汉语中最常见的语法形式，尤其是常用的句型句式为基础，从词语入手，系统而深入地介绍十分实用的语法项目，特别是某些在基础课堂教学中未能涉及而在实际语言应用中又具有特殊意义的语法内容，主要目的是帮助学生在复习和巩固的同时，加深对汉语语法的印象，提高他们汉语语法的实际应用能力。

《现代汉语　实用语法分析》下册，是把汉语中常用并与汉语语法密切相关的词语及一些比较特殊的固定搭配格式作为主要内容，采用对比分析的方法，向学生展示汉语词语的语义、语用特点，并适当介绍同义、近义词语的使用规律，让学生在复习巩固汉语基本语法知识的基础上迈上一个新的台阶。

图书在版编目(CIP)数据

现代汉语　实用语法分析：全2册/朱庆明编著. --2版. --北京：清华大学出版社，2012(2022.3重印)
ISBN 978-7-302-28082-8

Ⅰ. ①现…　Ⅱ. ①朱…　Ⅲ. ①现代汉语—语法—对外汉语教学—教材　Ⅳ. ①H195.4

中国版本图书馆CIP数据核字(2012)第028066号

责任编辑： 章忆文　杨作梅
封面设计： 杨玉兰
责任校对： 王　晖
责任印制： 宋　林

出版发行： 清华大学出版社
网　　址：http://www.tup.com.cn, http://www.wqbook.com
地　　址：北京清华大学学研大厦A座　　邮　　编：100084
社 总 机：010-83470000　　邮　　购：010-62786544
投稿与读者服务：010-62776969, c-service@tup.tsinghua.edu.cn
质量反馈：010-62772015, zhiliang@tup.tsinghua.edu.cn
课件下载：http://www.tup.com.cn, 010-62791865

印 装 者： 三河市龙大印装有限公司
经　　销： 全国新华书店
开　　本： 185mm×260mm　　**印　张：** 34.25　　**字　数：** 819千字
版　　次： 2012年3月第2版　　**印　次：** 2022年3月第8次印刷
定　　价： 96.00元(上、下册)

产品编号：045215-01

序　一

在对外汉语教学领域，语法教学方面有很多教师和研究者关注的问题，如：如何将理论语法的研究成果融会贯通地吸收到教学语法体系中？如何建立合理有效的对外汉语教学语法系统？如何将这一系统合理地安排在课堂教学中？总之，对外汉语语法教学教什么、如何教，仍是一个有待深入研究的问题。朱庆明老师编著的《现代汉语　实用语法分析》是一部具有科学性、实用性的汉语语法教学教材，体现了编者对语法教学上述问题的深入思考和独到理解，编者综合吸收了对外汉语教学语法、语言习得理论以及教学法方面的研究成果，对汉语语法现象进行了系统的分析讲解；并根据学习者的认知特点安排了偏误分析和语言点练习，该教材在编写理念、内容选择、结构安排、分析指导上都具有创新性。教材的特点主要体现在以下几个方面。

第一，该套教材的教学目标明确，具有很强的针对性。编者注意将理论语法与教学语法接轨，并将一般教师使用的教学语法参考书与学习者使用的汉语语法学习教材区别开，在教材内容的设定与结构的安排上，始终贴近教学对象；教学目标是使中级阶段的学生能很好地逐步接受汉语语法知识，并通过循序渐进的练习引导，将这种知识转化为语言表达能力。由于定位准确，在内容版块设定上环环相扣，可以让学生在学习过程中理论与实践相结合，循序渐进地掌握汉语语法要点问题。

第二，该套教材设计的教学内容丰富实用，富有创新性。语法教材的内容选择很能体现出编写者对汉语教学语法系统的深入理解以及丰富的课堂教学经验。在教学内容的选择和切分上，作者把握得很准确，在吸收已有教学语法成果的基础上，注意课堂教学和学习者的特点，内容贴近特定的水平层次的需要。如教材不仅包括“介词分析”、“副词分析”等基本教学语法项目，还设置了中级阶段的语料中出现较为频繁，但在一般的教学语法书中阐释不充分的各种“特殊词语分析”；在对一些传统项目的分类上，也体现出了编者对语法点在结构、语义以及语用不同层面的综合思考，大大提高了语法教学的实践应用价值。

第三，教材的知识讲解分析注重学习者的认知特点，符合第二语言教学的规律。在对语言点进行分析的基础上，教材编者从实际出发，围绕所学专题，运用中介语理论，有针对性地进行偏误分析，以达到防患于未然的目的。对外汉语教学领域有一些专门的偏误分析方面的专著，但在教材中作为专题编写项目的还不多见。《现代汉语　实用语法分析》设置的“应用练习”与“语词分析”不仅帮助学生强化了语言点的认识和应用，同时，还将其内容与形式又与标准化考试 HSK 密切关联。这种设计符合广大汉语学习者的学习需求，也能更大程度地提高学生对语法学习的兴趣。

第四，该套教材的编写体例合理实用，符合海内外对外汉语教学，尤其是语法教学的实际情况。教材的两大部分：“知识讲解与练习”与“参考答案与分析”。前者为主体，内容丰富，科学性强，编排上符合课堂教学的特点；后者配合第一部分的内容，但不是简单地给出答案，而是针对汉语语法教学的特点以及使用者的需求，用大量的篇幅对课文中的“病句分析”和“应用练习”进行了简明透彻的分析。这种设计大大方便了教材的使用者，不仅让学生便于自学，而且为教师的课堂教学也提供了丰富的参考。

《现代汉语　实用语法分析》的编者将丰富的课堂教学实践，以及对汉语语法教学的深入思考运用到教材设计中，在教学理论、学习理论、汉语语法研究与课堂教学实际之间搭建起了一座桥梁，为汉语语法的课堂教学提供了一套富有科学性、知识性和实用性的蓝本。这项成果在教学语法的理论探讨和语法教学的课堂实践方面都具有很高的价值。

中国人民大学　罗青松

序　二

《现代汉语　实用语法分析》是一本非常实用，且深受学生欢迎的难得的好教材。几年前，作为北京语言大学学校督导组的成员，我曾听过朱庆明老师的课。朱老师对教学内容烂熟于心，语言明晰流畅；教室里可以说是座无虚席，学生各个专心致志地听讲，使人感觉到求知者的信赖和满足。当然，这不仅来自朱老师引人入胜的讲课艺术，更因为他的教材为学生学习汉语提供了切实的指导和帮助。

《现代汉语　实用语法分析》有很多优点，其中最主要的，我认为，是牢牢地把握住了对外汉语教学的特点。对外汉语教学是语言学的应用学科，它不同于我们中小学的母语语文教学，也不同于大学中文系的语言专业教学。它的教学要求是培养、提高外国学生的语言(使用和生成)能力，教学对象是成年人，他们有良好的母语能力和一定的语言知识，有成熟的思维能力。因此，该教材没有把理论的阐发、个人的发现和体系的完整作为目标，而是以实用为目的，把初到中国(初、中级阶段)的外国人学习、使用汉语时经常遇到和必须解决的语法现象作为重点，设计了“知识讲解”、“语词分析”、“病句分析”、“应用练习”四个部分，按由浅入深的原则构建了自己的体系。

为了提高学生的语言应用能力，编者列举了大量的在语义、结构、功能等方面具有典型意义的例句，供学生练习、模仿、生成之用，形成了教材的主体部分。为了发挥成年人语言能力、知识和思维能力的作用，编者编写了有利于他们理解、掌握语法规则的说明，对常见的病句进行了具体分析，这些说明和分析简明扼要，有很强的“可操作性”，对有些常用句型，甚至还简化为公式，可谓用心良苦。本套教材编写的指导思想、体例不仅是它自身的特色和优点，它的良好的教学效果更说明了这样的思想和体例对其他语言要素和规则的教学也有启发意义。

朱老师从事对外汉语教学近 30 年，积累了丰富的对外汉语教学经验。尤其难得的是朱老师肯于用心，并善于从实践中发现问题，敢于提出自己的见解。对外汉语语法教学的发展经历了一个漫长的过程，不同时期的老师们为提高教学效果，从不同的角度采用或从国外引进了很多方法，诸如课文后的注释，偏误分析，撰写语法专著。它们都反映了编者们一定时期内语法教学和研究的成果，对对外汉语语法教学都起过或一直起着积极的作用。朱老师的教材在吸取这些成果的基础上，结合自己的教学经验，创建了以“实用”、“简明”为特色的新模式。朱老师认真教学，深入思考，潜心研究，把教学中发现的问题作为研究的课题，以研究成果丰富教学内容，提高教学质量，把教学和研究充分地结合起来；尤为可贵的是，他不计名利、埋头苦干，教材中的各类例句都以百、以千计，这些都不是一日之功！这种精神应该予以充分的肯定，在浮躁之风日益侵入学术领域的今天，尤其应该大力发扬。

我非常乐意向汉语学习者和使用者推荐这套有对外汉语教学特点、非常实用而又深受大家欢迎的语法著作——《现代汉语　实用语法分析》。

北京语言大学　施光亨

第二版前言

《现代汉语 实用语法分析》自 2005 年出版至今，已经使用六年有余。在这六年多的使用过程中，本教材受到广大学生和教师的普遍欢迎，特别是 2006 年末被北京市教育委员会授予“北京高等教育精品教材”以后，更是引起了国内外对外汉语教学界的广泛关注。

然而，随着时间的推移，教材中的某些例句已稍显过时，部分内容需要加以调整。为此，本版教材在原有基础上进行了如下编排。

1. 压缩总量，让教师更主动

本版教材在原有 30 课的基础上，上、下册各删节 1 课，全书压缩为 28 课。其中上册“复句分析”一课的内容调整至下册“关联词语分析”，下册“语序分析”一课调整至上册的“‘的、地、得’分析”。与此同时，为了顺应汉语国际推广的大趋势，也为了减轻学生的学习压力，分别删节了上下两册上篇内容中的 10 组“补充练习”。压缩之后的教材，可以使教师的课堂教学更加主动灵活，课堂教学时间更加充裕自如。

2. 精简内容，让学习更轻松

本版教材，对“知识讲解”的内容进行了调整，特别是前一版中某些过细的内容，本次做了适当的删节，这样可以减轻学生的学习压力，从而更有利于课堂教学。其中包括：“‘的’与定语”由原来的 12 项压缩为 8 项；对介词、副词、特殊词语中使用频率不高的词语进行了必要的删节或调换；对“语词分析”部分的所有内容及“应用练习”部分的相关内容进行了更新与调整；与此同时，还对“知识讲解”、“语词分析”及“应用练习”中的例句进行了逐一的筛查，更换了过时或稍欠规范的例句。

3. 必要补充，让教材更实用

在压缩与精简的同时，本次改版也对教材的内容做了必要的补充，目的是使教材更加实用。这包括：在上册第一课前增加了“汉语词类及语法术语简表”，为课程的顺利开展奠定基础；在上册上篇的最后补充了“汉语的主要句型”，供学生复习巩固之用；另外，在上下册分别补充了“摸底测验”和“结课考查”两部分内容，前者供教师在与学生见面时初步了解他们的汉语语法水平，后者则是在本课程学习后对学生的汉语语法水平的实际考查。合理充分地把握补充内容的使用，会使“语法分析”课更加有的放矢，也一定会最终赢得学生的认可。

本版教材仍然沿用第一版的课程设置，全部 28 课的内容，按照每周 4 课时的教学安排，可使用一个学期，若每周授课 2 课时，则可使用一学年。需要说明的是，教材中个别课次的内容可能稍显过量，如“数量词语分析”、“成语俗语分析”、“复句关联词语分析”等，这时，任课教师完全可以根据教学进程，适当增加授课时间，尽量满足学生的学习需求，特别是汉语中的量词和成语，应该做到既让学生知其然，又力求让学生知其所以然。

《现代汉语 实用语法分析》于 2006 年末获评“北京高等教育精品教材”。为此，中国人民大学的罗青松教授和北京语言大学的施光亨教授，在通读了教材并观摩了本课程的授课之后，为本教材的参评书写了高水平的推荐信。在本次改版之际，除了对教材内容进行适当的调整以外，编者特意将两位教授的推荐信作为新版的“序”，安排在教材当中，以便使用者对本教材及相应的教学有更加深入的了解。在此，编者及编者所在的教学团队，谨向两位教授为本教材的参评与获奖所付出的辛劳表示由衷的谢意！

《现代汉语 实用语法分析》，作为广大汉语学习者和使用者的老朋友，已经陪伴大家走过了六个年头。我们衷心希望大家能够一如既往地支持它，喜爱它。我们相信，它一定能够在汉语学习者进步的道路上，不断地带给你惊喜！

祝愿大家学好汉语语法，提高汉语水平，早日实现自己的目标！

编者 朱庆明

第一版前言

《现代汉语　实用语法分析》是为汉语水平为中级的学生编写的一套实用语法教材，适合已经学完汉语基本语法并掌握两千个左右汉语常用词语的学习者使用。

来华学习的中级学生中，大部分在本国已有一年或一年以上的汉语学习经历，但他们的汉语语言基础，特别是汉语语法基础一般比较薄弱，因此，迫切希望尽快提高自己的汉语实际应用水平，以便在未来的工作和生活中发挥实际作用。

编写《现代汉语　实用语法分析》的目的就是要帮助那些在本国进行过初步汉语学习的学生(也包括在中国进行过比较正规的学习，但对汉语语法的掌握并不十分牢固的学生)能够比较系统而深入地了解汉语语法的使用规律，特别是与汉语语法密切相关的词语及固定格式的实际运用情况，进而不断提高他们的汉语应用水平，并在此基础上取得良好的汉语水平测试成绩。

一、《现代汉语　实用语法分析》的内容分布

《现代汉语　实用语法分析》分上、下两册，各十五课，其中有一课是综合测验，另外还在每册的最后分别设置了十组语法补充练习，以满足不同的学习者多方面的需求。

本教材以“实用”为目的，以“分析”为手段，以“简明”为特点，在简要的语法知识讲解和对数以千计的例句进行通俗易懂的分析的基础上，让学习者真正了解、理解并掌握汉语语法。

《现代汉语　实用语法分析》上册，以汉语常见的语法形式为基础，从语词入手，系统而深入地介绍比较重要而实用的汉语基本语法项目，特别是在基础课堂教学中未能涉及而在实际语言应用中又必不可少的语法内容，主要目的是帮助学习者在复习和巩固的同时，加深对汉语语法的了解，提高他们汉语语法的实际应用能力。

上册涉及的主要内容有：“的、地、得”与“了、着、过”的具体用法分析；“把”字句、“被”字句和比较句及兼语句、连动句、存现句等特殊句式的分析；汉语各种补语的使用规则与名词、动词、形容词、数量词语及它们的重叠形式的分析；疑问代词活用、趋向补语的引申用法与“是、有”句、反问句及复句的分析等。对这些内容进行比较系统的介绍并以语词应用的形式加以分析，最终让学习者在实际应用练习中不断提高，是编者希望达到的目标。

《现代汉语　实用语法分析》下册，是把汉语中较常用并与语法密切相关的词语及一些比较特殊的固定搭配格式作为主要内容，采用对比分析的方法，向学习者展示汉语语词的语义、语用特点，并适当介绍同义词、近义词的使用规律，让学习者在复习巩固汉语基本语法知识的基础上再迈上一个新的台阶。

下册以词语的形式分几个板块介绍了与汉语语法密切相关的介词、副词、代词、固定格式、难以归类的特殊词语、关联词语、成语俗语以及汉语语序等内容。希望学习者在掌握汉语基本语法的同时，能够尽可能多地了解汉语的常用词语和必要的搭配格式，特别是

弄清楚那些容易混淆的词语及格式的具体使用情况。本册出现的词语以《高等学校外国留学生汉语教学大纲(长期进修)》及汉语水平考试初、中等阶段语法项目中的词语为主，同时，从实用的目的出发，也选择了部分高等阶段语法项目中的词语加以分析，以便为学习者进行下一阶段的汉语学习奠定坚实的基础。

二、《现代汉语　实用语法分析》的编写体例

《现代汉语　实用语法分析》(上、下册)的上篇中每一课均设四部分内容，即**知识讲解、语词分析、病句分析和应用练习**。

(1) “知识讲解”部分，用简明的语言对相应的语法知识进行介绍，其后给出相当数量的简单例句。这部分内容力求学习者能够看懂百分之八十以上(注：标注了“*”号的句子为病句)。

(2) “语词分析”部分，是把“知识讲解”的内容在具体的语言应用中进行实践，即给出一定数量的标准化考试的练习题，并在每个题后加以简要的分析。这部分内容同样要达到能够让学习者自行理解的程度。

(3) “病句分析”部分，给出了留学生在实际语言应用中出现的与每课内容相关的十五个常见病句，对这些病句进行分析和讨论，目的是要让学习者不但知其然而且知其所以然。

(4) “应用练习”部分，是为检验学习者对每课学习所掌握的程度而设计的内容，既有普通的练习题型，也有标准化的测试题型。这部分内容以考查学生汉语实际应用能力为目的，是学习者汉语水平的真实体现。

《现代汉语　实用语法分析》(上、下册)的下篇给出了“病句分析参考”与“应用练习参考答案及分析”，对每一课的相关内容都做了简明清楚的解答和必要的分析，目的除帮助学习者复习外，还可以为主讲教师提供参考，同时也可以为自学者扫清语言理解上的障碍。因此，这部分内容应该要求学习者课后浏览。

三、《现代汉语　实用语法分析》的教学思路

使用本教材进行课堂教学应该遵循这样的原则，即在学习者认真预习的基础上，以讨论和问答等互动的形式，师生共同对每课的内容进行分析，让学习者在大量的实际应用练习的基础上，充分理解并掌握每一课所学的内容。具体的教学思路是：

首先，课前要求学生认真阅读并深刻领会“知识讲解”与“语词分析”两部分内容，把自己看不懂有疑问的内容标记下来，以便课上提问。同时要浏览一下“病句分析”和“应用练习”的内容，做到心中有数。

其次，每一次课堂教学除应首先利用适当的时间回答学习者前一课存在的问题外，最重要的环节是针对学生在预习第一、二部分过程中发现的疑难问题进行必要的解释和讨论。主讲教师应该在互动教学中掌握课堂进程，并注意进行适当的归纳性的板书。一定要避免大段大段的讲解和“满堂灌”的做法。

最后，针对教材第三、四部分内容进行课堂讨论和必要的分析，同样应该注意发挥学生的积极主动性，让他们在轻松愉快的气氛中理解并掌握所学的内容。

本教材按每周两课时的学习量进行编写，上、下册可供一学年使用，如果按每周四课

时设课则可使用一个学期。根据学习者的需求，也可以在特殊情况下进行比较集中的教学活动。

四、《现代汉语　实用语法分析》的编写依据

《现代汉语　实用语法分析》的编写，以国家对外汉语教学领导小组办公室编写的《高等学校外国留学生汉语言专业教学大纲》、《高等学校外国留学生汉语教学大纲(长期进修)》为依据，同时参照了国家对外汉语教学领导小组办公室汉语水平考试部编写的《汉语水平等级标准与语法等级大纲》、《汉语水平词汇与汉字等级大纲》，王还先生主编的《对外汉语教学语法大纲》等纲领性书籍，还参考了吕叔湘先生主编的《现代汉语八百词》，刘月华等编著的《实用现代汉语语法》，卢福波的《对外汉语教学实用语法》，程美珍主编的《汉语病句辨析九百例》，李大忠的《外国人学汉语语法偏误分析》，徐宗才、应俊玲的《常用俗语手册》，刘淑娥等的《近义词辨析》以及部分现行的对外汉语教材等。

本教材已在北京语言大学汉语进修学院试用几个学期，而且在“非典”期间仍有近百名学生选修这门课程。我们相信，《现代汉语　实用语法分析》一定会受到更多学习者的喜爱。

由于编者的水平有限，教材中的不妥之处在所难免，希望使用者及时提出宝贵意见和修改建议，以便更大程度地满足学习者的需要。

在正式出版之际，谨向在本教材的试用和出版过程中为之付出过辛劳、倾注过心血的老师、编辑和广大学生致以深深的谢意！

朱庆明
laoming4793@sina.com

目　录

下篇　参考答案与分析

汉语词类及语法术语简表

1. 名词	(名/N)	míngcí
2. 动词	(动/V)	dòngcí
3. 能愿动词	(动/V)	néngyuàn dòngcí
4. 形容词	(形/A/adj)	xíngróngcí
5. 代词	(代/Pr)	dàicí
6. 数词	(数/Nu)	shùcí
7. 量词	(量/Qu)	liàngcí
8. 副词	(副/Adv)	fùcí
9. 介词	(介/Pre)	jiècí
10. 连词	(连/Con)	liáncí
11. 助词	(助/Par)	zhùcí
12. 叹词	(叹/int)	tàncí
13. 象声词	(象声)	xiàngshēngcí
14. 词头	(头)	cítóu
15. 词尾	(尾)	cíwěi
16. 主语	(S)	zhǔyǔ
17. 谓语	(P)	wèiyǔ
18. 宾语	(O)	bīnyǔ
19. 定语	(Attr)	dìngyǔ
20. 状语	(Comp)	zhuàngyǔ
21. 补语	(Adv)	bǔyǔ
22. 双宾语		shuāngbīnyǔ
23. 中心语		zhōngxīnyǔ
24. 附加语		fùjiāyǔ
25. 介宾结构		jièbīn jiégòu
26. 动宾结构		dòngbīn jiégòu
27. 动补结构		dòngbǔ jiégòu
28. 主谓结构		zhǔwèi jiégòu
29. 偏正结构		piānzhèng jiégòu

上篇　知识讲解与练习

第一课 “的、地、得”分析

一、知 识 讲 解

“的、地、得”是汉语应用中最常用的三个结构助词。在汉语学习中，必须弄清楚这三个词在使用方法上的区别，至少应该知道——**“定语+的+名词”**、**“状语+地+动词”**、**“谓语+得+补语”**这几个简单的形式。

当然，汉语学习肯定不会像记公式那么简单，因此，本课的知识讲解部分，一定会对你的汉语学习有所帮助。学习者最好能够做到理解每一项学习内容，并能够在汉语实践中正确地加以运用，这样，不管遇到什么样的问题，你都一定能够想出解决的办法来。

(一)“的”与定语

定语是主语、宾语和其他名词性中心语的附加成分。在汉语普通话中，“的”一般用在名词性中心语前做定语的标志。在“的”的后边如果出现了动词或形容词成分，也常常被认为变成了名词，因为它们在句子中已经没有了动词或形容词的性质。“的”还可以用在名、动、形等词语之后构成名词性的“的”字结构。我们把“的”前后的成分归纳如下。

1. 名词做定语

一般来说，名词做定语可以不用“的”，特别是在表示一般性质关系或名词中心语的材料时不能用“的”：

中国人、汉语书、外国学生、法国客人

男同学、女朋友、国家机关、个体司机

塑料勺子、真丝衬衫、玻璃杯子、金属餐具

名词做定语用“的”多表示领属的关系，即“谁的、哪儿的”等：

老师的书、妈妈的衣服、朋友的地址、同学的房间

学校的规定、上级的命令、国家的法律

中国的自行车、法国的面包、美国的电脑

2. 代词做定语

代词做定语时，中心语是国家、集团、机关单位或亲属名称时可以不用“的”：

我爸爸、你妈妈、他哥哥、你叔叔

我们国家、你们学校、咱们工厂、他们班、我家

表示领属关系，在与家庭亲友等无关或为了表示强调作用的时候要用“的”：

你的书包、他的自行车、我的衣服

我们的教室、他们的问题、大家的朋友

3. 形容词做定语

单音节形容词做定语一般不用“的”，有的双音节形容词做定语也可以不用“的”：

新书、好朋友、老房子、旧鞋、大商场、小饭馆

便宜货、年轻人、糊涂汉、漂亮姑娘、干净房间

多数双音节形容词做定语应该用“的”：

美丽的风景、困难的问题、麻烦的事情、理想的工作

单音节或双音节形容词前加副词以后再做定语时必须用“的”：

很新的书、最大的开发区、十分好的朋友、非常帅的小伙子

很时髦的发型、特别健康的身体、非常理想的工作、不好的事

应该注意的是，“很+多”做定语时一般可以不用“的”：

很多人、很多书、很多地方、很多事情、很多学生

4. 动词做定语

动词做定语一般要用“的”，否则就成了动宾结构：

买的书、说的话、唱的歌、借的东西、写的句子

来的客人、去的地方、注意的问题、学习的内容

动宾词组或离合式动词做定语并与中心语之间不容易被理解为动宾关系时，一般可以不加“的”：

上课时间、吃饭时间、起床时间、做作业时间

握手方式、集邮思路、购书计划、回国安排

结婚日期、毕业日期、见面地点、睡觉姿势

小句子做定语时一定要用“的”：

妈妈给我的礼物、同学送给你的东西

大家一起讨论的问题、我们明天要去参观的地方

5. “的”用在介宾词组中的动词之前

有些介宾词组中需要出现动词，而此时的动词已经变成了名词，“的”是动词变成名词的标志：

在老师的帮助下、随着社会的发展

根据我们的研究、经过大家的讨论

6. “的”用在形容词重叠之后

形容词重叠之后有表示程度高的意思，因此，不管重叠后的形容词做定语、补语还是谓语，一般都要用“的”：

大大的眼睛、长长的头发、高高的个子、细细的腰

脸圆圆的、皮肤白白的、眼睛亮亮的、眉毛浓浓的

漂漂亮亮的、干干净净的、舒舒服服的、热热闹闹的

7. “的”字结构

在句子中，“的”常常与名词、代词、动词、形容词或词组一起组成“的”字结构，这时，它们具有了名词的性质，可以做主语或宾语：

老师的、学生的、哥哥的、姐姐的、朋友的、同学的

我的、你的、他的、谁的、你们的、他们的、咱们的

买的、借的、说的、写的、使用的、读书的、教书的

新的、旧的、好的、坏的、大的、小的、长的、短的

妈妈给我的、女朋友寄来的、刚刚买回来的、昨天借来的

8. 定语的一般顺序

汉语中的定语比较复杂，但并不是说每一个句子都会出现下面这些成分，因此，在实际应用中还需要认真分析，特别是数量词的位置，常常比较灵活。定语按照离中心语的远近，一般的顺序应该是：

(1) 表示领属关系的名词、代词或名词性词组；

(2) 表示时间、处所的名词性词语；

(3) 指示代词或数量词语；

(4) 主谓词组；

(5) 动词或动词性词组，介宾词组；

(6) 副词加形容词；

(7) 不用“的”的形容词或表示事物性质、材料的名词。

领属代词(的)+数量词+动词结构(的)+副词+形容词(的)+名词+名词

词典

汉语词典

好用的汉语词典

非常好用的汉语词典

出版的非常好用的汉语词典

最近出版的非常好用的汉语词典

一本最近出版的非常好用的汉语词典

推荐的一本最近出版的非常好用的汉语词典

给我推荐的一本最近出版的非常好用的汉语词典

老师给我推荐的一本最近出版的非常好用的汉语词典

(这是)老师给我推荐的一本最近出版的非常好用的汉语词典。

这是牛仔裤。

这是我的牛仔裤。

这是我的一条牛仔裤。

这是我的一条纯棉牛仔裤。

这是我的一条名牌纯棉牛仔裤。

这是我的一条时髦的名牌纯棉牛仔裤。

这是我的一条非常时髦的名牌纯棉牛仔裤。

这是我的一条从香港买的非常时髦的名牌纯棉牛仔裤。

这是妈妈给我寄来的一条从香港买的非常时髦的名牌纯棉牛仔裤。

这是妈妈昨天给我寄来的一条从香港买的非常时髦的名牌纯棉牛仔裤。

(二)“地”与状语

状语是谓语或其他动词性中心语前的附加成分。一般情况下，“地”被认为是状语的标志，但这并不是说所有的状语都有“地”做标志。时间词或表示时间、地点和方式的介宾结构做状语时不需要“地”，副词做状语一般也不需要“地”，词组做状语一般应该用“地”做标志。

1. 动词做状语

动词做状语表示动作的方式时，一般不用“地”：

注意听、笑着说、躺着休息、开车来

走着去、哭着喊、站着吃饭、蹲着看

动词词组做状语时应该加“地”：

十分注意地听讲、有计划地安排

边说边笑地走来、哭哭啼啼地说

2. 形容词做状语

形容词做状语，特别是单音节形容词做状语可以不用“地”：

快走、慢吃、多谢、少说多做、胡吹、瞎说

认真学习、努力工作、积极准备、好好复习

双音节形容词做状语可以加“地”，形容词重叠或形容词词组做状语时，一般也应该加“地”：

认真地学习、努力地工作、好好地说、快快地走

舒舒服服地休息、热热闹闹地玩、痛痛快快地吃

非常快地跑来、十分认真地讲解、特别细心地检查

3. 数量词做状语

数量词重叠以后做状语，常常表示逐一的意思，一般应该加“地”：

一句一句地说、一口一口地吃、一个一个地进

一本本地翻译、一天天地生活、一次次地打扰

4. 状语的一般顺序

汉语中的状语同样比较复杂，一般来说，除比较固定的介宾结构外，形容词应该离谓语动词最近，副词则多用在做状语的介宾结构之前，也可以在具体的句子里做灵活的安排。状语顺序大致如下：

(1) 表示时间的状语；

(2) 表示语气、范围等的状语；

(3) 表示处所的状语；
(4) 描写动作者的状语；
(5) 表示空间、方向、路线的状语；
(6) 表示目的、依据、对象等的状语；
(7) 描写动作的状语。

来
坐飞机来
跟朋友一起坐飞机来
从首尔跟朋友一起坐飞机来
去年从首尔跟朋友一起坐飞机来
是去年从首尔跟朋友一起坐飞机来的
都是去年从首尔跟朋友一起坐飞机来的
(我们)都是去年从首尔跟朋友一起坐飞机来北京的。

我们参加了比赛。
我们今天上午参加了比赛。
今天上午我们参加了演讲比赛。
今天上午我们都参加了演讲比赛。
今天上午我们都在学校礼堂参加了演讲比赛。
今天上午我们都主动地在学校礼堂参加了演讲比赛。
今天上午我们都主动地在学校礼堂为了班级荣誉参加了演讲比赛。
今天上午我们都主动地在学校礼堂为了班级荣誉认真地参加了演讲比赛。

(三)“得”与补语

补语是谓语或其他动词性中心语后面的附加成分。“得”做结构助词被认为是补语的标志。

1. 动词与补语之间的“得”

用在动补之间的“得”，既可以表示程度，也可以表示可能，这要根据具体的语言环境来决定。

程度补语：表示程度时句子的重音在“得”后的形容词上，且形容词补语前常加程度副词“很”等，否定形式是在形容词前加“不”。

跑得很快、吃得很多、说得十分流利

跑得不快、吃得不多、说得不太流利

做得很好、听得很清楚、进行得极顺利

做得不好、听得不清楚、进行得不顺利

可能补语：表示可能时句子的重音在“得”前的动词上，否定形式只需把“得”换成“不”即可。

写得完、听得懂、买得到、看得见

写不完、听不懂、买不到、看不见
走得动、吃得了、回得来、爬得上去
走不动、吃不了、回不来、爬不上去
说得好、听得清、写得好、做得对
说不好、听不清、写不好、做不对
吃得饱、洗得干净、说得清楚
吃不饱、洗不干净、说不清楚

2. 形容词与补语之间的“得”

“得”用在形容词与补语之间同样可以表示程度和可能：
程度补语：句子的重音同样在补语上。
忙得团团转、高兴得不知道说什么
热得要死、冷得要命、累得不想吃东西
可能补语：句子的重音仍然在“得”或“不”前的词语上。
累得坏、急得死、高兴得起来
累不坏、急不死、高兴不起来

二、语 词 分 析

要求：给句子后的词语选择恰当的位置或选择恰当的词语填空。

(1) 在朋友 A 帮助 B 下，我终于克服了困难 C，取得了十分 D 理想的成绩。
的

答案：A

分析：看到“的”以后，首先应该在句子里找名词，“理想”只是形容词，因为前边有“十分”，当然不能加“的”。“在……下”是介词结构，中间应该是名词，但“帮助”是动词，只有把“的”放在 A 处，“帮助”才能具有名词的性质。

(2) 他是 A 我们学校去年 B 评出的 C 汉语 D 教师。
优秀的

答案：C

分析：“优秀的”应该放在名词之前，但“汉语”与“教师”之间一般不再插入其他成分。C 是唯一正确的位置。

(3) 到 A 中国以后你 B 已经 C 几次 D 病了，一定要注意锻炼身体。
得

答案：C

分析：“得”除了做助词，还可以做动词。“得”的普通动词的用法最适合这个句子的情况，结构助词与能愿动词都不合适。“几次”作动量补语应该在动词“得”之后，因此，C 是唯一正确的答案。

(4) 北方 A 人 B 总是不喜欢 C 南方人 D 习惯——先喝汤后吃饭。
的

答案：D

分析：“的”一般应该位于名词之前，因此，有的学生选择 A 作为正确答案，但是，与后边的“南方人”一样，“北方人”也应该是一个不可分的整体，那么，选择 A 当然是错误的。D 是正确的答案。

(5) 临行前，妈妈把她为我 A 准备的干粮 B 一袋一袋 C 放在我的 D 旅行袋里。
地

答案：C

分析：“地”在句子中必须用在动词之前，而句子中 A、C、D 后边都是动词，这很可能会让同学们觉得不容易。其实，D 后边的“旅行”与“袋”是一个不能分开的名词，前边的“我的”是它们的定语；A 前边的“为我”是“准备”的状语，同样不能插入“地”，因此只有 C 才是唯一正确的答案。

(6) 上大学 A 时，晚上在教室里 B 学习 C 学生总能取得好 D 成绩。
的

答案：C

分析：A 是错误的选择，因为“……时”、“……的时候”才是正确的格式。D 不能用“的”，因为单音节形容词修饰名词不用“的”。只有 C 的前后才符合使用“的”的要求。

(7) 中国建成了 A 世界上 B 高速铁路网，C 已经取代了 D 日本。
最大的

答案：B

分析：“世界”只有一个，“日本”同样只有一个，都不能用“大、小”来加以区别，当然就不能用“最大的”来修饰。“高速铁路网”却可以有很多个，因此，B 是唯一正确的选择。

(8) 获得 1999 年 A 德国柏林 B 金熊奖 C 中国导演 D 张艺谋，开辟了中国电影进军欧洲市场的新局面。
的

答案：C

分析：从表面上看，A、B、C、D 四个地方都可以用“的”，但仔细分析你会发现，只有 C 才是最应该用“的”的地方。因为前边的“获得……金熊奖”是动宾结构，做后边“中国导演张艺谋”的定语。

(9) 你们看 A，马海亮 B 今天穿得漂漂亮亮 C，准是又有什么 D 喜事了。
的

答案：C

分析：汉语双音节形容词重叠以后，在句子中做定语、补语或谓语时，后边一般应该加“的”。请参考第十二课的介绍。正确答案当然是 C。

(10) 我要买 A 一条 B 跟你那条颜色 C 一样 D 裙子。
的

答案：D

分析：句子中“跟……一样”是比较的形式，属于介宾结构，做“裙子”的定语时，它们之间应该加“的”。其他位置不合适。

(11) 根据国家统计局所做____统计，2010 年北京的人均 GDP 已经达到了 8000 美元。

A. 的　　B. 地

C. 得　　D. 过

答案：A

分析：介词“根据”与动词“统计”组成介宾词组在句子中做状语，但汉语语法要求介词的宾语一般应该是名词，“的”恰恰起到了让动词变成名词的作用。

(12) 一个 30 多岁的妇女被关在终日不见阳光的小木屋里，____到了非人的待遇。

A. 由　　B. 受

C. 得　　D. 遇

答案：B

分析：“遇到”的宾语应该是“人”或“事”，不能是“待遇”，“得到”的宾语应该是具体的东西或“帮助、支持、称赞”一类比较积极的词语，不能是“非人的待遇”。“受到”的宾语既可以是比较积极的，如“表扬、称赞、欢迎”等，也可以是比较消极的，如“打击、批评”等。正确答案是B。

(13) 唉，你这套西装真是与众不同，可以告诉我在哪个商店买____吗？

A. 的　　B. 了

C. 地　　D. 过

答案：A

分析：汉语“是……的”结构常常可以不用“是”而只用“的”。其他三个词语都不能表达这个意思。有的同学喜欢用“了”，这是不对的！请记住：汉语表示强调的“是……的”结构句中，一定不能出现“了”！

(14) 那位朋友说____好听的话让我心里特别舒服。

A. 的　　B. 地

C. 得　　D. 了

答案：A

分析：这个句子想告诉我们的是“说的话”，不是“说得好听”。因此，“的”才是唯一正确的选择。

(15) 谁说从山沟里走出来____孩子成不了才？

A. 的　　B. 得

C. 了　　D. 地

答案：A

分析：动词结构“走出来”做“孩子”的定语，因此正确答案应该是“的”。

三、病句分析

(1) 刚才你说谁同学是法国人？

(2) 昨天玛丽买了一件非常漂亮衬衣。

(3) 我想去学校门口买一张《北京的晚报》。
(4) 跟你最好那个中国的同学来找你了。
(5) 他是我最好朋友的。
(6) 我们大家都很认真学习。
(7) 他从小就非常地喜欢游泳。
(8) 多地听，多地说，就一定能学好汉语。
(9) 我汉语说得不够流利，还差地很远。
(10) 他跟我一说，我就很痛快答应他了。
(11) 我们班同学都积极得参加了学校的运动会。
(12) 开始的时候，玛丽写汉字得很慢。
(13) 听了妈妈的话，她高兴地不知道说什么了。
(14) 我们班有23个学生，山本学地最好。
(15) 她是个快乐的人，每天总是高高兴兴得。

四、应用练习

1. 扩写句子(注意“的、地、得”的使用)

(1) 她是女孩儿。(美丽动人　位　富有青春活力)
(2) 我讲过了。(跟大家　已经　把你的意见　认真)
(3) 我们举行了晚会。(在快乐酒吧 生日 热热闹闹 昨天晚上 为迈克)
(4) 中国是国家。(具有悠久历史　一个　和　灿烂文化)
(5) 他忘了吃饭。(忙　最近几天　考试　准备　为　都)

2. 给词语选择恰当的位置

(1) 电影A画面上是一个B十分美丽C小山村D.
的
(2) 我A昨天新买B那本C语法D书不见了。
的
(3) 你们知道A吗？他B就是我C中学老师D，现在他也做学生了。
的
(4) 赵大夫是我A大学B时代最好C朋友D.
的
(5) 由中国电影家A协会主办B大众电影C金鸡奖D颁奖仪式已于昨晚在长春举行。
的
(6) 我特别喜欢A你送给我B那本书C，我会D永远珍藏它。
的
(7) 随着A社会B发展，人民的生活水平C会越来越D好。

的

(8) 我们买了A不少B人民文学出版社C出版的D书。

关于历史的

(9) 当我双手接A过录取通知书时，我激动B真C不知道说D什么好了！

得

(10) 刚刚A走出教室，就见B张平笑呵呵C向我们D跑来。

地

3. 选择恰当的词语填空

(1) 听了爱德华说自己的眼睛、鼻子、嘴巴都很漂亮，新娘的脸______的。

A. 红通通　　B. 通红红
C. 通通红红　　D. 通红通红

(2) 孩子躺在病床上，发着高烧，打了一针以后不知不觉____睡着了。

A. 的　　B. 地
C. 得　　D. 着

(3) 我认为，他们对中国书法比你感兴趣____多。

A. 的　　B. 地
C. 得　　D. 着

(4) 根据有关部门所做____统计，2011年底北京市的汽车保有量已超过500万辆。

A. 的　　B. 地
C. 得　　D. 过

(5) 唉，你这条裙子真是与众不同，可以告诉我在哪个商场买____吗？

A. 的　　B. 了
C. 地　　D. 过

(6) 你们是什么时候来____北京语言大学？

A. 了　　B. 的
C. 地　　D. 着

(7) 我是上个月跟朋友一起来北京____。

A. 了　　B. 过
C. 的　　D. 吧

(8) 他们最近正准备参加年终评审，忙____不得了。

A. 得　　B. 的
C. 地　　D. 着

(9) 今天的《北京晚报》报道了今晨前门发生____一起交通事故。

A. 着　　B. 的
C. 了　　D. 没

(10) 为了避免类似事故____发生，有关部门对本地区的交通秩序做了调整。

A. 又　　B. 还
C. 也　　D. 的

第二课 “了、着、过”分析

一、知识讲解

“了、着、过”这三个词，在汉语语法的介绍中都被称做动态助词，因为它们都跟动词所表示的时间有关系。这三个词语，除“了”的用法比较复杂以外，在句子中，“着”和“过”的位置比较固定，即它们都只能用在动词之后。下面分别进行介绍：

(一)“了”的几种用法

不少学习者都觉得“了”的用法比较难掌握，其实，汉语的“了”在句子中主要有下面几种用法，把它们弄懂，就可以比较熟练地运用了。

1. 表示过去情况的“了”

这个“了”用在句尾，说的是在过去时间已经发生或结束了的事情。从语法上说，这个“了”是语气助词，但它所表示的却与动作的时间有关：

小李进城了。
张力去商店了。
昨天我们一起去长城了。
上星期他就到上海去了。
我已经吃完了。

应该注意的是，用这个“了”的时候，句子中动词的宾语前一般不能加数量词做定语，否则句子的语气没有结束，语义表达不清楚，需要补充：

我买本子了。——我买一个本子了，还要买两个本子。
我看电影了。——我看一场电影了，还想看第二场电影。

在由“来、去、到”等组成的表示动作的目的连动句中，“了”应该放在第二个动词或句子之后：

他去上海出差了。
他来北京学了几个月汉语。
我去年就来北京学习汉语了。
他们到长城游览去了。

还应该特别注意的是，在否定句里，动词前应该用“没”，而这时候，“了”就不能再出现了：

小李没进城。
张力没去商店。
昨天我们没去长城。
上星期他没到上海去。
我还没吃完呢。

2. 表示动作结束的"了"

这个"了"用在句子中动词之后，则动词常常有宾语，而且宾语前应该有数量词语或其他成分做定语。语法上称这个"了"为动态助词。

小王买了一本书。

刘丽照了一张相。

我们刚才看了一场电影。

他已经做完了老师今天留的作业。

如果在表示动作结束的句子后再加上一个"了"，则表示句中所说的事情是从过去的时间持续到现在，并且还要继续下去：

我吃了一个面包了。(我还要吃第二个面包。)

他已经学了两年汉语了。(他还在学习汉语。)

我找了他三次了。(我还要来找他。)

应该注意的是，句中"了"后的宾语如果没有定语时，句子就没有结束，必须在宾语后再加上其他动词性词语，构成连续的两个动作，而且这两个动作都可能在将来完成：

我们下了课就回家。

他吃了饭去上课。

我们买了东西去看朋友。

我做了作业就睡觉。

这样的句子的句尾再有"了"时，句中的两个动作则表示已经完成了，因为句尾的"了"决定了全句动作发生的时间：

他下了课回家了。

我吃了饭去上课了。

我们买了东西就去看朋友了。

他做了作业就睡觉了。

否定句应该在动词前加"没"，不需要加"了"，而且宾语前不能使用数量词。

我没买书。

他没照相。

我们刚才没看电影。

我没做作业。

他没吃苹果。

他没拿本子。

3. 表示发生变化的"了"

这个"了"是语气词，表示的是情况的变化，应该放在句尾。要注意的是，这样的句子否定时仍可以用"了"：

雨停了。

不刮风了。

他不去长城了。

我没有钱了。

我吃饱了，不吃了。

今天不冷了。

我们没时间了。

她昨天说来，今天又不来了。

(二)“着”的几种用法

“着”有两个发音，即 zhe 和 zháo。前一个是动态助词，多表示动作的进行或状态的持续，也可以表示伴随的动作或状态等；后一个则是动词，多表示动作的结果等。简要归纳如下。

1. 表示事物的存在

在这样的句子中，“着”强调事物某种状态的持续。应该注意，这样的句子中，主语一般是表示处所的词语。

墙上挂着一张画。

桌子上放着一本书。

床头摆着新郎新娘的婚纱照。

床上躺着一个孩子。

教室里坐着几个学生。

2. 表示动作的进行

在一般的句子中，用在动词后的“着”强调动作的进行，它还常常与“正/在/正在……呢”搭配使用。

我们上着课呢。

他正吃着饭。

大家正在讨论着学习问题。

他们在看着电影呢。

3. 表示伴随的动作

“着”用在做状语的动词后，表示与主要动作相伴随的一个动作。

我喜欢躺着看书。

大家一般都坐着吃饭。

他笑着说：“谢谢！”

我们每天走着去教室。

老师总是站着讲课。

小孩子哭着喊妈妈。

4. 表示伴随的状态

与伴随的动作格式基本相同，但前一个动词(也可以是形容词)多不表示动作，而表示主要动作的某种状态。

她红着脸说：“不客气。”

爸爸瞪着眼睛喊：“回来！”

小李睁着眼睛睡觉。

玛丽低着头走了过去。

那个演员喜欢闭着眼睛唱歌。

5. 表示动作的结果

“着(zháo)”做结果补语多与“到”的意思一样，但语言应用中“睡着、点着”等除外。

你找着大衣了？

他买着想要的东西了吗？

他没接着朋友。

我喝着他的喜酒了。

我看你在床上躺了半天也没睡着啊。

你的烟怎么还没点着啊？

(三)“过”的几种用法

动态助词“过”强调动作的曾经发生，即过去的经历。

1. 表示过去的经历

“过”表示动作曾经发生，因此，即使句子中没有时间词，也不会影响句子所要表达的意思；如果有时间词，则应该是比较模糊或者是比较宽泛的时间词语，如“以前”、“曾经”、“几年前”及“去年”、“上星期”等，而不应该是具体的某一个时间词语，如“昨天”、“上星期一”等。与“了”最大的区别是，在否定句中，“过”还可以使用。

我去过上海。

他还没吃过烤鸭。

你们看过中国京剧吗？

我们以前来过北京。

我妈妈曾经到过上海。

与“了”相同的是，在有“来、去、到”的连动句中，“过”也应该用在第二个动词之后：

他去年到海南旅游过。

我曾经来北京进修过汉语。

我们去桂林玩儿过两次。

2. 表示动作的实现

“过”的这种用法字面上与表示经历的用法完全一样，但它表示的却是动作的完成，句尾常常加“了”。一般用在对话当中。

早饭我吃过了。

我刚刚听过这个音乐了。

我刚洗过澡，你去洗吧。

3. 表示超过了限度

汉语口语中“过”还有“过分、超过”的意思。这个“过”在句子中既可以做补语，也可以直接做动词谓语。

你的话说过了，他可能要生气。

我们走过地方了。

咱们坐过站了，赶快下车吧。

对不起，我又睡过头了。

二、语 词 分 析

要求：给句子后的词语选择恰当的位置或选择恰当的词语填空。

(1) 火车快要A到B，你们赶快准备C准备D吧，不然就来不及了。
了

答案：B

分析：“快要……了”是汉语中一个比较固定的表达即将发生的事情的语法形式。C和D两个位置从语气和语法上都不可以。B是唯一恰当的答案。

(2) 在茶馆儿里喝A茶B一边听音乐C，那多有D意思呀！
着

答案：A

分析：“一边……一边……”这个语法形式，表示的是同时进行的两个动作，也可以把前一个动作当作后一个动作的伴随状态。因此，“喝着茶听音乐”最符合这个句子的表达形式。正确的答案只能是A。

(3) 昨天，我和他谈A谈B去C东京参加研讨会的情况D。
了

答案：A

分析：“昨天”发生的事情，“谈谈”应该用“谈了谈”，关于动词重叠的具体用法，本教材将在第十二课中介绍。句子中在前边有“谈谈”的时候，B、D的位置上都不能用“了”。

(4) 楼里的垃圾堆A在那儿已经好几天B，始终没人打扫C，这是为什么D!
了

答案：B

分析：“已经……了”的搭配，应该认真理解并掌握。A处不可以用“了”，因为“堆”与“在……”是动词与介宾补语的关系，在这种关系中，动词与介词常常结合得像一个词语一样，不能分开。C处不能用“了”，因为不能出现“没+动词+了”的形式。

(5) 他们去 A 找 B 我弟弟的时候，他正坐 C 在教室里上 D 课呢。
着

答案：D

分析：B 和 C 的位置上都不能使用“着”，“坐在……”与上边的“堆在……”要求一样，不可以插入其他词语；“去找……”是一个还没有结果的形式，加上“着”就破坏了句子的意思。“上着课呢”是唯一正确的表达形式。

(6) 今天我有 A 事 B，不能跟你一起去 C 长城 D。
了

答案：D

分析：句子中有“不”这个否定副词时，“了”在句尾表示变化，原来应该是打算跟“你”去长城。其他位置都不可以。

(7) 你去 A 人民剧场 B 看 C 京剧 D 吗？
过

答案：C

分析：与“了”一样，“过”作为动态助词，在连动句中只能放在第二个动词之后，不能放在第一个动词之后。

(8) 这本书我看 A 一个多星期 B 才看 C 完 D。
了

答案：A

分析：有的学生可能会选择 D，但是这样做是错误的。因为，在汉语表达中，表示时间晚、慢的“才”的句子的句尾一般不用“了”。A 才是最恰当的位置。

(9) 我在 A 北京看 B 两次 C 中国青年美术家的画展 D。
过

答案：B

分析：动态助词应该放在动词之后，这是非常清楚的事情。

(10) 参观 A 完展览，我们又去 B 小卖部 C 买 D 点东西。
了

答案：D

分析：同样是连动句的问题。还应该注意：“了、过”在句子中间不能用在名词之后。A 的位置同样不可以用“了”，因为，“参观完”是动补结构，它们中间不能插入其他成分。

(11) 很多少数民族的情歌特别是山歌，男女在唱歌的同时，还要做____各种有趣的动作。

A. 过　　B. 着

C. 了　　D. 得

答案：B

分析：伴随“唱歌”出现的是“做着各种有趣的动作”。其他词语不能表达这样的意思。

(12) “入世”以后，中国的市场经济迅速地发展____，人们再一次看到了曙光。

A. 着　　　　B. 来着

C. 过　　　　D. 的

答案：A

分析：“入世”即“加入世界贸易组织(WTO)”。从入世至今，再到永远，中国的经济都应该不断发展，只有 A 能够清楚地表达这样的意思。如果用“过”，完全不符合句子的意思，因为“过”指的是曾经发生的事情。

(13) 虽然是数九寒冬，但好像是春天____，大街上很多姑娘都穿上裙子了。

A. 的　　　　B. 了

C. 着　　　　D. 来

答案：B

分析：“好像是春天了”说的是心理感觉上的变化，符合“了”的语法要求和意义。有的学习者用“来”构成“春天来”，但即使如此，也应该用“了”，即“好像是春天来了”。

(14) 我好像从来没有看见____这么美丽的景色。

A. 了　　　　B. 着

C. 过　　　　D. 地

答案：C

分析：“从来没……”格式中动词之后一般应该用“过”，强调的是以前没有经历过的事情。“从来”这个词语我们将在下册介绍。

(15) 那天，我们是跟几个朋友一起走____回学校的。

A. 了　　　　B. 着

C. 过　　　　D. 的

答案：B

分析：“走着”是“回学校”的方式，这是“着”的一项语法功能。

三、病 句 分 析

(1) 我在国内学习的时候常常参加了足球比赛。

(2) 你一定要记住了这些生词。

(3) 我们每天都要复习了一个小时旧课。

(4) 上星期天小王去了历史博物馆参观。

(5) 昨天玛丽没有跟我们一起去长城了。

(6) 我以前也曾经在中学教着书。

(7) 中国实行改革开放以后，人民的生活水平提高过。

(8) 今天早上还下雪着，我们就出发去颐和园了。

(9) 我昨天在那儿等着你们半个多小时。

(10) 她翻一本画报给孩子讲故事。

(11) 在北京学习这半年多的时间里，我们有过不少进步。

(12) 这个星期我游泳过三次。
(13) 服务员每天只给我们打扫过一次房间。
(14) 以前我来过北京旅行一次。
(15) 以前我知道过这件事情。

四、应用练习

1. 选词填空

(1) 几年以前我也曾经有____这样的经历。 (了、着、过)
(2) 听完她的故事，我们大家都激动得流下____眼泪。(了、着、过)
(3) 几个月来，我一直在努力地学习____。 (了、着、过)
(4) 为了上辅导班，我已经去____好几次____。(了、着、过)
(5) 我好像记得老师给我们讲____这个问题。 (了、着、过)

2. 根据句子的内容，用所给的词语改写句子

(1) 孩子们一边唱歌，一边挥舞手中的彩绸。(着)
(2) 外面刮大风，你们不要出去了。(着、呢)
(3) 吃完午饭，他就跟朋友去颐和园了。(了)
(4) 我去西单图书大厦买几本汉英对照的小说。(昨天、了)
(5) 我去哈尔滨看冰灯。(去年、过)

3. 给词语选择恰当的位置

(1) 我送 A 给他一条漂亮的领带 B，他愉快地 C 接受 D。
了
(2) 我们回学校以后，他就骑 A 上车到 B 朋友家 C 聊天去 D。
了
(3) 今天工作很紧张 A，我想吃 B 午饭 C 就去 D 办公室。
了
(4) 怎么咱们刚出 A 来 B 就下 C 雨 D，还是先回去吧。
了
(5) 我刚从图书馆借 A 来 B 一本《三国演义》C，下个月才还 D，你看吧。
了
(6) 外面下那么大的雨 A，看来 B 今天他们是来 C 不 D 了，别等了。
了
(7) 他正跳 A 舞 B，忽然看 C 到台下有 D 一个人向他招手。
着
(8) 从小到 A 大我一直习惯 B 在床上躺 C 看 D 书，眼睛仍然很好。
着
(9) 听 A 到爱德华的夸奖 B，新娘红 C 脸不好意思地低 D 下了头。

着

(10) 张先生酷爱 A 幽默，在他短暂的一生中创作 B 许多脍炙人口的相声和戏剧作品 C，其中深受人们喜爱 D 的是《屏中梦》。

过

4. 选择恰当的词语填空

(1) 校长就在办公室里，您自己进去跟他____吧。

A. 讲了　　B. 讲了讲

C. 讲讲了　　D. 讲一讲

(2) 来北京以后，我还从没去____长城，也不知道故宫是什么样子。

A. 了　　B. 过

C. 着　　D. 得

(3) 上大学的时候，我经常想这样一个问题，人活____究竟是为了什么？

A. 过　　B. 着

C. 了　　D. 完

(4) 很多少数民族的舞蹈都特别吸引人，演员们在跳舞的同时，嘴里还唱____优美的歌曲。

A. 过　　B. 着

C. 了　　D. 得

(5) 我的词典和书都在桌上放____，你自己去拿吧。

A. 了　　B. 着

C. 呢　　D. 吧

(6) 凡是你说____的话，我们都会认真地记在心里。你就放心吧！

A. 了　　B. 着

C. 过　　D. 地

(7) 那个穿____白裙子的就是木村小姐。

A. 了　　B. 上

C. 着　　D. 过

(8) 木村小姐正在树下站____跟一个朋友说话呢。

A. 着　　B. 立

C. 住　　D. 了

(9) 雨下得越来越大了，我不去____。

A. 吧　　B. 了

C. 呢　　D. 的

(10) 听了妈妈的话，他哭____说：“我错了。”

A. 了　　B. 一会儿

C. 一下儿　　D. 着

第三课 “是、有”分析

一、知识讲解

“是、有”都是非动作动词，“是”字句多表示判断和肯定，“有”字句则多表示领属和存在等。对于它们的基本意义和用法本教材不做过多的讲解，本课要介绍的是“是、有”在日常应用中比较特殊的用法。

(一)“是”字句

“是”字句是汉语中使用最普遍的一种句子形式，一般的“是”字句很容易掌握，这里介绍几个比较特殊的“是”字句。

1. A是A，B是B，……

这种句式强调A、B两部分界限分明，不能混淆，后边可以出现解释性的句子，也可以没有。

你是你，我是我，咱们不一样。

家是家，国是国。

聪明是聪明，漂亮是漂亮，不是一回事。

吃是吃，喝是喝，应该分清楚。

2. A是A，不过……

这种句式中前边“A是A”的形式表示“虽然”，后边跟着出现转折的形式。这种用法与“A归A，但是……”一样。

这件衣服贵是贵，可质量很好。

难是难，不过我们有办法。

东西好是好，就是价钱贵了一些。

咱们朋友归朋友，账还是应该算清楚。

3. 是A就/都……

这种句子中“是”常常用在句首，强调“是”后的成分，“是”有“无论什么/凡是/只要是……”的意思，表示全无例外，后面常常有“都、就”与之搭配。句子中的“A”既可以是主语，也可以是宾语。

是学生就能回答这个问题。

是电影他都喜欢看。

是东西她都想买。

是人就得吃饭。

4. 是不是……？

“是不是”用在疑问句中，它的位置有三个，即句首、主谓之间和句尾。位置不同，强调的重点也不一样，在汉语学习中，必须弄清楚句子的意思，所问的重点，同时注意安排好“是不是”的位置。

是不是你们在找我？

你们是不是在找我？

你们在找我是不是？

是不是玛丽要回国？

玛丽是不是要回国？

玛丽要回国是不是？

“是不是”也可以用在普通的句子中，这里需要注意的是，有的学生常常把这个“是不是”说成“如果”，这样是错误的！参考下面的句子(带*号的句子是错误的)：

我不知道他是不是跟我们一起去。

我不知道他跟不跟我们一起去。

我不了解他们是不是北京人。

*我不知道她如果来这儿。

5. 表示存在

表示存在的“是”字句中，主语应该是表示处所的词语，宾语可以是处所，也可以是其他事物。宾语常常是比较确定的，有时也强调唯一或数量多。

学校前边是邮局。

我旁边是两个日本女学生。

车里边都是人。

学校后边是商店。

你看，衣服上净是土。

村子后边是一座小土山。

6. 表示强调

“是”除了一般的动词用法外，也可以做副词，用在谓语前起强调作用，相当于“真的、的确”。在这样的句子里，“是”一般应该重读，有的语法书中把“是”的这种用法仍然解释成动词。

今天的天气是不错。

这个地方是漂亮。

我是喜欢她，那又怎么样？

太晚了，咱们是该走了。

他是出去了，我不骗你。

(二)“是……的”句

这是汉语中一个非常典型的强调句式，其中“是”、“的”互相配合，共同发挥作用。在实际语言应用中，“是”有时可以省略，但“的”必须出现。

有的学习者分不清楚“是……的”句与普通“是”字句的区别，其实，简单地说，“是……的”句与动词“是”字句的一个最大的区别是：“是……的”句中如果不用“是”、“的”仍然是一个完整句子，而动词“是”字句没有了“是”则不能成为一个完整的句子。

1. 强调动作发生的时间、地点、方式

应该注意的是：在“是……的”格式中，“的”一般放在句尾，但是，有时候也可以放在动词之后，宾语之前。

你是什么时候来的？

我是去年9月来北京的。

我们是上星期去的长城。

这本书是从图书馆借的。

他们都是从德国来的。

我们都是在北京语言大学学的汉语。

他是一个人来的。

我是骑自行车跟朋友一起去的。

你是坐飞机来的吗？

2. 强调主语的目的、用途、归类

这几种句子中的“的”一般只能放在句尾，而不能放在动词之后，宾语之前。

我是来学习汉语的。

你们是来参观展览的吗？

他们是来参加学术会议的。

这是买书用的。

那些是画画儿用的。

这是留着送给朋友的。

他是学中文的。

我们是学习历史的。

咱们都是搞汉语教学工作的。

3. 强调动作的发出者

在强调主语时，一般情况下，主语都应该读得重一些，在比较特殊的情况下，“是”也可以重读。

是他告诉我的。

信是你寄来的？

是老师教我这样写的。

是他们说的又能怎么样？

是男朋友给我寄来的礼物。

4. 表示说话者的看法、见解、态度

这样的句子一般语调都比较平缓，不能使用过重的语音强调某一部分。

我是不会告诉你的。

这样做是应该的。

这是很正确的。

我认为是可以理解的。

他们这样做是可以接受的。

你们是可以去看看他的。

我是坚决不会同意你们这样做的。

(三)“有”字句

“有”同样是汉语中应用比较广泛的一个词语，它除了表示领属以外，还主要有下面几种用法。

1. 表示存在

主语为处所，而“有”的宾语常常是不确定的事物，形式上在宾语前常常会有数量词定语。

学校前边有一个邮局和几个商店。

医院门口总有几辆车。

房间里还有两张床。

桌子上有几本书。

教室里有二十几个学生。

2. 表示比较、估计

表示比较时常常用“这么、那么”来配合，而表示估计时也常常会有一些特定的副词如“大概、恐怕”等搭配出现。

我没有你那么喜欢读书。

她有你这么高吗?

他大概有三十多岁了。

从这儿到北大有两公里远。

现在，恐怕没有几个人像你这么认真了。

3. 表示列举、包括

在不止一项内容的时候，“有”则表示列举和包括。

书包里有书，有本子，还有笔。

操场上有跑步的，有踢足球的，还有打太极拳的。

我们班有韩国同学，有日本同学，也有印尼等几个国家的同学。

一年有十二个月，五十二个星期。

一个星期有七天。

4. 用在兼语句中

“有”的宾语常常是人，人又发出某个动作。

有人来找你。

有几个学生要回国。

国外有公司请他去当翻译。

我有一个学生叫王玲。

5. 用在连动句中

主语一般来说是人，这个人有某事做，或者有某物怎么样。

我有问题问老师。

你们终于有事做了。

他有个好东西给你。

你能有饭吃、有酒喝就不错了！

6. 表示评价

“有+名词”受程度副词修饰还可以表示对某人或某事物的评价。

你很有主意。

这本书最有用处了。

这个人非常有音乐天才。

我对中国历史十分有兴趣。

这样做对大家都非常有好处。

二、语 词 分 析

要求：给句子后的词语选择恰当的位置或选择恰当的词语填空。

(1) A 富裕起来的农民 B 想到的第一件事 C 要改善 D 他们祖祖辈辈的生活环境。
　　就是

答案：C

分析：这是一个比较复杂的判断句，因此，只有找到了主语、动词和宾语，才能给“就是”找到合适的位置。主语是“事”，宾语是“改善生活环境”，C 是最恰当的位置。

(2) 降低关税以后 A 大量优质的商品 B 涌进国内市场，对消费者 C 十分 D 有利的。
　　是

答案：C

分析：这个句子是用“是……的”格式来表示说话者的观点，因此，只有 C 才能够表示这个意思。

(3) 自打 A 禁放鞭炮以后，B 几个城市 C 过节的气氛像过去 D 那么热闹了。
　　没有

答案：B

分析：“有、没有”在表示“比较、估计”的用法中，一般应该放在主语之前，如“有谁像你这么忙？”“没有什么地方比这儿好玩儿！”等。

(4) 这件事非常严重，A我们应该B征求一下C大家的意见再决定D?
是不是

答案：D

分析：“是不是”表示疑问，在句子中的位置是主语之前、主语后谓语前、句子之后，分别问主语、谓语和全句。应该注意的是，问主语时，一般是问动作的发出者本身，如果主语比较长时，一般不会用在句首。这个句子就是这样，只能放在句尾。因此，D是唯一恰当的选择。

(5) 张老师见人就A说玛丽B聪明伶俐，活泼可爱，C很有前途的D好学生。
是

答案：C

分析：有的学习者会选择A，也有人会选择B，但是，都错了，正确的选择应该是C。为什么呢？“玛丽聪明伶俐，活泼可爱”与“玛丽是很有前途的好学生”这两个句子共用一个主语，按照汉语语法要求，第二个句子可以承前省略主语“玛丽”，这就有了上面的句子。B处可以用“是”，但也可以不用，而C是必须用“是”的地方。只能选择C。

(6) 每个人都会对自己的故乡和母校_____十分深厚的感情。

A. 怀有　　B. 占有
C. 拥有　　D. 具有

答案：A

分析：与“十分深厚的感情”搭配的应该是“怀有”。“占有、拥有、具有”在这个句子中都不合适，因为“占有”是把别人的东西据为己有，“拥有”的宾语则是比较重大的事物，“具有”的宾语多是“风格、特色、性质”一类词语。

(7) 这份报告尖锐_____尖锐，可是对我们以后改善管理制度大有帮助。

A. 一　　B. 是
C. 了　　D. 不

答案：B

分析：“A是A，可是……”是一个比较固定的句子形式，而且也十分口语化。记住这个形式会非常有用。

(8) _____人就应该知道如何面对自己的生活。

A. 在　　B. 什么
C. 有　　D. 是

答案：D

分析：句子中似乎可以用“什么”和“有”，但是，无论从语气还是从语法上分析，都只能用“是”，因为只有“是”在这个句子里才能有“只要是”或“凡是”的意思，后面的“就”与“是”搭配表达意思。

(9) 张老师，听说学校门口_____位老同学在等着您，快去看看吧。

A. 一　　B. 有

C. 是　　　　　　　　　　　D. 几

答案：B

分析：与上面的句子比较接近，似乎“一、几”都可以用在句子中，但是，只有“有”才符合语法要求，即“有”构成的兼语句。

(10) 这种家具便宜____便宜，可是已经过时了。

A. 不　　　　　　　　　　　B. 了

C. 一　　　　　　　　　　　D. 是

答案：D

分析：请参考第(7)题的分析。

三、病句分析

(1) 他是不老师，他是学生。
(2) 我们的宿舍是礼堂的后边。
(3) 我们是坐飞机去海南岛旅行了。
(4) 是昨天上午欢迎代表团的大会举行的。
(5) 刚才给我看病的那个医生没是他。
(6) 你们坐飞机是不是去上海？
(7) 今天是冷的，不过比昨天暖和多了。
(8) 对不起，我不能跟你们一起去，今天我不有时间。
(9) 刚才我有开会了，所以来晚了。
(10) 晚上我们一起去吃饭，你有时间没有吗？
(11) 这个材料对你们很帮助吧？
(12) 这位老奶奶有三个儿子军人。
(13) 我具有一双意大利的皮鞋。
(14) 我们班拥有八个国家的同学。
(15) 听到这个消息，我心里是说不出的高兴。

四、应用练习

1. 把下面的句子改写成“是……的”句

(1) 男朋友给我寄来一个非常漂亮的生日礼物。
(2) 我在广州遇见了一位老朋友。
(3) 这些钱买书，那些钱买衣服。
(4) 我和几个好朋友一起坐火车去三峡游览了。
(5) 2010 年 7 月，我从北京语言大学毕业。

2. 给词语选择恰当的位置

(1) A孩子们听课时B那么安静，老师的每一句话C都D吸引着他们。

是

(2) 别看他A不认识几个字，B事他都C想管，一管准D会出乱子。

是

(3) 他们A前年9月B从各国C陆续来的北京，现在已经差不多D两年了。

是

(4) A王强猛冲上去，从B车轮下C把小孩子D救出来的。

是

(5) 病人非常A危险，我们B应该先C救人再D考虑钱的问题?

是不是

(6) A来中国以后B，你去过C动物园D?

没有

(7) 蓝天上A飘着白云，B一个蒙古族少女唱着歌，骑着马缓缓地走过去，C此情此景D美极了。

真是

3. 选择恰当的词语填空

(1) 你们知道中国人如何过春节____吗?

A. 了　　B. 的

C. 着　　D. 是

(2) 北京公园管理部门所推出的年卡，_____方便、实惠等优点，深受老年朋友们的欢迎。

A. 拥有　　B. 具有

C. 含有　　D. 占有

(3) 张老师五岁的小儿子已经____1.50米那么高了。

A. 比　　B. 有

C. 是　　D. 在

(4) 那个学校后边____一条小河和一座小山。

A. 是　　B. 在

C. 有　　D. 从

(5) 什么? 十岁就____1米7那么高了，干脆把他送到美国NBA去得了。

A. 比　　B. 有

C. 如　　D. 得

(6) 克隆技术不能用来克隆人已被世界各国所接受，这是毋庸置疑____。

A. 了　　B. 啊

C. 吧　　D. 的

第四课 “把、被”分析

一、知识讲解

“把”字句和“被”字句在汉语实际运用中，特别是书面语中出现的频率很高，也是很多学习者不容易掌握的两种语法形式。在汉语学习中，除了应该弄懂它们的基本意思和用法以外，对于它们的各种变化形式也应该有所了解，这会帮助你不断提高自己的汉语应用水平。

(一)“把”字句

“把”字句是汉语中比较特殊的一种句子形式。在“把”字句中，**主语通过动作对动作的对象即“把”的宾语产生某种影响，这个影响，可能是使对象移动位置，也可能是使对象发生某种变化等**。应该注意的是，“把”的宾语是确定的，即说话人与听话人都明确的事物。

“把”字句的动词一般应该是动作动词，因此，那些非动作动词如“是、有、像、属于、存在；赞成、知道、同意、觉得、相信、希望、主张、要求、看见、听见；上、下、进、出、回、过、起、到”和能愿动词等一般不能用在“把”字句中，汉语应用中常常做结果补语的动词“懂、醒、完、明白”等也同样不能直接用在这个位置上。

“把”字句常常有两种形式，一般的“把”字句可以转换成普通的动词谓语句，而特殊的“把”字句不能转换成普通的句子。

还应该注意的是，在书面语中，“把”还可以用“将”代替，“以……为……”则是一种特殊的“把”字句形式。

1. “把”字句(1)

这种“把”字句一般都可以转换成普通的动词谓语句。

快把他叫来。 → 快叫他来。

我把作业做完了。 → 我做完作业了。

他把杯子打碎了。 → 他打碎了杯子。

你把衣服洗干净了没有？ → 你洗干净衣服了没有？

把那本词典给老师。 → 给老师那本词典。

2. “把”字句(2)

这种“把”字句是在动词后加上“在”、“到”、“给”、“成”等介词及介词的宾语，而且形式十分固定，不能转换成普通的句子。

请把本子放在桌子上。

他们已经把汽车开到门口去了。

我已经把作业交给老师了。

你看，玛丽把“我”字写成“找”字了。

快把衣服挂在衣柜里吧。

3. 否定副词在“把”前

在“把”字句中，“不”、“没”、“别”、“不要”、“未”等否定副词必须放在“把”的前边，不能放在“把”字句中的动词之前。

我没把本子给老师。

你别再把衣服弄脏了啊！

怎么还不把他们都叫进来？

你不要把问题说得这么严重。

我们从未把这件事看得很重要。

4. 能愿动词在“把”前

能愿动词“想”、“要”、“能”、“应该”、“可以”、“必须”、“得”等一般也应该放在“把”的前边。

你能把东西拿来吗？

我想把事情全告诉你。

他要把钱还给你。

咱们应该把东西还给人家。

你必须把事情说清楚。

你可以把信直接寄给他。

我得把作业做完了再出去。

5. “把”字句中的动词

除了特别的需要(如诗词等)以外，“把”字句中的动词必须有后续成分，如宾语、补语等，也可以重复动词或动词后加“了”，还可以在动词前加上其他状语。

你把帽子给我。

我们应该按时把作业做完。

快去把他找回来。

请你把衣服洗洗。

你们把面包都吃了？

他把书包往家一扔就出去了。

6. “将”在“把”字句中的运用

“把”字句中也可以用“将”代替“把”，这种情况一般多出现在书面语中。

他这样做纯粹是将功折罪/将功补过。

必须采用特殊的办法才能将海水中的油分离出来。

你们必须将道理解释清楚。

7. “以……为……”

这是一种特殊的“把”字句形式，意思是“把……当作/看作/看成……”，多出现在科技类或议论性的文章中。汉语应用中一定要注意“以”、“为”的位置。

以 O 为圆心，以 R 为半径，画一个圆。

我们不能总是以自己为中心。

在社会迅速发展的今天，我们更应该重视以人为本。

(二)被动句

汉语中多数被动句是无标志被动句，也叫意义上的被动句。它们在形式上与普通的句子没有什么区别，但主语是被动的；只有很少的一部分被动句需要用“被、让、叫”等被动的标志。

在被动句中，主语一般是确定的。被动句中的动词同样应该是动作动词，有些动词不能用在被动句中，如“是、有、在、当、像、属于、得、起、接近、离开、依靠、产生”等。同样，一般被动句的动词后也应该有其他成分，而不能只是单一的动词。

应该注意的是，在被动句中，否定副词同样应该放在“被、让、叫”的前边，有时“被”字后边可以直接跟动词，不需要宾语出现，而其他介词不能这样用，这一点应该特别关注。

在汉语实际应用在中，“为……所……、被……所……”、“受/受到”等也可以表示被动的意义。

1. 意义上的被动句

这种被动句与一般的动词谓语句形式上没有什么区别，只是主语是被动的。

作业做完了。

书看完了。

信写好了。

衣服洗干净了。

照片寄走了。

饭做好了。

2. “被”字句

“被”、“让”、“叫”是被动句的标志，但是应该注意的是，“被”字可以直接用在动词前，即省略主动者，而“让”、“叫”不可以。

自行车叫朋友骑走了。

本子让人弄坏了。

他被汽车撞伤了。

他被批评了一顿。

他的汽车被偷走了。

那棵大树昨天被刮倒了。

3. 否定副词等在“被”前

和“把”字句的要求一样，在被动句中，否定副词和能愿动词等一般情况下也应该放在“被”的前边。

他没被老师批评。

自行车没让人骑走。

小心东西别叫人拿走。

这事不能让别人知道。

你这样做早就应该被解职了。

他的摩托车昨天就被人骑走了。

我的书包丢了，可今天又让人还回来了。

4. “为/被……所……”表示被动

这种形式多用在书面语中。“所”后的动词一般不再跟其他成分。

他这样做实在是为贫穷所困。

你应该有自己的思想，不能总是为别人所利用。

大家被他的精神所感动。

咱们不能总是被他们的花言巧语所迷惑。

5. “受、受到”表示被动

“受”和“受到”是动词，在句子中也常常表示被动的意义。它们的宾语多是双音节动词或带有双音节动词的短语。还应该注意的是，在与某些动词搭配时，“受”前可以用“很、十分、非常”等程度副词修饰，这是一般被动句所不具备的。此外，“受”还可以与某些单音节词语搭配在一起，如“受苦、受累、受罪、受穷、受伤”等。

这个电影很受欢迎。

不能总受别人的影响。

读了这本书我深受感动。

她受到了老师的表扬。

这次事件中最受伤害的是老人和孩子。

比赛中服用兴奋剂就应该受到严厉的制裁。

二、语 词 分 析

要求：给句子后的词语选择恰当的位置或选择恰当的词语填空。

(1) 你看 A 他说的，简直 B 大家的鼻子 C 都 D 气歪了！

把

答案：B

分析：“把”的宾语一般应该是名词，而 C、D 的后边都不是名词，当然不符合语法要求，A 处虽然符合语法，但是句子的意思不明确。正确的答案只能是 B。

(2) 玛丽 A 昨天 B 又 C 约翰 D 气哭了。

被

答案：C

分析：“被”同样应该放在名词之前，只有C符合语法和语义的要求。

(3) 你A怎么B把自行车C还给人家呀？要是耽误了人家D用该怎么办？

没

答案：B

分析：按照汉语语法要求，在“把”字句中，否定副词和能愿动词都应该用在“把”字之前，因此，B是唯一恰当的选择。

(4) 你A出的这个字谜B早就已经C猜D出来了。

被我

答案：C

分析：“被我”已经构成介宾的形式，在句子中就应该找与它们搭配的动词，C是最合适的位置。

(5) 任何人都不能以自己A中心，B不顾C别人的D反对与否。

为

答案：A

分析：“以……为……”是汉语中“把”字句的另一种书面表达形式，应该记住这个形式，这样，在需要的时候就会得心应手。

(6) 实行股份制以后，大刘仍然不是迟到就是早退，____经理批评了一顿。

A. 把　　B. 为

C. 叫　　D. 受

答案：C

分析：主语大刘是“批评”的对象，即被动者。能够表示被动意义的词语是B、C、D，但符合语法要求的只有“叫”。因为“为……所……”是固定的格式，“受”后面的动词不能带补语。

(7) 12月5日是人们用自己的行动表示爱心的日子，____称作“志愿者日”。

A. 被　　B. 受

C. 让　　D. 把

答案：A

分析：“把、让”不能直接放在动词之前，“受”后的动词不能带宾语。A是唯一正确的选择。

(8) 为了保证游客的合法权益不____侵害，国家旅游局决定取消团进团出游。

A. 把　　B. 让

C. 由　　D. 受

答案：D

分析：A、B、C三个介词都不能直接用在动词之前，只有D符合语法要求。

(9) 她总是喜欢____她认为重要的内容用七彩的颜色标记出来。

A. 让　　B. 在

C. 把　　D. 给

答案：C

分析：“在”后应该是时间或处所，“给”后一般是表示人的词语，“让”组成的应该是被动句，都不符合句子的要求。只有“把”最恰当。

(10) 在那次客机坠毁的事故中，有数百人____夺去了生命，损失极为惨重。

A. 让　　B. 把

C. 叫　　D. 被

答案：D

分析：只有“被”可以直接用在动词之前，其他词语没有这个功能。

(11) 学生的期中和期末考试大都____课本的内容为基础，HSK 则不是这样。

A. 把　　B. 用

C. 以　　D. 拿

答案：C

分析：“以……为……”是汉语“把”字句的另外一种表达形式，必须记住。

(12) 看完这部电影，我们全班同学都____深深地感动了。

A. 让　　B. 叫

C. 被　　D. 把

答案：C

分析：“让、叫、被”的意义相同，但在用法上却有不同之处，即“让、叫”作介词时后边必须有名词，而“被”却可以直接用在动词之前。

(13) 我今天上午刚刚买来的一辆新自行车就____借走了。

A. 被　　B. 把

C. 让　　D. 为

答案：A

分析：同样是“被”与其他介词在用法上的不同。“借”是动词，能够直接用在它前边的只能是“被”。

(14) 有一次坐公共汽车时，我的钱包不知道什么时候____偷走了。

A. 叫　　B. 被

C. 使　　D. 把

答案：B

分析：参考前边句子的分析。

(15) 不知到底过了多久，他____一阵远处的雷声所惊醒。

A. 把　　B. 让

C. 被　　D. 使

答案：C

分析：“被……所”是比较固定的被动形式。另外，在这个句子中，“他”是被动的，其他词语都没有被动的意义。

三、病句分析

(1) 我们要出发了，你应该把自己的东西收拾。

(2) 到了夜里一点，我才把老师留的作业完了。
(3) 对不起，我把你的衣服脏了。
(4) 我打算把这本书成为英文。
(5) 按照规定，你们都不能把照相机进里边去。
(6) 老师把我们的态度注意了一下儿。
(7) 你把我同学见面了没有？
(8) 我把这次旅行的安排没有告诉旅行社。
(9) 你们把书和本子应该放在前边。
(10) 今天的作业被做完了。
(11) 睡了一会儿，她突然被奇怪的声音醒了。
(12) 昨天我们出去玩儿的时候，没想到被下雨了。
(13) 我们被领导讲了学校的情况。
(14) 他的宿舍只有星期天才被干净。
(15) 我的作业没有做完，难免被老师的批评。

四、应用练习

1. 把下列句子改写成“把”字句或“被”字句

(1) 因为房间里太热，小刘脱了大衣。
(2) 这几个问题我们终于弄明白了。
(3) 昨天的大雨把整个校园洗刷得干干净净。
(4) 我记住了这篇文章的全部内容。
(5) 他们拒绝了我的要求。

2. 给词语选择恰当的位置

(1) 中国A“入世”以后，B不少国外大企业都C他们的办公地点D迁往内地。
将
(2) A慢点儿B吃，C把肚子D弄坏了。
别
(3) 重要的不是A学了多少，而是B把C学过的内容全D都记住。
能不能
(4) 今天A我又B批评C了一顿D。
让老师
(5) A听说这次展销会上B抽样C检查的商品中，有一多半D存在质量问题。
被
(6) 我A想一个小时B把这本小说C看D完吧。
能
(7) 幸福的时光A转瞬即逝，婚礼B飞机轰鸣声C彻底D打乱。

被

(8) 都下起雨来了，怎么还 A 把外边的衣服 B 收 C 进 D 来！

不

(9) 刚吸了一口，A 我 B 把烟 C 摔在地上，D 在心里骂自己：“太没出息了！”

就

(10) 这几天太忙了，我 A 还 B 来得及 C 把在长城照的照片 D 发给你。

没

3. 选择恰当的词语填空

(1) 侯耀文老师____他平凡的一生全部贡献给了相声事业。

A. 向　　B. 把
C. 让　　D. 使

(2) 这个意外的消息____在场的人都大吃一惊。

A. 把　　B. 使
C. 被　　D. 将

(3) 礼堂里的数千名听众都____他那富有激情的讲演深深地吸引住了。

A. 把　　B. 为
C. 被　　D. 受

(4) 在那次列车追尾事故中，数十人____夺去了生命，公司也因此损失惨重。

A. 让　　B. 把
C. 叫　　D. 被

(5) 著名的体育节目主持人那威先生，____公认为中国五子棋之父。

A. 把　　B. 被
C. 受　　D. 由

(6) 世界上各个国家的高等入学考试大都____学生课本上学习的内容为基础。

A. 把　　B. 用
C. 以　　D. 拿

(7) 实行股份制以后，你还跟以前一样，出工不出力，当然要____批评。

A. 把　　B. 为
C. 叫　　D. 受

(8) 读书的时候，应该____自己认为比较重要的内容用笔标记出来。

A. 让　　B. 在
C. 把　　D. 给

(9) 在这次事故中，有 20 人____夺去了生命，家属希望有关部门做出解释。

A. 让　　B. 把
C. 叫　　D. 被

(10) 我的录音笔不见了，原来______我大卫拿去用了。

A. 让　　B. 把
C. 为　　D. 由

第五课　结果、趋向、可能补语分析

一、知识讲解

汉语中的补语包括结果补语、趋向补语、可能补语、程度补语、时量补语、动量补语、数量补语和介宾补语等，在汉语学习中，应该对补语给予一定的重视。本教材将分三课对补语的使用进行简要的介绍。本课重点对结果补语、趋向补语和可能补语进行分析。

(一)结果补语

结果补语是由动词或形容词在主要动词后构成的一种语法形式，表示动作产生的某种结果。必须注意的是，汉语应用中，对结果补语的否定只能用“没”。结果补语的内容很广泛，本课集中介绍以下几种。

1. 动词+完/见/到/着

这几个词语是最常见的动词做结果补语的形式。应该注意的是，“着(zháo)”做结果补语除“睡着、点着”外，都与“到”相同。

做完作业、看完电影、吃完晚饭
打扫完房间、学完第四课、考完综合课
听见声音、看见东西、遇见人
碰见一个朋友、闻见什么味儿
找到他、看到一本好书、接到一个电话
收到一封信、买到东西、听到一件新鲜事
找着了、吃着了、看着了、听着了
买着一本好书、找着一位好朋友
<u>睡着觉</u>、<u>点着火</u>

2. 动词+会/懂

“会”做结果补语常常表示通过学习掌握了某种技能。

学会说汉语、学会写汉字、学会开汽车
学会唱京剧、教会每一个同学、学会法语
看懂课文、读懂小说、听懂了你的话

3. 动词+开/走/动

“开”表示与“关、合”相反的意思，也可以表示离开某个位置；“走”表示离开，常常有移动距离远的意思；“动”只强调位置挪移，不一定离开多远。

打开书、开开电视、搬开桌子、解开衣服
骑走自行车、拿走了书包、寄走了几封信

搬动桌椅、推动汽车、挪动行李

4. 动词+住/下

“住”做结果补语表示通过动作使某事物停留在某处，也可以表示比较抽象的意义；“下”做结果补语除带有某种趋向的意思之外，也与“住”有相同的意义和用法。

停住车、站住脚步、记住这件事、抓住机会

放下书包、低下头；坐下不少人、记下这些符号

5. 动词+上/成

“上”常常表示通过努力达到了某种不容易达到的目的，也可以表示合并、添加等意思；“成”则表示成功与否，注意与“完、好”的区别。

住上高楼、穿上新衣、开上汽车、用上电脑、吃上饺子了

关上门、合上书、闭上眼睛、堵上窟窿

种上几棵树、写上名字、贴上邮票、补上衣服

爱上了他、交上了朋友、喜欢上了你

还真搞成了、没有来成、没有去成、终于做成了

6. 动词+好/对/错

形容词做结果补语时，形容词本身已经明确地告诉我们动作的结果了。

做好了、写好了、说好了、吃好了、弄好了、修好了

写对了、做对了、说对了、听对了、来对了

写错了、做错了、拿错了、说错了、听错了

7. 动词+清楚/干净

“干净”做结果补语除了本身的意思之外，还有特殊的意思，如“忘干净”，这里的“干净”与“洗干净”中的“干净”不一样。

听清楚、写清楚、记清楚、看清楚

洗干净、擦干净、弄干净、忘干净

(二)趋向补语

趋向补语是在动词后说明动作趋向的补语，包括简单趋向补语和复合趋向补语两种：简单趋向补语是在动词后加上“来”或“去”表示动作的趋向，“来”强调动作面向说话的人，“去”则相反；复合趋向补语是在动词后加上“上、下、进、出、回、过、起、到”与“来、去”的组合成分。需要特别强调的是，无论简单趋向补语还是复合趋向补语，如果动词的宾语是处所，那么，这个宾语必须放在“来、去”之前，其他宾语则不受这个限制。

1. 动词+来

上/下来、进/出来、回来、过来、到……来、起来、买来、带来、拿来、借来、弄来、送来……

上来、上楼来、上山来
下来、下山来、下楼来
回来、回学校来、回宿舍来
起来、到教室来、进商店来
买来一本书、买一本书来
带来一件衣服、带一件衣服来
弄来一张票、送一件礼物来、拿一块蛋糕来

2. 动词+去

上/下去、进/出去、回去、过去、到……去、带去、拿去、买去、送去……
上去、上楼去、上山去
回去、回学校去、回家去
进去、进办公室去、进宿舍去
买去一本书、买一本书去
送去一瓶酒、拿两个面包去、带点东西去

3. 动词+上/下/进/出/回/过/起/到+来/去

走进来，跑出去，爬上来，坐下去，带回去，送过去，站起来，开到学校去等，这些是复合趋向补语的形式。
走进教室来、带回家来
拿到图书馆来、送上楼来
跑进宿舍去、送回国去
开到学校里去、爬上山去
买回来一台电视机、带回去一本词典

4. 动词+进/出/回/过/到/上/下+宾语

有些表示趋向的补语不一定用“来、去”，因为有的动词本身已经含有方向性了。这时其形式和意义更接近结果补语。
开进学校大门、走出家门、跑回宿舍
送回学校、爬上山顶、拿下楼、带到家

(三)可能补语

可能补语是在动词与结果补语或趋向补语之间加上“得”或“不”构成的一种语法形式，表示动作可能或不可能达到的某种结果。在可能补语中，如果动词有宾语，则宾语应该放在补语之后。

1. 动词+得/不+动词+(宾语)

这是可能补语最常见的一种形式。
看得见、看不见、听得懂、听不懂你的话
做得完、做不完、干得成、干不成事

打得开、找不到、找不到老朋友

学得会、学不会、买不着这样的衣服

找得着、找不着、吃得着、听不着这么好的音乐

2. 动词+得/不+形容词+(宾语)

这同样是可能补语常见的一种形式。

写得好、写不好、做得对、做不对这个题

看得清楚、看不清楚、记得清楚、记不清楚你的意思

洗得干净衣服、做不好这样的菜、猜不对这个谜语

3. 动词+得/不+趋向动词

这种可能补语应该注意“得/不”的位置，特别是当复合趋向补语做可能补语时，“得/不”只能放在复合趋向补语与动词之间，而不能放在“来/去”之前。

回得来、回不来、进得去、进不去、上得来、上不来

买得回来、买不回来、爬得上去、爬不上去

想得起来、想不起来、听得出来、听不出来

4. 动词+得/不+起+(宾语)

“起”多指经济上有没有能力承受。应该注意，不能轻易对某人使用“看不起”！

吃得起、吃不起、玩儿得起、玩儿不起、买得起房子

穿得起、穿不起、开得起、开不起高档汽车

5. 动词+得/不+了+(宾语)

“了(liǎo)”在可能补语中既可以表示能否实现某个动作，在强调数量时，又可以表示能否完成某个动作。

去不了、说不了、跑得了、来得了

今天上不了课了、明天去不了长城

喝不了、吃得了、拿不了、带得了

我一晚上做不了这么多作业。

你一个人喝得了这么多啤酒吗？

6. 动词+得/不+下+(宾语)

“下”表示某个处所能否容纳某些人或物。

会议室坐不下这么多人。

书包里放不下十几本书。

车里已经坐不下了。

我再也吃不下了。

7. 形容词+不+了

这种可能补语的形式多表示说话者的主观判断。

他的境况好不了。(不可能好)

今天的人多不了。(不可能多)

我给你介绍的朋友错不了。(不会错)

你放心，这次考试难不了。(不会难)

8. 可能补语的正反疑问形式：动/形+得+补语+动/形+不+补语？

应该特别注意与程度补语的正反疑问形式的区别，程度补语的正反疑问形式是：“动词+得+A+不+A？”。

下这么大的雨，咱们去得了去不了？

这么重的东西你一个人拿得动拿不动？

今天的作业做得完做不完？

你跟她说得清楚说不清楚？

这么脏的衣服，你洗得干净洗不干净？

那么高的山咱们爬得上去爬不上去？

他们足球踢得好不好？

衣服洗得干净不干净？

二、语词分析

要求：给句子后的词语选择恰当的位置或选择恰当的词语填空。

(1) 妈妈从 A 我们姐妹俩拣 B 的废纸中认真 C 地挑出可以再次利用 D 的钉成本子给我们用。

来

答案：B

分析：有的同学可能选择 A，组成“从来”，但“从来”的后边应该是动词性词语，而且还应该有“没、不”跟它搭配，因此不合适。

(2) 再 A 回 B 去 C 的时候，我一定给父母带些这里 D 的特产。

广州

答案：B

分析：句子中动词既有宾语又有趋向补语，而宾语是处所词语时，宾语必须放在“来、去”之前。这是汉语语法不变的规则。

(3) 哎，张同，你买 A 的那本书 B 我已经给你放回 C 书架上 D 了。

来

答案：A

分析：C、D 都是错误的选择，即使 D 处可以用一个表示趋向的词语，也应该是“去”而不是“来”。“买”的结果或趋向应该是“来”。

(4) 在国内我 A 学过几年汉语，听 B 懂的地方我 C 看字幕就 D 可以了。

不

答案：B

分析：A 处不能用“不”，因为“学过”的否定形式只能是“没”。C、D 同样不能加上“不”，因为那样会破坏句子真实意思的表达。

(5) 要把这些东西搬 A 进去，我一个人搬 B 不动，你 C 帮帮 D 我。

得

答案：C

分析：A 不可以，因为在“把”字句中动词不能带可能补语。B、D 同样不能放“得”。其实，“得”这里是能愿动词，即“应该”。

(6) 咱们已经爬了三个小时了，我都快要爬不____了，歇会儿吧。

A. 上　　B. 起

C. 动　　D. 去

答案：C

分析：“爬了三个小时”的结果是太累了，而“累”同时又是“爬不动”的原因。

(7) 在全世界范围内抵御金融风暴，______各个国家的密切合作。

A. 不离开　　B. 没离开

C. 离不开　　D. 能离不开

答案：C

分析：“离开”的可能补语的否定形式只能是“离不开”，而“没离开”只是“离开”的一般否定形式，不符合句子本身的意思。

(8) 今年冬天一场雪都没有下，让人怎么能够__________呢！

A. 兴奋不起来　　B. 兴奋得起来

C. 兴奋得出来　　D. 兴奋的上来

答案：B

分析：句子中的“怎么……呢？”是反问句的形式，表示的是否定的意思，因此，应该用可能补语的肯定形式。关于反问句可以参考第十课的介绍。另外，“起来”表示的是“兴奋”开始并继续的意思，“出来”不能表达这样的效果。

(9) 两年的朝夕相处，我渐渐地爱____了他，可我怎么跟他开口呢？

A. 着　　B. 过

C. 开　　D. 上

答案：D

分析：“爱上他”是对他产生了“爱”的结果，其他词语不能表达相同的意思。

(10) 任何动植物的生长都______空气、阳光和水，人当然也不例外。

A. 不离开　　B. 能不离开

C. 能离不开　　D. 离不开

答案：D

分析：这个句子与第(7)个句子相同，只能用“离不开”。

(11) 这次考试有几个问题我________，恐怕很难通过了。

A. 回答没对　　B. 没回答对

C. 不回答对　　D. 回不答对

答案：B

分析："回答对"是结果补语的表达形式，对结果补语进行否定，只能在结果补语前加"没"，因为这个结果是已经存在的事情。

(12) 我们班的教室不大，一下子来这么多听课的人恐怕坐不______。

A. 起　　B. 进

C. 住　　D. 下

答案：D

分析："坐不下"是"不能容纳"的意思。其他词语不能清楚地表达这个意思。

(13) 他很喜欢中国的山水画儿、人物画儿，打算买几幅带______。

A. 出来　　B. 进去

C. 过来　　D. 回去

答案：D

分析：根据句子意思分析，"他"应该是外国人，在中国生活，因此，在中国买了东西当然应该是"带回去"。动作的趋向离开说话人应该用"……去"。

(14) 他的包不知道什么时候从自行车上掉______了。

A. 出来　　B. 起来

C. 出去　　D. 下来

答案：D

分析："包"在自行车上，"掉"的结果只能是"下来"。"出来、出去"表示从里到外或从外到里，不符合句子的意思。"起来"表示向上，更不能与"掉"搭配使用。

(15) 我们都说不喝了，他把最后一口啤酒喝______了。

A. 下来　　B. 下去

C. 进来　　D. 起来

答案：B

分析："喝"这个动作表示从口腔到肚子里的过程，应该是向"下"的趋向，因此，只有"喝下去"才符合语法要求。"进来"如果是"进去"，在句子中也同样可以表达清楚意思。

三、病句分析

(1) 北京的火车站里人真多，我从来没有看那么多人。

(2) 妈妈听孩子的话，心里很高兴。

(3) 他一说这句话，就把箱子搬走了。

(4) 我每天晚上都是复习旧课完再预习新课。

(5) 他不吃完饭就去找朋友了。

(6) 两年以后我还会回来北京。

(7) 上课已经 20 分钟了，他才走进来教室。

(8) 我把水果买来在回家的路上。

(9) 联欢会给我们带欢乐来了。

(10) 她把书包放下在旁边。

(11) 我那年考不上大学，心里非常难过。
(12) 秀珍找对象的条件太高，所以她不找到朋友。
(13) 这课的语法比较难，不好好复习就掌不握。
(14) 我们一定要把这些问题解决得好。
(15) 过了一个小时以后我才买得到了几张票。

四、应用练习

1. 在下列句子中的空格处填上适当的补语

(1) 他不一会儿就把书柜里的书摆____了。
(2) 把这次考试的要求讲____、讲____，大家才能做____。
(3) 刚下过雨，路上不小心摔____了。
(4) 是老刘去火车站把小张接____的。
(5) 他转____身子____，一步步地向我走____。
(6) 开学刚刚三个星期，他就交____了几个好朋友。
(7) 我的手机号码这么长，你记____吗?
(8) 你连路都走____，能跟我们爬香山吗?
(9) 会议室太小了，坐____这么多人。
(10) 她眼睛不好，坐在教室后边看____。

2. 给词语选择恰当的位置

(1) 外边下雨了，A 快 B 进 C 来 D 吧。
屋里
(2) 伴随着优美的旋律，各国运动员 A 阔步 B 走 C 了体育场 D.
进
(3) 等 A 他取 B 了钱跑 C 商店的时候，商店早就已经关 D 门了。
到
(4) 我们大家都看见张老师 A 走 B 进 C 教室 D 了。
去
(5) 自从离开家乡 A 以后，我已经有十来年 B 没回 C 家乡 D 了。
来
(6) 我是亲眼 A 看见他们一起走 B 进 C 图书馆 D 的。
去
(7) 不久他就看 A 了一个比他 B 大十岁的女人并跟 C 她结 D 了婚。
上
(8) 我 A 哪知道 B 他竟然 C 会做 D 这种可笑又可气的事啊。
出
(9) 有人说国产空调 A 过 B 关，买 C 回来没几天就不能用了，可我的已经 D 用了三四年了。

(10) 这孩子学习 A 路子不错，只要考 B 上，就是将来读 C 博士我也供 D 他。（不 / 得）

3. 选择恰当的词语填空

(1) 董事长早上突然生病住进了医院，下午的股东会没有____。
A. 开好　B. 开成
C. 成功　D. 开完

(2) 记得小时候有一次买本子回来，妈妈硬让我把多找的钱________。
A. 给商店还回去　B. 还回给商店去
C. 还给商店回去　D. 回去给商店还

(3) 俗话说得好，“便宜没好货”，你那些 2 元店买的东西________。
A. 不好了　B. 好不了
C. 好得了　D. 得好了

(4) 她才刚刚十几岁，一个人肯定照顾____这么多的孩子。
A. 不过　B. 不了
C. 不及　D. 不得

(5) 有些中老年人的思想早就______时代的发展了，应该尽快更新观念。
A. 不跟上　B. 跟不上
C. 跟得不上　D. 不跟得上

(6) “忠言逆耳利于行”，你不能谁的话都听不____。
A. 起来　B. 下来
C. 进来　D. 进去

(7) 近几年工资是增加了不少，但普通家庭还是______轿车。
A. 买得起　B. 买不起
C. 买得来　D. 买不来

(8) 时间太紧张了，我们准备得也不够充分，这项任务恐怕______。
A. 不完成　B. 完不成
C. 完没成　D. 没完成

(9) 你给我的这本书那么厚，一个月恐怕__________。
A. 不翻译完　B. 译不完
C. 翻译完　D. 翻不译完

(10) 要带的东西太多了，光靠我一个人可___________。
A. 拿得动　B. 拿起来
C. 拿不了　D. 拿不起来

第六课 程度(情态)、介宾补语分析

一、知识讲解

本课主要介绍程度补语与介宾补语。这里所要介绍的程度补语，也包括某些语法书上所采用的情态补语或状态补语，为了简单明了，本教材没有采用后两种提法。

(一)程度补语

程度补语是由在动词或形容词与补语之间加上“得”构成的一种语法形式，表示动作达到的某种程度。如果动词带宾语，则可以在宾语后重复动词再加“得”和补语，也可以把宾语放在动词前边，补语不能直接跟在宾语之后；在程度补语之前可以用“很、非常、十分、不、不太”等表示程度或否定的副词加以修饰。有些表示程度的补语与动词或形容词之间也可以不用“得”，而是补语直接跟在动词或形容词之后。

1. 动词+得+补语

这是汉语程度补语最典型的一种形式。它的否定形式是在补语之前加“不”。应该注意的是，做补语的形容词前一般应该加“很、十分、非常”等程度副词，否则句子中就应该出现对比的形式。

他跑得很快。

你说得不太流利。

老师讲得非常清楚。

你写得十分漂亮。

他过得很舒服。

我说得不够准确。

你跑得快，我跑得慢。

2. 形容词+得+补语

这种形式的程度补语一般没有否定的形式。

我忙得忘了吃饭。

他急得直哭。

我饿得要命。

她高兴得笑了起来。

这样做好得很。

3. 动词+宾语+动词+得+补语

这是一种符合汉语语法，但并不十分简单的语法形式，口语中，人们更喜欢用“宾语+动词+得+补语”的形式。

你们说汉语说得很流利。

他打篮球打得非常好。

这个小孩子走路走得很快。

4. 宾语+动词+得+补语

这是口语中最常用的动词带宾语又带程度补语的一种语法形式。有时宾语也可以放在主语之前。

他汉字写得十分漂亮。

巴西队足球踢得非常流畅。

这个学生京剧唱得特别有味儿。

汉语他说得很不错。

5. 动词+补语+(宾语)+了

这种形式的程度补语在口语中有着广泛的应用，语义表达得既简单又清楚。但应该注意的是，这里的动词，一般都是表示心理活动的动词，一般动词不用在这种形式的句子里。此外，这种句子形式一定要适时而用，不能随便用，否则会产生不太理想的结果。

他喜欢极了。

我怕坏了。

她恨死你了。

我想死他了。

我讨厌死你了！

6. 形容词+补语+(宾语)+了

这种形式与上面的形式基本一样，因为汉语的形容词与心理动词有相同的语法作用。还应该注意的是，这种句子里的带宾语的形容词，其实已经变成了动词。

我累死了。

他已经饿坏了。

这两天冷极了。

今天热死我了。

这回可高兴死他了。

7. 程度补语的正反疑问形式

程度补语在形式上与可能补语有相似的地方，因此，不少学习者容易把它们弄混。要特别强调的是，可能补语的正反疑问形式是“动词+得+A+动词+不+A？”，而程度补语的正反疑问形式则是“动词+得+A 不 A？”。

我写得对不对？

他分析得清楚不清楚？

现在的日子过得幸福不幸福？

老师讲得好不好？

她长得漂亮不漂亮？

(二)介宾补语

汉语中的介宾词组一般用在动词前做状语，其中有一小部分也可以用在动词后做补语，补充说明动作的时间、处所、来源、对象、方向或结果等。介宾词组常常用在动词之后，个别介词(如“于”)组成的介宾词组也可以用在形容词之后。在汉语句子中，动词带介宾补语之后，一般不再带宾语或其他补语。介宾补语在书面语中用得较多。

1. 动词+自+宾语

动词一般是单音节的，“自”后的宾语多为表示时间、处所的词语，有些表示处所的词语则比较抽象。

来自美国、产自东北、出自广东
寄自湖北、源自山东、起自云南
始自唐朝、发自内心、出自脑海

2. 动词+给+宾语

“给”的宾语一般情况下应该是与人有关的词语，有的即使字面上看不出人的意思，其实仍然是与人有关的，如“图书馆”、“办公室”、“商店”等。

送给别人、卖给他们了
借给朋友、带给爸爸妈妈
还给图书馆、交给办公室

3. 动词+往/向+宾语

“往/向”的宾语多为方向、处所词语，且多是国家或地区名。其中“向”的后边还可以是“未来”一类表示时间的词语。

开往上海、飞往德国
派往非洲、销往世界各地
送往西部地区、寄往澳大利亚
开向广州、飞向南方
跑向终点、奔向莫斯科
走向未来、面向 21 世纪

4. 动词+在/到/成+宾语

“在、到”的宾语既可以是处所词语，也可以是表示时间的词语；“成”的前后多为事物，带有明显的转化的意思。

走在路上、躺在床上、放在桌子上
挂在墙上、拿在手里、掉在地上
记在心里、印在脑海里、消失在夜色中
生在上个世纪、死在 70 年代
发生在去年、定在 8 点
开到楼下、送到家里、带到教室

学到两点、等到明天、坚持到胜利
天写成夫、左念成右、大看成太
北京说成背景、新娘叫成新郎

5. 动词+于+宾语

动词后的“于”与“在”、“跟”、“从”、“给”、“向”的意思相同，其后可以是处所或时间词语，也可以是人物等其他有关的内容。“于”多用在书面语中。

于→在：龙井茶数百年以前就已经闻名于世了。
中华人民共和国位于亚洲东部，太平洋西岸。
赵老出生于北京，逝世于上海。
这个组织成立于三十年前。
李小姐毕业于 1989 年。

于→跟：老师的年龄相当于我的三倍。
十五加十五等于三十。

于→从：他毕业于北京大学。
黄河发源于青海。
青出于蓝而胜于蓝。

于→给：这次成功应该归功于大家。
不能把这样的结果归罪于他人。
你这样做不是嫁祸于人吗?

于→向：这件事可以求救于人。
这下儿你可以告慰于家乡父老了。

6. 形容词+于+宾语

这里的“于”跟“比”、“对”相当，其后的词语也多是“比”和“对”的对象。这时的“于”既用在口语中，也用在书面语中。

于→比：我的年龄肯定大于你。
我们班的学生多于他们班。
这座楼房高于 300 米。

于→对：这样做有利于大家的健康。
长时间在电脑前工作不利于人的眼睛。
多跟他聊聊有助于你们互相了解。
吸烟和酗酒都有害于健康。
你这样做有损于你们之间的关系。

二、语词分析

要求：给句子后的词语选择恰当的位置或选择恰当的词语填空。

(1) A 每天 B 早晚刷牙有利 C 口腔健康，应该养成 D 这种良好的习惯。

于

答案：C

分析：“于”的几个意义中就包括“对”的用法，“有利于……”即“对……有利”。类似的用法还有“有益于、有害于、有助于、有损于”等。

(2) 坐落A北五环B路上的奥海大厦，是为C 2008年奥运会专门设计D建筑的。

在

答案：A

分析：“坐落”与“北五环路上”之间必须有一个介词才能清楚地表达意思，因此，A是唯一恰当的选择。C不可以。

(3) 今年2月14日，当我接A到男朋友B送给我的玫瑰花时，我都C高兴D不知道怎么办了。

得

答案：D

分析：“高兴”得怎么样呢？“不知道怎么办”与“高兴”之间一定要用“得”，这是谓语与程度补语的标志。A处不能用“得”，因为那样将组成可能补语，与句子所要表达的意思不符。

(4) 她对你买的这件衣服A喜欢得B，你又是她C好朋友，送给她D好吧？

很

答案：B

分析：A、C、D似乎都可以用“很”，但是，只有“喜欢得”后边才必须加上“很”，否则句子不能清楚地表达意思。“喜欢得很”，就是“很喜欢”的意思。

(5) 我是A南方来到B北京的，刚来C这里时D不太习惯。

从

答案：A

分析：“从”后边应该有时间或处所名词，再后边的动词常常是“来、去、到、买来、带来”等动词，因此，只有A最合适。

(6) 木村小姐正站____树下等咱们呢，咱们赶快过去吧。

A. 着　　B. 立

C. 住　　D. 在

答案：D

分析：句子中“站”与“树下”之间只能加一个介词，而四个备选答案中只有“在”符合这个标准，其他词语都不合适。

(7) 你看，他高兴得____不知道是上楼好还是下楼好了。

A. 才　　B. 还

C. 都　　D. 就

答案：C

分析：句子中“高兴”的程度很高，高到“已经不知道……好了”。只有“都”具有“已经”的意思，同时可以表示程度高，其他词语都不合适。

(8) 北京的房价越来越贵，贵____简直让人不敢相信了。

A. 的　　B. 得

C. 了　　D. 地

答案：B

分析：“让人不敢相信”是句子中“房价贵”的程度和结果，因此，只能选择连接谓语与补语的“得”。

(9) 竞选双方的矛盾异常激烈，已经处____一触即发的状态。

A. 自　　B. 在

C. 从　　D. 向

答案：B

分析：介词“从”不能用在动词“处”的后边，“自、向”后边一般跟时间和处所词语，只有“在”可以跟比较抽象的词语“状态”等。

(10) 本公司产品不仅享誉全国，还销____欧美数十个国家。

A. 自　　B. 于

C. 在　　D. 往

答案：D

分析：备选的四个词语后都可以是“欧美……国家”，而句子中的动词“销”后只能跟具有动态性质的介词“往”才符合句子的意思。

三、病句分析

(1) 听说北京一刮风天气就会变很冷。

(2) 我们班老师上课开头得很有意思。

(3) 下次作业我一定要写得清楚。

(4) 她来到教室以后，我们班里的气氛变了很热闹。

(5) 你的鞋破着很厉害，应该换换了。

(6) 听说你们班张老师病得很。

(7) 他的英语不说得很流利。

(8) 他踢足球踢得很好极了。

(9) 我把我的衣服放在洗衣机。

(10) 中国是十三亿人口住在的地方。

(11) 我们都是一起来从同一个城市。

(12) 老师对我们非常热情，一直到楼下送我们。

(13) 我们要在这里到明年7月一直学习。

(14) 我们学习的课程相当二年级的水平。

(15) 大家都知道吸烟有害对健康。

四、应用练习

1. 把下列所给的成分合并成程度补语或介宾补语的句子

(1) 玛丽打扫房间　　房间干干净净

(2) 我着急　　吃不下饭，睡不好觉

(3) 他喜欢踢足球　　他满头大汗

(4) 她高兴地叫着　　向妈妈怀里扑去

(5) 他在候机室里坐着　　他在等飞机

2. 给词语选择恰当的位置

(1) A 湖南境内的张家界风景区，B 以水清、石秀、林深 C 闻名 D 世。
于

(2) 这批 A 进口水果全部 B 产 C 澳洲，口感特别好，D 营养价值也非常丰富。
自

(3) 他已经 A 把自己的照相机 B 借 C 几位好朋友 D 了。
给

(4) 他 A 妈妈昨天从广东 B 寄 C 他 D 一台进口的数码相机。
给

(5) 他放学 A 回到家以后，B 把书包放 C 椅子上就 D 跑出去了。
在

3. 选择恰当的词语填空

(1) 张先生 30 年前远渡重洋就读____美国哈佛大学，最近回到国内发展了。
A. 自　　B. 在
C. 从　　D. 于

(2) 你说的笑话太有意思了，笑得我们都__________了。
A. 一点儿肚子疼　　B. 一点儿疼肚子
C. 有点儿疼肚子　　D. 肚子有点儿疼

(3) 三十几年来中国的发展速度远远高____其他国家，呈现出旺盛的势头。
A. 起　　B. 比
C. 于　　D. 多

(4) 海尔彩电除满足国内需求外，还____美国、日本、德国等数十个国家。
A. 销售　　B. 卖往
C. 销往　　D. 售往

(5) 参加巴黎“利比亚之友”国际会议的有____40 多个国家和地区的代表团。
A. 从来　　B. 来从
C. 来自　　D. 来往

(6) 我已经学了三个月书法了，你看这毛笔字我____________？

A. 写得好看写得不好看　　B. 写得好看不好看

C. 写得好看写不好看　　D. 写得好看和不好看

(7) 这种新的建筑技术好就好____经济实用而又简单易行上。

A. 像　　B. 比

C. 在　　D. 是

(8) 从妈妈的微笑中，女儿看到了她发____内心的喜悦。

A. 从　　B. 在

C. 自　　D. 现

(9) 教练不会把运动场上没有用的东西教____你们，好好练吧！

A. 为　　B. 受

C. 向　　D. 给

(10) 你们快看，王平高兴得简直____合不拢嘴了。

A. 也　　B. 还

C. 都　　D. 就

第七课　时量、动量、数量补语分析

一、知 识 讲 解

本课介绍的时量、动量和数量补语在有些语法教材上统称为“数量补语”。我们认为，对外国学习者来说，这部分内容分得细一些更有助于理解和掌握。因此，我们还是按照对外汉语教学的一贯做法，分开介绍三种补语。

(一)时量补语

时量补语就是用一个表示时段的词语在动词后面补充说明动作持续的时间。动词如果带宾语，这个宾语一般应该放在时量补语的后边；宾语如果是代词(如“你、我、他”等)或称呼(如“小李、王老师”等)，则放在时量补语之前；有些表示不可持续动作的动词，如“来、去、到”等，其后的处所宾语也应该放在时量补语之前；离合动词带时量补语时，表示可以持续动作的离合动词中，补语应该用在离合动词的第二个字之前，其他离合动词的时量补语则应该用在整个动词之后。

1. 动词+补语+宾语(名词)

这是最常见最标准的时量补语的表现形式。

他学了三年英语。

昨天晚上你又看了一个小时电视!

我一共打了二十分钟电话。

今天我们讨论了一个下午实习计划。

我们只聊了半个小时。

你才休息了三天。

他连续睡了十几个小时。

我刚才在体育馆锻炼了二十分钟。

2. 动词+宾语(代、称词语)+补语

代词与称呼性宾语与动词的关系紧密，一般不能分开，因此，时量补语应该在宾语之后。

她等了你一个小时。

我喊了他半天。

你找我几天了?

咱们等小王一会儿，好吗?

我们在楼下等了张老师半天。

3. 动词(来/去/到)+宾语+补语

汉语中一些表示不能持续动作的动词带处所宾语又带时量补语时，宾语应该紧跟在动词之后。时量补语补充说明的是动作发生或结束至今所持续的时间。

我来北京三个月了。

他去上海八天了。

他们已经到中国两年了。

山下先生回国一年多了。

4. 动词(离合式)+补语

汉语中的离合动词带时量补语时，有的动词应该整体出现，有的则可以分开。一般来说，如果是可以持续的动作，就可以分开用，而表示不能持续的动作的“毕业、结婚”等离合词不能分开用。

我只跟她见了半个小时面。

你才睡了一个小时觉。

昨天我又游了两个小时泳。

咱们出去散一会儿步吧。

你们怎么又聊了一晚上天？

他毕业三年半了。

他们都结婚好几年了。

(二)动量补语

动量补语是在动词后补充说明动作发生的次数。动词有宾语时，补语可以在宾语后边，也可以在宾语前边。宾语是代词时，补语一般要在宾语之后。

1. 动词+补语+宾语

这应该是最标准的动词加动量补语与宾语的句子形式。汉语中的动量词语并不多，常见的有“次、遍、回、趟、下儿、顿、阵、番”等。这当中，要特别注意“次”与“遍”的区别，“遍”强调动作从开始到结束的全过程。“番”常常比较正式和书面化。

来北京以后我看过两次电影。

老师让我每天念三遍课文。

玛丽已经来过两趟北京了。

我们都找过两次李老师了。

他去了三回长城。

刚才好像敲了十下儿钟。

昨天我又被老师批评了一顿。

刮了一阵风，下了一阵雨。

老师又对我苦口婆心地讲了一番。

2. 动词+宾语+补语

这种形式在口语中也时常出现。

上星期我去过书店三次。

我已经来过中国两次了。

你只去过长城一回?

怎么?你到过王府井两趟了?

他已经找了张老师三次了。

3. 动词+代词+补语

这种语法形式与时量补语完全相同，代词紧跟在动词之后，然后才是动量补语。

他来找过你几回。

咱们再去叫他一次。

你们提醒我一下儿。

明天早上你喊我一声。

你怎么无缘无故踢人家一脚?

你又瞪了我一眼。

(三)数量补语

数量补语一般用在比较句或含有比较意思的句子中，说明比较的具体差别。数量补语中的数量可以是很具体的，也可以是比较模糊的，要根据具体的语言环境来决定。

1. A 比 B+形容词+补语

数量补语其实就是比较的具体差别，可以是具体的数量，其中包括年龄、时间、温度、重量、面积等等，也可以是比较模糊的数量，最常见的如“一点儿、一些、得多、多了”等。

我比你大三岁。

今天比昨天低五度。

这个比那个长一点儿。

你比我大得多。

上海比北京暖和一些。

今年比去年凉快多了。

2. 主语+形容词+补语

这种句式虽然不是标准的比较句形式，但仍然含有比较的意思。句子中的数量补语同样可以有上面说的两种形式。

这件衣服长了一点儿。

这双鞋你穿小一点儿。

这张床舒服一些。

这套房少了五平方米。

那孩子今年高了八公分。

(四)时间、数量词语与“来、多、几”

“来、多、几”这几个词在与时间、数量词语搭配使用时，常常表示大概的时间和数量。应该注意的是，它们一般要放在“十、百、千、万、亿”等整数词之后，量词之前。

他就住十来天。

我已经工作了二十多年了。

我们研究十几年了。

昨天我一下子买了二十来本书。

我听说他们一次吃了四百多块钱。

下星期还要来六十几个新同学。

在具体的使用中，这几个词语还存在着意义和用法上的区别，应该引起学习者的注意：

“来”一般只表示大概的时间和数量，意思相当于“左右”，“十个来月”与“十来个月”意思并不相同；

“多”则强调超过某个数量，“十多年”与“十年多”的意思不一样，“一百多块”与“一百块多”当然也有区别；

“几”的用法就更特别了，它一般只表示“1～9”的数量，因此，一般情况下，“几”同样可以放在“十、百、千、万、亿”等整数词之后，但除了“十”以外，在其他词语后时，“几”的后边还应该有别的整数词，如“一百几十年、一千几百天”等，不能说“一百几年、一千几天”。

我就带了一百来块钱。

汉语进修学院有一千五百来个学生。

我们学校有两千多位老师。

你只有几十块钱？不可能！

你只有十几块钱？不可能！

你只有二百多/来块钱？

二、语词分析

要求：给句子后的词语选择恰当的位置或选择恰当的词语填空。

(1) 西直门A向北十B公里C处，有一片D新建的住宅，那就是回龙观社区。

多

答案：B

分析：“十多公里”是11～19公里，是一个大概的数量。如果用“十公里多”范围就比较小，不符合实际情况。因此正确位置只能是B。

(2) 为了学习汉语、了解中国，我们A已经B来C北京D了。

两年半

答案：D

分析：与一般动词带时量补语不同，“来、去”带时量补语同时又有处所宾语时，宾语应该放在时量补语之前。其他动词带时量补语再带宾语时，除个别代词宾语外，宾语都应该位于时量补语之后。例如“学了两年汉语”、“看了一个小时电视”、“等了他二十分钟”。

(3) 这篇文章里不懂 A 的词语太多了，我读 B 了 20 C 遍才读 D 懂。

来

答案：C

分析：“来”与“多、几”在表示大概的数量时的用法基本相同，常常可以用在表示整体数量的“十、百、千、万、亿”等词语之后，量词之前。

(4) 今天 A 我 B 来 C 找了你 D，你都不在宿舍。

三趟

答案：D

分析：动量补语“三趟”应该放在代词宾语“你”之后。其他位置都是错误的。

(5) 刚才我 A 只吃了十 B 个 C 饺子，现在还有 D 点儿饿。

几

答案：B

分析：请参考上面“多、来”的分析。另外，“几”不像“多、来”那样，可以在表示零数时放在量词之后，如“三块多钱，四个来月”，而只能用在表示整体数量的“十、百、千”等词语之后，量词之前。

(6) 你们究竟去哪儿了？小王已经 A 在这儿 B 等了 C 你们 D 了。

半个多小时

答案：D

分析：在句子中，表示时段的时间词语一般在句子中动词之后作时量补语，但应该注意的是，如果动词带代词宾语时，时量补语一般应该放在代词宾语之后。句子中只有 D 符合语法的要求。

(7) 王小丽 A 决定每星期 B 都要跟朋友们一起去 C 吃 D 饭。

一次

答案：D

分析：“一次”在句子中作动量补语，同样应该放在动词之后，宾语之前。D 是唯一恰当的位置。B 和 C 是不少学习者喜欢的位置，但是不正确。

(8) 当时，这个小城市只有十四 A 万人，二十个 B 企业单位，居民对粮食的需求量是每年两千五百 C 万公斤 D。

多

答案：C

分析：汉语中表示概数的“多、来、几”一般应该放在“十、百、千、万”等词语之后。但是，句子中“万”其实是作为一个量词出现的，而且在“万”的后面也没有可以选择的位置，因此，只有 C 才是最正确的位置。

(9) 我看你们两个 A 还是应该 B 互相作 C 让步 D。

一些

答案：C

分析：句子中“作让步”是动宾结构，数量补语“一些”应该放在动补之间。如果选择 D 则是错误的，因为“让步”是一个离合词语，即使“一些”可以作它们的补语，也应该放在它们之间，而不是它们的后边。

(10) 经理让 A 小赵明天早上尽快到 B 公司 C 拿 D 资料。

一下

答案：D

分析：“到公司拿资料”是连动句，动量补语“一下”应该放在连动句的第二个动作之后，不能放在第一个动作的动词之后。

(11) 每天晚饭以后我都要和老伴儿出去__________，生命在于运动嘛！

A. 散步一会儿　　B. 散散一会儿步

C. 散一会儿步　　D. 一会儿散步

答案：C

分析：在离合动词带时量补语时，离合动词跟动宾词组一样，一般应该分开，即时量补语应该在离合动词之间。其他用法都是错误的。

(12) 他仔细辨认了______，终于认出那就是他丢失多年的古董。

A. 一趟　　B. 一阵

C. 一顿　　D. 一些

答案：B

分析：“一阵”可以表示比较短而快的时间，如“一阵风、一阵雨”，也可以表示比较长甚至很长的时间，如“年轻时我在北京生活过一阵”。上面句子中的“一阵”表示的是比较长的时间，句子后边的“终于”也说明了这一点。其他几个词中“一些”是数量，不说明时间的长短；“一顿”则常常与“吃饭、挨打、吵架”相关联；“一趟”只与“来、去、走”等搭配。

(13) 他的个头只比你大______，你们两个搭配挺合适的。

A. 一次　　B. 一天

C. 一点　　D. 一遍

答案：C

分析：在比较句里，时量补语可以是比较具体的数量，也可以是比较模糊的数量，“一点”就是比较模糊的数量。其他几个词语都不能用在这个句子中。

(14) 我只不过是轻轻碰了他_____，没想到他竟然发那么大火儿。

A. 一头　　B. 一下

C. 一脚　　D. 一把

答案：B

分析：“轻轻地碰一下”是最好的搭配，而“一头、一脚、一把”虽然也都可以作为临时的动量补语，但在这个句子中都不能清楚地表达意思。

(15) 在这里我们只有______同事，还不能顺利开展工作。

A. 十个多　　B. 十多个

C. 十个来　　　　D. 十个几

答案：B

分析："同事"作为人，是不可分的，因此不能用"十个多"，只能用"十多个"。"十个来"和"十个几"都不是正确的形式，同样不可能清楚地表达意思。

三、病句分析

(1) 来北京以前，我在我们国家学习汉语三年。
(2) 在上个星期的联欢会上，我们表演了节目十五分钟。
(3) 她一个人在宿舍里流泪了一个晚上。
(4) 我来中国以前学过太极拳三个月。
(5) 电话响着很长时间，他竟然没有醒来。
(6) 我们俩几个小时谈话以后就分手了。
(7) 我看了十天你借给我的那本中文小说，才看完。
(8) 来中国后我已经去两次过长城。
(9) 小王，你帮我排队一下儿，我很快就回来。
(10) 他来找过三次你了，你都不在。
(11) 我朋友每星期一次来我房间。
(12) 我姐姐三岁比我大。
(13) 你的书比我的书一些多。
(14) 我们班多你们班六个学生。
(15) 我比你们来得早一个月。

四、应用练习

1. 用时量补语、动量补语或数量补语完成句子

(1) 这酒不错，你们喝________试试。
(2) 我的自行车钥匙不见了，小李帮我找了________也没有找到。
(3) 昨天的雪真大，连续下了________。
(4) 我和你是同龄人，不过我的生日比你大________。
(5) 这个歌我们只学了________就记住了。
(6) 请你们在这儿等我________，我马上就回来。
(7) 这双鞋漂亮是漂亮，可对我来说还是贵了________。
(8) 为了看《碟3》，我已经去排了______队，总算买到票了。
(9) 就这么薄的一本书，你竟然看了________？
(10) 中国的人口比我们国家多________。

2. 给词语选择恰当的位置

(1) 我可以告诉你，A 我们班一共 B 有十 C 个 D 欧洲人。
来

(2) A 如果 B 在这里住 C，房租当然 D 可以便宜一点儿。
一年

(3) 偶尔弄到一点乌龙茶极品，拿来招待客人 A，B 总要 C 心疼 D。
好半天

(4) 离开家乡 A 以后，我有十年 B 没回 C 家乡 D 了。
来

(5) 阿里去哪儿了？玛丽 A 来这儿 B 找了 C 他 D 了。
三次

(6) 这次到东北去，刚好 A 住了三 B 个 C 月 D。
来

(7) 昨天我们三个 A 人才花了 60 B 块钱就吃 C 了一顿 D 非常丰盛的饭菜。
多

(8) 你们是在说王刚和李娜吧？A 他们 B 已经 C 结婚 D 了。
好几年

(9) 你们怎么才回来 A？大家已经在这儿 B 等了 C 你们 D 了。
一个多小时

(10) 他 A 给大家 B 说了 C 这件事情发生 D 的经过。
一遍

3. 选择恰当的词语填空

(1) 爷爷奶奶陪着我们姐妹俩在这儿读书，我们已经在这儿____________。
A. 住了五六年　　B. 住了五六年了
C. 五六年住了　　D. 五六年了住了

(2) 来美国以前，我只在国内进修了________英语，因此，刚到这里我是既聋又哑。
A. 三个月半　　B. 三个半月
C. 三半个月　　D. 三月半个

(3) 事件已经____快十个月了，但人们心理上的阴影怎么也抹不去。
A. 来　　B. 过来
C. 走　　D. 过去

(4) 马明认真地端详了____，终于认出那就是他几年前被盗走的传家宝。
A. 一点　　B. 一顿
C. 一阵　　D. 一次

(5) 三十年以前我上大学入学的那天，妈妈只给了我____块钱。
A. 多　　B. 几
C. 来　　D. 一些

(6) 昨天晚上回来得太晚了，我一共________。

A. 只睡觉了两个小时　　B. 只两个小时睡觉了

C. 两个小时只睡觉了　　D. 只睡了两个小时觉

(7) 昨天我什么地方也没有去，把自己关在屋子里________。

A. 看整一天书了　　B. 看了一整天书

C. 一整天看了书　　D. 看书了一整天

(8) 上午的考试只进行了________，但看起来同学们并不怎么轻松。

A. 一个小时半　　B. 半一个小时

C. 一个半小时　　D. 一半个小时

(9) 经理先生，您说的话我没有听懂，请您再解释______，可以吗?

A. 一会儿　　B. 一下儿

C. 一趟　　D. 一遍

(10) 到中国以前，我只在国内学习了________汉语，因此，刚到这里时我什么也听不懂。

A. 两个月半　　B. 两个半月

C. 两半个月　　D. 两月半个

第八课　兼语句、连动句、存现句分析

一、知识讲解

兼语句和连动句是汉语中的两个特殊句型，特别是兼语句中一定要使用具有使令意义的动词；连动句应该注意前后两个动作的顺序。表示存在、出现和消失的句子是存现句，在“是、有”分析一课已经简单介绍过，本课将具体讲解。

(一)兼语句

兼语句是由一个动宾结构与一个主谓结构套在一起而形成的一种句子形式，动宾的“宾”同时兼做主谓的“主”。兼语句中最重要的是要有具有使令意义的动词，汉语中最常用的这类词语包括“请、让、叫、使、令、派”等，其中“请、让、叫”多用在口语中，而“使、令、派”则多比较正式。“有”和“给”在比较特殊的情况下也可以构成兼语句。兼语句的特点是句中的第一个动词能够让它后边的宾语动起来，而且句中没有停顿。

1. 请/让/叫+名/代+动+宾

这几个用在兼语句中的动词，“请”有客气的意思；“让”有命令的语气，可以是父母或老师、领导对子女、学生或下属的指令；“叫”比较随便，可以用在朋友、同学等之间。

今天我要请朋友吃饭。
老师请我们去他家做客。
朋友请我一起去看电影。
老师让学生回答问题。
爸爸让我早点回国。
老板让你们在这儿等他一会儿。
你哥哥叫你快回家。
他不叫你跟他一起去。
你叫我干什么？

2. 使/令/派+名/代+动+宾

这三个动词的主语都可以是人，但“使”、“令”的主语也可以是事物。“派”的主语常常是“国家、学校、公司、单位、领导”等，且与宾语存在着一定的上下级关系。应该注意“令”的比较固定的格式——“令人 AB”，如“令人高兴、令人兴奋、令人失望、令人气愤……”。

这件事使我明白了一个道理。

这本书使我了解了中国。

你使我很失望。

改革开放使我们大家都富裕起来了。

这件事真令人生气。

这次事故令很多人无家可归。

他那样做真令人失望。

公司派他来学习。

学校派他去法国工作。

到底是谁派你来这儿的?

3. 有+宾+动+宾

“有”字构成的兼语句多用在口语中,“有”前可以有主语,也可以没有主语。

外边有人找你。

他有个哥哥读大学。

有个学校要请汉语老师。

有只鸟飞走了。

我有位学生叫马兰。

4. 动+名+给+宾+动

“给”可以带双宾语,如“给你书,给我磁带”等,但经过转换以后,“给”的间接宾语成了兼语。

买书给你看。

唱歌给你听。

做饭给孩子们吃。

说谜语给你猜。

我们要修条路给大家走。

(二)连动句

连动句是由两个连续的动作构成的一种句子形式,连动句中两个连续的动作具有先后的顺序,不能颠倒,而且句子中不能停顿。汉语中连动句的前一个动词多为“来、去、到”等,也可以是其他的动词。在口语中,“来、去”也可以出现在其他动词之后。应该注意的是,在由“来、去、到”等动词组成的连动句中,动态助词“了、过”只能放在第二个动词之后,“了”也可以位于全句之后,它们都不能放在“来、去、到”第一个动词之后。

1. 来+宾+动+宾

后一个动作是前一个动作的目的,“来”的宾语常常是处所词语,有时“来”后也可以没有宾语。一定要记住,在这样的句子中,“了、过”只能放在第二个动词或全句之后。

我们来北京学习汉语。
他们来中国工作。
大家来颐和园参观。
我来学校了解情况。
我来学习，他来工作。
我们一起来参加讨论会。
他来我家拿走了他的东西。
他来北京学习过汉语。
玛丽去年就已经来北京学习汉语了。

2. 去+宾+动+宾

与“来”的要求完全相同，后一个动作同样是前一个动作的目的，“去”的宾语一般应该是处所词语，而且，有时“去”后的宾语也可以省略。注意句中“了、过”的位置。

我们去商店买衣服。
你去上海看朋友了？
咱们去北京大学听讲座吧。
明天我们去公园玩儿。
他去广州做买卖了。
你去上海参观过吗？
他去干什么了？
你们也去看电影？

3. 到+宾+动+宾

由“到”组成的连动句不像“来、去”那样明确强调动作的方向性，但却兼有“来、去”的意思，而且，“到”后的处所宾语不能省略。

我们星期天要到历史博物馆参观。
你们到北京学习多长时间了？
我想到你们那儿看看。
他到咱们这儿干什么？

4. 动+宾+动+宾

这种连动句表示两个或两个以上的动作或情况接连发生，与“来、去”不同的是，这种连动句不表示目的，而且句子中第一个动词之后可以用“了、过”。

我做完作业看电视。
她下了班回家吃了饭就睡觉了。
小张刚下课拿起书包就走了。
我听了这个消息难过极了。
明天我们坐飞机去上海。
他吃过饭就出去了。

5. 动+宾+来/去

口语中“来”和“去”也可以放在句子后边，意思不变。

我们看电影来了。
他又学习汉语来了。
他找朋友下棋去了。
刚才我到商店买东西去了。

6. 有+宾+动+宾

“有”的宾语一般是抽象名词，后边的动宾短语常常可以看作“有”的宾语的定语。这种句子往往有“应该怎么样”的意思。

我有办法解决这样的问题。
你们有信心完成任务吗?
你有责任帮助他们。
大家都有权利发表自己的意见。
我们还有机会再见面。

(三)存现句

汉语中表示存在、出现和消失的句子统称为存现句。存现句是汉语中比较特殊的一种句子形式。句中主语用处所词是存现句的最主要的标志，有的句子也可以用时间词作主语。

1. 存在

表示某处所存在着某人或某事物。存在句的标准形式是“**处所词语+动词+着+宾语**”。“是、有”也可以构成表示存在的句子。

动+着：这是标准的存现句形式，很多动词都可以用在这样的句子中。

桌子上放着一本书。
墙上贴着一幅画。
院子里停着几辆汽车。
教室里坐着十几个学生。
河上漂着几片树叶。
床上躺着一个病人。

是：句中的宾语相对比较确定，有时还强调“唯一”或“多”。

学校前边是商店，后边是邮局。
玛丽右边是大卫。
楼上是教室，楼下是餐厅。
前面是一片树林。
街上都是人。

有：句中的宾语基本上是不十分确定的，一般情况下会有数量词语修饰。

学校前边有一个商店，后边有个小饭馆。

桌子上有几本书。

房间里有两张床。

教室里有几个学生。

树上有只鸟。

2. 出现

出现是指事物从没有到有的一种现象，动词中多含有“来”，主语多是处所词语。主语是时间词时，多表示发生了什么事情。

班里来了一位新同学。

前边开过来一辆汽车。

天上飞来一架飞机。

2003 年春夏之际爆发了“非典”疫情。

2008 年出现了第二次金融危机。

3. 消失

消失是指事物从有到没有的一种现象。句子中常有“去、走、死”等。

前边开过去一辆汽车。

村里死了一位老人。

班里又走了两个学生。

这座楼里上星期搬走了几家。

刚才海上沉下去一条船。

二、语 词 分 析

要求：给句子后的词语选择恰当的位置或选择恰当的词语填空。

(1) 许多人由于 A 喝水少 B 而 C 身体 D 积累了过多的脂肪。

使

答案：C

分析：看到这样的句子，首先应该很快找到“使”能够放的位置。按照汉语语法要求，“使”的位置应该在名词之前，因为无论在一般的句子中，还是在兼语句中，“使”都应该用在表示人或事物的词语前。而这个句子中，只有 C 才是恰当的位置，其他位置不符合要求。

(2) 现在我 A 给大家介绍 B 一下 C 这尊雕像的来历，请大家 D 安静。

来

答案：A

分析：“来”在这个句子中没有实在的意义，即使不用，也不会影响我们对句子的理解。在汉语口语表达中，人们常常在表示人的主语之后加上“来”，以便使语言显得柔缓，从而避免生硬。如“你来给大家谈谈”、“下面请张老师来介绍一下期末考试的情况”等。

(3) 你A这样做太B人失望了，以后C朋友们还怎么跟你D打交道啊！

令

答案：B

分析：与“使”的用法一样，“令”的后边也应该是表示人的词语，而且与这个人相关的动词、形容词则常常是“高兴、失望、生气、紧张、感兴趣”等。

(4) 新房里的东西A非常整洁漂亮，墙上B有几幅画，床头C新郎新娘的大幅D婚纱照。

摆着

答案：C

分析：存现句的动词之前一定是表示处所的词语，动词之后是存在的事物，句子中符合这两个条件的只有C。

(5) 我们都曾经坐A飞机去B海南旅行C一个星期D。

过

答案：C

分析：这个句子中，会有同学被迷惑而选择A，因为在“了、着、过”一课中我们介绍过，句子中有状语“曾经”时，后边的动词一般应该带“过”。但是，必须注意，这个句子中，“坐飞机”并不是最主要的动作，只是“去海南旅行”的方式状语，当然不能用“过”。也有同学会选择B，但同样应该注意的是，连动句的第一个动词不能带“了、过”，这两个词语只能放在连动句的后一个动词之后。因此，正确答案只能是C。

(6) 科学的管理方法和先进的技术，____我们公司很快发生了转机。

A. 叫　　B. 使

C. 把　　D. 为

答案：B

分析：在兼语句中，“请、让、叫”的主语多是人，而“使、令”的主语既可以是人，也可以是表示事、物的词语。备选答案中其他几个词语都不符合句子的意义和语法要求。

(7) 春节将至，不少商家纷纷打折促销，这既让商家得到了利益，也____消费者得到了实惠。

A. 使　　B. 为

C. 给　　D. 向

答案：A

分析：句子中“打折促销”是“让商家得到利益，消费者得到实惠”的根本。而复句结构“既……也……”要求前后两个格式相同，前边是“……让……”，后边只能选择“……使……”，因为“让、使”都可以用在兼语句中。其他几个不能有这样的搭配。

(8) 前不久发生的那场无情的大火，有几十个年轻人____夺去了生命。

A. 叫　　B. 让

C. 使　　D. 被

答案：D

分析：备选答案中“让、叫、使”不管是动词还是介词，其后都必须有名词性词语与之配合，而句子中的“夺去”是动词，因此，正确答案只能是“被”，因为“被”既可以引出动作的发出者，也可以直接用在动词之前。

(9) 每当遇到这种事情的时候，总会____人感到无所适从。

A. 给　　B. 被

C. 让　　D. 请

答案：C

分析：这明显是一个兼语句，因此 A、B 都不合适。“请”在兼语句中多表示比较客气的语气，而这个句子没有任何客气的意思。唯一正确的答案是 C。

(10) 北京大学在清华大学的西边，她后边____圆明园遗址公园。

A. 有　　B. 在

C. 是　　D. 放着

答案：C

分析：四个备选答案都可以用在表示存在的句子中，但是它们的分工不同。“有”的宾语常常是不确定的事物；“在”组成的句子的结构形式与“是、有”正好相反，即事物在前，处所在后；句子中的“圆明园遗址公园”不能随意被“放”在什么地方。因此，正确答案只能是 C，“是”的宾语应该是确定的事物。

(11) 经常发生这样的事情，简直太____人失望了。

A. 让　　B. 被

C. 给　　D. 向

答案：A

分析：备选项中只有“让”具有祈使意义，和“令”一样，“让”的后边应该跟“人”或表示人的词语。而“令人高兴”和“让人高兴”都是比较常见的表达形式。

(12) 我刚进家门，母亲就____我去买东西。

A. 让　　B. 由

C. 被　　D. 把

答案：A

分析：“把、被”都不符合这个句子的意义，“由”有“让什么人做什么事”的用法，但不能构成兼语句。“让”才是最佳的选择。

(13) 这个结论不光是他本人，而且____所有了解这一事件的人都难以接受。

A. 把　　B. 令

C. 被　　D. 给

答案：B

分析：同样是兼语句，同样应该使用具有使令意义的词语“令”。应该注意的是，“让、叫”等词语在句子中的主语既可以是人，也可以是事物，而“令、使”的主语多为事物。

(14) 你快去____小钱把那份合同送过来，越快越好。

A. 要　　B. 给

C. 使　　D. 叫

答案：D

分析："叫、使"同样可以用在兼语句中，但"使"的主语多为事物，"叫"的主语一般应该是人，而且比较口语化。

(15) 你的话____我想起了许多事情，特别是在海外留学那三年。

A. 是　　B. 由

C. 使　　D. 给

答案：C

分析：四个备选项中，只有"使"符合兼语句的要求。如何确定这个句子是兼语句，看看"我"后的"想"就可以了，因为"我"是"想"的主语。其他几个词语都不合适。

三、病句分析

(1) 山本叫我在操场不等她。
(2) 老师短时间里就让我们能说简单的汉语。
(3) 新老师请了同学们介绍一下自己的情况。
(4) 王老师请我叫您去参加讨论会。
(5) 他只会使人做这做那，自己从来不干。
(6) 我常常去去图书馆看书学习。
(7) 同学们选了我班长。
(8) 每当见到朋友的时候，他总是有很多事告诉。
(9) 我两年以前来过中国学习汉语。
(10) 很多旅游者来这儿开着汽车。
(11) 在天安门广场上人山人海的。
(12) 树后边走出这个人来。
(13) 椅子上放在几个同学的书。
(14) 玛丽的箱子里放着了一些衣服。
(15) 在昨天学校门口发生了一起交通事故。

四、应用练习

1. 完成下列兼语句、连动句和存现句

(1) 教学楼门口有人__________。
(2) 你怎么总是叫__________。
(3) 车厢里__________。
(4) 顾客们一大早就来到国美商店__________。
(5) 宿舍管理员不______12点以后__________。
(6) 我们去参观的农民家的院子里__________。

2. 给词语选择恰当的位置

(1) 我们 A 应该先 B 看书 C，然后骑车去 D 玩儿。

到图书馆

(2) 南方人的习惯是喝 A 汤再吃 B 饭，北方人的习惯则是先吃饭 C 后喝汤 D。

完

(3) 我 A 妹妹告诉 B 他明天早上六点半 C 来学校集合 D 上车。

让

(4) 真没想到，A 这么一件容易的事 B 却 C 我 D 伤了那么长时间的脑筋。

让

(5) 这件已经过去很长时间的往事，A 我 B 心里一直 C 十分 D 内疚。

令

(6) 屋子里的东西 A 很整齐，墙上贴着几幅照片 B，桌子上 C 两本书 D。

放着

(7) 会场布置得十分讲究，前面 A 是 B 一簇簇鲜花，主席台上 C 大会主持人的 D 讲话稿。

摆着

(8) A 那是一次 B 我 C 终生 D 难忘的旅行。

令

(9) 请把这个条儿 A 转交安娜，B 她看了以后 C 给我 D 写个条儿。

让

(10) A 昨天晚上我突然接 B 了她从大洋 C 彼岸打来 D 的国际长途。

到

3. 选择恰当的词语填空

(1) 张教授已经搬到外面的小区里去住了，要不我带您______________。

A. 找他到他家去　　B. 到他家去找他

C. 去找到他家　　D. 找去到他家

(2) 近几年北京郊区修建了多座滑雪场，____人们在紧张的工作之余到大自然中去休闲娱乐。

A. 给　　B. 让

C. 把　　D. 派

(3) 金融危机后进口关税降低了，这样，既让国外厂商获得了一定的利益，也____消费者得到了实惠。

A. 使　　B. 为

C. 给　　D. 向

(4) 大幅度降低进口关税，国外厂商从中获得了利益，同时也____广大国内消费者带来了真正的实惠。

A. 使　　B. 让

C. 给　　D. 向

(5) 那些不遵守交通规则的骑车人，常常____司机师傅们感到头疼。

A. 给　　B. 令

C. 请　　D. 派

(6) ____你告诉刘明老师一声，明天到我办公室来一下儿。

A. 让　　B. 派

C. 叫　　D. 请

第九课　比较句分析

一、知识讲解

比较句就是对两种事物进行比较的句子，因此，比较句中一定要出现 A、B 两种或两种以上的事物，同时，应该有比较的结果，即两事物之间的差别。汉语的比较句主要有以下几种形式。

(一)“比”字句

“比”字句是比较句中使用最多的一种形式。应该注意的是：“比”字句中比较的结果之前不能使用“很、非常、最、十分、特别”等程度副词，但可以用“更、还、都”这样的词语。

1. A 比 B+形容词

这种比较句的否定形式是在“比”前加“不”。应该注意的是：“A 不比 B+形容词”所表示的意思有两个：一是 A、B 相同，二是 A 不如 B。如果说话人是 A，常有客气的意思。

我比你大。
你比她更漂亮。
他比我还高。
今年冬天比去年和前年都冷。
他不比我大。
北京不比上海落后。
我不比她漂亮。

2. A 比 B+动词+宾语/补语

句中带宾语的动词多为心理动词，其他动词则应该带程度补语。

我比你们想家。
他比你了解我。
他比你还爱看球赛。
我比你还喜欢他。
他比你跑得快。
他跑得比你快。
我跑得比他还快。
你比我踢得好。

3. A 比 B+形容词+差别

这里的差别可以是具体的，也可以是模糊的。在学习数量补语时已经讲解过了这种句子的构成方式。

我比你大三岁。

今天比昨天低三度。

这件大衣比那件贵 130 块钱。

他比我小一点儿。

你比她漂亮得多。

你比她漂亮多了。

他比你高一些。

4. A 比 B+动词+差别

动词的前边一定有形容词做状语，而且这个形容词一般不放在动词的后边，动词还可以再带时量补语、动量补语或数量补语等。

他比我多吃了几个饺子。

我比他晚到几分钟。

他比你多写了 50 个字。

我们比你们少学了两课。

他们班比我们班早学了一个星期。

我比你早来半个小时。

你比我多跑两圈儿。

(二) "有"字句

在这种比较句中，"有"是"达到"的意思，是指 A 达到或没有达到 B 的标准，句中比较的结果前常用"这么、那么"指示性质或程度。

1. A 有 B+(这么/那么)形容词

"这么"指时间近或距离近的事物，"那么"则相反。用"有"的比较句常常是表示疑问的句子。

他有你这么高吗？

孩子都有这么重了？

你有他那么胖吗？

昨天有今天这么冷吗？

张老师的小孩子已经有桌子这么高了。

2. A 没/没有 B+(这么/那么)形容词

用"没、没有"的比较句一般是陈述句，偶尔也可以是疑问句。

你没有我高。

北京没有上海大。

上海的公园没有北京的漂亮。

昨天没有今天这么冷。

北京没有广州那么热。

我没有你那么想家。

他没有你努力？不可能。

你没有他大吗？

3. A 不如 B+(形容词)

用“不如”表示比较，与“没有”用法相近，不同的是，“不如”后的形容词有时可以不出现，具体情况要根据上下文来决定。

我不如你。(学习上、工作上、身高等)

你可不如她！(成绩、漂亮、对待朋友的态度等)

今天不如昨天冷。

你不如他努力。

上海街道不如北京宽。

(三)跟……一样

这一比较句式中的介词“跟”可以替换成“和”、“与”、“同”等，“一样”也可以用“相同”或“相似”、“类似”、“差不多”等替换，但除“差不多”外，其他几个词语后不能再加形容词。否定形式是在“一样”前加“不”，即“跟……不一样”，一般不能把“不”放在“跟”的前边，特殊情况除外。

1. A 跟 B 一样+(形容词/动词)

句子中的动词同样多为表示心理活动的动词，而且可以带宾语。“跟……一样”在句子中做状语。

我跟你一样。

他也和你一样。

昨天跟今天一样冷。

我跟他一样想家。

我跟你们一样喜欢北京的秋天。

他跟我一样喜欢运动。

2. A 跟 B 不一样+(形容词/动词)

这只是一般的形式，有时也可以用“**A 不跟 B 一样**”，特别是在有些动词带宾语的情况下。还有一种特殊的情况：前边仍然是“A 跟 B 一样”，但后边加的是动宾结构的否定形式，其实这时已经变成了两个小句子。应该特别注意了解它们之间意思上的差别。

我跟你不一样。

今天跟昨天不一样冷。

我跟你不一样大。

我不跟你一样大。

我跟你不一样喜欢唱歌。

我不跟你一样喜欢唱歌。

我跟你一样不喜欢唱歌。

他跟我一样听不懂你说的话。

3. “A 跟 B 一样”做定语

“跟……一样”在比较句中一般是做状语，但在有些句子中，也可以做定语。

我想买一双跟你的一样的皮鞋。

我也有一条跟你这条一样漂亮的裙子。

我也有一个跟你的女儿一样大的孩子。

他有跟你完全一样的性格。

应该注意“跟……一样”与“像……似的”的区别：前者是比较，后者是比喻。所谓比喻，就是强调不同事物之间的类似点。

我的衣服跟你的衣服不一样。

漂亮的姑娘像花儿似的。

他说话像放机枪似的。

他跑得跟飞似的。

4. 一+量 比 一+量……

这种比较句的形式是前后出现相同的时间名词或量词，分别表示时间意义上的变化和普遍性的意义。

我们的汉语水平一天比一天高。

已经 12 月了，天气一天比一天冷。

北京的冬天一年比一年暖和。

我来北京三次了，一次比一次喜欢北京。

我们班的女同学一个比一个漂亮。

这本书一课比一课有用。

这些孩子一个比一个聪明。

这儿的饭馆一家比一家好。

二、语 词 分 析

要求：给句子后的词语选择恰当的位置或选择恰当的词语填空。

(1) 现在的工作 A 比以前 B 忙，所以 C 有时间 D 搞研究。
不

答案： A

分析： 在比较句中，否定词语应该放在“比”字前，不能放在表示区别的词语之前。还应该注意的是，有的学习者喜欢把“不”放在“有”前，构成“不有”，这是错误的。

一定要记住：汉语中“有”的否定形式只能是“没有”，同时也要记住，“是”的否定形式只能是“不是”。

(2) 谁能想到，A 三九天 B 比开春 C 还要暖和，这天气 D 怎么了？
倒

答案：B

分析：副词“倒”强调与实际情况相反，应该放在“比”字前。关于“倒”的具体用法，我们还将在下册第三、四课介绍。

(3) 我也想 A 买一件 B 你 C 一样的毛衣，告诉我 D 你是在哪儿买的。
跟

答案：B

分析：“跟……一样”中间应该有比较的内容，即名词性词语，“你的毛衣”中间不能插入其他成分，B 是最正确的答案。

(4) 真没想到，你们俩，A 弟弟 B 比 C 哥哥高 D。
倒

答案：B

分析：“倒”是副词，在句子中应该放在介词“比”之前。

(5) 随着社会的进步，人们的物质生活水平也____高了。

A. 很多　　B. 越来越

C. 一些　　D. 很大

答案：B

分析：“越来越”有随时间的变化而变化的意义，相当于“一天比一天”，符合句子的语法要求。A、C、D 在这个句子中都不能做“高”的状语。

(6) 想不到这个男人____比自己还细心，这让花嫂挺不好意思的。

A. 都　　B. 还

C. 很　　D. 竟

答案：D

分析：副词“竟”有“没想到”的意思，在句子中一般用在谓语之前，在比较句中，应该用在“比”字之前。其他词语都不符合语法要求。

(7) 结婚以后的她，每天就____被关在笼子里的小鸟一样，根本没有自由。

A. 有　　B. 是

C. 比　　D. 像

答案：D

分析：“像……一样”是比较固定的搭配，其他词语不能与“一样”搭配。有的学生会选择“是”，以为“就是……”，这是错误的。

(8) 以我看呀，王娜的嗓子____你的好不了多少。

A. 比　　B. 与

C. 不比　　D. 同

答案：A

分析：“与、同”的意义和用法基本相同，不能选择其中的任何一个。“不比”之后一般不用带有否定形式的词语。正确答案只能是“比”。

(9) 我总想找出妻子____我的地方，可是一直也找不到。

A. 不比　　B. 没有比

C. 不如　　D. 一样

答案：C

分析：四个备选答案中，只有“不如”符合语法要求，即“妻子不如我”。如果选择“不比”，句子中“我”后面就应该用比较的差别，“没有比、一样”都不能用在这样的格式中。

(10) 老张退休以后一点儿也没有失落感，____和往常一样，生活得很充实。

A. 仍然　　B. 总是

C. 从来　　D. 常常

答案：A

分析：句子中的“往常”指的是以前的时间，“和以前一样”的事情，应该是“仍然”。“总是、常常”有比较接近的用法；“从来”之后常常应该是否定性的词语。正确答案只能是“仍然”。

三、病句分析

(1) 我们那儿教汉语的方法比中国不一样。
(2) 那位老师教课的方法比别的老师不同。
(3) 他们的房间比我们的非常小。
(4) 在北京买衣服比在我们国家太便宜。
(5) 我的汉语水平比其他同学不高。
(6) 他只有星期天才收拾屋子，那时候他的屋子比谁的干净。
(7) 这本书的内容不跟那本书一样。
(8) 那部电影不如这部电影那么有意思。
(9) 我哥哥身体没有你哥哥那么高。
(10) 我写的汉字不如他写的好看得多。
(11) 我们学校女同学比男同学一千人多了。
(12) 我要买一件毛衣跟你的这件颜色一样。
(13) 这个教室有那个教室很大。
(14) 弟弟像妹妹那么不爱玩儿。
(15) 已经春天了，天气一天比一天不冷了。

四、应用练习

1. 根据句子内容填空

(1) 北京公园的门票____我们国家便宜多少。

(2) 这个小姑娘____她妈妈____聪明、漂亮。
(3) 我学汉语的时间____他长____，但是____他说得流利。
(4) 在爱情问题上，你显得____有经验。
(5) 在市场经济中，我觉得学交往____学知识____难。
(6) 要说做饭，我还____山本呢。
(7) 他____我们差，他为什么不能跟我们一起去呢？
(8) 我们那儿的春天，没有北京____大的风。
(9) 在讨价还价方面，你可没有小刘____精明。
(10) 现在我们班的同学比上学期多了____。

2. 用所给的词语改写句子

(1) 这个电影没有什么意思，那个电影非常有意思。(比)
(2) 这辆汽车真漂亮，那辆汽车也不错。(跟)
(3) 这个城市经济发展相当快，那个城市经济发展比较慢。(不如)
(4) 张老师以前常常住院，现在几乎不打针不吃药了。(没有)
(5) 临街的宿舍比较吵，可我们的宿舍下边也有个小饭馆啊！(不比)

3. 选择恰当的词语填空

(1) 现在的孩子吃的、穿的、用的____我们那个时候完全不一样了。
A. 有　　B. 比
C. 像　　D. 跟

(2) 李龙总是喜欢开夜车，因此每天早上也比我起得晚______。
A. 多　　B. 得多
C. 太多了　　D. 太多

(3) 我们都知道，日韩同学学习汉语特别是汉字比欧美同学_________。
A. 非常容易　　B. 容易得多
C. 一点容易　　D. 很多容易

(4) 我觉得在北京生活____在别的大城市差。
A. 不如　　B. 不比
C. 跟　　D. 有

(5) 天坛里边的古松古柏，哪一棵的直径都得____七八十公分那么粗。
A. 是　　B. 有
C. 在　　D. 得

(6) 把千家万户的电脑连接起来就____一张大网，所以通过电脑了解世界叫上网。
A. 有　　B. 比
C. 像　　D. 跟

(7) 约翰才学了半年多汉语，不过他说得比木村____要好。
A. 还　　B. 太
C. 不　　D. 很

(8) 尽管我英语说得比他好一点儿，可日语说得______他。

A. 没有　　B. 好多

C. 不比　　D. 不如

(9) 南京的夏天____北京热多了，咱们还是去东北玩儿吧。

A. 像　　B. 差

C. 比　　D. 跟

(10) 今天你说的____昨天说的好多了！继续努力。

A. 比　　B. 如

C. 像　　D. 没

第十课　反问句、疑问代词活用分析

一、知 识 讲 解

反问句是一种特殊的陈述句，有比较固定的形式。疑问代词除了表示疑问以外，还有一些引申用法，也就是说，疑问代词并不一定表示疑问的语气。了解并掌握这些，会使你的汉语水平达到一个新的高度。

(一)反问句

反问句是一种表示特别强调作用的句子形式。反问句中，肯定的形式表示否定的意思，否定的形式则表示肯定的意思。除了具有比较特殊形式的反问句以外，很多疑问代词也可以构成反问句。下面分别介绍不同形式的反问句。

1. 不是……吗？

这是一种最常见的反问句的形式。在“不是……吗？”中，可以用名词，也可以用动词、动宾结构或形容词。

你不是日本人吗？
她不是王老师的夫人吗？
他们不都是留学生吗？
你不是去上海吗？
他不走了吗？
我这不来了吗？
你们不是要跟他们一起去吗？
这样做不是很好吗？
躺在床上不是特别舒服吗？怎么不躺着了？

2. 没有……吗？

“没有”一般是对过去动作的否定，“没有”的后边同样可以是名词或动词性词语。

怎么，这次出国考察没有你吗？
这件事到现在还没结果吗？
他没有跟你说过吗？
我没告诉你吗？
昨天你没有跟他一起去吗？
你没听他总是不满意吗？

3. 难道……吗？

“难道”表示一种十分强烈的反问语气，可以用在主语之后，也可以用在句子之前。

你们难道还没有听明白他的意思吗?
这件事难道就这样决定了吗?
他难道不来了?
难道你还不懂吗?
难道你不知道这件事?
难道他不跟咱们一起去了?
难道就让这伙人白白地骗了吗?
难道你什么都听不懂吗?

4. 怎么/为什么……呢?

“怎么”与“为什么”的意思和用法都是一样的，询问原因。在反问句中有突出强调的作用。

你怎么不去呢?
他怎么也来了?
你怎么不告诉我一声?
我为什么不能来呢?
他为什么不回答我的问题呢?
你们为什么还不走呢?
我为什么一定要听你的呢?
他这样做为什么不可以呢?
为什么你就可以去，而我们却不能去呢?

5. 谁、什么、多会儿

“多会儿”的意思是“什么时候”，也可以用“哪会儿”。它们在句子中的强调作用更明确、更强烈。

谁会知道我?
他懂什么?
刚刚到这里，我认识谁?
他突然说不去了，好什么?
我多会儿来过这儿!
他多会儿做过这样的傻事!
你多会儿跟我说过?

6. 哪、哪儿、怎么

这三个词语常常有相同的意义和用法，可以替换。

我哪有那么聪明!
她哪儿是美国人呢!
哪有你这样办事的?
我哪儿知道!
你们哪儿能这么不讲道理呢?

你怎么能这样干呢？

我怎么能知道这件事呢？

7. 何必……呢？

“何必”在句子中主要表示的意思是“不必”、“不应该”。有时“何必”也可以单独用。

大家都不去，你何必要去呢？

你何必着那么大急呢？

生这么大的气，何必呢！

他已经向你道歉了，你还不原谅他，何必呢！

8. 何况……呢？

同样可以表示反问的语气，在语言实际应用中有着广泛的用途。应该注意的是，“何况”表示反问的语气，在句中常常强调比较。

这件事老师都没有办法解决，何况你呢？

老人们都能爬到山顶，何况咱们年轻人呢？

好天儿他都不来，何况下雨天儿呢！

小孩子都能做的事情，何况大人呢？

9. 特别提示

在反问句和疑问句中，疑问代词一般不能与“吗”搭配使用，只能与“呢”搭配使用。例如：

*你是哪国人吗？

*他是谁吗？

*你们今天去哪儿玩儿吗？

*这是什么书吗？

*你为什么不跟我们一起去长城吗？

*你吃了多少个饺子吗？

这些句子中的“吗”都应该去掉，使句子变成普通疑问句。但是，在比较特殊的句子中，如用“知道”做谓语动词，而且宾语是一个小句子时，疑问代词与“吗”可以搭配使用。例如：

你知道他是哪国人吗？

你知道他是谁吗？

你知道我们今天去哪儿玩儿吗？

你知道这是什么书吗？

你知道他为什么不跟我们一起去长城吗？

你知道我吃了多少个饺子吗？

(二)疑问代词活用

疑问代词除表示一般的疑问或用在表示强调的反问句中以外，还可以有其他的一些作用，即疑问代词的活用。汉语中的疑问代词主要包括“谁”、“什么”、“哪儿”、“哪里”、“怎么”、“哪”、“多少”等等。

1. 表示任指

即可以指任何人、任何事、任何地方、任何东西和任何办法等。应该注意的是，“什么+名词”、“怎么+动词”、“哪+量词+名词”是比较常见的形式。

这些人，他谁都不认识。

我们班谁都喜欢她。

除了颐和园，我哪儿都没去过。

他一个人哪里都敢去。

我什么都不知道。

他刚来北京，什么地方都想去看看。

这几本书，我哪本也不想要。

你的衣服哪件我都不喜欢。

我怎么也不习惯北京的天气。

我怎么劝他也不听，还是你去吧。

2. 表示特指

前后两个代词指的是相同的人或事物。注意，“谁”在使用中，也可以指不同的人物。还应该特别注意“什么+名词”，“怎么+动词”，“哪+量词+名词”这几个比较固定的形式，而“谁、哪儿”常常做主语、宾语或定语。

谁喜欢去谁就去，反正我不去。

你爱去哪儿去哪儿。

你喜欢什么就买什么。

你喜欢吃什么东西咱们就买什么东西。

你想怎么做就怎么做。

你喜欢哪个买哪个。

哪里好玩你就去哪里玩儿吧。

没关系，你想吃多少就吃多少。

刚来时我们谁也不认识谁。

我们俩闹矛盾时，谁都不听谁的话。

3. 表示虚指

在句子中常有无法说清或不需说清的人或事物，可以用虚指。

我想吃点儿什么。

你听到什么好消息可得告诉我啊。

他肯定又在路上遇见了谁。

一个人真没意思，我想找谁聊聊。

今天暑假我想去哪儿玩儿玩儿。

他又躲到什么地方去了，不然早该回来了。

咱们又该去哪个地方休闲休闲了吧。

4. “什么”表示列举

“什么”常常用在列举的项目之前，构成“什么……”格式；而“什么的”用在所列举的事物之后，构成“……什么的”格式。

什么苹果啊，香蕉啊，梨啊，他买了一堆。

什么天文啊，历史啊，他都懂。

文学、历史、哲学什么的，他都喜欢。

饺子、包子、面条儿什么的我可喜欢吃了。

5. “怎么、怎么样”表示程度、评价

“不怎么+形容词”表示程度比较低；而“不怎么样”则表示对某人或某事物的否定。

这本书不怎么有意思。

今年夏天不怎么热。

这次考试不怎么难。

昨天的电影不怎么样。

你问我这个人表演得怎么样，我觉得他演得不怎么样！

这个人可真不怎么样！光说不练。

6. 特别提示

疑问代词活用中表示任指和虚指时，可以与“吗”搭配使用。这时候，用法类似“难道……吗？”。例如：

你真的谁都不认识吗？

你哪儿也没有去过吗？

我怎么说都不管用吗？

你还想去什么地方看看吗？

你不希望好好干点儿什么吗？

你不想去哪儿走走吗？

你就不想找谁聊聊吗？

二、语 词 分 析

要求：给句子后的词语选择恰当的位置或选择恰当的词语填空。

(1) 前天进 A 城我们 B 买了一大堆 C 橘子、苹果、香蕉 D，根本就吃不完。

什么的

答案：D

分析："什么"在表示列举时，既可以用在所列举的事物之前，也可以用在所列举的事物之后，但在形式上有所区别：在后边应该用"什么的"，在前边时，所列举的事物词语后多加"……啊、……啊"。

(2) A 大家都喜欢听笑话，有的人 B 笑笑就完了，C 有的人却还要问一个 D。

为什么

答案：D

分析：句子中"一个"的后边应该有一个名词性的词语，否则句子就显得不完整，那么，这个"为什么"是最好的选择。其他几个地方似乎都可以用"为什么"，但是只有 D 是必须用的地方。

(3) A 你把三岁的小宝 B 自己 C 锁在家里了 D!

难道

答案：A

分析："难道"在反问句中的位置既可以是主语之前，也可以是主语之后，谓语之前，其他位置都不可以。

(4) A 主机呀，硬盘哪，软驱呀 B，他说了一大堆 C，我一点儿 D 也听不懂。

什么

答案：A

分析：请参考第(1)个句子的分析。

(5) 我 A 给你们 B 讲一个笑话，你们就 C 知道外国人是 D 看待中国文化的了。

如何

答案：D

分析：A、B、C 都不合适，因为"我讲笑话"当然知道"如何"讲，"就知道"中间不能插入其他词语。"如何"是"怎样"的意思，讲笑话的目的就是让人们知道"外国人怎样看待中国文化"。因此，正确答案应该是 D。

(6) 逛了一上午商店，衣服、帽子、鞋、袜子____的买了一大堆。

A. 等　　B. 什么

C. 怎么　　D. 一些

答案：B

分析："什么"与句子中的"的"构成"什么的"，正好符合"什么"表示列举的要求。有人会选择"等"，但是句子中的"的"决定了应该用"什么"。

(7) 不论____跟她开玩笑，她都不生气。

A. 大家　　B. 每个人

C. 谁　　D. 人们

答案：C

分析：按照复句关系"不论……都……"的要求，"不论、无论、不管"之后应该是表示疑问的形式，因此，四个备选项目中，只有"谁"符合要求。

(8) 三年以后的事，我怎么会知道____?

A. 吧　　B. 吗

C. 呢　　D. 了

答案：C

分析：反问句的形式，其中之一就是"怎么……呢"。应该特别注意，"怎么"一般不能与"吗"搭配使用。

(9) 我到教室的时候已经八点多了，______教室里一个人也没有！

A. 谁知道　　B. 看不见

C. 就知道　　D. 看得见

答案：A

分析："谁知道……"是"没想到"的意思，符合句子前后的语义关系。其他几个备选项目都不能表达这样的意思。

(10) 下课以后大家七嘴八舌，说______的都有。

A. 全部　　B. 怎么

C. 哪儿　　D. 什么

答案：D

分析："什么"一般用在动词之后做宾语，用在名词之前做定语，就是说，"什么"之后常常是名词，"什么"之前常常是动词。"怎么"之后则常常应该是动词。句子中的"七嘴八舌"是随便议论的意思。

(11) 对你们的看法我没______可说的。

A. 怎么　　B. 那么

C. 多么　　D. 什么

答案：D

分析："可说的"是"的"字结构，具有名词的性质，因此，它的前边只能用"什么"。"多么、那么"后常常用形容词，"怎么"后常常是动词。

(12) 你跑得那么快都赶不上他，______我本来就跑得慢呢？

A. 可是　　B. 并且

C. 况且　　D. 何况

答案：D

分析：备选项目中只有"何况"可以用在反问句中，而且一般用在主语之前。此外应该注意，"何况"常常具有表示比较的意义，句子中正是拿"你"和"我"做比较。

(13) 比这大的困难我们都克服了，______这么点儿小事呢？

A. 怎么　　B. 何不

C. 何必　　D. 何况

答案：D

分析：同样是表示比较的反问句，当然应该用"何况"。"何必"有"为什么"的意思，带有否定的意味；"何不"就是"何必不"；"何苦"与"何必"有相同的意义和用法。

(14) 刚才你干什么______，怎么不接电话呢？

A. 来着　　B. 过

C. 着　　　D. 吧

答案：A

分析："来着"一般用在句尾，表示句子中所说的动作在过去的某个时间进行。应该注意的是，虽然"着"也同样可以表示过去进行的动作，但是一般只能用在动词之后，而"来着"则可以用在宾语之后。

(15) 每个人都有自己的想法，说去_____的都有。

A. 谁　　　B. 怎么

C. 哪儿　　　D. 什么

答案：C

分析："哪儿"在句子中一般应该放在动词"来、去、到"或介词"从、在"等之后。其他几个备选词语都不合适。

三、病句分析

(1) 难道你不相信我吧?
(2) 你把这些东西不是称一称吗?
(3) 我怎么能找到他的家了?
(4) 你没告诉我，我哪儿知道这件事了?
(5) 谁都不赞成呢?
(6) 谁在学习上有困难，老师就谁帮助。
(7) 哪个问题没有讨论完，我们就讨论什么问题。
(8) 你什么时候方便，什么时候就我来看你。
(9) 你说怎么，我就说怎么。
(10) 哪儿有意思，哪儿我们就去玩儿。
(11) 包子啊，饺子啊，面条啊，什么的我都喜欢吃。
(12) 外边正在下雨，你何必不出去玩儿呢?
(13) 这些问题我们都不明白，何况老师帮助我们呢?
(14) 到了我家，你们喜欢什么吃就什么吃，不用客气!
(15) 今天的电影我觉得不什么样!

四、应用练习

1. 把下列句子改成反问句

(1) 你既然知道今天有雨，就应该带上雨伞。
(2) 我已经告诉了你，你却说不知道。
(3) 同学们都已经睡觉了，你们别再大声吵嚷了。
(4) 我根本就不清楚今天发生的事情。
(5) 自行车找到了，你不用那么着急。

(6) 我刚来这里，没有人认识我。
(7) 他连自行车都不会骑，更不用说开汽车了。
(8) 你本来说跟我们一起去颐和园，现在又说不去了。

2. 用疑问代词填空

(1) ____都知道我们班的王老师和你们班的张老师是夫妻。
(2) 你们____时候来我家我都非常欢迎。
(3) 他第一次来北京，____都想去看看。
(4) ____种好吃就可以买____种。
(5) 大家喜欢____去就____去，不用考虑那么多。
(6) 你想跟____一起去就跟____一起去吧。
(7) 你爸爸肯定又在路上看见____新鲜事儿了。
(8) 你要是喜欢____个手机就告诉我，我给你买。
(9) 你们愿意花____钱就花____钱，老板给你们出。
(10) 小李不知道____了，今天又迟到了。

3. 给词语选择恰当的位置

(1) 既然答应了我们就应该去 A 做，B 你们 C 能说了话 D 不算数呢？
　　怎么
(2) 那是我们学校 A 新来的校长，B 昨天刚跟大家见过 C 面，D 都认识他。
　　谁
(3) 你叔叔这个 A 人，一定是在 B 市场上又遇到了 C 人，聊 D 起来了。
　　什么
(4) 最近 A 几天我 B 正好没 C 工作，咱们可以 D 好好儿地去玩一玩儿。
　　什么
(5) 他们一直 A 想去西部 B 像青海、甘肃 C 比较落后的地方 D 考察一下。
　　等
(6) 谁能说清楚 A 他父亲 B 是 C 一个 D 人？
　　怎样
(7) 重要的不是 A 学了多少，而是 B 把 C 学过的内容全都 D 记住。
　　怎样
(8) 这是 A 他应该做的，B 你 C 这么大大地 D 称赞他一番呢？
　　何必
(9) 其实，我们 A 俩根本就 B 也 C 不 D 认识谁！
　　谁
(10) 你难道 A 认为 B 这句话 C 有些 D 可笑吗？
　　不

4. 选择恰当的词语填空

(1) 对于你们的批评和意见，我们没____可说的。

A. 什么　　B. 怎么
C. 这么　　D. 那么

(2) 入世以后大幅度降低进口关税，____会对民族企业造成什么影响吗？
A. 难道　　B. 究竟
C. 到底　　D. 怎么

(3) 最近我身体不舒服，____也不想去，你们自己去吧，不用管我了。
A. 什么　　B. 谁
C. 哪儿　　D. 多少

(4) 他一句话也不说，光拿俩手在那儿比画，我____知道是什么意思！
A. 什么　　B. 哪儿
C. 多少　　D. 才能

(5) 我们刚从乡下进城的时候，____都不认识，只能靠一张嘴去到处求人。
A. 什么　　B. 怎么
C. 谁　　D. 哪

(6) 看你们把我想的，我____说过那种伤天害理的话呀！
A. 多会儿　　B. 什么
C. 多么　　D. 谁的

(7) 时代不同了，男人能做的事情，____我们女人就不能做吗？
A. 为什么　　B. 难怪
C. 难道　　D. 怎么

(8) 这是大家送给你的，你想____吃就____吃，没人会说什么。
A. 谁……谁……　　B. 怎么……怎么……
C. 什么……什么……　　D. 多少……多少……

(9) 这个电影的广告吹得很响，实际上______好看，演到一半观众就都走了。
A. 怎么没　　B. 不怎么
C. 怎么不　　D. 没怎么

(10) 祥林嫂____也弄不明白，自己已经捐了门槛命运还是那么不好！
A. 什么　　B. 怎么
C. 哪儿　　D. 谁

(11) 我被汽车撞昏以后就____都不知道了，醒来已经躺在医院里边了。
A. 什么　　B. 怎么
C. 哪儿　　D. 多少

(12) 发生这样的问题，怎么能由我一个人来承担____？
A. 啊　　B. 嘛
C. 呢　　D. 吗

(13) 他们不就是想多得到一些报酬____？给他们就是了！
A. 吧　　B. 吗
C. 呢　　D. 啊

(14) 他肯定是在路上遇到了____人，不然的话早就该回来了。

A. 什么　　B. 怎么

C. 哪儿　　D. 多少

(15) 以后你喜欢去____就去____，我不会再多嘴了。

A. 什么……什么　　B. 怎么……怎么

C. 哪儿……哪儿　　D. 多少……多少

第十一课　复合趋向补语的引申用法分析

一、知 识 讲 解

汉语的趋向补语除了表示动作的趋向以外，在实际语言应用中，有些趋向补语，特别是复合趋向补语，还有比较特殊的意义，即复合趋向补语不表示趋向，而表示其他引申的意思。常用的具有引申意义的复合趋向补语有“起来、下去、下来、出来、过来、过去”等。下面分别进行分析。

(一)V/A+起来

“起来”作趋向补语本来是表示动作“向上”的意思，如“坐起来、站起来、拿起来”等，但在语言实际应用中，“起来”还可以有以下几种引申意义。

1. 表示动作或状态的开始并继续

“起来”用在动词或形容词之后。需要注意的是，如果动词带有宾语，宾语常常放在“起”与“来”之间，特别是单音节动词和单音节宾语。

别人没来你怎么就吃起来了？

这雨昨天刚停，今天又下起来了。

我刚一进门，电话就响起来了。

这几天天气渐渐暖和起来了。

春天到了，人们又该忙起来了。

吃起饭来、说起话来、唱起歌来

跳起舞来、睡起觉来、喝起酒来

2. 表示收集和集中

指把分散的东西集中到一起，也有“隐藏”的意思。这种情况下“起来”多用在动词之后。

下课了，把东西收起来吧。

快把同学们集合起来，我们该出发了。

把东西全装起来，别让他们看见。

你还是把头发系起来好看。

你应该把钱存起来。

这些经验都是平时一点一滴积累起来的。

你把东西藏起来干什么？

他来了你也没有必要躲起来。

3. 表示"……的时候"

这种情况下，"起来"同样用在动词或形容词之后，表达的意义是相同的，而且常常是对比着使用。有时也表示评价或估计。

这件事说起来容易，做起来难。

这件衣服看起来很漂亮，穿起来并不舒服。

这首歌听起来好听，可唱起来却不容易呀！

北京的夏天热起来可够人受的。

做这个工作，忙起来可没有时间休息。

看起来，今天不会再下雪了。

4. 表示招回记忆

就是把几乎被遗忘的事情重新招回到记忆中。这种用法的否定形式多用可能补语表现。

我想起来了，您是王老师。

你回忆起来他是谁了没有？

他还记得起来我吗？

我想不起来你是谁了。

我怎么也回想不起来这件事了。

他想了半天也没想起来我是谁。

5. 表示某种变化

多是指由暗到明、由静到闹、由小到大、由少到多等，常与天气、色彩或声音、体积等有关，与"下来"相对。

天亮起来了，不会下雨了。

这回画面清楚起来了。

烛光使房间渐渐亮了起来。

你看，刚下课大家就热闹起来了。

你听，他们的声音又大起来了。

你看，这几天我又胖起来了。

(二)V/A+下去

"下去"本来表示的是由高到低的趋向，但在引申用法中则表示动作或状态的继续。分别用在动词和形容词之后。

1. 表示某个动作继续进行

用在动词后，表示已经在进行的动作继续进行或刚刚中断的动作接着进行。

你们不要停，唱下去，唱下去！

别打搅他，让他说下去。

现在你们接着演下去。

明年我还要在这儿学习下去。
你还能为我们干下去吗?
我们不能再这样等下去了。
你千万别再说了，我真的听不下去了。

2. 表示某种状态继续存在

表示这种意思时常常用在形容词之后。
再这样热下去我可受不了了。
天气不能再冷了，再冷下去会冻死人的。
你不能再瘦了，再瘦下去就不健康了。
你们再散漫下去就没有希望了。
我希望你们俩永远这样好下去。

(三)V/A+下来

“下来”与“下去”一样，表示的是由高到低的趋向，而在引申用法中，却又有与“下去”完全不一样的意思。“下来”的引申用法包括以下几种。

1. 表示动作使某个事物固定或停留在某处

用在动词后，指通过动作使人或事物停在一个地方。
请把你们的名字写下来。
老师的话我们都记下来了。
你说得太快了我可记不下来。
赶快把他说的样子画下来!
高速行驶的列车终于停了下来。
这是妈妈给我们留下来的最宝贵的礼物。

2. 表示动作产生了某种结果

用在动词后，常常表示形成了某种决议，做出了某个决定，确定了某种目的等。
这件事就这样定下来了，回去吧。
王处长，我的事你答应下来啦? 谢谢!
哎呀，真不容易，购房合同终于签下来了。

3. 表示动作使某事物分离

通过动作使一个事物从另一个事物上分离开。
进屋后把帽子摘下来。
睡觉前把眼镜摘下来。
这么漂亮的邮票给我剪下来吧。
快把湿衣服脱下来。

4. 表示动作持续到目前

多用在动词后，可以有肯定和否定两种形式。

因为工作太忙，所以我没有坚持下来。

经过努力，我终于坚持下来了，还要继续下去。

课程太难了，我没有学下来。

5. 表示动作完成与否

可以有肯定和否定两种形式，可以解释成“完”或“不完”，可以是可能补语的形式。

一万米呀，孩子们都游下来了，不容易呀！

你跑得下来一万米吗？

那么长的课文我可背不下来。

马拉松距离太长了，咱们能跑下来吗？

6. 表示某种变化

多指由动到静、由明到暗、由高到低等。多用在形容词之后，是一种逐渐变化的过程。与“起来”相对。

屋里终于安静下来了。

我的心始终没有平静下来。

你们安顿下来之后告诉我一声。

天暗了下来，看来又要下雨了。

你看，最近我好像又瘦下来了。

(四)V/A+出来

“出来”在趋向补语中表示的是从里边到外边。它的引申用法是在这个基础上进一步演化出来的新的意思。

1. 表示分辨清楚

即通过动作识别和分辨人或事物。常常是通过听觉、视觉、嗅觉、味觉和触觉等的辨认，达到分清楚的目的，但主语并不一定直接看见某人或事物。

我听出来了，你是玛丽。

他没有认出来我是谁。

你看得出来这是谁的字吗？

现在请大家把这段文字中的错误找出来。

你们闻出来这是什么味儿了没有？

你喝出来这是什么酒了没有？

我还是尝不出来这是谁的手艺。

你摸得出来这是什么东西吗？

2. 表示从无到有

指通过动作使某种结果出现或产生。这种用法与“出来”的本义十分相近，但“拿出来、走出来”等的事物本来是存在着的，而这里强调的却是本来没有这个事物。

把你的名字写出来。
我想出来一个好办法。
请你把自己喜欢的样子画出来。
这是他提出来的意见。
这是赵工程师设计出来的图纸。
这些都是荣宝斋工人复制出来的作品。

3. 表示超出范围

多用在形容词之后，常常含有比较的意思，“出来”多带有表示数量的成分。

今天比昨天多出来200块钱。
这根比那根长出来一些。
这孩子今年又高出来不少。
你还减肥呢？看，又胖出来一圈儿！

(五)V+过来/过去

这组词在趋向补语中表示的是从这儿到那儿或从那儿到这儿，而它们的引申用法则是下面两种相反的形式。

1. “过来”表示回到正常状态

即从不理想的状态恢复到原有的正常状态，常常与人的生命、名声等有关。这种用法中常常可以使用的词语请参考语词分析或练习的分析。

他连续昏迷了几天，今天终于醒过来了。
是几个大夫联手把您抢救过来的。
谢天谢地，你总算活过来了。
你们必须把自己的错误纠正过来。
我们应该帮助他把名誉恢复过来。
真不容易，你总算明白过来了。

2. “过去”表示失去正常状态

即从正常状态到不正常、不理想的状态。

她又晕过去了。
他死过去好几次了。
你看，他刚睁了几下眼就又睡过去了。
听了你的话，他一下子就昏过去了。
看到这种情况你能不懵过去吗？

3. “过来”表示力所能及或力所不及

在这种用法中，“过来”多是做可能补语，有“完、不完”的意思。

这么多孩子我一个人照顾不过来。

老师留那么多作业，咱们一晚上做得过来吗？

那么多书我一个人可拿不过来。

这么多好东西我们老两口怎么吃得过来呀！

二、语词分析

要求：给句子后的词语选择恰当的位置或选择恰当的词语填空。

(1) 这首歌学____并不难，可要想表演好就不那么容易了。

A. 过来　B. 下来

C. 起来　D. 出来

答案：C

分析：“学起来”的意思是“学的时候”，与后边的“表演”相对。有人可能会选择“下来”，但是“下来”不能清楚地表达说话者所要表达的意思。

(2) 请王主任接着讲____，讲完以后咱们大家再讨论。

A. 起来　B. 下来

C. 下去　D. 过去

答案：C

分析：与“接着、继续”等搭配的只能是“下去”，它们共同表示或强调动作继续进行的意思。

(3) 大家都觉得过节没有鞭炮热闹不____，可放鞭炮既危险又污染环境。

A. 上来　B. 起来

C. 回来　D. 上去

答案：B

分析：“起来”除了有开始并继续的意思以外，还可以表示场面热烈、气氛活跃等，因此，B 是唯一正确的选择。

(4) 照片上的人我肯定在哪儿见过，可是一时怎么也想不____他是谁了。

A. 出来　B. 起来

C. 回来　D. 下来

答案：B

分析：“起来”有招回记忆的意义，而“想不起来”恰好是不能招回自己的记忆，其他词语不能表达这样的意思。

(5) 南极上空的臭氧层已遭到严重破坏，其发展____，将威胁到整个人类。

A. 起来　B. 下去

C. 下来　D. 过去

答案：B

分析：“发展下去”是继续发展的意思，也正是句子所要表达的真正意思。

(6) 请把下面句子中写错的汉字改____，然后再各造一个句子。

A. 出来　　B. 下来

C. 回来　　D. 过来

答案：D

分析：“改过来”是把不好的事情改到正确的方面来，符合“过来”表示的从不好的状态向好的状态转变的用法。

(7) 目前中国的人口比所有欧洲国家的人口加____还要多得多！

A. 下来　　B. 上来

C. 出来　　D. 起来

答案：D

分析：这个句子中“加”的结果只能是“起来”，而不能是“出来”，因为“起来”表示的是集中，而“出来”表示的只是从无到有。

(8) 我总算想_____了，三年前我们在上海见过面。

A. 出来　　B. 上来

C. 进来　　D. 起来

答案：D

分析：“想起来”是把已经忘了的事情重新恢复到记忆中来。“想出来”的应该是办法、注意、计划等。

(9) 你放心，电话号码和地址我都在本子上记_____了。

A. 起来　　B. 下来

C. 下去　　D. 上去

答案：B

分析：“记下来”是把应该记录的内容写在本子上，或者是把应该记住的东西记在自己的头脑里，也就是“下来”表示动作使宾语停留在某处的意义。其他词语不能表示这样的意思。

(10) 经过医生的努力，他终于从昏迷中醒________。

A. 起来了　　B. 回来了

C. 过来了　　D. 出来了

答案：C

分析：“动词+过来”表示的是从非正常状态到正常状态的变化，常常使用的动词是“醒、清醒、苏醒、活、救、抢救、明白、恢复”等。

(11) 我们俩十年没见了，可一见面，我就_______了。

A. 看出他来　　B. 看出来他

C. 认出他来　　D. 认出来他

答案：C

分析：“动词+出来”除了表示从无到有以外，最重要的是表示“辨认清楚”的意思。这种意义中常常使用的动词有“看、听、闻、尝、挑、认、瞧、找、查”等等。动词如果有宾语，常常使用这样的格式，即“动+出+宾+来”。

(12) 我似乎在哪儿见过他，可想了半天，也_________。

A. 不想出来　　B. 不想起来

C. 想不出来　　D. 想不起来

答案：D

分析："想不起来"是"想起来"的可能补语的否定形式，即没能够把忘记的事情招回到记忆中来。"不想起来"如果用"没想起来"是可以的。应该注意，汉语中对表示结果的补语的否定一般应该用"没"而不用"不"。

(13) 我学什么东西都一样，开始以后总是坚持不_____。

A. 成　　B. 完

C. 起来　　D. 下去

答案：D

分析："坚持下去"的意思是继续做某事，而"坚持不下去"的意思则是不能继续做某事。其他词语与"坚持"搭配不能表达这样的意思。

(14) 几个月试验_____，最后的统计结果大大出乎家长和学校的预料。

A. 下去　　B. 下来

C. 起来　　D. 上来

答案：B

分析：句子中有"最后的统计结果"，这表明事情已经完成，因此，动词实验之后应该用"下来"，因为"下来"表示的是动作持续至今。

(15) 这些蔬菜_______很新鲜，其实已经被超标准的农药和化肥污染了。

A. 看出来　　B. 看得出

C. 看下去　　D. 看上去

答案：D

分析：汉语中"看上去、看起来、看样子、看来"有相同的意义和用法，即在句子中做插入语，表示的是说话人的主观猜测和估计等。备选项目中的"看出来、看得出"的意义和用法比较接近，不能选择其中之一。

三、病句分析

(1) 回到宿舍，我就把今天的报看起来。

(2) 听说这次我考了90多分，我的心情非常高兴起来。

(3) 新老师刚走进教室，我们就鼓掌起来。

(4) 给妈妈打完电话，我就把作业做下去。

(5) 老师一起完头，我们就一起唱了下去。

(6) 你们说的话我都听懂了，但是我写不来。

(7) 桌子上的东西太乱了，你包上来这些东西吧。

(8) 你怎么把汽车停起来了？

(9) 真对不起，我想不出来你的名字了。

(10) 哥哥在他脸上喷了一口冷水，他一下子醒起来了。

(11) 雨过天晴，这会儿外边又亮下来了。
(12) 老师让我们在试卷上写出来自己的名字。
(13) 刚才是我糊涂，现在我终于明白上来了。
(14) 这种鞋穿出来好看，可是做出来很不容易。
(15) 你们能猜过来这是谁的衣服吗？

四、应用练习

1. 分别用“起来、下来、下去、出来、过来、过去”填空

(1) 风停了，雨住了，大海也平静了____。
(2) 我们只要团结____，就一定能够战胜困难。
(3) 我想了半天也没有想____他叫什么名字。
(4) 今后我们还应该合作____，创造更大的辉煌。
(5) 你是不是盼着我再死____一次？告诉你，没门儿！
(6) 这件衣服看____挺漂亮的，你就买____吧。
(7) 我怎么也看不____这是谁小时候的照片。
(8) 最近两年凭一两首歌就能红____的歌手不多了。
(9) 这回你算明白____了，知道谁好谁坏了吧？
(10) 再这样发展____一定会出问题，赶快打住吧！

2. 给词语选择恰当的位置

(1) 汽车疾驶 A 在沙漠上 B，整个世界都 C 好像要燃烧 D。
起来
(2) 你们 A 做的 B 是小事，但 C 它将为我们公司 D 带来长远的影响。
看起来
(3) 我听了 A 很长时间也 B 听 C 出来这 D 是哪个民族的音乐。
不
(4) 人们唱着跳着 A，说着笑着 B，气氛很快就 C 活跃 D 了。
起来
(5) 同学们上 A 课记 B 课堂笔记时应该记 C 老师板书的内容 D。
下来

3. 选择恰当的词语填空

(1) 他们的车还没有到就____________，我们躲都没地方躲。
A. 下雨起来了　　B. 下起雨来了
C. 下了起来雨　　D. 雨下起来了
(2) 你们看，张东刚刚当上经理，就跟咱们摆____臭架子____了。
A. 起……来　　B. 下……去
C. 过……来　　D. 上……来

(3) 这次考试看着容易，可一做____就不那么容易了，我差点儿没通过。

A. 起来　　B. 上来

C. 出来　　D. 下来

(4) 加入世贸以后，中国市场上的进口商品更加丰富____了。

A. 出来　　B. 上来

C. 起来　　D. 过来

(5) 我们以前见过面，不过你的名字我一下子__________了。

A. 想不出来　　B. 想不起来

C. 没想出来　　D. 没想起来

(6) 如果把我一个人放到月球上去，没有空气没有水，我怎么能活____呀！

A. 下来　　B. 起来

C. 下去　　D. 过去

(7) 你们看，新郎官这么一打扮，谁还________他是谁？

A. 认不出去　　B. 认得出去

C. 认不出来　　D. 认得出来

(8) 为了纪念咱们结婚 30 周年，我特意用 100 克纯金为你打____一对手镯。

A. 下来　　B. 出来

C. 回来　　D. 起来

(9) 你整整昏迷了三天三夜，现在终于醒____了！可把我们急坏了。

A. 上来　　B. 起来

C. 过来　　D. 过去

(10) 王立昨晚喝了不少酒，刚才醒过来一会儿，这不，又睡____了。

A. 下去　　B. 下来

C. 过来　　D. 过去

(11) 一到 4 月，中国北方的天气就暖和____了。

A. 起来　　B. 出来

C. 上来　　D. 上去

(12) 他好容易才想____了一个办法，你一定要鼓励他。

A. 出　　B. 起

C. 过　　D. 住

(13) 他因为偷盗被警察抓______了，你千万不能再去找他了。

A. 过来　　B. 进来

C. 起来　　D. 出来

(14) 他两腿又细又长，跑_____像一阵风似的，非常舒展。

A. 过来　　B. 出来

C. 起来　　D. 回来

(15) 音乐一响，几个维吾尔族姑娘就__________。真美慕她们。

A. 跳舞起来　　B. 跳起舞来

C. 跳舞出来　　D. 跳出舞来

第十二课　名词、动词、形容词分析

一、知 识 讲 解

汉语的实词，主要包括名词、代词、动词、形容词和数量词等，在汉语语法学习中，实词虽然不是最重要的，但仍需给予一定的重视。名词、代词在句子中一般可以做主语和宾语，也可以做定语，表示时间的名词还可以做谓语、状语等。动词、形容词在句子中常常做谓语，也可以做状语和定语等，数量词在句子中则多做定语或状语。

本课，我们将分别对汉语中的名词、动词、形容词进行简单的介绍，其中会着重分析名词、动词和形容词的重叠形式，因为它们在具体的语言应用中既有不同的形式，也有不同的意义。应该说明的是，动词和形容词的重叠形式在前面课文的语词分析和应用练习中已经多次接触过，这里只是进行一下归纳，以便使学习者加深理解。

(一)名词

名词是表示人或事物的词语。汉语中的名词有各种各样的形式，简单地说可以分为表示具体意义和表示抽象意义的两类名词，这两类名词的内部又可以分出不同的小类，为了简单易学，我们不再对名词的小类进行仔细的分析。

1. 表示具体意义的名词

这类名词主要是指能够让我们看得见、摸得着、听得到的人或事物等，汉语学习中的绝大部分名词都是这类名词。例如：

(1)　表示人和事物的名词。这类名词的数量非常庞大，几乎可以说是包罗万象。例如：

父母、兄弟、姐妹、老师、同学、朋友

太阳、月亮、星星、地球、火星、银河

书、本、桌、椅、笔、墨、纸、砚、碗

音乐、歌曲、语言、声音、美术、绘画

(2)　表示动物和植物的名词。这类名词的数量也非常多。例如：

猪、牛、马、羊、鸟、鱼、兔、鸡、猫

老虎、猴子、狗熊、大象、苍蝇、蚊子

花、草、树、玫瑰、月季、牡丹、百合

(3)　表示方位和处所的名词。这类名词的数量涵盖面非常广，数量也可以说是无限的。例如：

上、下、左、右、内、外、东边、后头

北京、长城、天坛、巴黎、纽约、汉城(现为首尔)

(4)　表示时间和日期的名词。这类名词的数量同样很大。这类名词比较特别，不像其他名词那样可以看得见、摸得着。例如：

日、月、周、小时、今天、目前、将来
元旦、春节、冬天、春天、寒假、暑假

2. 表示抽象意义的名词

这类名词是需要依靠感觉才能体会到的事物，不是可以看见、摸到的，这类名词的数量远不如上一类。例如：

思想、理想、意义、意思、思维、心理
理论、道理、文化、艺术、道德、文明
知识、技术、水平、能力、信仰、主义

3. 名词的语法特点

名词的语法特点可以简单概括为：

(1) 名词在句子中主要做主语、宾语，也可以做定语；

(2) 名词可以直接受数量词语、形容词语或介宾短语等修饰，但是，名词一般不能用副词修饰，即副词一般不能用在名词之前；

(3) 一般情况下名词是不能重叠的，特殊的可以重叠的名词多具有了量词的性质，表示某种普遍性；

(4) 表示人的名词加上“们”以后便具有了复数的性质，这时，名词之前就不能再使用表示数目的数量词语；

(5) 方位名词与方位词组在句子中多做状语。

4. 名词的重叠形式及意义

名词的重叠在汉语实际应用中并不多见，因为一般名词是不能重叠的，只是少数带有量词性质的单音节名词和个别双音节名词可以重叠。名词重叠后所表示的意义与量词一样，一般是“每一个”或“普遍”等。应该特别注意的是，少数可以重叠的名词，一般是表示时间、人物、处所的名词。双音节名词的重叠形式应该是“AABB”式。

日日、天天、月月、年年、辈辈
人人、家家、户户、村村、县县
家家户户、村村寨寨、男男女女、老老少少、祖祖辈辈
方方面面、左左右右、上上下下、里里外外、前前后后
日日夜夜、时时刻刻、分分秒秒、年年岁岁、世世代代

有些由意义相反的词素组成的名词，如“大小、高低、长短、多少、早晚”的重叠形式也是“AABB”，所表示的意思同样是具有某种普遍性。例如：

大大小小、高高低低、强强弱弱、长长短短、早早晚晚
粗粗细细、高高矮矮、是是非非、快快慢慢、多多少少

名词重叠后在句子中可以做主语、宾语、定语，也可以做状语。例如：

人家天天盼着你早点儿回来，可一等就是半年。
北京郊区已经家家通了电话，村村装了自来水。
你看，学校里方方面面的事情都得我操心。难啊！
希望我们两国人民世世代代友好下去。

在离开家乡的日子里，我时时刻刻都在想念着父老乡亲们。

生活中，谁能不遇到这样那样、大大小小的事情啊!

你整天这样是是非非的，难怪人家不愿意跟你在一起。

(二)动词

动词是表示动作、行为、心理活动或存在变化的词语。汉语中的动词同样有各种各样的形式，可以简单地分为能愿动词和普通动词两大类，在普通动词中又可以分出不同的小类。为了学习者记忆方便，我们只把动词划分成能愿动词和普通动词两大类。普通动词内部的小类不再具体分析。

1. 能愿动词

汉语中的能愿动词是表示可能、意愿和必要的词语，也有语法书把它称作助动词。能愿动词的数量并不多，它的语法特点是：一般不能重叠；不能带动态助词“了、着、过”；用在其他动词之前；在句子中可以单独回答问题。能愿动词包括单音节和双音节两类：

想、要、能、会、肯、愿、敢、得(**děi**)

应该、应当、可以、必须、能够、愿意

2. 普通动词

汉语的普通动词是一个很大的类，其中包括动作行为动词、心理活动动词、关系判断动词、存在变化动词及趋向动词等几类。

(1) 表示动作行为的动词。这类动词表示的是人或动物的动作行为，它们在汉语动词中占大多数。例如：

吃、喝、走、跑、跳、吹、打、拉、唱

说、笑、听、问、闻、看、读、写、记

参观、旅行、入学、退伍、成长、登记

询问、看中、赞美、歌唱、抢救、牺牲

见面、结婚、毕业、工作、学习、生活

(2) 表示心理活动的动词。这类动词表示的是人或动物的精神、心理，也可以表示人或动物的生理状态等。例如：

爱、恨、怕、急、想、聋、瘸、饿、困

喜欢、害怕、担心、希望、讨厌、打算

(3) 表示关系判断的动词。这类动词比较特殊，主要语法作用是联系主语和宾语，数量很少。例如：

是、叫、姓、像

属于、等于、作为、成为

(4) 表示存在变化的动词。这类动词表示的是人或事物的存在、变化、出现和消失。例如：

在、存在、出现、发生、发展

有、演变、生长、死亡、消失

(5) 表示趋向的动词。这类动词包括单音节和双音节两类，在句子中可以做谓语，也可以做补语。例如：

上、下、进、出、过、回、起、来、去

上来、下来、进来、出来、回来、起来

上去、下去、进去、出去、回去、

3. 普通动词的语法特点

动词的语法特点可以简单地概括如下：

(1) 动词在句子中一般做谓语，可以带宾语；少数动词不能带宾语；

(2) 除个别表示关系判断的动词外，一般动词都可以带动态助词“了、着、过”，以表示句子中的动作在时间上的变化；

(3) 动词可以被副词修饰，但除心理活动的动词外，一般不能用程度副词修饰。有的特殊动词带宾语后可以用程度副词修饰(如“很有能力”)；

(4) 动词一般可以用“不、没”否定，但关系判断动词一般不用“没”否定。应该注意不同的否定形式在时间上的区别；

(5) 有相当一部分动词可以重叠，表示时间短、轻松、尝试及反复等意思，但应该注意的是，并不是每一类动词都可以重叠。

4. 动词的重叠形式及意义

汉语的动词一般包括单音节和双音节两种，因此，动词的重叠也就集中在单音节和双音节动词的重叠形式上。

(1) 单音节动词的重叠形式很简单，即“VV”、“V 了 V”、“V 一 V、“V 了一 V”几种形式，一般表示时间短、尝试和轻松愉快等。

看看、听听、玩儿玩儿、聊聊

尝了尝、写了写、看了看、听了听

走一走、听一听、玩儿一玩儿、写一写

看了一看、逛了一逛、听了一听、走了一走

(2) 双音节动词的重叠形式有以下几种：“ABAB”、“AABB”、“V 来 V 去”。它们中，“ABAB”表示时间短和轻松愉快的意思，“AABB”、“V 来 V 去”表示动作的反复和时间长的意思。例如：

休息休息、学习学习、锻炼锻炼、参观参观、讨论讨论

来来回回、打打闹闹、反反复复、唠唠叨叨、哭哭啼啼

走来走去、想来想去、看来看去、说来说去、听来听去

(3) 离合式动词的重叠形式与动宾短语的重叠形式一样，一般是“AAB”，也可以是“A 了 AB”、“A 一 AB”。例如：

散散步、见见面、聊聊天、睡睡觉、游游泳、会会客、吃吃饭

散了散步、见了见面、聊了聊天、游了游泳、吃了吃饭

散一散步、见一见面、聊一聊天、会一会客、吃一吃饭

5. 常见的离合式动词及应用

毕业、革命、尽力、如意、失业、失学、摄影、值班、注意、办公
保险、报名、吵架、辞职、出院、出差、出口、操心、道歉、动身
发火、发烧、发言、放学、会客、集邮、开学、开幕、旷课、理发
留学、请客、上当、生气、撒谎、延期、着凉、住院、造句、考试
睡觉、洗澡、存款、导游、签证、安心、倒霉、努力、着急、担心
干杯、看病、聊天、照相、懂事、回信、吃惊、放心、帮忙、帮腔

应该注意的是，动词重叠后不能再加“了”、“过”；正在进行的动作一般不能用重叠形式；做定语的动词与带补语的动词都不能用重叠形式。

*刚才我看看了你写的作文，真不错!
*昨天晚上我只复习复习了语法，作业还没有做。
*我听听过的几个故事都很有意思。
*她早上洗洗过脸，没有吃饭就去上班了。
*我们正在讨论讨论问题呢，你等几分钟再打来吧。
*我喜欢在床上躺躺着看电视。
*你刚才试试的那双皮鞋是意大利的名牌。
*你应该把衣服洗洗干净。

(三)形容词

形容词是表示人和事物的性质或状态的词语。形容词的内部构成形式包括单音节、双音节和多音节三种。和名词、动词一样，形容词也可以分成不同的类别，如表示性质的形容词和表示状态的形容词，也有的语法书把形容词分为一般形容词和非谓形容词(如“大量、大型、大批、小型”等)两种。本教材采用前一种划分方法。

1. 表示性质的形容词

好、坏、冷、热、软、硬、酸、甜、苦、辣
聪明、漂亮、愚蠢、笨拙、勇敢、伟大、优秀
老实、大方、坚固、平常、顺利、认真、马虎

2. 表示状态的形容词

高、低、大、小、长、短、新、旧、快、慢
胖、瘦、粗、细、红、黄、蓝、白、黑、亮
凌乱、肮脏、崎岖、干净、整齐、平坦、清楚
通红、雪白、漆黑、蜡黄、油绿、冰凉、笔直
亮晶晶、暖洋洋、沉甸甸、干巴巴、香喷喷、乱哄哄
黑咕隆咚、黑不溜秋、傻里吧叽、酸不溜丢

3. 形容词的语法特点

汉语形容词的语法特点大致如下：

(1) 形容词都可以做定语，除个别形容词外，一般都可以做谓语，有些形容词也可以做状语和补语；

(2) 一般的形容词不能带宾语，少数带宾语的形容词，应该理解为已经变成了动词；

(3) 大部分形容词可以用程度副词修饰，表示状态的形容词有些(“通红”以后的几组)不能与程度副词搭配；

(4) 一般形容词都可以重叠，表示程度高，有的双音节形容词的重叠形式具有了动词的作用。

4. 形容词重叠的形式和意义

形容词重叠后表示的是程度高，相当于在形容词前加上了“很、非常”等。单音节形容词重叠只有一种形式，即“AA”式，而双音节形容词的重叠，一般应该是“AABB”式，一些比较特殊的形容词的重叠形式也可以是“ABAB”或“ABB”式。形容词重叠以后既可以做定语、状语，也可以做谓语。例如：

高高、大大、远远、长长、甜甜、轻轻、静静

漂漂亮亮、高高兴兴、快快乐乐、舒舒服服

干干净净、客客气气、清清楚楚、热热闹闹

通红通红、漆黑漆黑、雪白雪白、冰凉冰凉

滚烫滚烫、苦涩苦涩、笔直笔直、蜡黄蜡黄

红彤彤、黄澄澄、绿油油、黑漆漆、白花花

亮闪闪、油腻腻、热乎乎、冷冰冰、血淋淋

有一种非常特别的现象，就是，有些普通形容词在句子中重叠以后可以用做动词，它们的重叠形式也因此与动词的重叠形式完全相同了，即“ABAB”式：

我真想躺床上舒服舒服。

走，咱们出去高兴高兴。

你们走吧，我想一个人安静安静。

明天我们一起去歌厅热闹热闹怎么样？

天气这么热，真想洗个澡凉快凉快。

二、语 词 分 析

要求：给句子后的词语选择恰当的位置或选择恰当的词语填空。

(1) 我们在A这里人生地不熟，应该先多找B人了解一下C情况，然后再D进行下一步工作。

当地

答案：B

分析：有人会觉得B和C都很合适，其实，“我们”已经“在这里”了，当然应该是找“当地人”了解情况，如果是“了解当地情况”，那么找的人就有可能不是“当地人”了。按照句子前后的意思，只能选择B。

(2) A汉语文化周联欢会上B看到C表演节目了D吧？

同学们

答案：C

分析：B 是错误的选择，因为“同学们”在这里是“表演节目”的人，而不是“看到表演节目”的人。为什么呢？因为这个句子的说话者与听话者都不是“同学们”，而是老师或其他人。

(3) 我们公司 A 一直接收 B 网络信息方面的高才生 C，今后 D 也将如此。
近几年

答案：A

分析：“近几年”是时间词，而汉语的时间词做状语时，一般应该用在主语前或主语后谓语前。其他位置都不合适。

(4) 大家觉得，A 像您 B 这样的好心人，天下 C 有 D 几个呀！
能

答案：C

分析：汉语的能愿动词一般应该放在普通动词之前，反过来说，汉语的能愿动词之后，一般应该直接跟动词。

(5) 听了她暖暖 A 的几句话，我 B 的心里热热 C 的非常舒服 D。
乎乎

答案：C

分析：汉语与“暖暖”连用的应该是“和和”，即“暖和”的重叠形式。这个句子中应该是“热乎”的重叠形式。正确答案应该是 C。

(6) A 一年前，B 我才 C 学汉语，所以水平还 D 不高。
开始

答案：C

分析：“开始”这个动词一般要求动词做宾语，因此，“开始”应该放在动词之前。句子中只有 C 符合这一要求。

(7) 你只要 A 看 B 看，C 就会弄 D 懂他的意思了。
一

答案：B

分析：“V 一 V”是动词重叠形式的一种，因此，B 是最恰当的位置。如果没有第二个“看”，A 也可以用“一”，那是“一……就……”的格式，我们将在复句中进行分析。

(8) 在创作过程中，他经常在自己的房间里______的，有时我都为他着急。

A. 走东走西　　　　B. 走来走去

C. 走上走下　　　　D. 走前走后

答案：B

分析：“V 来 V 去”是汉语动词重叠的一种形式，表示的是动作的反复进行。而其他几个形式都不能表达这样的意思，也不符合句子中所描写的环境状况。

(9) 程教授从 50 年代起就____对外汉语教学工作，直到生命的最后。

A. 进行　　　　B. 弄

C. 从事　　　　　　　　D. 在

答案：C

分析：“从事……工作”是书面语表达的正确搭配形式，中间一般应该插入与某一工作性质有关的词语，如“教学、新闻、医疗、地质、体育”等等。这种表达形式在口语中常常用“搞……工作”。“弄”是指用手的动作，而且常常是破坏性的，如“弄脏、弄丢、弄坏、弄碎”等，即使是“弄好、弄干净”等，一般也难登大雅。“进行”的宾语一般应该是双音节动词，但多是“研究、比较、讨论、磋商、协调”等词语。

(10) 这次去澳大利亚进修的机会十分____，你可千万不要轻易错过。

A. 困难　　　　　　　　B. 难得

C. 难怪　　　　　　　　D. 为难

答案：B

分析：与“机会”搭配的动词应该是“难得”，其他词语不能表达相同的意思。

(11) 今天他感冒了，不____和你们去游泳了。

A. 可以　　　　　　　　B. 会

C. 要　　　　　　　　D. 能

答案：D

分析：“感冒”是“不能去游泳”的原因。因为感冒，所以没有能力去游泳。“能”有表示“能力”的意义，也可以表示“允许”。尽管“可以”也有类似的作用，但是，这个句子中只有“能”才最合适。

(12) 动物园里有很多常见的动物，也有很多______的动物。

A. 珍奇　　　　　　　　B. 高贵

C. 珍惜　　　　　　　　D. 高雅

答案：A

分析：“珍奇”是珍贵而神奇的意思，在句子中常做定语。“珍惜”是动词，在句子中常做谓语，如“珍惜时间，珍惜生命”等。其他词语都不能修饰“动物”。

(13) 他本来打算跟我一起去旅行，可现在又______主意了。

A. 变化　　　　　　　　B. 修改

C. 改变　　　　　　　　D. 改正

答案：C

分析：“变化”一般做名词用，做动词时不能带宾语，因此在句子中不合适。“修改”的常常是“计划、方案、路线、图纸、作业”一类与写和画有关的东西；“改正”的则常常是“缺点、错误”等词语。“改变”常常是因为某种外部或客观原因而使原有的“计划、打算、主意、态度、观点”等发生变化。

(14) 我______改正自己的错误，您原谅我这一次吧。

A. 决定　　　　　　　　B. 坚定

C. 决心　　　　　　　　D. 确定

答案：C

分析：“决心”在句子中是名词做状语，强调改正错误的坚定意志。“决定”做动词时似乎可以放在句子中的位置上，但意义不够明确。其他两个词语都不能表达“决心”所能够表达的意思。

(15) 他做中国菜的水平高得_______再高了。

A. 不会　　B. 不能

C. 不行　　D. 不要

答案：B

分析："A 得不能再 A 了"是汉语表达中强调程度高的一种特殊而固定的形式，如"好得不能再好了，忙得不能再忙了，热得不能再热了，舒服得不能再舒服了"等等。其他词语不能表达这样的意思。

三、病句分析

(1) 我发现很多老师晚饭后都喜欢在学校里散步散步。
(2) 我喜欢和女朋友坐在公园的湖边聊聊天天。
(3) 下面我要讲讲的事情是在去年 10 月发生的。
(4) 她哭一哭着说了她家里发生的事情。
(5) 我想请老师把这课的语法讲讲明白。
(6) 回国以后我先在家里休息休息了几天，然后才去工作。
(7) 请把你的词典借给我用用一下。
(8) 现在我们正在讨论讨论一个问题。
(9) 同学们很高高兴兴地走出教室去了。
(10) 我的房间收拾得干干净净极了。
(11) 昨天又有大刮风，大下雨。
(12) 经过一段时间的治疗，王老师终于健康了身体。
(13) 在北京的一年中，我经验了很多事情。
(14) 服务员对客人很热情，很友谊。
(15) 现在，北京的大街上好像每个人人都用手机。

四、应用练习

1. 给下列句子填上适当的名词、动词或形容词的重叠形式

(1) 我们学校的食堂____都有非常可口的饭菜。
(2) 请你帮我____，我的句子有什么问题没有。
(3) 你快把这个好消息告诉她吧，让她也____。
(4) 他的话____地感动了我们在座的每一个人。
(5) 我们认真____，决定同意你提出来的建议。
(6) 尽管他们夫妻都是残疾人，但他们同样____地活着。
(7) 朋友给我发来电子邮件说他____盼望着我早点回去。
(8) 一看你那____的样子，我就知道你又有什么好事了。

(9) 我实在没有力量了，咱们____再接着往山上爬行吗？

(10) 你应该好好____，否则会很难通过这次的期末考试。

2. 给词语选择恰当的位置

(1) 在近十年的创作生活中，A 她写 B 得 C 最有代表性 D。
这部话剧

(2) A 我国还 B 处在不发达阶段，人民 C 生活还 D 不太富裕。
目前

(3) 2011 年是 A 新世纪以来 B 世界各地 C 地震、海啸、事故、战争不断的 D。
一年

(4) 不管书的 A 印刷质量 B 多高，C 也代替不了 D 内容的可读性。
其

(5) 这里的 A 风整整 B 三天三夜 C，树上连一片叶子都 D 看不见了。
刮了

(6) 明天白天 A 晴转阴，南转北风 B (3) 4 级 C 5 级，傍晚 D 有雷阵雨。
间

(7) 要 A 想身体 B 健康，C 就 D 坚持锻炼身体。
必须

(8) A 星期三以前 B 我 C 看 D 完这本小说，你放心吧。
可以

(9) A 他还 B 在这儿，C 怎么一转眼 D 就不见了？
刚才

(10) 明天 A 我的朋友 B 和 C 我一起去 D 故宫参观参观。
想

(11) 前些年，在北京 A 的大街上，B 都 C 能 D 看到骑自行车的人。
到处

(12) 我 A 早就 B 好 C 要把在北京的经历 D 写成一本书。
想

(13) A 交通警察蹲在地上 B 耐心地 C 小孩子把 D 鞋带系好。
帮

(14) 虎妞一见祥子走进屋，A 站起身 B 来让他 C 上炕 D 一起吃饭。
忙

(15) 我越 A 学习 B 越觉得应该 C 学习 D 一些。
多

3. 选择恰当的词语填空

(1) 李教授是____哲学的，对中国古典文学同样有很深的研究。

A. 做　　B. 搞
C. 弄　　D. 进行

(2) 消费者都____入关以后进口车会很便宜，其实价格没降多少。

A. 以为 B. 认为

C. 知道 D. 感到

(3) 小华父母的个子都不算高，但由于爱好运动，刚刚十二岁的他就已经____了近1.75米。

A. 到达 B. 达到

C. 赶上 D. 超过

(4) ____楼下大爷大妈们扭秧歌的锣鼓点儿，我无论如何也看不下去书了。

A. 听说 B. 听见

C. 传说 D. 据说

(5) 2010 年末，北京市人均可支配资金超过 8000 美元，____于中等发达国家的水平。

A. 相等 B. 相同

C. 相当 D. 相信

(6) 十年前，北京在西直门与东直门之间，经中关村、回龙观、望京____了一条城市轻轨铁路。

A. 生产 B. 制造

C. 产生 D. 修建

(7) 为了保护首都北京的环境，中国志愿者协会在广大群众中____了“捐一棵树，治一亩沙”的活动。

A. 实行 B. 开展

C. 进行 D. 发展

(8) 记得我离开时这儿还是个不足两千人的小镇，现在竟然____拥有十几万人的小城市了。

A. 变化 B. 变了

C. 改变 D. 变成

(9) 改革开放后，来华留学的人数日益增多，截至 2011 年 9 月已____180 万人。

A. 上 B. 是

C. 达 D. 过

(10) 咱们整天在各个公司之间________的能有什么结果？

A. 跑跑去去 B. 跑去跑去

C. 跑来跑去 D. 跑来跑来

(11) 十五年过去了，夫妇俩想见见亲生骨肉的愿望始终没____实现。

A. 要 B. 会

C. 能 D. 可

(12) 大雪天还在外边乱跑，看你这双小手冻得________的。

A. 冰冰凉 B. 冰冰凉凉

C. 冰凉凉 D. 冰凉冰凉

(13) 今天的厂务会上将__________我们厂下一个阶段的工作计划和具体发展方向。

A. 确定并研究 B. 研究还确定

C. 研究并确定　　　　D. 确定还研究

(14) 父母应该尽量______孩子的选择，不要过分勉强他们。

A. 尊敬　　　　B. 尊重

C. 保险　　　　D. 保障

(15) 这是我读大学以来第一次______社会，我的心情有点激动与不安。

A. 接近　　　　B. 结交

C. 触动　　　　D. 接触

第十三课　数量词语分析

一、知 识 讲 解

汉语学习中的数量词语，特别是量词，常常让不少学习者感到头疼。本课，我们将对数量词语，特别是量词、量词与名词、动词的搭配和量词的重叠形式及意义进行简要的介绍和分析。

量词是表示计算单位的词语。量词一般分为名量词和动量词两种，名量词的数量比较多，在句子中一般用在名词前做定语，而动量词的数量则比较少，在句子中常常做动词的补语。

数量词重叠以后，表示的是每一个或具有普遍(即“许多”)的意思。有时候数量词可以搭配着重叠，有时候则可以只是量词的重叠。量词重叠以后在句子中既可以做定语、主语，也可以做状语。

(一)名量词

名量词是表示人和事物单位的词语。汉语中有专用的名量词，也有借用的名量词。在专用名量词中，又包括个体量词、集合量词、度量衡量词、不定量词和复合量词等几种；在借用的名量词中，又包括借用名词和借用动词两种。

1. 汉语中常用的名量词及与其搭配的名词

为了方便学习，本教材没有对专用名量词加以仔细区分，而是把汉语学习中最常见的50 个名量词及与之搭配的名词排列在下面，学习者可以自行理解并掌握名量词与名词的内部搭配规律，以便在实际应用中得心应手。

(1) 把：鼻涕、眼泪
刀、铲子、锄头、锉、斧子、锯、剑、锹、锥子、钻
尺、掸子、伞、扫帚、扇子、算盘、梳子
灰、沙子、土；锁、钥匙；椅子

(2) 包：火柴、香烟、药

(3) 笔：钱、款项、收入、开销、花销

(4) 部：电影、汽车、手机、电话、书、小说

(5) 场：风、雨、雪、雹、雾、地震、海啸
表演、京剧、话剧、电影、演出、晚会、演讲
比赛、运动会、球赛、拳击、竞赛
战争、革命、运动、斗争、辩论、争论、架
梦、戏、游戏

(6) 出：戏、京剧、话剧、悲剧、戏剧

(7) 滴：泪、油、血、水、汗、汗珠

(8) 段：时间、日子、路、文章、歌曲、音乐、话、历史、故事、音乐

(9) 对：夫妻、鸳鸯、翅膀、蝴蝶、耳环、眉毛、枕头、双胞胎
(10) 番：事业、功夫、话、心意、心思
(11) 份：工作、差事、爱、爱心、情、感情、责任、报纸、饭、礼物、工资
(12) 幅：画、地图、画像、肖像
(13) 副：牌、棋、手套、水桶、笑脸、笑容、眼镜、手铐、脚镣、麻将
(14) 个：(名词范围比较广，包括人、物、地、事等)
(15) 根：扁担、鞭子、管子、木头、柱子、灯管、火柴、针
竹子、葱、草、稻草、香蕉、甘蔗、秧苗、藕、树枝
骨头、筋、神经、肠子、头发
铁丝、弦、线、香肠、油条、冰棍儿、腰带
(16) 股：力量、劲儿、水、山泉
(17) 户：人家、家庭、居民、农民
(18) 棵：树、白菜、葱、芹菜、苗、葡萄
(19) 颗：星星、珍珠、宝石、牙齿、种子、心
(20) 口：人、猪、大钟、锅、缸、井、棺材、痰、唾沫、牙齿、话、语言
(21) 块：冰、玻璃、肥皂、镜子、木头、手巾
饼干、蛋糕、面包、点心、豆腐、肉、西瓜、月饼、钱
皮、伤疤、砖、石头、地
(22) 家：报社、饭店、剧院、企业、工厂、人家、商店、书店、医院、银行
(23) 间：房子、教室、卧室、客房、屋子、办公室
(24) 件：衣服、上衣、衬衣、毛衣、背心、西装、夹克、外衣、大衣
礼物、行李、凶器、武器、乐器
事儿、事情、大事、小事
(25) 节：课、竹子、电池、火车、车厢、甘蔗、藕
(26) 届：运动会、毕业生、领导人、政府、会议
(27) 粒：药、冰雹、花生、瓜子、粮食、葡萄、沙子、珠子、子弹、钻石
(28) 门：功课、学问、心思、技术、课程、炮、亲戚
(29) 面：鼓、镜子、旗、墙
(30) 名：教师、记者、学生、律师、职工、消防员
(31) 批：货、学生、客人、商品、武器
(32) 匹：马、骆驼、骡子、布、绸缎
(33) 篇：文章、课文、故事、日记、小说、报道
(34) 片：纸、云、海、心、心意、肉、药、雪
(35) 扇：门、窗
(36) 身：汗、土、衣服、礼服、西服
(37) 首：诗、词、歌、乐曲、曲子
(38) 双：手、脚、鞋、袜子、手套、眼睛、筷子
(39) 所：学校、医院、银行
(40) 台：机器、拖拉机、电视机、冰箱、洗衣机、戏、演出、晚会

(41) 套：唱片、房子、话、书、家具、餐具、茶具、橱具、衣服、邮票
(42) 条：被单、被面、被子、口袋、麻袋、毛巾、毯子、裤子、裙子
标语、词语、命、命令、意见
消息、新闻、报道、原则、战线、路线、政策、制度
虫子、驴、牛、狗、狼、蛆、蛇、鱼
电线、绳子、毛线
沟、河、江、路、街
彩虹、黄瓜、军舰、伤疤、腿、心
(43) 位：朋友、老师、学生、领导、先生、女士、司机、父亲、母亲
(44) 项：工作、任务、事业、成绩、计划、技术、收入、政策、制度、运动
(45) 盏：灯、台灯、宫灯
(46) 张：报纸、地图、钞票、画、票、相片、邮票
桌子、唱片、床、烙饼、嘴
(47) 阵：风、雨、冰雹、掌声、轰鸣
(48) 支：笔、钢笔、铅笔、毛笔、粉笔、笛子、喇叭、唢呐、萧、箭、枪
队伍、军队、歌、筷子、蜡烛、牙膏、牙刷
(49) 只：鼻子、耳朵、耳环、手、手镯、胳膊、脚、鞋
表、轮子、水桶
苍蝇、狗、狐狸、蝴蝶、蜜蜂、鸡、角、老虎、猫、老鼠、青蛙
蜻蜓、蹄子、兔子、蚊子、鸭子、羊
船、军舰、炮艇
香蕉、梨、苹果
(50) 座：山、楼、桥、工厂、城市、车站、宫殿、矿山
剧院、礼堂、码头、塑像、医院、钟

2. 借用名量词的用法

在汉语实际应用中，有些名词(如“头、尾、桶、杯、盒”等)和动词(如“挑、捆、发”等)，有时也可以临时借来当作名量词用，而且常常表示数量比较多或满，也可以表示其他的意思。例如：

他一顿能吃三碗米饭。
李老师为我们做了一桌子菜，我们都没吃完。
这么一屋子人，空气多不好啊。
你看你这一身土，又干什么去了？
是我不小心撒了一地水，请你原谅。
我只要干一点儿活儿就会出一头汗。
这么一汽车东西什么时候能搬完哪？
你看你这两手泥，还不快去洗洗！
他今天一连挑了三挑水。
我只打了一发子弹。

(二)动量词

动量词是表示动作行为或变化次数的单位的量词。动量词同样分为专用动量词和借用动量词两种，但它们的数量都十分有限。动量词一般用在动词后做动量补语。需要说明的是，有的动量词同时也可以做名量词用，即也可以用在名词之前做名词的定语。下面加以简单地介绍和分析。

1. 汉语中常用的动量词及与其搭配的动词

专用的动量词数目很少，下面将动量词和某些与之搭配的动词编排如下，供学习者参考。至于各个动量词之间的区别，可以仔细加以体会，也可以问问你的老师，你一定能够得到满意的答复。

次：来、去、看、听、买、吃、喝、学习、讨论、商量……

回：来、去、看、听、买、吃、喝……

趟：来、去、跑、走

遍：看、听、说、写、念、读、抄、讲……

顿：打、骂、吃、批评、教训、揍

阵：刮、下、走、跑、说……

下：打、敲、踢、碰、弹、抓……

番：工作、说、谈、聊、讨论……

2. 借用动量词的用法

表示动作行为所凭借的工具以及人体的四肢器官的名词，可以临时借用为动量词，而且，这种临时借用的动量词在语言表达上会更有意义。例如：

画一笔、打一枪、切一刀、瞪一眼

咬一口、踢一脚、打一拳、喊一声

打一巴掌、砍一斧头、给他一拳头

(三)数量词语重叠的分析

数量词重叠后的意义是没有例外，即表示每一个或具有普遍的意思。有时候数量词可以搭配着重叠，有时也可以只是量词的重叠。

1. 名量词的重叠

名量词的重叠形式，最常用的是单个量词的简单重叠，其次是“一+量词+一+量词”，有时也可以与其他数词搭配使用。重叠以后的名量词在句子中既可以做定语，也可以做状语等：

张张、件件、本本、个个、只只

一个一个、一张一张、一只一只、一件一件

两个两个、三本三本、十斤十斤、五双五双

一个又一个、一件又一件、一只又一只

一个个、一本本、一张张、一件件、一条条

在具体的语言环境中，名量词的重叠可以有很好的表达效果。

我们班同学个个都是好样的。

你的话句句都很有道理。

这栋楼层层都已经安装了消火栓。

早上八点上课以前，同学们就一个一个来到了教室。

她从柜子里翻出一件一件的衣服，都扔在了地上。

饭要一口一口地吃，事要一件一件地做。

大冬天的，她还是十斤十斤地往回买水果。

她去买鞋的时候，总是两双两双地买。

这活儿是没完没了啊，做了一件又一件！

这一只又一只的盘子，什么时候能刷完哪！

你看，邮票一张张地都堆在桌子上，多乱哪！

这一本本的杂志怎么归类呀？

2. 动量词的重叠

动量词的重叠形式同样是"一+量词+一+量词"等。重叠以后的动量词在句子中做补语或状语，有时也可以做定语：

一次一次、一回一回、一趟一趟

一阵一阵、一顿一顿、一下一下

一次又一次、一回又一回

一次次、一趟趟、一遍遍、一趟趟

同样可以在具体语言环境中体会动量词重叠的表达效果。

你一趟一趟地跑，到底有什么事？

他们来了一次又一次，我都不好意思再拒绝了。

我一遍遍地告诉你们，为什么总是记不住？

这一次又一次的事故到底说明了什么？

钟一下一下地总共敲了十二下，你说应该是几点？

数量词重叠以后在句子中到底是做定语还是做状语，要根据具体的语言环境来进行判断和选择。在某个具体的句子中，数量词的位置基本上是固定的，在名词前，或者在动词前后。在看到一个句子时，最好多读几遍，用心地想一想，你一定能够选择出恰当的位置。

(四)省略数词"一"的用法

还应该特别注意的是，在汉语口语中，当"一"与量词搭配时，常常可以省略掉"一"而只用量词：

我想去书店买本书，你跟我一起去吗？

大周末的，咱们去看场电影吧。

给我来盘京酱肉丝。

你给大家唱个歌或是跳个舞都行。

我的衣服都淋湿了，快帮我找件衣服穿。

二、语 词 分 析

要求：给句子后的词语选择恰当的位置或选择恰当的词语填空。

(1) 我A很生他的气B，一连C没有给他打电话D了。

三个月

答案：C

分析：由“一连”组成的句子形式有两种，一是“**一连+动词+数量词语+宾语**”，如“一连下了三天雨”，“一连吃了两个面包”等；二是“**一连+数量词语+没/不+动词+宾语**”，如“一连三天没说话”，“一连两个星期没下雨”，“一连几天不吃饭怎么行？”“一连”的具体用法可以参考本教材下册的介绍。

(2) A你B这C蓝色D衣服的拉锁怎么都坏了？

两件

答案：C

分析：“这+量词+名词”是比较固定的形式，名词前有形容词或其他表示区别意义的词语时，数量词应该在形容词等之前。

(3) A“知识就是力量”B来自西方思想家的名言，C一直鼓励着我们D奋斗。

这句

答案：B

分析：“这”是代词，常常代替前边出现过的人、事、物等。“这句名言”符合“这+量词+名词”的格式，“名言”之前有其他定语时，量词放在定语前。关于“这、那”等代词的用法同样可以参考本教材下册的介绍。

(4) 王老师为我们A做了B菜，还请来C几个朋友D陪我们。

一桌子

答案：B

分析：临时借用的量词“桌子”应该放在“菜”之前，形容老师做的菜很多。

(5) 听了A刘教授的报告，B同学们C都表示今后D要更加努力学习。

个个

答案：C

分析：B是错误的选择，因为“个个”是每一个的意思，其后不能是表示集体的名词“同学们”，反过来才符合汉语的表达要求。正确答案是C。类似的句子还有：“我们大家个个都很认真”，“他们几个人个个都十分能干”。

(6) 三十A年B来，他C教过的学生有上千D人。

多

答案：A

分析：汉语中表示概数的词语“多、来、几”一般可以放在整数词语“十、百、千、万”等之后。D之前有“上千”，因此不能用“多”。

(7) 他们每天 A 工作 B 十 C 几个小时，够 D 辛苦的。

好

答案：C

分析：“几”加整数词语“十、百、千”等和一般量词后，它的前边可以加上“好”表示数量多。比如，“几个”可以是多于“一”少于“十”的所有数量，但是，加上“好”以后，一般应该指多于“五”少于“十”的数量。D 不可以，因为“够……的”是一个十分固定的表示程度的结构。

(8) 伦敦终于争取到了四年一____的 2012 年奥林匹克运动会的主办权。

A. 趟　　B. 场

C. 遍　　D. 次

答案：D

分析：A、B、C 都不合适，因为“趟”过于口语化；“场”虽然可以与“运动会”搭配，但在这个句子中“运动会”并不指某一场，而是将持续很长时间的综合性的比赛；“遍”是指从头到尾的全过程。正确答案只能是 D。

(9) 北京颐和园的玉带桥是一____建于数百年前的石拱桥，至今仍完好无损。

A. 条　　B. 支

C. 坐　　D. 座

答案：D

分析：与量词“座”搭配的名词包括“山、楼、桥、工厂”等，多是比较高大的事物。不能用“条”，尽管今天的“桥”可能是比较长的，但当初的桥多是由石头堆砌而成。“坐”是动词，当然不能用做量词。

(10) 那____饭店广东厨师的几个拿手菜都很有特色，颇受欢迎。

A. 座　　B. 家

C. 所　　D. 里

答案：B

分析：与“饭店”搭配的量词应该是“家”，这恰好与我们经常在饭店看到的成语“宾至如归”相吻合。“宾至如归”的意思是：吃饭的客人来到饭店，就像回到自己的家里一样。

(11) 昨天下午我在商场买了一____漂亮的衣服。

A. 条　　B. 件

C. 个　　D. 块

答案：B

分析：汉语中用“件”作量词的名词有“衣服(包括各种上衣)、事情(包括各种事情)、礼物(包括各种礼物)”这三个词语。

(12) 夏天到了，这儿常常下雨，你应该准备一____雨伞。

A. 支　　B. 张

C. 把　　D. 件

答案：C

分析：汉语中凡是带“把儿”的工具一般都用“把”作量词，比如“刀子、勺子、叉子、铁锹、雨伞、铲子、锤子”等。用“张”作量词的事物常常强调平面的性质，如“报、床、纸、桌子”等。

(13) 那____画着齐白石的画儿的瓷器又好看又便宜。

A. 支　　B. 张

C. 套　　D. 条

答案：C

分析：如果你只看句子中前边的几个词，你会马上选择“张”这个量词，但是，你又被迷惑了。“瓷器”才是“这”要修饰的真正的名词，因此，只能用“套”，而不能用其他的量词。“套”这个量词常常表示成组出现的事物，如“餐具、茶具、炊具、西装、话”等。

(14) 几年前过生日的时候，朋友送了我一____围巾，至今我仍戴着。

A. 个　　B. 件

C. 张　　D. 条

答案：D

分析：“围巾”是比较细长而且软的东西，因此应该用“条”这个量词。类似的词语还有“皮带、领带、裤子、裙子、江、河、道、路”等。应该注意“条”与“支、根”这两个量词的区别。

(15) 打了一个多小时的网球，又洗了____热水澡，浑身上下舒服极了。

A. 下　　B. 个

C. 身　　D. 趟

答案：B

分析：“洗澡”是一个离合词，“澡”可以看成是“洗”的宾语。四个备选答案中，“个”是唯一正确的答案。应该注意的是，汉语中“一”加“量词”可以省略“一”，这在前边的分析中已经介绍过了。其他词语不合适。

三、病句分析

(1) 今天下午2点，请同学们在体育馆前边集合。

(2) 我们那个小城市只有一百三十千人口。

(3) 这课的生词我已经写了九十遍了。

(4) 听老师说，今年参加HSK考试的有三千个多人。

(5) 为什么你第一天、二天没有来上课？

(6) 我在我们国家学了一半年汉语。

(7) 我喝了两个杯牛奶，他喝了三个杯啤酒。

(8) 这个本子里有他天天的日记。

(9) 他认真地跟着老师写一笔一笔。

(10) 小汽车一辆地通过这里。

(11) 会场里响起了一场场的欢呼声。

(12) 商场里的都件件衣服很漂亮。

(13) 这些照片有的张照得好，有的张照得不好。
(14) 听朋友说，《风云 2》这片电影很有意思。
(15) 通过这两个失败，我真正懂得了认真的重要。

四、应 用 练 习

1. 用借用名量词改写下列句子

(1) 今天小张从上到下穿的都是新衣服。
(2) 我上去一看，公共汽车里坐满了乘客。
(3) 书包里装满了好吃的东西。
(4) 今天玛丽过生日，朋友们送的礼物摆满她的桌子。
(5) 你没注意把杯子弄掉了，水撒在了地上。
(6) 书架上都是中国历史方面的书。
(7) 外面下雨了，他的裤腿弄了很多泥。
(8) 上课的时候，老师在黑板上写满了字。
(9) 朋友的生日晚会上，你喝了好几瓶啤酒，肚子都撑了。
(10) 昨天是学校的运动会，操场上都是老师和学生。

2. 给词语选择恰当的位置

(1) 十几 A 年的接触使 B 我早就明白你是 C 聪明、活泼而又乐于助人的 D 人。
个
(2) 中国的艺术家们把 A 松、竹、梅 B 统称 C 为 D“岁寒三友”。
三者
(3) 金花推 A 门一看，B 满满那么 C 人，就立刻转身往回 D 走去。
一屋子
(4) 刚才 A 从图书馆借 B 来 C 的那 D 书你帮我放哪儿了？
几本
(5) A 他 B 那 C 白色 D 运动鞋的鞋底怎么都磨透了？
三双
(6) 这 A 位司机够辛苦的，他每 B 天工作十 C 个 D 小时。
几
(7) 我 A 爬 B 到了 C 长城最高的地方 D。太美了！
一口气
(8) 这次 A 到南方去，我们一共 B 住了三 C 个 D 月。
来
(9) 王小丽 A 决定 B 每星期 C 跟朋友们一起吃 D 饭。
一次
(10) 张经理让 A 小赵明天早上到 B 他的公司 C 取 D 资料。

一下

3. 选择恰当的词语填空

(1) 透过那____玻璃窗，你可以清楚地看到远处那美丽的风景。

A. 面　B. 片

C. 条　D. 扇

(2) 哎呀，你吓了我____，进屋前怎么也不敲敲门呢！

A. 一次　B. 一跳

C. 一阵　D. 一下

(3) 从巫山上远远望去，长江游轮像一____扁舟乘流而下，转眼就不见了。

A. 艘　B. 条

C. 只　D. 叶

(4) 昨天我和王亮又去找他了，可他还是那个态度，让我们碰了一____灰。

A. 头　B. 鼻子

C. 身　D. 脸

(5) 第一次去非洲旅行的情形真是令人难以忘怀，当时要是能学____句当地的话就更完美了。

A. 一二　B. 二三

C. 一两　D. 三二

(6) 2011 年末的这场大雪，是大自然送给我们的一____最好的礼物。

A. 只　B. 次

C. 堆　D. 件

(7) 自行车在这儿摆得好好儿的，突然刮来了一____风，这不，全倒了。

A. 阵　B. 回

C. 片　D. 次

(8) 参加 2012 年春季研究生考试的人数超过历____，达到了 83 万多人。

A. 场　B. 回

C. 届　D. 遍

(9) 山田把幸子的毕业论文乱改了一____，弄得她差点儿没有通过答辩。

A. 趟　B. 次

C. 通　D. 顿

(10) 桃红柳绿，小桥流水，鸡鸣犬吠，宛如一____田园交响诗。

A. 个　B. 曲

C. 首　D. 篇

(11) 我耽误了早上 7:30 的火车，下一____去广州的列车几点开？

A. 辆　B. 次

C. 节　D. 回

(12) 整个一个小区只有几____人家入住，物业管理工作无法运转。

A. 个　B. 位

C. 口　　D. 户

(13) 9月13日的香港《文汇报》上报道了一____惊人的消息。

A. 篇　　B. 页

C. 条　　D. 块

(14) 多少人都被你骗了，现在谁还相信你这____话？赶快离开这儿吧！

A. 句　　B. 套

C. 个　　D. 口

(15) 看着孩子们那一____天真的笑脸，我的心里充满了无限的喜悦。

A. 个个　　B. 张张

C. 双双　　D. 块块

第十四课　综合测验

一、选择位置

(1) 谈话是我们 A 日常 B 生活中 C 极普通 D 事情。
的

(2) 公司员工们 A 都知道 B 他 C 工作做 D 特别认真。
得

(3) 也许他 A 现在就正在培养着 B 一个未来 C 世界 D 冠军呢。
的

(4) 虎妞和祥子结 A 婚 B 以后，两个人 C 上 D 了幸福美满的生活。
过

(5) 李老师托 A 你在上海买 B 的那个东西你给 C 她买 D 了没有？
着

(6) 这件已经过去很长时间的往事，A 我 B 心里一直 C 十分 D 内疚。
令

(7) 下 A 一场雨 B，天气开始 C 凉快起 D 来。
了

(8) 他昨天去 A 商店 B，为母亲买 C 许多药 D。
了

(9) A 昨天晚上我突然接 B 了她从大洋 C 彼岸打来 D 的国际长途。
到

(10) 明天早上请你 A 叫 B 我 C，不然我怕睡 D 过了头。
一声

(11) 幸福的时光 A 转瞬即逝，婚礼 B 飞机轰鸣声 C 彻底 D 打乱。
被

(12) 她是我 A 来北京时 B 认识的第一个人，C 成了 D 我的女朋友。
现在

(13) 因为 A 我 B 来北京 C，所以对这里的交通 D 很不熟悉。
第一次

(14) 我看你们两个 A 都应该 B 互相作 C 让步 D。
一些

(15) 如果世界经济 A 能在一两年内 B 及时复苏，C 我们公司 D 可能起死回生。
就

(16) 大力吃 A 饭进就 B 城了，我们也不知道 C 他什么时候回来 D。
了

(17) 他们A前年9月B从各国C陆续来的北京，现在已经差不多D两年了。
是

(18) 这种人，你越不让他A去，B他C要D去。
越

(19) 我们先A去调查B调查，等你C回来就把情况D告诉你。
一

(20) 重要的不是A学了多少，而是B把C学过的内容全D都记住。
能不能

二、选词填空

(1) 我们班的老师因为有事没有来，所以今天的口语课没上____。
A. 好 B. 完
C. 了 D. 成

(2) 从这儿到市中心不太远，坐车的话______一小时就到了。
A. 用得了 B. 用不够
C. 用不了 D. 不用完

(3) 听说花两块钱买的足球彩票中了大奖，他高兴得嘴都合不____了。
A. 起 B. 下
C. 上 D. 了

(4) 今天，就是在最偏僻的山沟里，老百姓也都能看____电视了。
A. 过 B. 了
C. 得 D. 上

(5) 时间太紧张了，我们准备得也不够充分，这份报告恐怕______。
A. 不写好 B. 好不写
C. 写不好 D. 好写不

(6) 她整容以后，谁也________________。
A. 认她不出来了 B. 认她出不来了
C. 不认出她来了 D. 认不出她来了

(7) 他告诉过我他的电话号码，可我一时想不____了。
A. 上来 B. 起来
C. 过来 D. 出来

(8) 在美国学习期间，一到周末我们就一起去旅行____去逛街。
A. 或许 B. 还是
C. 或者 D. 还要

(9) 教练对练球的小队员们说："坚持____，未来的世界冠军就是你们的。"
A. 下去 B. 上来
C. 上去 D. 出来

(10) 来中国以前我还____北京是个很落后的城市呢，没想到她是个现代化的大都市。

A. 觉得　　　　　　B. 感到

C. 认为　　　　　　D. 以为

(11) 印度尼西亚共有________一万三千多个岛屿，被称作“千岛之国”。

A. 很大很小　　　　B. 大大小小

C. 大小大小　　　　D. 大的小的

(12) 中国队要是能够踢进 16 强，我们非__________地玩儿个通宵！

A. 热闹热闹　　　　B. 热热闹闹

C. 热闹一热闹　　　D. 热闹了热闹

(13) 一摸他的手，________的，真把我吓坏了。

A. 冰凉凉　　　　　B. 冰凉冰凉

C. 冰冰凉凉　　　　D. 冰冰凉

(14) 我打算先去西安，然后去成都、重庆，____一下儿长江三峡。

A. 旅行　　　　　　B. 游览

C. 游玩　　　　　　D. 旅游

(15) 为了别人，也为了自己，我们应该牢固____法制观念。

A. 学会　　　　　　B. 意识到

C. 意识　　　　　　D. 树立

(16) 明天下午，新世纪饭店将____一场国际辩论会。

A. 举行　　　　　　B. 进行

C. 开始　　　　　　D. 开展

(17) 能否把烟戒掉最能____一个人的意志是否坚强。

A. 检查　　　　　　B. 检验

C. 试验　　　　　　D. 调查

(18) 在长安大戏院里，每周都会有几场好戏____欣赏，今天晚上是《空城计》。

A. 愿意　　　　　　B. 可以

C. 会　　　　　　　D. 想

(19)《青花瓷 2》获得了奥斯卡最佳外语片奖，你知道吗？这____电影的女主角是我中学的同学。

A. 场　　　　　　　B. 部

C. 次　　　　　　　D. 本

(20) 传统京剧之所以能够得到外国观众的喜爱，就是因为它是一____集音乐、舞蹈、服装和化妆于一身的综合艺术。

A. 组　　　　　　　B. 场

C. 种　　　　　　　D. 个

(21) 二十年前朋友结婚，送一____枕巾就行了，现在连一台电视也拿不出手。

A. 双　　　　　　　B. 副

C. 块　　　　　　　D. 对

(22) 今天就海内外的各大报纸上都报道了两____惊人的消息。

A. 则　　　　　　　B. 篇

C. 页　　D. 章

(23) 老先生的一____话，让我异常感动。

A. 批　　B. 堆

C. 番　　D. 顿

(24) 天太热了，我们一个个都出了一____的汗。

A. 桶　　B. 筐

C. 身　　D. 盆

(25) 第三____北京国际服装博览会终于开幕了。

A. 次　　B. 个

C. 日　　D. 周

(26) 人类应该给动物们留一____生路，让它们在地球上继续繁衍生息。

A. 块　　B. 个

C. 段　　D. 条

(27) 我躺在绿油油的草坪上，呼吸着新鲜的空气，____脑子里一次次地掠过他的身影。

A. 同样　　B. 同时

C. 还　　D. 又

(28) 在十名优秀毕业生中，山本排在第一，她后边是约翰，____后边是我，我后边还有金水真、竹下等同学。

A. 又　　B. 再

C. 第二　　D. 下一个

(29) 佛教、基督教和伊斯兰教称为世界三大宗教，____佛教产生最早。

A. 却　　B. 则

C. 就　　D. 而

(30) 他在家里年龄是最小的，然而饭量____是最大的。

A. 却　　B. 但

C. 而　　D. 更

补充内容(1) 摸底测验

一、选择位置

(1) 我没说A过吃B饭就去C逛商店D。
了

(2) 大约A30B年C以前，D北京的东西都得凭票供应，没票可不行。
来

(3) 我们A从实践中得到的知识B从课堂上C老师那里得到的还要D多。
比

(4) A鲜花和盆景作为B装饰品C摆放在房间里，可以D给人以清新的感觉。
把

(5) 前天进A城我们 B买了一大堆C橘子、苹果、香蕉D，根本就吃不完。
什么的

(6) 清晨，当他A把厂门口B清扫C干干净净之后，心里别提D多舒服了。
得

(7) 我A已经B去C过D颐和园了，真的不想再去了。
三次

(8) “京韵大鼓”A是华北地区B所特有的C深受群众喜爱D的曲艺形式。
一种

(9) 他们告别A亲人，背B上行李，拿C起水壶，向西北方向走D去。
了

(10) A房子B有点儿C贵，可它的地理位置、内部结构和装修都D很不错。
是

(11) A你爸爸是B一个C人，你妈妈还D不知道？
怎样

(12) A没有B比在别人面前张口C不D好意思的事了。
更

(13) 孩子已经吃A奶了，刚睡B着，别把她吵C醒D。
过

(14) 你爸爸A还不回来，准是又跟人下棋B了，不C等他D了，咱们先吃。
去

(15) 小姑娘转了A一圈也没有找到B妈妈，坐C在地上伤心地哭了D。
起来

二、选 词 填 空

(1) 人们都在家里热热闹闹地过节，工人们却在城市建设的工地上夜以继日地工作____。

A. 了　　B. 的

C. 着　　D. 过

(2) 你们知道王老师今天为什么不能跟我们一起去参观____？

A. 呀　　B. 吗

C. 呢　　D. 吧

(3) 每一个年轻人对自己的事业都应该有一____火热的心。

A. 条　　B. 些

C. 种　　D. 颗

(4) 为了参加今晚的春节联欢晚会，孩子们一个个都打扮得________的。

A. 漂亮　　B. 漂漂亮亮

C. 漂亮一漂亮　　D. 漂亮漂亮

(5) 如果把握不准市场的脉搏，新产品上市同样会卖不____。

A. 出　　B. 动

C. 起　　D. 好

(6) 不用你告诉我，从你说话我就能听____你是山西大同人。

A. 起来　　B. 出来

C. 下来　　D. 过来

(7) 他领导进行的科学实验，____过无数次的艰难和挫折，但最后成功了。

A. 经历　　B. 经验

C. 经过　　D. 通过

(8) 明天我们去哈尔滨，你要是也想去____，就赶快告诉大李一声。

A. 吧　　B. 呢

C. 吗　　D. 哇

(9) 我在她的窗下____地走着，我的心都快提到了嗓子眼儿，我该怎么对她说呢！

A. 来回来回　　B. 回来回来

C. 来来回回　　D. 回回来来

(10) 你这____围棋是在哪儿买的？还是地道的云子哪！

A. 盘　　B. 局

C. 副　　D. 对

(11) 这套房子真不错，回去以后我跟老婆____，尽快给您个答复。

A. 商量了　　B. 商量了商量

C. 商量商量　　D. 商量一商量

(12) 几年前老人还能听到一些声音，得了耳病以后就什么都____了。

A. 不听见　　B. 听不见

C. 没听见　　D. 听没见

(13) 我很想跟他们一起去，可是如果他们不同意____，我该怎么办？

A. 呢　　B. 吗

C. 吧　　D. 啊

(14) 企业发展以后成本降低了，因此，价格下降也就成为____的趋势。

A. 必要　　B. 必需

C. 必定　　D. 必然

(15) 你不用担心，到时候我会______，只要你招呼一声就可以了。

A. 帮忙你　　B. 帮你的忙

C. 帮忙给你　　D. 给帮你忙

(16) 你一看她那____高兴的样子，不用问，准知道她有什么得意的事了。

A. 对　　B. 副

C. 幅　　D. 张

(17) 这个小伙子_____，我看可以把他调到国家队来训练一下。

A. 踢足球得可好了　　B. 踢得足球可好了

C. 足球可好踢得了　　D. 足球踢得可好了

(18) 从结婚到现在十五年都____了，可她好像还停留在恋爱的年代。

A. 过来　　B. 过去

C. 走　　D. 来

(19) 我们公司的小伙子真是_____精神，姑娘们看着打心里乐。

A. 一个和一个　　B. 一个像一个

C. 一个比一个　　D. 一个跟一个

(20) 这种新式服装代表了21世纪的发展方向，最____年轻人欢迎。

A. 有　　B. 受

C. 被　　D. 把

(21) 我干任何事情都是半途而废，开始以后总是_____。

A. 坚持下不去　　B. 坚持不下去

C. 不下去坚持　　D. 下去不坚持

(22) 近些年来，不少外国留学生_____就留在中国工作了。

A. 一毕业大学　　B. 毕业大学了

C. 大学毕了业　　D. 毕业了大学

(23) 台上正在表演的节目突然_____了，我敢肯定是后台发生了没有预料到的事情。

A. 停顿　　B. 结束

C. 中断　　D. 取消

(24) 大儿子一家出国以前，我把孩子都叫到一起吃了一____团圆饭。

A. 阵　　B. 碗

C. 桌　　D. 顿

(25) ____考场以前，父母一遍又一遍地嘱咐儿子要放松自己。

A. 进去　　B. 进来

C. 进行　　D. 进入

(26) 你不是说要跟____一起去吗？还不赶快去准备准备！

A. 人们　　B. 咱们

C. 我们　　D. 你们

(27) 我们决定今天下____课就坐车去王府井书店买参考书。

A. 一　　B. 了

C. 刚　　D. 去

(28) 入世以后进口轿车______便宜，国产轿车积极应对才能进一步占领市场。

A. 很　　B. 十分

C. 非常　　D. 越来越

(29) 他决定先办好旅行手续，____再去买火车票。

A. 后来　　B. 然后

C. 以后　　D. 往后

(30) 请转告旅游团的全体成员，我们____。

A. 在长城上午 10 点等他们

B. 上午 10 点等他们在长城

C. 等他们在长城上午 10 点

D. 上午 10 点在长城等他们

补充内容(2)　汉语的主要句型

汉语的主要句型是汉语语法的基本知识，在初级阶段的课堂学习中都已经接触过了，我们把这些内容编排于此，供学习者参考。

一、按句子结构分成的两种句式

1. 主谓句

主谓句中包括主语和谓语两部分。在实际语言应用中，主谓句常以完全主谓句和不完全主谓句两种形式出现。

(1) 完全主谓句：完全主谓句是指句子有完整的主语和谓语出现的句子。

我们学习汉语。

你们都是留学生吗？

他们去上海了。

(2) 不完全主谓句：句子中的主语或谓语在一定的语言环境中可以不出现。

谁学习英语？

——小王(　)。

你去哪儿？

——(　)去西安。

你们去不去颐和园？

——(　)去(　)。

2. 非主谓句

非主谓句形式上与不完全主谓句基本相同，但性质却完全不一样。不完全主谓句中没有出现的主语或谓语是很清楚的，而非主谓句则很难说清楚有什么成分。非主谓句又可以分为无主句和独词句两种。

(1) 无主句：无主句是指不需要说出或根本无法说出主语的句子。

请进！

请坐！

请喝茶！

禁止吸烟！

(2) 独词句：独词句是指在语言交际过程中，由于某种原因只用一个词来表示自己的意思，如称呼、应答、疑问、感叹、惊讶等。

老师！

小王！

哎！

什么？

二、按语法性质分成的四种句式

1. 动词谓语句

动词谓语句的谓语是动词或动词词组。

我学习，我哥哥工作。

她妹妹也是演员。

他们去颐和园了。

玛丽有四本汉语书。

2. 形容词谓语句

形容词谓语句是由形容词做谓语的句子。这种句子中谓语之前一般不能够出现“是”。

秋天很凉快。

这儿真漂亮！

他们都非常聪明。

山本幸子十分漂亮。

3. 名词谓语句

名词谓语句用名词做谓语，常表示时间、年龄、籍贯等。

现在十点半。

今天星期三。

我北京人。

他今年二十岁。

4. 主谓谓语句

主谓谓语句是由主谓词组做谓语的句子。

妈妈身体很好。

他工作很努力。

三、按功能意义分成的四种句式

1. 陈述句

陈述句一般表示对人或事物、事件的叙述、判断、描写或说明。

张老师去图书馆了。

阿里是非洲同学。

他没参加比赛。

玛丽学习十分认真。

用“不是……吗”、“怎么……呢”、“难道……吗”、“为什么……呢”等构成的一种表示特殊强调作用的陈述句，一般称“反问句”。

他不是日本人吗?

这么晚了，你怎么还不起床!

难道你不喜欢去旅行!

你为什么不跟他们一起去呢?

2. 疑问句

所谓疑问句，就是用来提出问题的句子。一般疑问句句末语调是向上的，用问号(？)。

疑问句(1)：用语气助词“吗”或“好吗、行吗、对吗、可以吗”及“吧”、“啊”等提问的句子，也叫做是非问句。

今天是星期一吗?

你去教室吗?

你身体好吗?

下个月我们一起去旅行，好吗?

你一定还有问题吧?

疑问句(2)：用疑问代词“谁、什么、哪、哪儿、多少、几、怎么、怎么样”来提问的句子，也叫特指问句。

你最好的朋友是谁?

毕业以后你打算作什么?

放假你想去哪儿旅行?

你们学校有多少学生?

疑问句(3)：由“V 不 V”、“A 不 A”、“V 没 V”、“V 了/过＋没有”以及“是不是”等构成的问句，习惯上也叫正反问句。

你能不能跟我一起去旅行?

玛丽的宿舍干净不干净?

我们要考试了，你们复习没复习?

你去没去过大连?

疑问句(4)：把可以选择的两种或多种的可能用“……还是……”连接起来，要求对方选择其中之一作回答，这样的句子通常被称作选择问句。

你去还是不去?

你们去看电影还是去看表演?

你们今天去还是明天去?

这件衣服是你的还是他的?

疑问句(5)：没有任何疑问形式，只用疑问语调表示疑问的句子。这样的句子在书面上除了句末的问号以外，跟一般的陈述句完全相同。

他妈妈也会说汉语?

您是我们的新老师?

明天你们也去长城?

你觉得她很漂亮?

3. 祈使句

表示请求、要求、命令、劝阻、警告、禁止之类的意愿，让或不让听话人做某事。祈使句句末用感叹号。

请坐!

咱们走吧!

这么晚了，别出去了!

教室里不要吸烟!

4. 感叹句

带有浓厚感情的句子。句末用感叹号。

太好了!

这张画儿真漂亮!

今天空气多好啊!

你总算到了!

下篇　参考答案与分析

第一课 “‘的、地、得’分析”参考答案与分析

一、病句分析参考

(1) 刚才你说谁同学是法国人?

分析：本课我们学的是“的、地、得”的用法，此句中“谁”与“同学”之间应该用“的”，即“谁的同学”。正确的句子应该是：

刚才你说谁的同学是法国人？

刚才你说哪个同学是法国人？

(2) 昨天玛丽买了一件非常漂亮衬衣。

分析：句子中如果只有“漂亮”与“衬衣”，那么，它们中间既可以用“的”，也可以不用“的”，但在“漂亮”前边有“非常”这样的程度副词时，“漂亮”与“衬衣”之间必须用“的”。正确的句子应该是：

昨天玛丽买了一件非常漂亮的衬衣。

(3) 我想去学校门口买一张《北京的晚报》。

分析：《北京晚报》是专有名词，而且“北京”与“晚报”又都是名词，在不表示领属关系的名词与名词之间不用“的”，因此，句子中的“的”是多余的。正确的句子应该是：

我想去学校门口买一张《北京晚报》。

(4) 跟你最好那个中国的同学来找你了。

分析：句子中“最好”是“那个中国同学”的定语，“好”的前边出现“很、最、非常”等程度副词时，它们与所修饰的名词之间一定要加“的”。而“中国”与“同学”之间则完全可以不用“的”。“那个”是指示代词，它的位置可以比较灵活。正确的句子应该是：

跟你最好的那个中国同学来找你了。

那个跟你最好的中国同学来找你了。

(5) 他是我最好朋友的。

分析：这个句子中出现的是不少学生容易产生的错误，即应该用“的”的地方没有用，而不该用“的”的地方反而用了“的”。句中最后的“的”是不应该出现的，而“最好”与“朋友”之间应该有的“的”却丢掉了。不少同学应该注意，不能一见到“是”，就在句尾加“的”。正确的句子应该是：

他是我最好的朋友。

他是我的好朋友。

(6) 我们大家都很认真学习。

分析：和"的"的用法基本相同，形容词做状语时，与谓语动词之间一般可以用"地"，也可以不用"地"，但是，当形容词前加上程度副词以后再做状语，这时，则必须使用"地"。句子中"很认真"与"学习"之间应该加上"地"。正确的句子应该是：

我们大家都很认真地学习(着)。

我们大家学习都很认真。

(7) 他从小就非常地喜欢游泳。

分析："喜欢"是表示心理活动的动词，在用法上和形容词十分接近，可以用程度副词直接修饰，因此，句子中的"地"不能用。当然，当汉语学习到一定的程度以后，你会知道，"非常"还可以有"不是一般的"的意思，即"非+常"。在这种情况下，"非常"的后边可以加"的"，然后再修饰名词。不过，这种用法比较少见。正确的句子应该是：

他从小就非常喜欢游泳。

另：**他是个非常的人物。**

这是一个非常的问题。

(8) 多地听，多地说，就一定能学好汉语。

分析：单音节形容词做定语和做状语是一样的，即可以直接修饰中心词语。因此，句子中的两个"地"都不能用。类似的形式还有"快走、慢走，快吃、慢吃，少说话、多做事"等等。正确的句子应该是：

多听，多说，就一定能学好汉语。

多听多说一定能学好汉语。

(9) 我汉语说得不够流利，还差地很远。

分析：句子中"很远"是"差"的程度补语，而谓语与程度补语之间应该用"得"而不是"地"。正确的句子应该是：

我汉语说得不够流利，还差得很远。

我说汉语说得不够流利，还差得很远。

(10) 他跟我一说，我就很痛快答应他了。

分析：句子中"很痛快"与动词"答应"之间是修饰与被修饰的关系，即状语与中心语的关系，它们之间的结构关系只能由"地"来反映，而句子中恰恰缺少了这个"地"。正确的句子应该是：

他跟我一说，我就很痛快地答应他了。

他一跟我说，我就很痛快地答应他了。

(11) 我们班同学都积极得参加了学校的运动会。

分析：和上一个句子一样，状语"积极"与动词"参加"之间应该用"地"而不是"得"。正确的句子应该是：

我们班同学都积极地参加了学校的运动会。

(12) 开始的时候，玛丽写汉字得很慢。

分析："得"是汉语中程度补语和可能补语的标志，它必须用在动词或形容词之后，不能用在名词之后。如果句子中的动词有宾语的时候，"得"可以用在重复的动词之后，或者把宾语提前。因此，句子中“得”的位置不对。正确的句子应该是：

开始的时候，玛丽写汉字写得很慢。

开始的时候，玛丽汉字写得很慢。

(13) 听了妈妈的话，她高兴地不知道说什么了。

分析：看到这个句子，我们首先应该弄清楚句子中说的是什么，也就是什么是主要的陈述内容。这个句子是说“她不知道说什么”还是“她高兴”呢？经过分析我们知道，“她高兴”是这个句子的主要内容。因此，“不知道说什么”是“高兴”的程度，即补充说明“高兴”所达到的状态，是“高兴”的补语。这样，“地”就应该改为“得”。正确的句子应该是：

听了妈妈的话，她高兴得不知道说什么了。

听了妈妈的话，她高兴得不知道说什么才好了。

(14) 我们班有 23 个学生，山本学地最好。

分析：这个句子中“最好”应该是“学”的补语，因此，句子中的“de”一般应该用“得”而不是“地”或“的”。正确的句子应该是：

我们班有 23 个学生，山本学得最好。

我们班有 23 个学生，山本的学习最好。

我们班有 23 个学生，山本学习最好。

(15) 她是个快乐的人，每天总是高高兴兴得。

分析：汉语中的双音节形容词重叠以后常常要加上“的”，这在“的”的讲解中已经介绍过了。因此，正确的句子应该是：

她是个快乐的人，每天总是高高兴兴的。

二、应用练习参考答案及分析

1. 扩写句子(注意“的、地、得”的使用)

(1) 她是女孩儿。(美丽动人 位 富有青春活力)

答案：她是位富有青春活力、美丽动人的女孩儿。

她是位富有青春活力的美丽动人的女孩儿。

分析：汉语“一+量词”在口语中常常可以省略“一”。“富有……”是动词性词语，应该放在形容词“美丽动人”之前。按照定语的语序，量词“位”应该离宾语“女孩儿”最远。

(2) 我讲过了。(跟大家 已经 把你的意见 认真)

答案：我已经把你的意见跟大家认真地讲过了。

我已经跟大家把你的意见认真地讲过了。

我把你的意见已经跟大家认真地讲过了。

我把你的意见跟大家已经认真地讲过了。

分析：副词“已经”在修饰动词时，如果动词前有介宾词组做状语，一般可以放在介宾之前，也可以放在介宾之后。形容词“认真”应该离动词最近。两个介宾词组的顺序可以调换，不影响句子意思。

(3) 我们举行了晚会。(在快乐酒吧　生日　热热闹闹　昨天晚上　为迈克)

答案：**我们昨天晚上在快乐酒吧为迈克热热闹闹地举行了生日晚会。**

昨天晚上我们在快乐酒吧为迈克热热闹闹地举行了生日晚会。

昨天晚上我们在快乐酒吧为迈克举行了热热闹闹的生日晚会。

分析：汉语句子中的时间词语既可以放在主语之前，也可以放在主语之后谓语之前，而且，做状语的时间、地点和方式的顺序一般不能轻易改变。“热热闹闹”可以做状语，也可以用作定语。

(4) 中国是国家。(具有悠久历史　一个　和　灿烂文化)

答案：**中国是一个具有悠久历史和灿烂文化的国家。**

分析：“悠久历史和灿烂文化”做“具有”的宾语并构成动宾结构再做“国家”的定语。注意：动宾结构做定语时，名词前应该用“的”。

(5) 他忘了吃饭。(忙　最近几天　考试　准备　为　都)

答案：**他最近几天为准备考试忙得都忘了吃饭。**

他最近几天为准备考试都忙得忘了吃饭。

最近几天他为准备考试忙得都忘了吃饭。

分析：这个句子里的“都”有特别强调的意义，不是一般的“都”，即不强调范围，而是强调“忙”的程度。“都”的位置也十分重要，注意它们的用法。

2. 给词语选择恰当的位置

(1) 电影A画面上是一个B十分美丽C小山村D。
的

答案：C

分析：“的”应该放在名词前，但是A前后都是名词，可以不用“的”，而“小山村”前是由副词与形容词组合成的修饰语，因此，C是最合适的位置。还要注意的是，有的学习者喜欢把“的”放在句尾D的位置，这是错误的。

(2) 我A昨天新买B那本C语法D书不见了。
的

答案：B

分析：“新买”是动词性词语，做“那本语法书”的定语时必须加“的”，其他位置不可以。“语法”与“书”之间不用“的”。

(3) 你们知道A吗？他B就是我C中学老师D，现在他也做学生了。
的

答案：C

分析：“我”与“中学老师”之间应该用“的”。不少同学喜欢把“的”放在D处，其实是错误的。可以参考第三课中“是……的”句的分析。

(4) 赵大夫是我A大学B时代最好C朋友D。
的

答案：C

分析：形容词前加副词以后做定语必须加“的”，所以，C 是最恰当的位置。

(5) 由中国电影家 A 协会主办 B 大众电影 C 金鸡奖 D 颁奖仪式已于昨晚在长春举行。

的

答案：B

分析：“中国电影家协会”是一个专有名词，中间不能加“的”。C、D 前后都是名词，同样不用“的”，而“主办”是动词，做定语必须在后面加“的”。

(6) 我特别喜欢 A 你送给我 B 那本书 C，我会 D 永远珍藏它。

的

答案：B

分析：“你送给我”做“那本书”的定语，“的”应该放在 B 处。记住：动词或小句子做定语都要加“的”。

(7) 随着 A 社会 B 发展，人民的生活水平 C 会越来越 D 好。

的

答案：B

分析：“随着”是介词，它的后面应该跟名词性词语，而“发展”是动词，“的”是使“发展”名词化的标志，因此，B 是最好的位置。

(8) 我们买了 A 不少 B 人民文学出版社 C 出版的 D 书。

关于历史的

答案：D

分析：介宾结构“关于历史的”做“书”的定语。

(9) 当我双手接 A 过录取通知书时，我激动 B 真 C 不知道说 D 什么好了！

得

答案：B

分析：“得”应该放在句中主要动词“激动”与补语之间，B 的位置最恰当。有人喜欢把“得”放在 A 处，而“接过”本身就已经构成了动作与结果的关系，加上“得”反而使关系混乱，不能明确表示意思。

(10) 刚刚 A 走出教室，就见 B 张平笑呵呵 C 向我们 D 跑来。

地

答案：C

分析：“笑呵呵”做“跑来”的状语，表示“跑来”的方式，中间应该用“地”，而介宾结构“向我们”做“跑来”的状语不用“地”。

3. 选择恰当的词语填空

(1) 听了爱德华说自己的眼睛、鼻子、嘴巴都很漂亮，新娘的脸______的。

A. 红通通　　B. 通红红

C. 通通红红　　D. 通红通红

答案：D

分析：形容词重叠的一般形式是“AABB”，如“高高兴兴”、“快快乐乐”、“舒舒服服”等，但有些形容词重叠的形式却是“ABAB”，如“通红通红”、“漆黑漆黑”、“雪白雪白”等。形容词重叠后常常在后面加上“的”。因此，答案只能是 D。关于形容词重叠的内容，请参考第十二课中的相关介绍。

(2) 孩子躺在病床上，发着高烧，打了一针以后不知不觉____睡着了。

A. 的　　B. 地

C. 得　　D. 着

答案：B

分析：“不知不觉”是动词性词语，它与谓语“睡着”之间只能用“地”。

(3) 我认为，他们对中国书法比你感兴趣____多。

A. 的　　B. 地

C. 得　　D. 着

答案：C

分析：“多”是“感兴趣”的补语，因此，它们中间应该用“得”。

(4) 根据有关部门所做____统计，2011 年底北京市的汽车保有量已超过 500 万辆。

A. 的　　B. 地

C. 得　　D. 过

答案：A

分析：介词“根据”后出现动词“统计”，在“统计”前加上名词的标志“的”是理所当然的。另外，“所+动词+的+名词”也是应该掌握的一个重要形式。

(5) 唉，你这条裙子真是与众不同，可以告诉我在哪个商场买____吗？

A. 的　　B. 了

C. 地　　D. 过

答案：A

分析：这是“是……的”格式在口语中的表现形式，即常常省略“是”。句子中的“是……的”格式强调动作发生的处所，即“是在哪个商场买的”。

(6) 你们是什么时候来____北京语言大学？

A. 了　　B. 的

C. 地　　D. 着

答案：B

分析：同样是“是……的”结构，强调时间。其他词语都不合适。应该特别注意的是，这里一定不能用“了”。

(7) 我是上个月跟朋友一起来北京____。

A. 了　　B. 过

C. 的　　D. 吧

答案：C

分析：记住“是……的”结构的用法。具体内容我们将在第三课中介绍。

(8) 他们最近正准备参加年终评审，忙____不得了。

A. 得　　B. 的

C. 地　　D. 着

答案：A

分析："得"一般用在动词或形容词之后，其后是补语。其他词语不合适。

(9) 今天的《北京晚报》报道了今晨前门发生____一起交通事故。

A. 着　　B. 的

C. 了　　D. 没

答案：B

分析："报道"的宾语是"事故"，而"发生"是"事故"的定语，按照汉语语法的要求，动词做定语时，后边应该加"的"。

(10) 为了避免类似事故____发生，有关部门对本地区的交通秩序做了调整。

A. 又　　B. 还

C. 也　　D. 的

答案：D

分析："又、还、也"三个副词都可以修饰动词"发生"，但在这个句子中，只有用"的"才符合语法要求。"发生"在这里变成了名词。

第二课 “‘了、着、过’分析”参考答案与分析

一、病句分析参考

(1) 我在国内学习的时候常常参加了足球比赛。

分析：汉语句子中动词后的“了”表示动作的完成，即动作已经结束。但是当我们介绍某一天的活动或介绍经常性动作时，一般在动词后不用“了”。那么，上面的句子中恰恰有“常常”这个词语，因此，动词“参加”后就不应该用“了”。正确的句子应该是：

我在国内学习的时候常常参加足球比赛。

我在国内学习的时候常参加足球比赛。

(2) 你一定要记住了这些生词。

分析：通过分析我们知道，这个句子是劝别人应该怎么做。句子中的“要”既有“应该”的意思，也有表示“将来”的意思，“记住这些生词”是还没有发生的动作，因此，句子中就不应该用“了”。正确的句子应该是：

你一定要记住这些生词。

(3) 我们每天都要复习了一个小时旧课。

分析：这个句子中的“每天”与第一个句子中的“常常”是一样的，表示经常性的动作。“复习一个小时旧课”不但是以前的事情，以后也同样会是这样的。因此，句子中的“了”就不应该出现了。正确的句子应该是：

我们每天都要复习一个小时旧课。

(4) 上星期天小王去了历史博物馆参观。

分析：汉语语法规定，在连动句中，第一个动词(多是“来、去、到”等)的后面不能用“了”，“了”应该放在第二个动词或句子之后。正确的句子应该是：

上星期天小王去历史博物馆参观了。

上星期天小王去历史博物馆了，在那儿参观了一天。

上星期天小王去了一次历史博物馆。

(5) 昨天玛丽没有跟我们一起去长城了。

分析：汉语的“了”我们介绍了三种用法，除了表示变化的第三种“了”可以出现在带有否定词语的句子中以外，其他的“了”都不能这样用。上面的句子中的“了”表示的是过去的事情，那么，在前边有了“没有”这个否定词语后，就不应该再用“了”。正确的句子应该是：

昨天玛丽没有跟我们一起去长城。

另：明天玛丽不跟我们一起去长城了。

我这儿已经没有你要的东西了。

(6) 我以前也曾经在中学教着书。

分析：“着”在句子中一般表示的是正在进行的动作，或者表示持续的状态。而这个句子中前边有“以前”和“曾经”两个词语，它们后边的动词都应该是表示过去发生或经历过的动作。因此，句子中的“着”使用错误，应该用“过”。

应该记住：句子中有“已经”的时候，动词或整个句子的后边常常用“了”，而句子中用“曾经”的时候，动词后一般应该用“过”。如果句子中出现了“正、在、正在、呢”，动词后边常常会用“着”。正确的句子应该是：

我以前也曾经在中学教过书。

另：**王老师已经回家了。**

他们正上着课呢。

(7) 中国实行改革开放以后，人民的生活水平提高过。

分析：汉语中的动态助词“过”表示的是曾经的经历，它前边的动词所表示的动作应该是以前发生的，现在已经不继续了。比如：“我去过长城”，“我吃过烤鸭”，“我踢过足球”等等。按照这样的意思去理解，上边句子中在“提高”后边用了“过”，意思就是：“今天人民的生活水平又降低了”，因为是“人民的生活水平提高过”。只有用“了”才可以表示动作持续到了现在，如：“他去上海了”，“我来北京了”等等。正确的句子应该是：

中国实行改革开放以后，人民的生活水平提高了。

(8) 今天早上还下雪着，我们就出发去颐和园了。

分析：动态助词“了、着、过”只能用在句子中的动词之后，不能用在宾语之后，这一点一定要牢牢记住！特别是有些离合动词和动宾词组，如“见面、毕业、结婚、吃饭、睡觉、散步”等等，都很容易被同学们用错。句子中的“着”只能用在“下”与“雪”之间。正确的句子应该是：

今天早上还下着雪，我们就出发去颐和园了。

另：**以前我们见过面，所以我认识他。**

他还睡着觉呢，别打扰他。

他吃了饭就出去了。

(9) 我昨天在那儿等着你们半个多小时。

分析：“着”表示动作的持续，但并不强调动作持续了多长时间，也就是说，动词加“着”不能与时量补语同时用。另外，这个句子中，“等”这个动作明显是在过去的时间里进行的，因此，句子中的动态助词应该用“了”而不是“着”。

还要注意的是，句子中的“你们”是表示人的代词，可以放在时量补语之前，如果是名词，则应该放在时量补语之后。这一点在补语中我们还会进行分析。正确的句子应该是：

我昨天在那儿等了你们半个多小时。

另：**昨天我看了两个小时电影。**

刚才我睡了一会儿觉。

(10) 她翻一本画报给孩子讲故事。

分析：这个句子中“翻画报”与“讲故事”存在着主与次的关系，即“翻画报”是

“讲故事”的伴随动作，在句子中应该做“讲故事”的状语。既然如此，按照汉语语法的要求，伴随的动作动宾之间应该加上“着”。正确的句子应该是：

她翻着一本画报给孩子讲故事。

另：我骑着自行车去颐和园。

他喜欢躺着看书。

他常常唱着歌洗澡。

另外，如果从连动句的角度去分析，句子中的两个动作存在前后的顺序关系，但是它们之间没有主次关系，这时，“着”可以换成表示结果的“开”：

她翻开一本画报给孩子讲故事。

(11) *在北京学习这半年多的时间里，我们有过不少进步。*

分析：动态助词“过”表示的是曾经的经历，而汉语在表示经历时，句子中可以不用任何时间词(如“我去过上海。”)，也可以用比较确定的时间词语(如“去年我来过北京。”“上星期我看过一次电影。”)，还可以用时间词“以前、过去”和表示时间的副词“曾经、曾、已经”等，但是不能用表示经常性的词语或不确定的时间词如“常常、经常、每天、有时候、有一天、有一年”等。

上边句子中，“我们有不少进步”是在“这半年多的时间里”，其实并不遥远，当然没有必要用表示经历的“过”，用“了”完全可以清楚地表达意思。也可以什么都不用。正确的句子应该是：

在北京学习这半年多的时间里，我们有了不少进步。

在北京这半年多的时间里，我们有不少进步。

(12) *这个星期我游泳过三次。*

分析：“游泳”是离合动词，这样的词语在有“了、过”或时量补语、动量补语时，一般应该“离”，而不应该“合”。比较特殊的词语(如“注意、关心”等)除外。正确的句子应该是：

这个星期我游过三次泳。

另：今天我游了两个小时泳。

我们见过两次面。

他结过三次婚。

你睡了几个小时觉？

他从来没有关心过我们。

我从来没有注意过你。

(13) *服务员每天只给我们打扫过一次房间。*

分析：在第(3)和第(11)个句子的分析中我们已经分析了，句子中用“每天”时，动词后边不能用“过”，如果用“过”就不应该用“每天”等词语。正确的句子应该是：

服务员每天只给我们打扫一次房间。

服务员只给我们打扫过一次房间。

(14) *以前我来过北京旅行一次。*

分析：与“了”的语法要求相同，在连动句中，“过”不能用在第一个动词之后，只能用在第二个动词的后边。正确的句子应该是：

以前我来北京旅行过一次。

(15) 以前我知道过这件事情。

分析：“知道”在汉语中是一个比较特殊的动词，它本身就含有结果的意思，因此一般不带表示结果的后续成分，如“知道到、知道过”等，也不能用“没”来加以否定。上边的句子中虽然使用了“以前”，但是，“知道”后照样不能用“过”。正确的句子应该是：

以前我知道这件事情。

以前我听说过这件事。

二、应用练习参考答案及分析

1. 选词填空

(1) 几年以前我也曾经有____这样的经历。(了、着、过)

答案：几年以前我也曾经有过这样的经历。

分析：记住，句子中有“曾经”的时候，后边的动词后一般应该加“过”。

(2) 听完她的故事，我们大家都激动得流下____眼泪。(了、着、过)

答案：听完她的故事，我们大家都激动得流下了眼泪。

分析：“流眼泪”是已经发生了的事情，当然应该用“了”。

(3) 几个月来，我一直在努力地学习____。(了、着、过)

答案：几个月来，我一直在努力地学习着。

分析：“学习”这个动作从几个月以前一直持续到今天，并且还会继续下去，因此，“着”是唯一正确的选择。“……来”是到目前、今天的意思。

(4) 为了上辅导班，我已经去____好几次____。(了、着、过)

答案：为了上辅导班，我已经去过好几次了。

为了上辅导班，我已经去了好几次了。

分析：一般句子有“已经”这个词语时，句尾常常应该有“了”与之搭配，句中动词后可以用“过”或“了”。

(5) 我好像记得老师给我们讲____这个问题。(了、着、过)

答案：我好像记得老师给我们讲过这个问题。

分析：“记得”的事情，应该是以往的经历，“过”是最正确的答案。还应该知道，“记住”常常是说现在或以后的事情。

2. 根据句子的内容，用所给的词语改写句子

(1) 孩子们一边唱歌，一边挥舞手中的彩绸。(着)

答案：孩子们一边唱着歌，一边挥舞着手中的彩绸。

分析：句子中“唱歌”与“挥舞彩绸”是正在同时进行的两个动作，“着”应该紧跟在两个动作中的动词之后。

(2) 外面刮大风，你们不要出去了。(着、呢)

答案：外面刮着大风呢，你们不要出去了。

分析：“着、呢”可以分别表示动作的正在进行，也可以组成“着呢”跟在动词后表示动作的正在进行。“刮风”是动宾结构，因此“刮着大风呢”是最好的用法。有人喜欢把“呢”放在整个句子的最后，没有意义，是错误的。

(3) 吃完午饭，他就跟朋友去颐和园了。(了)

答案：吃完了午饭，他就跟朋友去颐和园了。

吃完午饭，他就跟朋友去了颐和园了。

分析：“了”可以放在句子中的两个位置，都能够表达相同的意思。有人说“吃完”已经表示的是动作的完成，还能加“了”吗？回答是“可以”！

(4) 我去西单图书大厦买几本汉英对照的小说。(昨天、了)

答案：昨天我去西单图书大厦买了几本汉英对照的小说。

我昨天去西单图书大厦买了几本汉英对照的小说。

分析：时间词可以在主语前或后，“了”应该位于动词之后。

(5) 我去哈尔滨看冰灯。(去年、过)

答案：去年我去哈尔滨看过冰灯。

我去年去哈尔滨看过冰灯。

分析：应该注意时间词语和“过”的位置。记住，动态助词“过、着、了”一般应该放在动词之后。

3. 给词语选择恰当的位置

(1) 我送 A 给他一条漂亮的领带 B，他愉快地 C 接受 D。

了

答案：D

分析：“了”在句中的位置只有两个，句尾或动词后。“送”与“给”之间不能加“了”，因为动词与介宾补语关系紧密，如“放在、坐在、递给、开往”等，不能分开。正确位置只能是 D，表示动作的过去和完成。

应该注意的是，有人喜欢把“了”放在 B 处，但无论从语法上还是从语气上都不合适，请参考本课第一部分“知识讲解”的内容。

(2) 我们回学校以后，他就骑 A 上车到 B 朋友家 C 聊天去 D。

了

答案：D

分析：“了”同样应该放在句尾。A、B 同样都不合适，首先“骑”与“上”之间不能加“了”，因为动词与结果补语之间一般不能加其他成分。“到”与“朋友家”之间似乎可以加“了”，但句尾没有“了”会使整个句子的语气不完整。注意：“了”具有完句的作用。

(3) 今天工作很紧张 A，我想吃 B 午饭 C 就去 D 办公室。

了

答案：B

分析：“动词+了……就……”是一个固定的形式，表示前后紧密相连的两个动作。

D 处不能加“了”，因为这个动作还没有发生。有的同学喜欢把“了”放在 A 处，请注意，一般情况下，形容词后不加“了”，表示变化时除外。

(4) 怎么咱们刚出 A 来 B 就下 C 雨 D，还是先回去吧。
了

答案：D

分析：这个句子中的“了”应该放在句尾，表示变化。C 同样不合适。

(5) 我刚从图书馆借 A 来 B 一本《三国演义》C，下个月才还 D，你看吧。
了

答案：B

分析：“了”用在动词后，宾语前一般应该有数量词语，因此，B 是最恰当的位置。有人喜欢在“还”后加“了”，但应该注意“还”前边的“才”，“才”常常表示动作发生得晚或慢，它后边的动词一般不加“了”。对于“才、就”，本教材将在下册第三课“副词分析”中进行具体分析。

(6) 外面下那么大的雨 A，看来 B 今天他们是来 C 不 D 了，别等了。
了

答案：D

分析：“了”在句中应该读“liǎo”，是可能补语。A 处同样不能用“了”，如果前边没有“那么大的”，则可以用“了”。

(7) 他正跳 A 舞 B，忽然看 C 到台下有 D 一个人向他招手。
着

答案：A

分析：“着”表示动作的持续进行，在句中与“正”搭配。“看”、“到”之间是动补关系，不能加“了”，“有”后一般不用“了”。

(8) 从小到 A 大我一直习惯 B 在床上躺 C 看 D 书，眼睛仍然很好。
着

答案：C

分析：“躺着”是“看书”的方式，这是“着”的一项语法功能。

(9) 听 A 到爱德华的夸奖 B，新娘红 C 脸不好意思地低 D 下了头。
着

答案：C

分析：“红着脸”是“低下了头”的伴随状况，“红”在句中用做动词。

(10) 张先生酷爱 A 幽默，在他短暂的一生中创作 B 许多脍炙人口的相声和戏剧作品 C，其中深受人们喜爱 D 的是《屏中梦》。
过

答案：B

分析：“过”用在动词后，表示动作的曾经发生。句中只有 B 符合这一语法要求。

4. 选择恰当的词语填空

(1) 校长就在办公室里，您自己进去跟他____吧。

A. 讲了　　B. 讲了讲

C. 讲讲了　　D. 讲一讲

答案： D

分析： 首先应该判断句中“讲”这个动作是否发生了，如果判断对了，答案自然就有了。因为 A、B、C 中都有“了”，表示动作已经发生，而句中的动作却是没有发生的。另外，单音节动词的重叠形式一般是“VV”、“V 一 V”、“V 了 V”、“V 了一V”，如“看看”、“看一看”、“看了看”、“看了一看”。动词重叠的内容，请参考本书第十二课。

(2) 来北京以后，我还从没去____长城，也不知道故宫是什么样子。

A. 了　　B. 过

C. 着　　D. 得

答案： B

分析： 动词前有“从没”时，动词后边一般应该用“过”。

(3) 上大学的时候，我经常想这样一个问题，人活____究竟是为了什么？

A. 过　　B. 着

C. 了　　D. 完

答案： B

分析： “活着”是指生命的持续，而“了、过、完”都有结束的意思，当然不合适。

(4) 很多少数民族的舞蹈都特别吸引人，演员们在跳舞的同时，嘴里还唱____优美的歌曲。

A. 过　　B. 着

C. 了　　D. 得

答案： B

分析： “跳舞”和“唱歌”是伴随的动作，因此，“着”是最恰当的答案。

(5) 我的词典和书都在桌上放_____，你自己去拿吧。

A. 了　　B. 着

C. 呢　　D. 吧

答案： B

分析： 句子表示的是动作或状态的持续，因此，“着”是最恰当的答案。

(6) 凡是你说____的话，我们都会认真地记在心里。你就放心吧！

A. 了　　B. 着

C. 过　　D. 地

答案： C

分析： “说过的话”就是以往所说的话，其他词语不能表达同样的意思。

(7) 那个穿____白裙子的就是木村小姐。

A. 了　　B. 上

C. 着　　D. 过

答案： C

分析： 动态助词“着”表示的是动作的进行或状态的持续，句子中“穿着白裙子”是一种持续的状态，“了、过”都不能表达这样的意思。“上”用在动词之后只能表示动作的结果或趋向，在句子中不合适。

(8) 木村小姐正在树下站____跟一个朋友说话呢。

A. 着　　B. 立

C. 住　　D. 了

答案：A

分析：“说话”的伴随状态是“在树下站着”，而表示动作的伴随状态是“着”这个动态助词的一项语法功能。“站立、站住”只表示动作或动作的结果。

(9) 雨下得越来越大了，我不去____。

A. 吧　　B. 了

C. 呢　　D. 的

答案：B

分析：“了”的几种语法功能之中，有一项是表示“变化”的，句子中的“不去了”恰恰是这种语法功能。应该注意的是，除了表示变化的“了”以外，其他用“了”的句子中不能出现否定副词“没、不”等。

(10) 听了妈妈的话，他哭____说：“我错了。”

A. 了　　B. 一会儿

C. 一下儿　　D. 着

答案：D

分析：同第(8)题一样，“说”的伴随状态是“哭着”。其他词语都不合适。

第三课 “‘是、有’分析”参考答案与分析

一、病句分析参考

(1) 他是不老师，他是学生。

分析：很多外语中“是”的否定形式是在“是”后加否定词语，但汉语的否定形式只能是在动词之前加否定词语，这一点一定要记住。正确的句子应该是：

他不是老师，他是学生。

他不是老师，是学生。

(2) 我们的宿舍是礼堂的后边。

分析：在汉语表示存现的句子中，用“是”来表示的常常是比较确定的事物，它的形式应该是：处所词语 + 是 + 事物名词。上边句子的形式正好相反。正确的句子应该是：

礼堂后边是我们的宿舍。

我们的宿舍在礼堂后边。

(3) 我们是坐飞机去海南岛旅行了。

分析：句子中“坐飞机”是“去海南岛旅行”的方式，而为了强调这个方式，就应该用“是……的”结构，而不应该用“了”。不少学生为了清楚地表达“去海南岛旅行”是过去发生的事情，往往在句尾用“了”与前边的“是”搭配，当然这是还没有弄懂“是……的”格式的语法功能的结果。应该明确，汉语中没有“是……了”这个格式。正确的句子应该是：

我们是坐飞机去海南岛旅行的。

他们坐飞机去海南岛旅行了。

(4) 是昨天上午欢迎代表团的大会举行的。

分析：这个句子同样是“是……的”格式的问题。在使用这个格式时，同学们一定要弄清楚句子中你想要强调什么，是时间、地点、方式还是目的、用途、归类等等。这个句子显然应该是强调时间。正确的句子应该是：

欢迎代表团的大会是昨天上午举行的。

是昨天上午举行的欢迎代表团的大会。

(5) 刚才给我看病的那个医生没是他。

分析：汉语对“是”的否定只能用“不”，不能用“没”；相反，对“有”的否定则只能用“没”而不能用“不”。因此，正确的句子应该是：

刚才给我看病的那个医生不是他。

他不是刚才给我看病的那个医生。

(6) 你们坐飞机是不是去上海？

分析：“是不是”在句子中的位置一般有三个，即主语之前，主语后谓语前，句子之后，相应地，它们所强调的重点当然也有所不同，即主语、动作和全句。但是有一点应该说明的是，“是不是”在主语后谓语前时，如果谓语有时间、地点、方式状语时，“是不是”一般应该放在状语之前，即强调状语。因此，这个句子最正确的说法应该是：

你们是不是坐飞机去上海？

你们坐飞机去上海是不是？

是不是你们坐飞机去上海？

(7) 今天是冷的，不过比昨天暖和多了。

分析：“是……的”格式强调的一般是动作发生的时间、地点、方式或动作的目的等等，而句子中的“冷”不在“是……的”强调之列。汉语中的“是”这个词本身也可以起强调作用，还可以组成“A是A”的格式来表达比较特殊的效果。正确的句子应该是：

今天是冷，不过比昨天暖和多了。

今天冷是冷，不过比昨天暖和多了。

(8) 对不起，我不能跟你们一起去，今天我不有时间。

分析：第(5)题我们已经分析过了：“是”的否定形式只能是“不是”；“有”的否定形式则应该是“没有”。正确的句子应该是：

对不起，我不能跟你们一起去，今天我没有时间。

(9) 刚才我有开会了，所以来晚了。

分析：句子中的“开会”本身就是动宾结构，可以直接做谓语。但是，有些学生却把“开会”当作名词，一定要在前边加上一个动词，这就造成了错误。也许有的学生受港台语言的影响，出现“有下雨、有开车、有说话”等病句。正确的句子应该是：

刚才我开会了，所以来晚了。

刚才我有会，所以来晚了。

(10) 晚上我们一起去吃饭，你有时间没有吗？

分析：汉语的疑问句有不同的形式，一般情况下，疑问句(1)与其他的疑问形式不能混用，否则就是错误的句子。“……吗？”是一种疑问句的形式，“有没有、有……没有？”是另一种疑问句的形式，不能把这两个句子形式混在一起。正确的句子应该是：

晚上我们一起去吃饭，你有没有时间？

晚上我们一起去吃饭，你有时间没有？

晚上我们一起去吃饭，你有时间吗？

(11) 这个材料对你们很帮助吧？

分析：“帮助”既可以做动词，也可以做名词，但都不能受程度副词“很、最、十分、非常”等修饰。句子中在“帮助”前加上“有”就可以解决这个问题了。因为“有”加名词可以受程度副词的修饰，表示评价，比如“很有意思、最有研究、非常有办法、十分有经验”等。正确的句子应该是：

这个材料对你们很有帮助吧？

这个材料对你们有帮助吧？

(12) 这位老奶奶有三个儿子军人。

分析：“有”可以用在兼语句中，它的宾语后一定要有另外的动词。这个句子就是缺少了必要的动词。正确的句子应该是：

这位老奶奶有三个儿子是军人。

这位老奶奶有三个儿子当兵。

这位老奶奶有三个当兵的儿子。

(13) 我具有一双意大利的皮鞋。

分析：“具有”的宾语应该是含有抽象意义的词语，如“特点、特色、风格、意义、理想”等。句子中的“具有”应该用“有”，因为“有”的宾语既可以是具体的事物，也可以是抽象的词语。另外，句子中“意大利”与“皮鞋”之间可以不用“的”。正确的句子应该是：

我有一双意大利皮鞋。

(14) 我们班拥有八个国家的同学。

分析：“拥有”对宾语的要求同样有一定的限制，一般应该是比较抽象而又重要或重大的事物，或者是数量比较多的某一类事物，如“力量、权力、几十所著名学校、……平方公里的土地”等。句子中的“同学”不具备这样的特点，因此不能用“拥有”。正确的句子应该是：

我们班有八个国家的同学。

(15) 听到这个消息，我心里是说不出的高兴。

分析：句子中的“是”应该换成“有”。因为“是”一般表示判断，而“有”表示存在。听到好消息心里高兴是一种很好的状态，应该属于存在类，因此只能用“有”。正确的句子应该是：

听到这个消息，我心里有说不出的高兴。

听到这个消息，我心里很高兴。

二、应用练习参考答案及分析

1. 把下面的句子改写成“是……的”句

(1) 男朋友给我寄来一个非常漂亮的生日礼物。

答案：**是男朋友给我寄来的这个非常漂亮的生日礼物。**

这个非常漂亮的生日礼物是男朋友给我寄来的。

分析：“是……的”在这个句子中只能强调主语，如果把“是”、“的”放在其他位置，都不能构成“是……的”句式。还应该注意的是，用“是……的”强调句式时，句子中的主语或宾语应该是确定的。

(2) 我在广州遇见了一位老朋友。

答案：**我是在广州遇见的这位老朋友。**

我是在广州遇见这位老朋友的。

分析：“是……的”结构一般情况下可以强调时间、地点、方式、目的、来源归类、主语等，这个句子中，可以用“是……的”强调地点，即“遇见老朋友”的处所。必须注意，在一般句子中不确定的宾语，在“是……的”句中应该是确定的；一般句子中用“了”的，应该改用“的”。

(3) 这些钱买书，那些钱买衣服。

答案：这些钱是买书的，那些钱是买衣服的。

分析：这个句子不能改成“这些是买书的钱，那些是买衣服的钱”。因为这样改就成了一般的“是”字句，即判断句。而判断句中没有“是、的”之后句子就不成立了——这些买书钱，那些买衣服钱。

(4) 我和几个好朋友一起坐火车去三峡游览了。

答案：我是和几个好朋友一起坐火车去三峡游览的。

　　　我和几个好朋友是坐火车去三峡游览的。

分析：“是……的”格式强调的就是动作的时间、地点、方式等，而这个句子中“和朋友、坐火车”恰恰就是“去三峡游览”的方式。

(5) 2010 年 7 月，我从北京语言大学毕业。

答案：我是 2010 年 7 月从北京语言大学毕业的。

　　　2010 年 7 月，我是从北京语言大学毕业的。

分析：这个句子中既有时间“2010 年 7 月”，又有处所“从北京语言大学”，如果强调的重点不同，句子中个别词语的安排就应该不一样。

2. 给词语选择恰当的位置

(1) A 孩子们听课时 B 那么安静，老师的每一句话 C 都 D 吸引着他们。
是

答案：B

分析：“是”在句中起强调作用，轻读。有人喜欢把“是”放在 D 处，构成“都是”，但这样的话应该有名词宾语。

(2) 别看他 A 不认识几个字，B 事他都 C 想管，一管准 D 会出乱子。
是

答案：B

分析：“是”在这个句子里可以是“任何”的意思，表示“全无例外”。

(3) 他们 A 前年 9 月 B 从各国 C 陆续来的北京，现在已经差不多 D 两年了。
是

答案：A

分析：这是典型的“是……的”格式，强调时间、地点和方式。不能放在 B、C 处，只能选择 A。也就是说，在一个句子中既有时间、地点，又有方式状语时，“是”应该放在最前面。

(4) A 王强猛冲上去，从 B 车轮下 C 把小孩子 D 救出来的。
是

答案：A

分析：强调主语，因此应该放在 A 处。其他几个地方都不合适。

(5) 病人非常A危险，我们B应该先C救人再D考虑钱的问题？

是不是

答案：B

分析：“是不是”在句中有三个位置，即句首、主谓之间和句尾，只有B符合语法要求。

(6) A来中国以后B，你去过C动物园D？

没有

答案：D

分析：“没有”在句子中只是一种疑问句的表现形式，即“……没有？”这种形式也可以表现为“V没V？”

(7) 蓝天上A飘着白云，B一个蒙古族少女唱着歌，骑着马缓缓地走过去，C此情此景D美极了。

真是

答案：D

分析：“真是”在句子中与“极了”一起强调“美”的程度。用在动词之前时，一般强调的是真实的情况，这时也可以只用“真”或“是”。

3. 选择恰当的词语填空

(1) 你们知道中国人如何过春节____吗？

A. 了　　B. 的

C. 着　　D. 是

答案：B

分析：汉语“是……的”格式中的“是”在口语中常常可以省略，但是，“的”必须用。这个句子强调的是“过春节”的方式。

(2) 北京公园管理部门所推出的年卡，____方便、实惠等优点，深受老年朋友们的欢迎。

A. 拥有　　B. 具有

C. 怀有　　D. 占有

答案：B

分析：四个备选答案中，只有“具有”符合句子的语法要求，“具有”的宾语常常是“特点、特色、风格、传统、优点、缺点”等带有比较抽象意义的名词。

(3) 张老师五岁的小儿子已经____1.50米那么高了。

A. 比　　B. 有

C. 是　　D. 在

答案：B

分析：“有”可以用来表示比较，而且后边常常带有“这么、那么”一类的词语。这个句子如果用“比”，则不能用“那么”。

(4) 那个学校后边____一条小河和一座小山。

A. 是　　B. 在

C. 有　　　　　　　　　　　　D. 从

答案：C

分析：在表示存在时，“是”的后边应该是比较确定的事物或处所，而“有”的后边则可以是比较模糊或不确定的事物、处所。“在”也可以组成表示存在的句子，但结构与“是、有”相反，参考第八课。正确答案只能是“有”。

(5) 什么？十岁就____1 米 7 那么高了，干脆把他送到美国 NBA 去得了。

A. 比　　　　　　　　　　　　B. 有

C. 如　　　　　　　　　　　　D. 得

答案：B

分析：应该记住比较句中“A 有/没有 B(这么/那么)adj”的格式，并且应该能够比较灵活地运用。比较句的内容请参考第九课的讲解与分析。

(6) 克隆技术不能用来克隆人已被世界各国所接受，这是毋庸置疑____。

A. 了　　　　　　　　　　　　B. 啊

C. 吧　　　　　　　　　　　　D. 的

答案：D

分析：“是……的”格式中，可以省略“是”，但不能没有“的”。

第四课 “‘把、被’分析”参考答案与分析

一、病句分析参考

(1) 我们要出发了，你应该把自己的东西收拾。

分析：按照汉语语法的要求，在“把”字句中，动词必须有后续成分，不能只是一个动词。句子中“收拾”之后应该用补语来补充说明“收拾”的结果。正确的句子应该是：

我们要出发了，你应该把自己的东西收拾好。

我们要出发了，你应该把自己的东西收拾收拾。

我们要出发了，你应该把自己的东西收拾一下。

(2) 到了夜里一点，我才把老师留的作业完了。

分析：“把”字句是汉语中一种比较特殊的句子形式，它对句子中主要动词的要求比较严格，就是说，并不是任何一个动词都可以直接做“把”字句的主要动词。句子中的“完”在“把”字句中一般只能做补语。类似的词语还有“坏、碎、破、死、掉、丢”等。

另外，句子中用了“才”，表示完成作业的时间晚，因此，后边一般不应该再有“了”与之搭配。关于“才”我们将在下册介绍。正确的句子应该是：

到了夜里一点，我才把老师留的作业做完。

到了夜里一点，我才做完老师留的作业。

(3) 对不起，我把你的衣服脏了。

分析：跟上边的句子一样，形容词不能在“把”字句中做主要动词用，形容词在“把”字句中一般只做动词的结果补语。句子中“脏”的前边应该加上另外的动词。像“对、错、干净、清楚、明白”等形容词常常出现在学生的“把”字句中做主要动词一样，当然是错误的。正确的句子应该是：

对不起，我把你的衣服弄脏了。

对不起，我把你的衣服搞脏了。

对不起，我把你的衣服穿脏了。

(4) 我打算把这本书成为英文。

分析：“成为”在“把”字句中同样应该做主要动词的补语，而不能单独充当主要成分。正确的句子应该是：

我打算把这本书译成英文。

我打算把这本书翻译成英文。

我打算把这本书翻译成为英文。

(5) 按照规定，你们都不能把照相机进里边去。

分析：“照相机”自己不能“进里边去”，一定是通过“你们”的某个动作而产生的结果。但是，句子中恰恰缺少了这个应该出现的动作，而且，“进去”也恰恰应该做某个动词的趋向补语。只要补足谓语成分就可以了。应该注意的是，汉语中表示趋向的动词，如“来、去、进去、进来、出去、出来、上去、上来、下去、下来、过去、过来”等一般不能直接用在“把”字句中，应该跟在主要的谓语动词之后来表达意思。正确的句子应该是：

按照规定，你们不能把照相机带进里边去。

按照规定，你们不能把照相机拿进里边去。

按照规定，你们不能把照相机带进去。

(6) 老师把我们的态度注意了一下。

分析：这个句子中的“注意”以及“知道、懂、以为、见、相信、同意、喜欢、希望、觉得”等动词，大都表示认知、意愿、心理感受，不能在“把”字句中使用。为什么会出现这种情况呢？我们知道，“把”字句中的动词一般应该是动作性比较强的动词，应该能够让句子中的宾语发生位置上的移动或状态上的变化。正确的句子应该是：

老师注意了一下我们的态度。

老师观察了一下我们的态度。

老师对我们的态度有所注意。

(7) 你把我同学见面了没有？

分析：这个句子中的“见面”是离合动词，同学们知道，汉语离合动词本身多是由“动”和“名”组合而成的，也就是说，离合动词本身已经包含了动宾的关系，因此它们一般不能再带宾语。而“把”字句中“把”的宾语恰恰应该是动词的宾语，这样，离合动词和动宾词组如“见面、毕业、结婚、吃饭、睡觉、散步”自然就不能整体用在“把”字句中了。正确的句子应该是：

你跟我同学见面了没有？

你见我同学的面了没有？

你见到我同学了没有？

另：你把饭吃了没有？

咱们还是把婚结了吧。

(8) 我把这次旅行的安排没有告诉旅行社。

分析：在“把”字句中，具有否定意义的副词“不、没、没有、别、未、不要、从不、从没”等只能放在“把”字的前边，不能放在谓语动词的前边。这一点一定要牢牢记住。正确的句子应该是：

我没有把这次旅行的安排告诉旅行社。

另：他从没把这件事告诉过别人。

你们不要把书放在教室里。

你不把作业做完不能出去玩儿。

(9) 你们把书和本子应该放在前边。

分析：与否定副词一样，在“把”字句中，能愿动词如“应该、可以、必须、要、想、能、会”等，也应该放在“把”的前边。另外，时间词语在“把”字句中一般也应该用在“把”字之前。正确的句子应该是：

你们应该把书和本子放在前边。

另：我想把这几件衣服洗一洗。

他要把车开到门口去，行吗？

你明天早上 7:30 把门打开。

我一个晚上就把这本小说看完了。

(10) 今天的作业被做完了。

分析：汉语的被动句有两种，一是意义上的被动句，即不用“被、让、叫”的被动句；二是有标志的被动句，就是使用“被、让、叫”的被动句。这个句子是不需要用“被”字的，因此，删除“被”即可。正确的句子应该是：

今天的作业做完了。

(11) 睡了一会儿，她突然被奇怪的声音醒了。

分析：与“把”字句的要求几乎一样，“被”字句中的动词也应该能够带宾语，而这个宾语一般应该是句子的主语。上面这个句子中的“醒”不具备带宾语的功能，当然不能直接用做谓语动词，只能做动词的补语。类似的词语还有“掉、破、坏、死、倒”等。正确的句子应该是：

睡了一会儿，她突然被奇怪的声音惊醒了。

睡了一会儿，她突然被奇怪的声音吵醒了。

睡了一会儿，她突然被奇怪的声音弄醒了。

(12) 昨天我们出去玩儿的时候，没想到被下雨了。

分析：被动句的主语一般应该是句子中动词的宾语(即动作的受事)，因此，在一般的被动句中，动词后常常出现的应该是补语，而不是宾语。也就是说，离合式动词或动宾词组一般不能整体用在被动句中。那么，这个句子中的“下雨”整体出现，显然是错的。正确的句子应该是：

昨天我们出去玩的时候，没想到被雨淋了。

昨天我们出去玩的时候，没想到突然下雨了。

(13) 我们被领导讲了学校的情况。

分析：这个句子不具备被动句应有的条件，同样不能使用被动句。为什么这样说呢？因为句子中的主语“我们”与谓语动词“讲”之间根本不存在动与宾或受动关系，而且“讲”本身又带有自己的宾语“学校的情况”。因此，这个句子根本就不应该使用“被”字。正确的句子应该是：

领导给我们介绍了学校的情况。

领导给我们讲了学校的情况。

领导把学习的情况给我们讲了讲。

(14) 他的宿舍只有星期天才被干净。

分析：句子中的形容词“干净”在被动句中与在“把”字句中的要求是一样的，只能做动词的补语，而不能直接做谓语成分。正确的句子应该是：

他的宿舍只有星期天才被打扫干净。

他的宿舍只有星期天才会干净。

他的宿舍只有星期天才干净。

(15) 我的作业没有做完，难免被老师的批评。

分析：在被动句中，“被”及宾语之后必须有动词，句子中的“批评”本来是动词，但在它前边加上“的”以后，它的词性就改变了，变成了动名词，当然也就不符合被动句的要求了。如果保留句子中的“的”，就应该把“被”换成“受”，因为“受”是动词，符合句子的语法要求。正确的句子应该是：

我的作业没有做完，难免受老师的批评。

我的作业没有做完，难免被老师批评。

二、应用练习参考答案及分析

1. 把下列句子改写成“把”字句或“被”字句

(1) 因为房间里太热，小刘脱了大衣。

答案：**因为房间里太热，小刘把大衣脱了。**

分析：一般的“主-动-宾”句转换成“把”字句时，主语不用改变，只要用“把”字把宾语提到谓语之前就可以了。应该注意的是，“把”的宾语必须是确定的，其后的动词之后应该有其他后续成分。

(2) 这几个问题我们终于弄明白了。

答案：**我们终于把这几个问题弄明白了。**

这几个问题终于被我们弄明白了。

分析：这个句子由于可以分别用“我们”和“这几个问题”做主语，因此也就可以改变成“把”字句和“被”字句。改变后的两个句子尽管语法不同，但是意思是完全一样的。注意它们表达上的区别。

(3) 昨天的大雨把整个校园洗刷得干干净净。

答案：**整个校园被昨天的大雨洗刷得干干净净。**

分析：一般的“把”字句与“被”字句可以相互转换，意义不会有什么差别。转换的方式就是将主语与宾语的位置加以调换，同时“把”、“被”互换。但必须注意的是，并不是所有的这两种句子都可以转换。

(4) 我记住了这篇文章的全部内容。

答案：**我把这篇文章的全部内容都记住了。**

分析：这个句子一般不应该转换成“被”字句，即“***这篇文章的全部内容都被我记住了***”。这样的句子虽然符合汉语语法，但完全不符合汉语的习惯表达方式，简单地说，没有人会这么说。

(5) 他们拒绝了我的要求。

答案：**我的要求被他们拒绝了。**

分析：与上一个句子一样，这个句子也不能用“把”字句进行转换，即“***他们把我的要求拒绝了***”。因为那不符合汉语口语的表达习惯。

2. 给词语选择恰当的位置

(1) 中国A入世以后，B不少国外大企业都C他们的办公地点D迁往内地。

将

答案：C

分析："将"有两种意义，一个表示"将要、将来"，另一个表示"把"。这里用的是第二个意思。按照"把"字句的要求，C是正确的位置。

(2) A慢点儿B吃，C把肚子D弄坏了。

别

答案：C

分析：在"把"字句中，否定副词一定要放在"把"字前边。

(3) 重要的不是A学了多少，而是B把C学过的内容全D都记住。

能不能

答案：B

分析：能愿动词也应该放在"把"字前边。

(4) 今天A我又B批评C了一顿D。

让老师

答案：B

分析：被动句的介词及宾语应该在句子中的主要动词之前。

(5) A听说这次展销会上B抽样C检查的商品中，有一多半D存在质量问题。

被

答案：B

分析："抽样检查"是一个比较固定的格式，中间一般不插入其他成分。B是唯一恰当的位置。

(6) 我A想一个小时B把这本小说C看D完吧。

能

答案：B

分析：能愿动词放在"把"字之前，这是汉语语法对"把"字句的要求。

(7) 幸福的时光A转瞬即逝，婚礼B飞机轰鸣声C彻底D打乱。

被

答案：B

分析：在被动句中，"被"可以直接用在动词之前，但句子中如果有主动者时，"被"还是要放在这个动作的发出者之前。

(8) 都下起雨来了，怎么还A把外边的衣服B收C进D来！

不

答案：A

分析："不"和"没、没有、别、未"等一样，都应该放在"把"字之前。

(9) 刚吸了一口，A我B把烟C摔在地上，D在心里骂自己："太没出息了！"

就

答案：B

分析：在“把”字句中，否定副词和能愿动词应该放在“把”之前，“就”是副词，一般用在动词或形容词之前。在这个句子中，“就”连接的是“吸”和“把烟摔在地上”两个动作，而且强调这两个动作连接得紧密，因此，应该选择B。

(10) 这几天太忙了，我A还B来得及C把在长城照的照片D发给你。
没

答案：B

分析：有的学生可能会选择C，因为否定副词应该在“把”字之前。但是，这个句子要考你的不只是“把”字句，还要考你了解不了解“还没……(呢)”这个固定格式。这个格式我们将在下册“特殊词语分析”中介绍。

3. 选择恰当的词语填空

(1) 侯耀文老师____他平凡的一生全部贡献给了相声事业。

A. 向　　B. 把
C. 让　　D. 使

答案：B

分析：“让、使”的用法相同，都可以用在兼语句中，因此，不能选择其中之一。“向”的后边可以是表示方向处所的词语或与人有关的词语，在这个句子中不合适。“把”是正确的答案。

(2) 这个意外的消息____在场的人都大吃一惊。

A. 把　　B. 使
C. 被　　D. 将

答案：B

分析：“把、将”的用法相同，选哪一个都不可以。“人吃惊”不是被动的，因此，只有“使”是最恰当的选择。“使、令”前面常常是与事情有关的词语，请参考第八课的兼语句。应该注意的是，在一般的汉语测试中，如果三个备选项目你都很熟悉，而且又都不对，你就应该毫不犹豫地选择剩下的那个。

(3) 礼堂里的数千名听众都____他那富有激情的讲演深深地吸引住了。

A. 把　　B. 为
C. 被　　D. 受

答案：C

分析：“为、受、被”都可以表示被动，但是“为……所……”是固定的格式，“受”表示被动有比较特殊的格式和词语，这里“被”是最正确的选择。

(4) 在那次列车追尾事故中，数十人____夺去了生命，公司也因此损失惨重。

A. 让　　B. 把
C. 叫　　D. 被

答案：D

分析：“让、叫、被”都表示被动，但只有“被”可以直接用在动词前。还应该注意，“把”的后边也必须出现名词性词语。

(5) 著名的体育节目主持人那威先生，____公认为中国五子棋之父。

A. 把　　B. 被

C. 受　　D. 由

答案：B

分析：“公认”是动词，它的前边只能用“被”。需要注意的是，“受”的后边也可以直接跟动词，如“受欢迎、受表扬、受批评、受打击”等，但是，“受”后边的动词不能再带其他成分。

(6) 世界上各个国家的高等入学考试大都____学生课本上学习的内容为基础。

A. 把　　B. 用

C. 以　　D. 拿

答案：C

分析：“以……为……”是固定的搭配形式，如果用“把、拿、用”，后边则应该有“当作、作、作为”等来配合。

(7) 实行股份制以后，你还跟以前一样，出工不出力，当然要____批评。

A. 把　　B. 为

C. 叫　　D. 受

答案：D

分析：“受批评”是最好的答案。如果备选项目中有“被”，也可以选择，但是，这种情况下“被、受”同时出现，不符合一般的测试要求。

(8) 读书的时候，应该____自己认为比较重要的内容用笔标记出来。

A. 让　　B. 在

C. 把　　D. 给

答案：C

分析：应该注意“把”字句中动词的一些特点，即表示移动、变化等。这个句子中的“标记出来”有明显的变化的意义。

(9) 在这次事故中，有 20 人____夺去了生命，家属希望有关部门做出解释。

A. 让　　B. 把

C. 叫　　D. 被

答案：D

分析：与第(4)、(5)题相同，只有“被”符合被动句的要求。一定要记住，在汉语的实际应用中，介词的后边都应该有名词性的宾语，只有“被”是例外。

(10) 我的录音笔不见了，原来________大卫拿去用了。

A. 让　　B. 把

C. 为　　D. 由

答案：A

分析：“让”在这个句子中是“被”的意思，表示被动。口语中也多用作“叫”。这里不能选择“把”，因为，全句的主语是“录音笔”，而“拿”“录音笔”的是“大卫”。“为、由”将在介词分析中介绍。

第五课　“结果、趋向、可能补语分析”参考答案与分析

一、病句分析参考

(1)　北京的火车站里人真多，我从来没有看那么多人。

分析：汉语中的很多单音节动词，一般情况下只表示一个动作，而不表示结果。这个句子中的“看”就只表示简单的动作，而整个句子的意思应该是在北京火车站里“看到”或“看见”那么多人，表示的是“看”的结果。因此，必须注意汉语结果补语的表达形式，即“动+补”。正确的句子应该是：

北京的火车站里人真多，我从来没有看见那么多人。

北京的火车站里人真多，我从来没有看到过那么多人。

北京的火车站里人真多，我从来没有看见过那么多人。

(2)　妈妈听孩子的话，心里很高兴。

分析：同样，“听”也只表示一个简单的动作，而不能清楚地表示动作的结果。但是句子中妈妈“心里很高兴”是因为“听了孩子的话”或“听到孩子的话”。当然，汉语的“听话”还有一个比较特殊的意思，即按照说话人的意思去做，但一般情况下应该是“孩子”听话。可见，这个句子中的“听”用的是一般的意思而不是“听话”的意思。因此，只有给“听”加上结果补语，才能清楚地表达句子的意思。正确的句子应该是：

妈妈听了孩子的话，心里很高兴。

妈妈听见孩子的话，心里很高兴。

妈妈听到孩子的话，心里很高兴。

(3)　他一说这句话，就把箱子搬走了。

分析：“说话”同样只表示一般的动作，而句子中使用了“一……就……”的格式，按照这个固定格式的要求，前一个动作必须是有结果的，后一个动作紧跟着发生。因此，“说”应该补上结果补语“完”才符合汉语语法的要求。关于“一……就……”的用法可以参考第十四课“复句分析”。正确的句子应该是：

他一说完这句话，就把箱子搬走了。

他说完话就把箱子搬走了。

(4)　我每天晚上都是复习旧课完再预习新课。

分析：在第二课我们介绍“了、着、过”时曾经说过，按照汉语语法的要求，汉语句子中无论是动态助词还是各种补语，通常都应该紧跟在动词之后，而不能放在宾语的后面。这个句子中的结果补语“完”用在宾语“旧课”之后是错误的。正确的句子应该是：

我每天晚上都是复习完旧课再预习新课。

(5) 他不吃完饭就去找朋友了。

分析：汉语的结果补语，一般情况下都表示动作在过去发生并且已经有了结果，因此，对带有结果补语的句子加以否定时，通常应该用“没、没有”，而不能用“不”。当然，特殊的情况除外，如“不说完不能走”、“不学好汉语不回国”等。句子中的“出去找朋友”的动作都已经发生了，“吃饭”当然是指过去的动作，对它的否定，应该用“没”。正确的句子应该是：

他没吃完饭就去找朋友了。

(6) 两年以后我还会回来北京。

分析：按照汉语语法的要求，句子中动词带宾语同时又带趋向补语时，宾语如果是处所词语，必须放在趋向补语的“来、去”之前。这个句子中的“北京”就应该放在“回”与“来”之间。正确的句子应该是：

两年以后我还会回北京来。

(7) 上课已经 20 分钟了，他才走进来教室。

分析：“教室”同样应该放在“进”与“来”之间。正确的句子应该是：

上课已经 20 分钟了，他才走进教室来。

(8) 我把水果买来在回家的路上。

分析：这个句子的错误不只一处，第一，不应该用“把”字句。一般情况下，这样简单的句子不需要用“把”字来处置宾语。第二，“在回家的路上”应该做状语而不是做补语，因为“买”已经带有“来”做补语了。另外，“水果”只是普通名词宾语，它在动词与趋向补语中的位置比较灵活。正确的句子应该是：

在回家的路上我买了一些水果来。

在回家的路上我买来了一些水果。

我在回家的路上买来一些水果。

(9) 联欢会给我们带欢乐来了。

分析：这个句子中的宾语“欢乐”属于抽象性的词语，只能放在补语之后，这也是汉语语法的要求。应该注意的是，这个句子在书面语中，为了加强表达效果，也可以使用“把”字句。正确的句子应该是：

联欢会给我们带来了欢乐。

联欢会把欢乐带给了我们。

(10) 她把书包放下在旁边。

分析：句子中“放下”和“放在旁边”都表示动作的结果，但是意义却有所不同。具体说就是：“放下”是向下的动作，而“放在旁边”则强调具体的位置。这两个补语不能同时出现。正确的句子应该是：

她把书包放下。

她把书包放在旁边。

(11) 我那年考不上大学，心里非常难过。

分析：句子中“考大学”是“那年”的事情，按照汉语习惯，“那年”肯定是以前的某一年。而汉语的可能补语一般表示动作的可能发生或可能结束，基本上是还没有实现的动作。因此，“考不上大学”在句子中就不能清楚地表达意思。应该用结果补语的否定形式。正确的句子应该是：

我那年没考上大学，心里非常难过。

那年我没考上大学，心里非常难过。

(12) 秀珍找对象的条件太高，所以她不找到男朋友。

分析：句子中的“找到”是表示结果的动补关系，既然是已经有结果了，否定形式就不能用“不”，而应该用“没”。当然，如果我们把“找朋友”这件事往长远了分析，也可以用可能补语的形式。正确的句子应该是：

秀珍找对象的条件太高，所以她没找到男朋友。

秀珍找对象的条件太高，所以她找不到男朋友。

(13) 这课的语法比较难，不好好复习就掌不握。

分析：“掌握”与“学习、锻炼、运动”等词语一样，是联合动词，不是离合动词，也不是动补结构或动宾词组，因此，两个字是不能分开用的。这样的词语的可能补语的形式也有比较常用的格式。正确的句子应该是：

这课的语法比较难，不好好复习就不能掌握。

这课的语法比较难，不好好复习就掌握不了。

(14) 我们一定要把这些问题解决得好。

分析：汉语的“把”字句中要求比较确定的动作或动作结果，因为它是要对句子中的宾语加以明确的处置；而可能补语表示的却是动作的某种可能性。把这两种句子混在一起，当然不可能清楚地表达句子的意思。另外，从语气上说，前边用了“一定要”，表示了坚定的决心，后边就不应该是表示可能的补语形式了。正确的句子应该是：

我们一定要把这些问题解决好。

这些问题我们一定解决得好。

我们一定能把这些问题解决得很好。

(15) 过了一个小时以后我才买得到了几张票。

分析：“买得到”表示的是“买到”的可能性，而“买到”是“买”的结果。根据这个句子的前后成分，我们能够清楚地知道，“票”已经买到了。因此，不应该用可能补语。另外，句子中使用了“才”，一般就不再用“了”。正确的句子应该是：

过了一个小时以后我才买到几张票。

过了一个小时以后，我终于买到了几张票。

二、应用练习参考答案及分析

1. 在下列句子中的空格处填上适当的补语

(1) 他不一会儿就把书柜里的书摆____了。

答案：他不一会儿就把书柜里的书摆好了。

他不一会儿就把书柜里的书摆整齐了。

他不一会儿就把书柜里的书摆完了。

分析：“把”字句中的动词应该有结果补语等成分，“摆”的结果可以有很多，我们这里选择的几个词语都是比较适合与“摆”搭配的词语。

(2) 把这次考试的要求讲____、讲____，大家才能做____。

答案：把这次考试的要求讲清楚、讲明白，大家才能做好。

把这次考试的要求讲仔细、讲完全，大家才能做对。

分析：“讲”的结果一般应该是“清楚、明白、完全”等词语，而“做”的结果除了“好、对”以外，还可以用“出来、正确”等。

(3) 刚下过雨，路上不小心摔____了。

答案：刚下过雨，路上不小心摔倒了。

刚下过雨，路上不小心摔伤了。

刚下过雨，路上不小心摔坏了。

分析：“摔”的结果还可以用“死、掉、碎”等，但是不符合这个句子的意思，因此不能选用。

(4) 是老刘去火车站把小张接____的。

答案：是老刘去火车站把小张接回来的。

是老刘去火车站把小张接走的。

是老刘去火车站把小张接回去的。

分析：“接”的补语也可以有很多，但我们提供的都是比较常用的，也比较容易理解。这里如果用“到、受、收”就错了。

(5) 他转____身子____，一步步地向我走____。

答案：他转过身子来，一步步地向我走来。

他转回身子来，一步步地向我走过来。

分析：因为句子的后半部分告诉我们的是“向我走……”，因此，前边一定是“转过/回……来”，也正因为是“向我……”，后边必须是“走来、走过来”。必须注意，汉语趋向补语中“……来”是面向说话者的动作。

(6) 开学刚刚三个星期，他就交____了几个好朋友。

答案：开学刚刚三个星期，他就交上了几个好朋友。

分析：“上”做结果补语表示动作产生了某种结果，相同用法的还有“爱上、喜欢上、恋上”等。

(7) 我的手机号码这么长，你记____吗？

答案：我的手机号码这么长，你记得住吗？

我的手机号码这么长，你记住了吗？

我的手机号码这么长，你记得清楚吗？

我的手机号码这么长，你记得下来吗？

分析：无论是结果补语还是可能补语，“记”的补语一般都是“住、清楚、下来”等，还可以是表示处所的词语，如“在本子上、在纸上”等。

(8) 你连路都走____，能跟我们爬香山吗？

答案：你连路都走不动，能跟我们爬香山吗？

你连路都走不了，能跟我们爬香山吗？

分析：“走不动、走不了”的意思比较接近，都可以是“不能走”，这也正好是说话者怀疑“你能跟我们爬香山”的原因。

(9) 会议室太小了，坐____这么多人。

答案：会议室太小了，坐不下这么多人。

会议室太小了，坐不了这么多人。

分析：“坐不下、坐不了”都表示“不能容纳”，也就是地方小的意思。

(10) 她眼睛不好，坐在教室后边看____。

答案：她眼睛不好，坐在教室后边看不清楚。

分析：有人可能会用“看不见”，但最好是“看不清楚”。因为“看不见”有两种可能：一是眼睛真的坏了；二是根本就不存在东西。但句子的实际情况是“眼睛不好”，而且确实存在东西可看，只是“看不清楚”。请仔细加以体会。

2. 给词语选择恰当的位置

(1) 外边下雨了，A 快 B 进 C 来 D 吧。

屋里

答案：C

分析：在趋向补语中动词如果带有处所宾语，这个宾语应该放在表示趋向的“来、去”之前，这一条一定不能忘！不少学习者喜欢把“屋里”放在 D 处，错！

(2) 伴随着优美的旋律，各国运动员 A 阔步 B 走 C 了体育场 D。

进

答案：C

分析：“进”是“走”的结果和趋向，当然应该紧跟“走”。应该注意的是，这个句子中没有出现“来、去”，因此，可能会有学习者把“进”放在句尾，即“体育场”后，这是错误的。

(3) 等 A 他取 B 了钱跑 C 商店的时候，商店早就已经关 D 门了。

到

答案：C

分析：从语法上说，句子中 A、B 两个位置都可以用“到”，但是，C 的前后分别是“跑”和“商店”，而这两个词语之间必须有一个介词，也就是说，C 是必须用“到”的地方。

(4) 我们大家都看见张老师 A 走 B 进 C 教室 D 了。

去

答案：D

分析：“教室”是表示处所的宾语，在趋向补语中，只能放在“来、去”之前，也就是说，在带有趋向补语的句子中，表示趋向的词语“来、去”只能放在处所宾语之后。因此，D 是唯一正确的选择。

(5) 自从离开家乡 A 以后，我已经有十来年 B 没回 C 家乡 D 了。

来

答案：D

分析：和上一个句子一样，“来”在句子中只能放在处所词语之后。应该特别注意

“回来家乡、进去教室、下去楼”等错误的用法。

(6) 我是亲眼A看见他们一起走B进C图书馆D的。

去

答案：D

分析：还需要再重复一次：“来、去”在趋向补语中，如果动词有处所宾语，必须用在宾语之后。

(7) 不久他就看A了一个比他B大十岁的女人并跟C她结D了婚。

上

答案：A

分析：“看上、爱上”等都是表示动作结果的动补结构。“跟上”、“结上婚”在句子中都不是正确的用法。

(8) 我A哪知道B他竟然C会做D这种可笑又可气的事啊。

出

答案：D

分析：“出”等于“出来”，在句子中作补语，一般只能放在动词之后，而“知道”这个比较特殊的动词是不能加任何补语的。正确答案当然只能是D。

(9) 有人说国产空调A过B关，买C回来没几天就不能用了，可我的已经D用了三四年了。

不

答案：A

分析：“过关”是动宾关系，“不”不能插入其中；“买回来”是一种结果，与后边的内容搭配恰当，也不能插入“不”；“已经用了三四年”与前边“不能用”对比出现，“不”当然不可能插入其中。因此，“不”唯一可以用的地方就是“A”——因为“不过关”，所以才有“不能用”。

(10) 这孩子学习A路子不错，只要考B上，就是将来读C博士我也供D他。

得

答案：B

分析：“学校”与“路子”之间如果用，也应该用“的”，而不是“得”；“读博士、供他”都是动宾关系，不需要“得”。正确答案是“B”，可能补语，强调“考上”的可能。

3. 选择恰当的词语填空

(1) 董事长早上突然生病住进了医院，下午的股东会没有____。

A. 开好　　B. 开成

C. 成功　　D. 开完

答案：B

分析：“开好、开完”都表示“股东会”已经进行了，只是进行得不顺利。但是，实际上是“董事长”没有来，“没有开成”就是“没有开”。

(2) 记得小时候有一次买本子回来，妈妈硬让我把多找的钱__________。

A. 给商店还回去　　B. 还回给商店去

C. 还给商店回去　　D. 回去给商店还

答案：A

分析：同样是复合趋向补语，但是处所宾语已经由介词“给”提到了动词之前，因此，正确答案只能是A。句子中的“买本子回来”与本课介绍的复合趋向补语不一样，这里只是一个连动句，即“买本子”以后“回家来”。

(3) 俗话说得好，“便宜没好货”，你那些2元店买的东西_________。

A. 不好了　　B. 好不了

C. 好得了　　D. 得好了

答案：B

分析：“好不了”是“不可能好”，最符合句子的意思。

(4) 她才刚刚十几岁，一个人肯定照顾____这么多的孩子。

A. 不过　　B. 不了

C. 不及　　D. 不得

答案：B

分析：“不了”是“不能”的意思，“照顾不了”就是“不能照顾”。“不过”如果是“不过来”也可以用，但事实上不是这样。

(5) 有些中老年人的思想早就_______时代的发展了，应该尽快更新观念。

A. 不跟上　　B. 跟不上

C. 跟得不上　　D. 不跟得上

答案：B

分析：可能补语的形式是“动+得/不+动/形”，因此，B是正确答案。

(6) “忠言逆耳利于行”，你不能谁的话都听不____。

A. 起来　　B. 下来

C. 进来　　D. 进去

答案：D

分析：声音是从外到内，因此应该用“进去”。有人喜欢用“进来”，这是不对的，因为你不可能在你自己的耳朵里边啊！

(7) 近几年工资是增加了不少，但普通家庭还是______轿车。

A. 买得起　　B. 买不起

C. 买得来　　D. 买不来

答案：B

分析：“买不起”表示没有能力购买，符合句子意思。句中“是”有“虽然”或“尽管”的意思，即“增加是增加”，“还是”与之搭配，即结果不变。

(8) 时间太紧张了，我们准备得也不够充分，这项任务恐怕_______。

A. 不完成　　B. 完不成

C. 完没成　　D. 没完成

答案：B

分析：“完不成”是“不能完成”的意思，是汉语口语中常见的一种表达形式。其他形式不符合可能补语的要求。

(9) 你给我的这本书那么厚，一个月恐怕__________。

A. 不翻译完　　B. 译不完

C. 翻译完　　D. 翻不译完

答案：B

分析：“书”太厚，“一个月”的时间不可能翻译完，因此，“翻译不完”或“译不完”才是最正确的可能补语表达形式。其他形式都不正确。

(10) 要带的东西太多了，光靠我一个人可__________。

A. 拿得动　　B. 拿起来

C. 拿不了　　D. 拿不起来

答案：C

分析：“东西太多”的结果应该是“拿不了”，因为“拿不了”有“拿不完”的意思。而“拿不起来”的意思是“东西太重”，不符合整个句子的意思。

第六课 “程度(情态)、介宾补语分析”参考答案与分析

一、病句分析参考

(1) 听说北京一刮风天气就会变很冷。

分析：句子中的“很冷”是“变”的结果或程度，如果想强调结果，用一个“冷”就可以了；如果想强调程度，就应该在“很冷”前加上“得”，这是语法的要求。正确的句子应该是：

听说北京一刮风天气就会变冷。

听说北京一刮风天气就会变得很冷。

(2) 我们班老师上课开头得很有意思。

分析：“开头”是动宾形式，按照语法要求，动宾式的词语是不能再带宾语和补语的，这样的词语如果有补语，也不能放在动宾的“宾”之后，可以重复动词，然后放在动词之后。这个句子修改起来并不十分容易，改变一下句子形式是最有效的办法。可以参考下面三个句子：

我们班老师上课，开头很有意思。

我们班老师上课开头讲得很有意思。

我们班老师上课，头儿开得很有意思。

(3) 下次作业我一定要写得清楚。

分析：这个句子与第五课第 14 个句子基本相同，都是错在“一定要”后面加上可能补语的形式。其实，“一定要”常常是在表示说话者的决心，后面跟的一般应该是结果补语或程度补语。正确的句子应该是：

下次作业我一定要写清楚。

下次作业我一定要写得很清楚。

(4) 她来到教室以后，我们班里的气氛变了很热闹。

分析：动词与程度补语之间唯一的标志是“得”，句子中用“了”显然是错的。如果句子一定要用“了”，就应该把“了”放在句尾，同时去掉“很”。正确的句子应该是：

她来到教室以后，我们班里的气氛变得很热闹。

她来到教室以后，我们班里的气氛变热闹了。

她来到教室以后，我们班里的气氛热闹起来了。

(5) 你的鞋破着很厉害，应该换换了。

分析：与“了”一样，“着”同样不能用在动词与程度补语之间，应该把“着”换成“得”。正确的句子应该是：

你的鞋破得很厉害，应该换换了。

(6) 听说你们班张老师病得很。

分析：“很”一般在形容词谓语前做状语，有时也可以跟“得”构成“得很”，然后做形容词谓语的补语，表示程度高。但句子中的“病”只能做名词或动词，因此，“得很”不能跟在“病”的后面。正确的句子应该是：

听说你们班张老师病得很厉害。

听说你们班张老师病得很重。

听说你们班张老师的病重得很。

(7) 他的英语不说得很流利。

分析：一般程度补语的否定形式应该是“动词+得+不+形容词”，即否定的应该是表示程度的补语成分，而不应该是动词。正确的句子应该是：

他的英语说得不很流利。

他说英语说得不很流利。

(8) 他踢足球踢得很好极了。

分析：“很好”和“好极了”都表示“好”的程度相当高，用其中的一个就足以达到表达效果了，两种形式用在一起则使句子显得罗嗦。正确的句子应该是：

他踢足球踢得很好。

他踢足球踢得好极了。

(9) 我把我的衣服放在洗衣机。

分析：由“在”组成的介宾词组中的“宾”，一般应该是表示时间或处所的词语。“洗衣机”只是物，不表示处所。应该用“在……里”确切地表示处所。正确的句子应该是：

我把我的衣服放在洗衣机里。

我把我的衣服放在洗衣机里了。

(10) 中国是十三亿人口住在的地方。

分析：这是不少日本同学容易出现的病句，特别是“住在”这个词，按照汉语的语法要求，“在”的后边一定要有处所词语，否则不能清楚地表示意思。这个句子应该进行比较大的调整，请参考下面的句子：

中国是拥有十三亿人口的国家。

中国有十三亿人口。

世界上有十三亿人口住在中国。

中国是十三亿人口生活的地方。

(11) 我们都是一起来从同一个城市。

分析：由“从”组成的介宾词组在句子中只能做状语，即用在动词之前。句子中的“从”如果换成“自”就没有这些问题了。正确的句子应该是：

我们都是从同一个城市来的。

我们都来自同一个城市。

我们是从同一个城市一起来的。

(12) 老师对我们非常热情，一直到楼下送我们。

分析：“一直到楼下送我们”的语序混乱，表义不清楚。汉语中“到机场送朋友”与

“送朋友到机场”的意思不一样；同样，“到楼下送我们”和“送我们到楼下”的意思也有明显的区别。句子中加上“一直”应该表示“送”的动作没有停顿，因此，正确的句子应该是：

老师对我们非常热情，一直送我们到楼下。

老师对我们非常热情，一直把我们送到楼下。

老师对我们非常热情，把我们一直送到楼下。

(13) 我们要在这里到明年七月一直学习。

分析：这个句子同样有“一直”，强调“学习”的不间断。那么，“学习”的后边就应该有时间词语补充说明“学习”到什么时候。又是语序出现了问题。正确的句子应该是：

我们要在这里一直学习到明年七月。

我们一直要在这里学习到明年七月。

(14) 我们学习的课程相当二年级的水平。

分析：这个句子的意思应该是：我们是一年级的学生，但是我们学习的课程跟二年级的水平差不多。而句子中缺少了一个与“跟”相当的词语，汉语中在“相当”的后面常常用“于”，句子里恰恰少了这个字。具体说就是句子里应该用介宾词组做补语。正确的句子应该是：

我们学习的课程相当于二年级的水平。

我们学习的课程跟二年级的水平相当。

(15) 大家都知道吸烟有害对健康。

分析：汉语的介宾词组在句子中既可以做状语，也可以做补语。但是，多数介宾词组只能做状语。这个句子中由“对”组成的介宾词组一般应该在动词之前做状语，而句子中却处在了补语的位置上。如果去掉“对”或把“对”换成“于”，问题就不存在了。正确的句子应该是：

大家都知道吸烟对健康有害。

大家都知道吸烟有害健康。

大家都知道吸烟有害于健康。

二、应用练习参考答案及分析

1. 把下列所给的成分合并成程度补语或介宾补语的句子

(1) 玛丽打扫房间　　房间干干净净

答案：玛丽把房间打扫得干干净净的。

　　　玛丽的房间打扫得干干净净的。

分析：这个句子用“把”字句或一般的句子形式都能够表达相同的意思。应该注意变换句子的形式来加强语言表达的效果。

(2) 我着急　　吃不下饭，睡不好觉

答案：我急得吃不下饭，睡不好觉。

分析：“吃不下饭，睡不好觉”是“着急”的程度，但在组成一个句子时，用“急”就可以了，因为“着急”是动宾结构，后面不能跟“得”。

(3) 他喜欢踢足球　　他满头大汗

答案：他踢足球踢得满头大汗。

分析：按照汉语语法的要求，如果动词有宾语又带补语时，一般可以用重复动词的方式来加上程度补语。这个句子不能说成“***他踢足球得满头大汗***”。注意“得”在句子中的位置。

(4) 她高兴地叫着　　向妈妈怀里扑去

答案：她高兴地叫着扑向妈妈的怀里。

她高兴地叫着扑到妈妈的怀里。

分析：介宾词组“向妈妈怀里”既可以做“扑”的状语，也可以做补语。

(5) 他在候机室里坐着　　他在等飞机

答案：他坐在候机室里等飞机。

分析：同样，“在候机室里”可以做“坐”的状语，也可以做补语。

2. 给词语选择恰当的位置

(1) A 湖南境内的张家界风景区，B 以水清、石秀、林深 C 闻名 D 世。

于

答案：D

分析：“于”是一个比较特殊的介词，一般情况下用在动词或形容词之后，然后跟时间词、处所词或表示其他事物的词语。句子中“闻名于世”已经成了固定搭配的词语，应该注意汉语中这样的四字格。请参考本教材下册第十三课相应的介绍。

(2) 这批 A 进口水果全部 B 产 C 澳洲，口感特别好，D 营养价值也非常丰富。

自

答案：C

分析：“自”是一个用法比较灵活的介词，既可以用在动词之前，也可以用在动词之后。我们还将在介绍介词时专门进行讲解。参考下册第一课。

(3) 他已经 A 把自己的照相机 B 借 C 几位好朋友 D 了。

给

答案：C

分析：由“给”组成的介宾补语应该放在动词之后，句子中的四个位置只有 C 符合这个标准，其他都不合适。另外，“给”后一般只跟表示“人”的词语。

(4) 他 A 妈妈昨天从广东 B 寄 C 他 D 一台进口的数码相机。

给

答案：C

分析：注意“给”的宾语应该是表示“人”的词语，但是句子中 A 的位置上不能放“给”，否则句子会显得十分不流畅，而且“寄”与“他”之间必须有一个词语才能使句子成立。C 是最恰当的选择。

(5) 他放学 A 回到家以后，B 把书包放 C 椅子上就 D 跑出去了。

在

答案：C

分析：介词“在”的宾语应该是名词性成分，可以是处所，也可以是时间。符合这样的条件的只有C。

3. 选择恰当的词语填空

(1) 张先生30年前远渡重洋就读____美国哈佛大学，最近回到国内发展了。

A. 自　　B. 在

C. 从　　D. 于

答案：D

分析：A、C常常表示动作的起点，不符合句子的意思和语法要求。“在”虽然意思合适，但在书面语中，只有D的“于”最恰当。

(2) 你说的笑话太有意思了，笑得我们都____________了。

A. 一点儿肚子疼　　B. 一点儿疼肚子

C. 有点儿疼肚子　　D. 肚子有点儿疼

答案：D

分析：“有点儿”的后边常常跟比较不如意的事情，而“一点儿”则没有这个要求。但是“有点儿疼肚子”不是汉语的表达方式，因为“疼”不能带宾语。“有点儿肚子疼”或“肚子有点儿疼”才是汉语正确的表达方式。关于“一点儿、有点儿”的具体分析，我们将在下册介绍。

(3) 三十几年来中国的发展速度远远高____其他国家，呈现出旺盛的势头。

A. 起　　B. 比

C. 于　　D. 多

答案：C

分析：“高于……”的意思就是“比……高”，但句子中只能用“于”而不能用“比”，“比”只能用在形容词之前。参考第九课“比较句分析”。

(4) 海尔彩电除满足国内需求外，还____美国、日本、德国、法国等数十个国家。

A. 销售　　B. 卖往

C. 销往　　D. 售往

答案：C

分析：尽管“卖往、售往”与“销往”的意思一样，但在书面语中，只能用“销往”，不能选择其他词语。

(5) 参加巴黎“利比亚之友”国际会议的有____40多个国家和地区的代表团。

A. 从来　　B. 来从

C. 来自　　D. 来往

答案：C

分析：A是副词，B在汉语中找不到这样的用法，D虽是动词，但后边不能跟表示国家或地区的处所词语。正确的答案只能是“来自”。“自……”虽然与“从……”的意思一样，但它既可以用在动词之前，也可以用在动词之后，“从……”只能用在动词之前。

(6) 我已经学了三个月书法了，你看这毛笔字我________？

A. 写得好看写得不好看　　B. 写得好看不好看

C. 写得好看写不好看　　D. 写得好看和不好看

答案：B

分析：程度补语的正反疑问形式应该是“动+得+A 不 A”。其他几个备选短语都不符合格式上的要求。

(7) 这种新的建筑技术好就好____经济实用而又简单易行上。

A. 像　　B. 比

C. 在　　D. 是

答案：C

分析：介宾结构“在……上”做补语强调某一方面。本教材下册第一课还会对“在……上/中/下”进行介绍。“好像、好比”只是干扰成分。

(8) 从妈妈的微笑中，女儿看到了她发____内心的喜悦。

A. 从　　B. 在

C. 自　　D. 现

答案：C

分析：“自”组成的介宾结构做补语，强调动作的起点；“从”一般用在动词之前，“在”只说明动作的处所，“现”只是一个干扰性的词语。

(9) 教练不会把运动场上没有用的东西教____你们，好好练吧！

A. 为　　B. 受

C. 向　　D. 给

答案：D

分析：“给”同样是一个比较特殊的介词，它不仅可以用在动词前边，而且也可以用在动词后边构成介宾结构做补语。

(10) 你们快看，王平高兴得简直____合不拢嘴了。

A. 也　　B. 还

C. 都　　D. 就

答案：C

分析：“都”做副词，在这个句子中表示“高兴”的程度，可以解释为“已经”。其他几个词语不能表达这样的效果。

第七课　“时量、动量、数量补语分析”参考答案与分析

一、病句分析参考

(1) 来北京以前，我在我们国家学习汉语三年。

分析：句子中的“三年”应该做“学习”的时量补语，只能放在“学习”之后，不能放在宾语“汉语”之后。有的同学还喜欢把“三年”放在“学习”之前做状语，同样不符合汉语语法的要求。汉语中表示时段的时间词语在句子中一般做补语，做状语时句子应该是否定的形式。表示时点的时间词语才可以做状语，如“6 点起床”、“8 点上课”等。正确的句子应该是：

来北京以前，我在我们国家学习了三年汉语。

来北京以前，我在国内学习过三年汉语。

(2) 在上个星期的联欢会上，我们表演了节目十五分钟。

分析：“十五分钟”同样要放在动词“表演”之后，而不能放在宾语“节目”之后，这是时量补语与宾语的位置关系。正确的句子应该是：

在上个星期的联欢会上，我们表演了十五分钟节目。

(3) 她一个人在宿舍里流泪了一个晚上。

分析：动态助词“了”和时量补语“一个晚上”都应该紧跟动词“流”，尽管“流泪”结合得比较紧，但它仍是动宾的形式，在句子中有补语时必须分开使用。正确的句子应该是：

她一个人在宿舍里流了一个晚上泪。

她一个人在宿舍里哭了一个晚上。

(4) 我来中国以前学过太极拳三个月。

分析：这个句子与第(1)题的错误完全相同。“三个月”必须放在动词“学”之后。正确的句子应该的：

我来中国以前学过三个月太极拳。

(5) 电话响着很长时间，他竟然没有醒来。

分析：按照汉语表达上的要求，持续的动作或状态一般不能用具体的时间来说明。句子中“响着”是正在持续的动作或状态，后边的“很长时间”不能清楚地表达语义。正确的句子应该是：

电话响着，他竟然没有醒来。

电话不停地响着，他竟然没有醒来。

电话响了很长时间，他竟然没有醒来。

(6) 我们俩几个小时谈话以后就分手了。

分析：这个句子中的“几个小时”是表示时段的时间词语，在肯定句中不能做状语，只能做补语。如果考虑到“几个小时”的时间比较长，句子中的“就”也可以改用“才”。正确的句子应该是：

我们俩谈了几个小时话以后就分手了。

我们俩谈了几个小时的话才分手。

(7) 我看了十天你借给我的那本中文小说，才看完。

分析：这个句子中的宾语“你借给我的那本中文小说”比较长，如果放在宾语的位置上容易使句子的意思表达不清楚，而且与后边的“才看完”的衔接也存在问题。这样的句子，宾语常常可以提到句首。正确的句子应该是：

你借给我的那本中文小说我看了十天才看完。

(8) 来中国后我已经去两次过长城。

分析：动态助词“了、着、过”与谓语动词的关系比时量补语、动量补语要紧密得多，因此，句子中的“过”应该紧跟动词“去”。另外，在前边的分析中我们说过，句子有“已经”时，相应地要在后边出现“了”，否则句子好像还没有说完。正确的句子应该是：

来中国后我已经去过两次长城了。

来中国后我去过两次长城。

(9) 小王，你帮我排队一下儿，我很快就回来。

分析：“排队”在一些语言中可能只是一个词，但在汉语中它是一个动宾词组，是可分的。因此，“一下儿”应该紧跟“排”，将“队”放在宾语的位置上。正确的句子应该是：

小王，你帮我排一下儿队，我很快就回来。

(10) 他来找过三次你了，你都不在。

分析：“你”虽然在句子中也是宾语，但是，它是代词宾语，而按照汉语语法的要求，在句子中的动词带代词宾语同时又有时量补语或动量补语时，宾语一定要放在补语之前。正确的句子应该是：

他来找过你三次了，你都不在。

(11) 我朋友每星期一次来我房间。

分析：动量补语“一次”应该放在动词“来”的后边。但是，这个句子比较特别，“一次”的位置似乎比较灵活。参考下面的句子：

我朋友每星期来一次我的房间。

我朋友每星期来我房间一次。

我朋友每星期到我房间来一次。

(12) 我姐姐三岁比我大。

分析：数量补语一般用在比较句当中，它的格式应该是“A 比 B+形容词+补语”。这个句子中的“三岁”是比较后的差别，因此，当然应该放在句尾。正确的句子应该是：

我姐姐比我大三岁。

我比我姐姐小三岁。

(13) 你的书比我的书一些多。

分析：数量补语有时是明确而具体的，有时又是比较模糊的，但是它们的位置是固定的，即在句尾。这个句子中的“一些”也不例外。正确的句子应该是：

你的书比我的书多一些。

(14) 我们班多你们班六个学生。

分析：这是不少学生容易说出或写出的错句。句子缺少“比”字，也就造成“多”的位置使用错误。正确的句子应该是：

我们班比你们班多六个学生。

(15) 我比你们来得早一个月。

分析：这个句子中的错误不只是数量补语使用方面的问题，还有“早”的位置问题。一般来说，比较句中很少出现普通动词，即使出现，也应该有相应的形容词与之配合。那么，这个形容词到底作状语还是作补语，要看具体的语言环境。参考下面的句子：

我比你们来得早。

我比你们早来一个月。

我比你们早来了一个月。

二、应用练习参考答案及分析

1. 用时量补语、动量补语或数量补语完成句子

(1) 这酒不错，你们喝________试试。

答案：**这酒不错，你们喝一下儿试试。**

这酒不错，你们喝一口试试。

分析：“喝一下儿”是动量补语，“喝一口”中的“一口”可以看作名量词，也可以看作动量词，都不影响句子意思的理解。

(2) 我的自行车钥匙不见了，小李帮我找了________也没有找到。

答案：**我的自行车钥匙不见了，小李帮我找了半天也没有找到。**

我的自行车钥匙不见了，小李帮我找了很长时间也没有找到。

分析：这个句子还可以写出很多时量补语，但这里只简单列出两个供同学们参考。你也可以试着多写几个句子。

(3) 昨天的雪真大，连续下了________。

答案：**昨天的雪真大，连续下了三四个小时。**

昨天的雪真大，连续下了几个钟头。

分析：时量补语应该是表示时段的时间词语，如果用“五点、九点”等表示时点的词语就错了。

(4) 我和你是同龄人，不过我的生日比你大________。

答案：**我和你是同龄人，不过我的生日比你大多了。**

我和你是同龄人，不过我的生日比你大一点儿。

我和你是同龄人，不过我的生日比你大两个月。

我和你是同龄人，不过我的生日比你大三天。

分析：数量补语既可以是比较模糊的词语，如“一点儿、一些、多了、得多”等，也可以是比较确定的数量词语。

(5) 这首歌我们只学了________就记住了。

答案：这首歌我们只学了一遍就记住了。

这首歌我们只学了几分钟就记住了。

分析：动量补语和时量补语都可以清楚地表达这个句子的意思。

(6) 请你们在这儿等我________，我马上就回来。

答案：请你们在这儿等我一会儿，我马上就回来。

请你们在这儿等我一下儿，我马上就回来。

请你们在这儿等我几分钟，我马上就回来。

分析：由于句子后边有“马上”这个副词，前边的时量补语不能是比较长的时间，因此，用“一会儿、一下儿、几分钟”是最恰当的。

(7) 这双鞋漂亮是漂亮，可对我来说还是贵了________。

答案：这双鞋漂亮是漂亮，可对我来说还是贵了一点儿。

这双鞋漂亮是漂亮，可对我来说还是贵了一些。

分析：“一点儿、一些”都是比较模糊的数量，用在这个句子里十分合适。不能用非常确定的数量来完成这个句子。

(8) 为了看《碟 3》，我已经去排了______队，总算买到票了。

答案：为了看《碟 3》，我已经去排了几次队，总算买到票了。

为了看《碟 3》，我已经去排了好几次队，总算买到票了。

分析：这个句子的动量补语也可以是“两次、三次”等确定的次数。

(9) 就这么薄的一本书，你竟然看了________？

答案：就这么薄的一本书，你竟然看了一个星期？

就这么薄的一本书，你竟然看了三四天？

分析：如果你想强调时间更长，还可以用“一个月、半年”等词语。

(10) 中国的人口比我们国家多________。

答案：中国的人口比我们国家多得多。

中国的人口比我们国家多多了。

分析：中国是世界上人口最多的国家，跟任何一个国家比，都可以用“多得多、多多了”这样的句子形式。当然，你也可以用具体数量词语，如“十亿、十二亿”等等。

2. 给词语选择恰当的位置

(1) 我可以告诉你，A 我们班一共 B 有 10 C 个 D 欧洲人。

来

答案：C

分析：“来”只能放在“十、百、千、万”等表示整体数量的词语之后，表示大概的数量。不能放在其他位置。

(2) A 如果 B 在这里住 C，房租当然 D 可以便宜一点儿。

一年

答案：C

分析：“一年”是表示时段的词语，在句子中一般做时量补语，应该放在动词之后。其他位置不符合汉语语法的要求。

(3) 偶尔弄到一点乌龙茶极品，拿来招待客人 A，B 总要 C 心疼 D。

好半天

答案：D

分析：“好半天”就是很长时间，在句子中作“心疼”的补语。A 的位置不可以用“好半天”，因为“客人”是名词宾语，它的后边不能加时量补语。

(4) 离开家乡 A 以后，我有十年 B 没回 C 家乡 D 了。

来

答案：D

分析：“回来”带处所宾语时，宾语必须放在“来”之前。“回来家乡”是错误的搭配。“十年来”在句子中也不符合语法要求，如果是“十来年”则可以。其他位置都是错误的。

(5) 阿里去哪儿了？玛丽 A 来这儿 B 找了 C 他 D 了。

三次

答案：D

分析：必须注意动词带时量补语和动量补语同时又带代词宾语时，宾语与补语的位置问题。记住：代词宾语应该在时量补语和动量补语之前。

(6) 这次到东北去，刚好 A 住了三 B 个 C 月 D。

来

答案：C

分析：“来”在表示大概的数量时，如果这个数量是“十、百、千、万”等，“来”应该紧跟其后，然后是量词，如“十来年”、“二百来个”、“一千来双”等；如果这个数量是零数，“来”则应该放在量词之后，如“三个来月”、“五斤来重”、“两个来小时”。

(7) 昨天我们三个 A 人才花了 60 B 块钱就吃 C 了一顿 D 非常丰盛的饭菜。

多

答案：B

分析：“多”与“来”的用法基本一样。但是应该注意的是，“十多块钱”与“十块多钱”是不一样的。还应该特别注意的是，不管是“多”还是“来”，不可分的事物不能把“来”或“多”放在量词之后，如“三个多人”、“十个来人”等都是错误的。

(8) 你们是在说王刚和李娜吧？A 他们 B 已经 C 结婚 D 了。

好几年

答案：D

分析：“好几年”做“结婚”的时量补语。需要注意的是，有的学生习惯把“好几年”放在“结婚”之前做状语，这样就错了！汉语表示时段的词语如“一个小时、两天、三年”等一般只能做补语，做状语时一般是在否定句里。表示时点的词语如“三点、今天、去年”等常常做状语。还应该注意的是“结婚”是一个表示不可持续的动作的离合动词，时量补语只能放其后。

(9) 你们怎么才回来 A？大家已经在这儿 B 等了 C 你们 D 了。

一个多小时

答案：D

分析：“一个多小时”应该放在“你们”之后，因为“你们”是代词，必须注意，时量补语一般紧跟动词，但是，如果动词的宾语是代词，时量补语应该放在代词之后。有的学生喜欢把所有的时间词都放在动词之前，即“好几年结婚”、“一个多小时等你们”，应该注意汉语的状语与补语的区别。

(10) 他 A 给大家 B 说了 C 这件事情发生 D 的经过。

一遍

答案：C

分析：和时量补语一样，动量补语一般也紧跟在动词后面。

3. 选择恰当的词语填空

(1) 爷爷奶奶陪着我们姐妹俩在这儿读书，我们已经在这儿__________。

A. 住了五六年　　B. 住了五六年了

C. 五六年住了　　D. 五六年了住了

答案：B

分析：A 的“住了五六年”很可能是指以前的事情，而 B 的“住了五六年了”是指从五六年以前一直住到现在，这恰好与句子中的“已经”互相搭配。C、D 都是错误的语序，因为表示时段的词语在句子中一般只做补语。

(2) 来美国以前，我只在国内进修了______英语，因此，刚到这里我是既聋又哑。

A. 三个月半　　B. 三个半月

C. 三半个月　　D. 三月半个

答案：B

分析：“三个半月”的意思是“三个月再加上半个月”，是汉语最正确的表达方法，其他几种搭配都不符合汉语表达要求。

(3) 事件已经____快十个月了，但人们心理上的阴影怎么也抹不去。

A. 来　　B. 过来

C. 走　　D. 过去

答案：D

分析：时间只能离我们而去，即“过去”，而“来、走、过来”都不能用于表示时间的句子。

(4) 马明认真地端详了____，终于认出那就是他几年前被盗走的传家宝。

A. 一点　　B. 一顿

C. 一阵　　D. 一次

答案：C

分析：“一阵”可以表示比较短而快的时间，如“一阵风、一阵雨”，也可以表示比较长甚至很长的时间，如“年轻时我在北京生活过一阵”。上面句子中的“一阵”表示的是比较长的时间，句子后边的“终于”也说明了这一点。其他几个词“一点”表示数量；“一次”只是动量，不说明时间的长短；“一顿”则常常与“吃饭、挨打、吵架”相关联。

(5) 三十年以前我上大学入学的那天，妈妈只给了我________块钱。

A. 多　　B. 几

C. 来　　D. 一些

答案：B

分析：“多、来、一些”虽然可以表示大概的数量，但是不能单独用在量词之前，只有“几”可以直接与量词组合，表示从 1 到 9 的数量，特别强调数量少。

(6) 昨天晚上回来得太晚了，我一共____________________。

A. 只睡觉了两个小时　　B. 只两个小时睡觉了

C. 两个小时只睡觉了　　D. 只睡了两个小时觉

答案：D

分析：“睡觉”是表示可持续的动作的离合动词，带时量补语时，应该分开用。

(7) 昨天我什么地方也没有去，把自己关在屋子里______________。

A. 看整一天书了　　B. 看了一整天书

C. 一整天看了书　　D. 看书了一整天

答案：B

分析：“看书”是动宾结构，时量补语“一整天”应该跟在动词“看”的后面。“了”作为动态助词与“看”不能分开，应该紧跟动词。

(8) 上午的考试只进行了____________，但看起来同学们并不怎么轻松。

A. 一个小时半　　B. 半一个小时

C. 一个半小时　　D. 一半个小时

答案：C

分析：“一个半小时”等于“一个小时”与“半个小时”之和，其他均不能表示这个意思。“一个小时半”是不符合汉语表达习惯和要求的。

(9) 经理先生，您说的话我没有听懂，请您再解释______，可以吗？

A. 一会儿　　B. 一下儿

C. 一趟　　D. 一遍

答案：B

分析：汉语中双音节动词重叠的形式一般应该是“ABAB”、“AB 一下儿”、“AB 了一下儿”，如“复习复习”、“复习一下儿”、“复习了一下儿”。“一遍”强调动作从开始到结束的整个过程，在这里不合适。

(10) 到中国以前，我只在国内学习了__________汉语，因此，刚到这里时我什么也听不懂。

A. 两个月半　　B. 两个半月

C. 两半个月　　D. 两月半个

答案：B

分析：和“一个半小时”一样，“两个半月”是唯一正确的答案。应该注意汉语数量词语的这种表达方式。

第八课 “兼语句、连动句、存现句分析”参考答案与分析

一、病句分析参考

(1) 山本叫我在操场不等她。

分析：在兼语句中，否定副词和能愿动词等应该放在第一个动词之前，不能放在第二个动词之前。正确的句子应该是：

山本不叫我在操场等她。

山本没叫我在操场等她。

(2) 老师短时间里就让我们能说简单的汉语。

分析：能愿动词“能”应该修饰具有使令意义的动词“让”，意思是“老师”具备某种能力。正确的句子应该是：

老师短时间里就能让我们说简单的汉语。

(3) 新老师请了同学们介绍一下自己的情况。

分析：在兼语句和连动句中，“了、着、过”一般只放在第二个动词之后，不放在第一个动词之后。句子中的“了”应该后移，也可以干脆不用这个“了”。正确的句子应该是：

新老师请同学们介绍了一下儿自己的情况。

新老师请同学们介绍一下儿自己的情况。

(4) 王老师请我叫您去参加讨论会。

分析：在兼语句里经常使用的第一个动词“请、让、叫、使、令、派”中，“请”尽管具有客气的意思，但常常是下级对上级、学生对老师、子女对父母、年少者对年长者说话时使用，虽然反过来也表示同样的意思，但在转述老师的话时应该有所改变。句子中的“请”与“叫”只要调换一下位置就可以了。正确的句子应该是：

王老师叫我请您去参加讨论会。

王老师让我请您去参加讨论会。

(5) 他只会使人做这做那，自己从来不干。

分析：在兼语句中，“使”的主语一般可以是人、事、物，宾语一般是人，其后的动词一般不应该是表示动作的动词，而多是“满意、理解、生气、吃惊、想起、感觉”等与心理活动有关的词语。句子中的“做这做那”属于具体的动作，不符合“使”字的要求。正确的句子应该是：

他只会叫人做这做那，自己却从来不干。

他只会让人做这做那，自己却从来不干。

他只知道让人干这干那，自己却从来不干。

他只知道命令人干这干那，自己却从来不干。

(6) 我常常去去图书馆看书学习。

分析：“去图书馆”与“看书学习”是两个连续的动作，而且后一个动作是前一个动作的目的。“去图书馆”应该是比较正式的事情，不能用“去去图书馆”这样随意的形式来表示。汉语中动词的重叠常表示轻松随意的事情，而“去图书馆看书”则是比较严肃的事情。在连动句中，只有后一个动词可以有重叠的形式。正确的句子应该是：

我常常去图书馆看书学习。

我常去图书馆看书学习。

我常去图书馆看看书，学习学习。

(7) 同学们选了我班长。

分析：这是一个兼语句，但是因为丢掉了兼语后的动词，因此，使这个句子不能清楚地表达意思。正确的句子应该是：

同学们选我当班长。

同学们选我做班长。

同学们选我为班长。

(8) 每当见到朋友的时候，他总是有很多事告诉。

分析：这个句子中“告诉”的对象没有说清楚，也就好像句子没有说完整。应该补足句子中“告诉”的宾语。正确的句子应该是：

每当见到朋友的时候，他总是有很多事告诉大家。

每当见到朋友的时候，他总是有很多事跟朋友们说。

(9) 我两年以前来过中国学习汉语。

分析：在第二课中我们已经分析过了，“了、过”一般不能用在连动句的第一个动词之后，只能用在连动句的第二个动词之后。正确的句子应该是：

我两年以前来中国学习过汉语。

我两年以前来中国学过汉语，

我两年前来过中国，那时也是学习汉语。

(10) 很多旅游者来这儿开着汽车。

分析：这是很多同学容易出现的错误。他们把母语的语法照搬到汉语中来，才有这样的句子。应该注意的是，句子中“开着汽车”是“来这儿”的方式，必须放在“来这儿”之前。正确的句子应该是：

很多旅游者开着汽车来这儿。

很多旅游者开着汽车来这儿玩儿。

(11) 在天安门广场上人山人海的。

分析：存现句的主语一般应该是表示处所的词语，但汉语表示处所的词语做主语时有这样一个特点，即一般不用“在”这个介词。如“教室里有很多人”，“桌子上放着几本书”，“墙上挂着两张世界地图”，“楼下停着几辆名牌汽车”等等。因此，句子中的“在天安门广场上”应该去掉“在”，否则只能做状语。正确的句子应该是：

天安门广场上人山人海的。

天安门广场上有很多人。

(12) 树后边走出这个人来。

分析：存现句中的宾语一般应该是不确定的，因此，宾语前的定语一般应该用“一个、几辆、两张、一群、三本”等数量词语，而不会用“这个、那个、这张、那本”等指定代词。句子中的“这个人”不符合存现句的要求。正确的句子应该是：

树后边走出一个人来。

树后边走出来一个人。

(13) 椅子上放在几个同学的书。

分析：“在”这个介词要求它的后续成分是时间词语，或者是处所词语，不应该是人或事物性的词语。另外，由“在”组成的表示存在的句子中，“在”的前边应该是表示事物的词语，后边则应该是表示处所的词语。这个句子则是把几个不同的句子形式混合在了一起。正确的句子应该是：

椅子上放着几个同学的书。

那几个同学的书放在椅子上。

那几个同学的书在椅子上。

那几个同学的书在椅子上放着。

(14) 玛丽的箱子里放着了一些衣服。

分析：这个句子同样是把不应该用在一起的“着”与“了”混在了一起，其实，把它们分开用就可以了。正确的句子应该是：

玛丽的箱子里放着一些衣服。

玛丽的箱子里放了一些衣服。

玛丽的箱子里有一些衣服。

(15) 在昨天学校门口发生了一起交通事故。

分析：与表示处所的词语一样，汉语中表示时间的词语用在句首时一般也不会用介词“在”，如“早上又下雨了”，“去年我们一起来北京”，“八点我有课”，“上个月我去了一次上海”，“2003 年有非常重要的事情要发生”等。句子中的“在”是多余的。正确的句子应该是：

昨天学校门口发生了一起交通事故。

学校门口昨天发生了一起交通事故。

二、应用练习参考答案及分析

1. 完成下列兼语句、连动句和存现句

(1) 教学楼门口有人________________。

答案：教学楼门口有人找你。

教学楼门口有人等着你呢。

教学楼门口有人正在大喊大叫。

分析：由“有”构成的兼语句，可以在“人”的后边写出很多动宾形式从而组成新的句子，因为“人”可能做出任何事情。你可以再试试。

(2) 你怎么总是叫______________________________。

答案：你怎么总是叫我跟你去这儿去那儿？

你怎么总是叫别人帮你做作业？

你怎么总是叫他们来咱们房间玩儿？

分析：同样，“叫”的后边也可以组织出许多句子形式构成新的兼语句。但是，应该注意，如果你做出“*你怎么总是叫小偷偷啊？*”这样的句子就错了，因为这是一个被动句。

(3) 车厢里____________________。

答案：车厢里挤满了人。

车厢里坐着很多人。

车厢里没有几个人。

分析：应该注意存现句的句子形式，即方位处所词语+动词+存在的事物。

(4) 顾客们一大早就来到国美商店______________________________。

答案：顾客们一大早就来到国美商店排队购买降价彩电。

顾客们一大早就来到国美商店等着购买新进的商品。

顾客们一大早就来到国美商店等着退货。

分析：这是个非常典型的连动句，即来哪儿做什么。当然“顾客们来商店”要做的事主要是购买商品，但也许会出现第三个句子的情况。

(5) 宿舍管理员不__________12点以后__________________。

答案：宿舍管理员不让学生 12 点以后回宿舍。

宿舍管理员不允许学生们 12 点以后进出宿舍楼。

分析：这个句子如果不认真思考，是很不容易回答出来的。也许你没有遇到过这样的事情，但在生活中它却实实在在地存在着。

(6) 我们去参观的农民家的院子里____________________。

答案：我们去参观的农民家的院子里堆着很多粮食。

我们去参观的农民家的院子里放着两辆小汽车。

我们去参观的农民家的院子里种着好几棵苹果树。

分析：存现句的动词和宾语可以随意写出很多，只要符合句子的意思就可以。应该注意的是句子中的动词后一般要加上“着”。

2. 给词语选择恰当的位置

(1) 我们 A 应该先 B 看书 C，然后骑车去 D 玩儿。

到图书馆

答案：B

分析：连动句中第一个动作常常与处所有关，第二个动作是第一个动作的目的，因此，“看书”当然应该跟“到图书馆”联系在一起。

(2) 南方人的习惯是喝 A 汤再吃 B 饭，北方人的习惯则是先吃饭 C 后喝汤 D。

完

答案：A

分析："完"在句中一般都用在动词后做结果补语，因此只有 A、B 两处符合要求，但按照连动句的要求，又只有 A 是最恰当的位置。

(3) 我 A 妹妹告诉 B 他明天早上六点半 C 来学校集合 D 上车。

让

答案：A

分析："让"字前后都应该有与人有关的名词或代词，那么，只有 A 符合要求。

(4) 真没想到，A 这么一件容易的事 B 却 C 我 D 伤了那么长时间的脑筋。

让

答案：C

分析：兼语句的动词前同样可以有副词做状语，但"让"的前后应该有表示事、物的名词或代词，这是不能改变的。

(5) 这件已经过去很长时间的往事，A 我 B 心里一直 C 十分 D 内疚。

令

答案：A

分析：兼语句中"令、使"等词语前多为一件事，后边应该有表示人的词语。

(6) 屋子里的东西 A 很整齐，墙上贴着几幅照片 B，桌子上 C 两本书 D。

放着

答案：C

分析：存现句的格式是"处所词语+动词+事物名词"，因此，句中唯一合适的位置是 C，其他位置都不符合要求，

(7) 会场布置得十分讲究，前面 A 是 B 一簇簇鲜花，主席台上 C 大会主持人的 D 讲话稿。

摆着

答案：C

分析：按照存现句格式的要求，C 是最恰当的位置。

(8) A 那是一次 B 我 C 终生 D 难忘的旅行。

令

答案：B

分析：在兼语句中，"令"后边跟的一般应该是人或与人有关的词语，因此，看到"令"，首先应该在句子中找与人有关的词语。

(9) 请把这个条儿 A 转交安娜，B 她看了以后 C 给我 D 写个条儿。

让

答案：B

分析：与"令"相同，"让"在兼语句中也用在与人有关的词语之前。即使有"国家、单位"一类的词语，它们其实也多表示的是人。

(10) A 昨天晚上我突然接 B 了她从大洋 C 彼岸打来 D 的国际长途。

到

答案：B

分析："接到电话"是最正确的动宾搭配。其他位置都不能清楚地表达意思。

3. 选择恰当的词语填空

(1) 张教授已经搬到外面的小区里去住了，要不我带您________。

A. 找他到他家去　　B. 到他家去找他

C. 去找到他家　　D. 找去到他家

答案：B

分析：连动句的语序十分重要，不能随意调换。只有“到他家去”才能“找他”，换过来则不符合汉语语序，也不符合连动句的要求。

(2) 近几年北京郊区修建了多座滑雪场，____人们在紧张的工作之余到大自然中去休闲娱乐。

A. 给　　B. 让

C. 把　　D. 派

答案：B

分析：“修建滑雪场”的目的是“让人们去休闲”。“派”的主语常常跟“国家、上级、领导、公司”等有关。

(3) 金融危机后进口关税降低了，这样，既让国外厂商获得了一定的利益，也____消费者得到了实惠。

A. 使　　B. 为

C. 给　　D. 向

答案：A

分析：“降低进口关税”是“让国外厂商获利”和“使消费者得到实惠”的根本；“既……也……”复句中前后分句要求相同的格式，因此，前边用了“既让……”，后边跟“也使……”就容易理解了。

(4) 大幅度降低进口关税，国外厂商从中获得了利益，同时也____广大国内消费者带来了真正的实惠。

A. 使　　B. 让

C. 给　　D. 向

答案：C

分析：“使、让”意思和用法相同，不能选其中的任何一个。“给”是最恰当的选择。应该注意的是，这个句子表面上与前一个句子相同，但实际上内部结构不一样。“得到了实惠”与“带来了实惠”决定了用“使、让”还是“给”。

(5) 那些不遵守交通规则的骑车人，常常____司机师傅们感到头疼。

A. 给　　B. 令

C. 请　　D. 派

答案：B

分析：B、C、D 都可以用在兼语句中，但是它们所表示的意思却有很大的区别，“请”常常表示客气，“派”有命令的味道，而与事情和自己的心里感觉有关的常常用“使、令”。B 是唯一恰当的答案。

(6) ____你告诉刘明老师一声，明天到我办公室来一下儿。

A. 让　　　　B. 派

C. 叫　　　　D. 请

答案：D

分析：这个题，如果只从语法上看，四个备选项都是正确的。但是，我们看一个句子，不但要从语法角度着眼，还要考虑语义、语气等各个方面的因素。选择“请”更符合这个句子的表达要求。

第九课 “比较句分析”参考答案与分析

一、病句分析参考

(1) 我们那儿教汉语的方法比中国不一样。

分析：汉语的比较句有几种形式，“A 比 B”的后边必须跟比较的差别，即表示差别的形容词语；“A 跟 B 一样”的后边同样也应该有表示比较的差别的形容词，有时也可以省略。但是，无论如何，这两种形式不能混用。句子中的错误恰恰是把这两种形式混在了一起。正确的句子应该是：

我们那儿教汉语的方法比中国好。

我们那儿教汉语的方法比中国差。

我们那儿教汉语的方法跟中国不一样。

(2) 那位老师教课的方法比别的老师不同。

分析：这个句子跟上一个句子的错误是相同的，只是“一样”换成了“同”。正确的句子应该是：

那位老师教课的方法比别的老师好。

那位老师教课的方法比别的老师差。

那位老师教课的方法跟别的老师不一样。

那位老师教课的方法跟别的老师不同。

(3) 他们的房间比我们的非常小。

分析：按照汉语比较句的语法要求，在“A 比 B”的比较句中，比较的结果即差别之前不能再用表示程度的副词，如“很、非常、十分、太、最、特别”等，只能用“更、还”这两个词语。这个句子错就错在这里。正确的句子应该是：

他们的房间比我们的小。

他们的房间比我们的小多了。

他们的房间比我们的小得多。

他们的房间比我们的小很多。

(4) 在北京买衣服比在我们国家太便宜。

分析：这个句子的错误与上一个句子完全相同。正确的句子应该是：

在北京买衣服比在我们国家买便宜。

在北京买衣服比在我们国家买便宜多了。

在北京买衣服比在我们国家买便宜得多。

在北京买衣服比在我们国家买便宜很多。

(5) 我的汉语水平比其他同学不高。

分析：“A 比 B”的否定形式应该把“不”放在“比”字之前，不能放在表示比较的差别词语即形容词之前，即“A 不比 B+差别”。正确的句子应该是：

我的汉语水平不比其他同学高。

我的汉语水平比其他同学低。

我的汉语水平跟其他同学一样。

(6) *他只有星期天才收拾屋子，那时候他的屋子比谁的干净。*

分析：句子中的“谁”是“任何人”的意思，按照语法的要求，这时候，在谓语前应该加“都”与“谁”呼应。句子中就缺少了“都”这个词语。关于“疑问代词”的用法，我们将在下一课介绍。正确的句子应该是：

他只有星期天才收拾屋子，那时候他的屋子比谁的都干净。

(7) *这本书的内容不跟那本书一样。*

分析：汉语比较句中“A 跟 B 一样”的否定形式应该是在“一样”前加否定词语，而不是在“跟”之前，尽管在口语中有人这样用。正确的句子应该是：

这本书的内容跟那本书不一样。

(8) *那部电影不如这部电影那么有意思。*

分析：在汉语的比较句中，一定要弄清楚每个句子的确切的意思。如果把比较句进行简单的拆分，“A 比 B+形容词”的比较句，其实意思就是“A+形容词”，如“我比你大”，意思是“我大”；“A 不如/没有 B+形容词”的比较句，真正的意思应该是“B+形容词”，如“我不如/没有你大”，意思是“你大”。那么，上面的句子的意思就应该是“这部电影有意思”。既然如此，“有意思”前就应该用“这么”而不是“那么”。因为“这么”常常说离我们近的时间或事物，“那么”则常常说离我们比较远的时间或事物。正确的句子应该是：

那部电影不如这部电影这么有意思。

那部电影没有这部电影这么有意思。

(9) *我哥哥身体没有你哥哥那么高。*

分析：用“有、没有”表示比较的句子中，在比较的差别之前应该有“这么、那么”等词语。一般情况下，不管是人物、处所、时间还是其他什么成分，离说话者近时用“这么”，反之用“那么”。这个句子的问题不是比较的词语，而是比较的主体，“身体”应该用“个子”或“身高”，因为“身体”只能说好、坏，“个子”才是高、矮。正确的句子应该是：

我哥哥的个子没有你哥哥那么高。

我哥哥没有你哥哥那么高。

(10) *我写的汉字不如他写的好看得多。*

分析：在“比”字句中，比较的差别之后可以有补充成分，但是，用“没有、不如”表示比较的句子中，表示差别的词语后一般不能再带补语，在差别词语前可以用“这么、那么”。正确的句子应该是：

我写的汉字不如他写的好看。

我写的汉字没有他写的那么好看。

(11) *我们学校女同学比男同学一千人多了。*

分析：比较句的形容词后可以带数量补语，因此，句子中的“一千人”可以放在“多”的后边做数量补语。正确的句子应该是：

我们学校女同学比男同学多了一千人。

我们学校女同学比男同学多一千人。

(12) 我要买一件毛衣跟你的这件颜色一样。

分析：“跟……一样”在句子中既可以做谓语，也可以做定语。在这个句子中，“跟你这件颜色一样”就应该在“毛衣”前做定语。正确的句子应该是：

我要买一件跟你这件颜色一样的毛衣。

(13) 这个教室有那个教室很大。

分析：“有”在比较句中一般表示疑问，否则我们常常用“没有”。而且，在用“有、没有”的比较句中，一般不能用“很、非常、十分”等表示程度的副词。正确的句子应该是：

那个教室没有这个教室大。

这个教室比那个教室大得多。

这个教室有那个教室大吗？

(14) 弟弟像妹妹那么不爱玩儿。

分析：“像……(一样)”与“跟……一样”的用法基本相同，但不同之处是，“像”还可以做动词，同样表示比较。这个句子如果想表示“弟弟、妹妹”一样，都“不爱玩儿”，就应该用“跟……一样”；如果只是其中的某个人“不爱玩儿”，可以用“像”。正确的句子应该是：

弟弟跟妹妹一样不爱玩儿。

弟弟不像妹妹那么爱玩儿。

(15) 已经春天了，天气一天比一天不冷了。

分析：汉语用“一+量词+比+一+量词”表示比较时，后边的形容词一般不能用否定的形式。正确的句子应该是：

已经春天了，天气一天比一天暖和了。

二、应用练习参考答案及分析

1. 根据句子内容填空

(1) 北京公园的门票____我们国家便宜多少。

答案：北京公园的门票不比我们国家便宜多少。

北京公园的门票没比我们国家便宜多少。

分析：看到句子中的“多少”以后，总会有人想到用疑问句，即“北京公园的门票比我们国家便宜多少？”其实，这个句子是想考察你对一般比较句的否定形式的掌握情况。“多少”在句子中只是一个虚数。

(2) 这个小姑娘____她妈妈____聪明、漂亮。

答案：这个小姑娘跟她妈妈一样聪明、漂亮。

这个小姑娘和她妈妈一样聪明、漂亮。

这个小姑娘像她妈妈一样聪明、漂亮。

这个小姑娘没有她妈妈那么聪明、漂亮。

分析：汉语表示比较的词语不少，但固定搭配的格式似乎只有“跟……一样”。由于“跟、和、与、同”的意义和用法比较接近，因此，其他三个词语也可以用在这个格式中，“像”与“一样”的搭配也是比较常见的。最后一个句子用的是否定的形式，一般来说，这样的句子不符合汉语的表达习惯，就是说，我们不会去说一个小姑娘不漂亮。这个句子语法上是没有任何问题的。

(3) 我学汉语的时间____他长____，但是____他说得流利。

答案：我学汉语的时间比他长得多，但是没有他说得流利。

我学汉语的时间比他长很多，但是不如他说得流利。

我学汉语的时间比他长一些，但是没有他说得流利。

我学汉语的时间比他长多了，但是不如他说得流利。

我学汉语的时间比他长半年，但是没有他说得流利。

分析：“A 比 B+形容词”的比较句中，形容词之前不能加“很、非常、最、特别”等一类程度副词，但在形容词之后可以加“一些、一点儿、得多、多了、很多”等词语，也可以加比较确定的数量补语，如“半年、三个月”等。

用“有”组成的比较句常常是疑问的形式，如“你有他高吗？”“你有他的汉语说得好吗？”“你有我这么喜欢唱歌吗？”

(4) 在爱情问题上，你显得____有经验。

答案：在爱情问题上，你显得很有经验。

在爱情问题上，你显得十分有经验。

在爱情问题上，你显得非常有经验。

在爱情问题上，你显得比我有经验。

分析：汉语中的动词除表示心理活动的动词之外，一般的动词是不能受程度副词修饰的，“有”是一个比较特殊的动词，由“有”组成的动宾结构常常可以被程度副词修饰，如“有意思、有兴趣、有主意、有能力、有才能、有把握、有理想、有抱负”等，这或许是因为它们带有了形容词的意味。也正因为如此，含有“有”的动宾结构才可以用在比较句中。

(5) 在市场经济中，我觉得学交往____学知识____难。

答案：在市场经济中，我觉得学交往比学知识还难。

在市场经济中，我觉得学交往比学知识更难。

在市场经济中，我觉得学交往比学知识还要难。

分析：在“A 比 B+形容词”格式中不能使用“很、非常、最”等程度副词，但是，可以使用“更、还”这两个副词。

(6) 要说做饭，我还____山本呢。

答案：要说做饭，我还不如山本呢。

分析：“A 不如 B+(形容词)”与“A 没有 B+形容词”的格式所表达的比较意义基本相同，但是，用“不如”时可以不用形容词，用“没有”必须使用形容词。这一点同学们应该牢牢记住。

(7) 他____我们差，他为什么不能跟我们一起去呢？

答案：他不比我们差，他为什么不能跟我们一起去呢？

分析：根据句子的意思，应该使用比较句的否定形式，如果使用肯定形式，句子前后的意思就出现矛盾了。还应该知道的是，“他不比我们差”的意思可能是“他跟我们一样好”，也可能是“他比我们好”。

(8) 我们那儿的春天，没有北京____大的风。

答案：我们那儿的春天，没有北京这么大的风。

分析：根据句子的前半部分，可以知道说话者应该在北京，因此，应该在空格处填上“这么”。汉语中“这么”常常表示说话者所在的位置或离说话的时间比较近的时间；“那么”则常常表示相反的意思。

(9) 在讨价还价方面，你可没有小刘____精明。

答案：在讨价还价方面，你可没有小刘那么精明。

分析：“你”是说话者的对方，应该在说话者面前，而“小刘”应该不在面前，属于比较远的位置。因此，在“精明”前用“那么”。

(10) 现在我们班的同学比上学期多了____。

答案：现在我们班的同学比上学期多了几个。

现在我们班的同学比上学期多了一些。

现在我们班的同学比上学期多了三个。

现在我们班的同学比上学期多了不少。

分析：比较句中比较的结果(即数量补语)可以是确定的，也可以是比较模糊的词语，这要根据不同的语言环境来决定。

2. 用所给的词语改写句子

(1) 这个电影没有什么意思，那个电影非常有意思。(比)

答案：那个电影比这个电影有意思。

分析：比较句“A 比 B+形容词”的意思是“A+形容词”。这个句子如果被改写成“***这个电影不比那个电影有意思***”就改变了原句的意思。注意，改写句子只是改变句子的形式，而不能改变句子的意思。

(2) 这辆汽车真漂亮，那辆汽车也不错。(跟)

答案：那辆汽车跟这辆一样漂亮。

分析：比较句中如果 A、B 是相同的事物，常常可以省略后边的中心语，以避免重复。这个句子如果说成“这辆汽车跟那辆一样漂亮”，虽然意思上基本相同，但是，句子的重心就发生了某些变化，与原句不太一样了。

(3) 这个城市经济发展相当快，那个城市经济发展比较慢。(不如)

答案：那个城市的经济不如这个城市发展快。

那个城市不如这个城市的经济发展快。

分析：“A 不如 B+形容词”的意思是“B+形容词”，因此，一定要注意句子前后顺序的安排，否则就会写出错误的句子。

(4) 张老师以前常常住院，现在几乎不打针不吃药了。(没有)

答案：张老师身体以前没有现在好。

张老师身体以前没有现在这么好。

分析：可能有的学生会写出这样的句子：“*张老师身体现在没有以前差*。”这就错了，因为汉语的比较句中，一般用比较积极意义的词语做比较的差别。

(5) 临街的宿舍比较吵，可我们的宿舍下边也有个小饭馆啊！(不比)

答案：我们的宿舍不比临街的宿舍安静。

分析：改写后的句子的意思与原句相同，都是说“我们的宿舍不安静”，甚至“比临街的宿舍还要吵”。

3. 选择恰当的词语填空

(1) 现在的孩子吃的、穿的、用的____我们那个时候完全不一样了。

A. 有　　B. 比

C. 像　　D. 跟

答案：D

分析：A、B 不能用在这个句子中，C 的“像”只能跟“一样”搭配，构成“像……一样”，而不能用“像……不一样”。只有 D 的“跟”才可以构成“跟……一样/不一样”。

(2) 李龙总是喜欢开夜车，因此每天早上也比我起得晚____。

A. 多　　B. 得多

C. 太多了　　D. 太多

答案：B

分析：A、C、D 都不能用在比较句中，正确答案只能是“晚得多”。

(3) 我们都知道，日韩同学学习汉语特别是汉字比欧美同学__________。

A. 非常容易　　B. 容易得多

C. 一点容易　　D. 很多容易

答案：B

分析：在比较句中的形容词之前不能使用“非常、一点”，“很多”更不能用在形容词前，只能用在名词之前。正确答案是 B。

(4) 我觉得在北京生活____在别的大城市差。

A. 不如　　B. 不比

C. 跟　　D. 有

答案：B

分析：用 A 的“不如”不符合比较句的一般要求，即比较句中的差别应该是比较积极意义的词语。C、D 不符合语法的要求。“不比”既符合语法要求，意思上也比较合适。

(5) 天坛里边的古松古柏，哪一棵的直径都得_____七八十公分那么粗。

A. 是　　B. 有

C. 在　　D. 得

答案：B

分析：应该记住“有”字比较句的格式和要求，即“A 有 B+这么/那么+差别”。

(6) 把千家万户的电脑连接起来就____一张大网，所以通过电脑了解世界叫上网。

A. 有　　B. 比

C. 像　　D. 跟

答案：C

分析：用“网”来比喻电脑网络是最形象的，“像”是最好的比喻词。如果用“跟”，后边一定要有“一样”与它搭配。

(7) 约翰才学了半年多汉语，不过他说得比木村____要好。

A. 还　　B. 太

C. 不　　D. 很

答案：A

分析：在比较句中，比较的差别之前不能使用表示程度和否定的副词，只能用“还”或“更”。

(8) 尽管我英语说得比他好一点儿，可日语说得______他。

A. 没有　　B. 好多

C. 不比　　D. 不如

答案：D

分析：在比较句中，只有“A 比如 B”这个格式之后可以不加任何成分，而“A 没有 B”或“A 不比 B”等格式之后都应该有相应的表示差别的成分。

(9) 南京的夏天____北京热多了，咱们还是去东北玩儿吧。

A. 像　　B. 差

C. 比　　D. 跟

答案：C

分析：“像……似的”与“跟……一样”是比较固定的格式，“差”在这里不能用，因为它只能在比较句中用做比较的差别。“比”是唯一正确的答案。

(10) 今天你说的____昨天说的好多了！继续努力。

A. 比　　B. 如

C. 像　　D. 没

答案：A

分析：“得多、多了、一点、一些”等常常用在“比”字句中表示差别的词语之后补充说明差别的程度，因此，“比”是最恰当的答案。

第十课 “反问句、疑问代词活用分析”参考答案与分析

一、病句分析参考

(1) 难道你不相信我吧?

分析：汉语的反问句中有一些比较固定的格式，就是说，有些特定的词语是应该互相搭配着使用的。比如“难道……吗”、“不是……吗”、“为什么……呢”、“怎么……呢”、“何必……呢”、“何况……呢”等等。这个句子中的“难道”就不能与语气词“吧”搭配使用。正确的句子应该是：

难道你不相信我吗?

你难道不相信我吗?

(2) 你把这些东西不是称一称吗?

分析：这个句子中的“不是”与“吗”的搭配没有错，但是位置上存在问题。“不是”一般应该放在主语后谓语前，在“把”字句中，“不是”应该放在“把”字前。另外，这个句子中还应该适当补足其他词语，以便使句子说得更加准确，意思表达得更加清楚。正确的句子应该是：

你不是要把这些东西称一称吗?

你不是想把这些东西称一称吗?

你不是把这些东西称了称吗?

你不是把这些东西称过了吗?

(3) 我怎么能找到他的家了?

分析：这个句子有两方面应该注意：第一，“怎么……呢”是比较固定的搭配形式，不应该用“了”与“怎么”搭配；第二，句子中“能找到他的家”应该是还没有实现的动作，当然不应该使用“了”。可以参考下面几个句子：

我怎么能找到他的家呢?

你是怎么找到他的家的?

你怎么找到他的家去了?

(4) 你没告诉我，我哪儿知道这件事了?

分析：由“哪儿”构成的反问句与“怎么”的用法基本相同，因此，这个句子正确的说法应该是：

你没告诉我，我哪儿能知道这件事?

你没告诉我，我怎么能知道这件事?

你没告诉我，我怎么会知道这件事呢?

(5) 谁都不赞成呢？

分析：这个句子如果想说成反问句，就不能用“都”；如果想说成强调句则不能用“呢”。正确的句子应该是：

谁能不赞成呢？

谁都不赞成！

(6) 谁在学习上有困难，老师就谁帮助。

分析：汉语疑问代词的特殊用法中，疑问代词的特指形式应该是“疑问代词……就……疑问代词”。前后两个疑问代词应该是相同的，而且位置上有一定的要求。“谁”既可以做主语，也可以做宾语，因此，句子中的后一个“谁”应该在宾语的位置上。正确的句子应该是：

谁在学习上有困难，老师就帮助谁。

另：你喜欢谁就跟谁一起去玩儿。

谁有时间谁就可以跟我们一起去。

谁的困难大，老师就帮助谁。

你想找谁就可以找谁。

(7) 哪个问题没有讨论完，我们就讨论什么问题。

分析：疑问代词表示特指时，前后两个疑问代词应该是相同的，这个句子中前面用的是“哪个”，后面却用了“什么”，显然不符合汉语语法的要求。正确的句子应该是：

哪个问题没有讨论完，我们就讨论哪个问题。

什么问题没有讨论完，我们就讨论什么问题。

哪个没有讨论完，我们就讨论哪个。

什么没有讨论完，我们就讨论什么。

(8) 你什么时候方便，什么时候就我来看你。

分析：“就”是副词，应该用在主语“我”的后面，而不能放在主语的前面。另外，“什么时候”表示的是时间，在句子中既可以位于主语之前，也可以位于主语之后，但前后最好应该一致。正确的句子应该是：

你什么时候方便，我就什么时候来看你。

你什么时候方便，我就什么时候去看你。

什么时候你方便，什么时候我就去看你。

什么时候你方便，什么时候我就来看你。

(9) 你说怎么，我就说怎么。

分析：汉语中，“怎么”一般应该用在动词之前，而“什么”则常常用在动词之后，名词之前。正确的句子应该是：

你怎么说，我就怎么说。

你说什么，我就说什么。

你怎么说，我就怎么做。

你说什么，我就做什么。

(10) 哪儿有意思，哪儿我们就去玩儿。

分析：疑问代词“哪儿”一般表示处所，在句子中如果有“去、到、来”等动词时，一般应该放在它们的后面。句子中的第二个“哪儿”必须放在“去”的后面。正确的句子应该是：

哪儿有意思，我们就去哪儿玩儿。

哪儿有意思，我们就去哪儿。

(11) 包子啊，饺子啊，面条啊，什么的我都喜欢吃。

分析：“什么”表示列举时，既可以在所列举的事物之前，也可以在所列举的事物之后，它们的形式一般应该是：“什么A啊，B啊，C啊，D啊……”或“A、B、C、D什么的”。这个句子恰恰是把两种形式混用在了一起。正确的句子应该是：

什么包子啊，饺子啊，面条啊，我都喜欢吃。

包子、饺子、面条什么的，我都喜欢吃。

(12) 外边正在下雨，你何必不出去玩儿呢？

分析：如果“外边正在下雨”，那么就不应该“出去玩儿”，但是“何必不出去玩儿呢”的意思是“应该出去玩儿”，可见与前边不能搭配上。把“不”去掉或换成“要”就可以了。正确的句子应该是：

外边正在下雨，你何必出去玩儿呢？

外边正在下雨，你何必要出去玩儿呢？

外边正在下雨，你何必非要出去玩儿呢？

外边正在下雨，你何必一定要出去玩儿呢？

(13) 这些问题我们都不明白，何况老师帮助我们呢？

分析：在反问句中，“何况”多表示比较起来更进一层的意思，即多含有比较的意思。句子中“我们都不明白”的结果应该是“请老师帮助我们”，而“何况”表示的却是“老师帮助我们还不如我们自己呢”的意思，当然不合适。正确的句子应该是：

这些问题我们都不明白，为什么不请老师帮助我们呢？

这些问题我们都不明白，何必不请老师帮助我们呢？

这些问题老师帮助我们都弄不明白，何况我们自己呢？

这些问题我们都不明白，何况你们呢？

(14) 到了我家，你们喜欢什么吃就什么吃，不用客气！

分析：“什么”一般应该用在动词之后，因为“什么”常常代替的是事物。正确的句子应该是：

到了我家，你们喜欢吃什么就吃什么。

到了我家，你们喜欢怎么吃就怎么吃。

(15) 今天的电影我觉得不什么样！

分析：句子中的“不什么样”没有确切的意思，只有“不怎么样”才表示的是“不很理想”或“不好”的意思。正确的句子应该是：

今天的电影我觉得不怎么样。

今天的电影我觉得没什么意思。

二、应用练习参考答案及分析

1. 把下列句子改成反问句

(1) 你既然知道今天有雨，就应该带上雨伞。

答案：你既然知道今天有雨，为什么不带上雨伞呢？

你既然知道今天有雨，怎么不带上雨伞呢？

你不是知道今天有雨吗？为什么不带上雨伞？

分析：同学们知道，反问句的否定形式可以表达肯定的意思，而且所表达的意思更加明确。前后两个分句都用反问句的形式，更加突出强调作用。

(2) 我已经告诉了你，你却说不知道。

答案：我已经告诉了你，你为什么说不知道呢？

我已经告诉了你，你怎么说不知道呢？

我不是已经告诉你了吗？你为什么还说不知道？

分析：与第一个句子的解释完全相同，应该注意反问句的正确使用。

(3) 同学们都已经睡觉了，你们别再大声吵嚷了。

答案：同学们都已经睡觉了，你们还大声吵嚷什么？

同学们都已经睡觉了，你们怎么还大声吵嚷？

分析：疑问代词除了表示一般疑问的意思以外，构成反问句时具有突出的强调作用。应该注意学会使用。

(4) 我根本就不清楚今天发生的事情。

答案：我怎么知道今天发生的事情？

我哪儿知道今天发生的事情！

我凭什么要知道今天发生的事情？

分析：一般句子是肯定句时，改成反问句一定要用否定形式，而如果一般句子是否定的形式，改成反问句时应该用肯定的形式。

(5) 自行车找到了，你不用那么着急。

答案：自行车找到了，你还着什么急？

自行车找到了，你还着急干什么？

分析：“着急”可以看作是离合词或动宾结构，因此可以把“什么”插入其中；也可以看作是一个形容词，所以“干什么”也可以跟在它的后边。两个句子的意思是完全一样的。

(6) 我刚来这里，没有人认识我。

答案：我刚来这里，谁认识我！

我刚来这里，怎么会有人认识我！

我刚来这里，哪儿会有人认识我？

分析：“怎么、哪儿”在反问句中常常表示相同的意思，用法也基本一样。

(7) 他连自行车都不会骑，更不用说开汽车了。

答案：他连自行车都不会骑，怎么会开汽车呢？

他连自行车都不会骑，哪儿会开汽车呀！

分析：请参考上面几个句子的简单分析。

(8) 你本来说跟我们一起去颐和园，现在又说不去了。

答案：你不是说跟我们一起去颐和园吗？现在怎么又说不去了？

分析：这个句子的前一分句属于反问句的形式，后边只是询问不去的原因。

2. 用疑问代词填空

(1) ____都知道我们班的王老师和你们班的张老师是夫妻。

答案：谁都知道我们班的王老师和你们班的张老师是夫妻。

分析：“谁”在这里表示的是任何人，是疑问代词的引申意义。这个地方不能用其他疑问代词。

(2) 你们____时候来我家我都非常欢迎。

答案：你们什么时候来我家我都非常欢迎。

分析：“什么”可以用在表示时间、处所、人物等词语之前，表示任何时间，任何处所，任何人，任何事物等。其他疑问代词没有这么多的用法。

(3) 他第一次来北京，____都想去看看。

答案：他第一次来北京，哪儿都想去看看。

分析：同样，这个句子中只能用“哪儿”填空，因为“去看看”的是北京的地方，而不会是人或东西等。

(4) ____种好吃就可以买____种。

答案：哪种好吃就可以买哪种。

分析：量词之前能够用的疑问代词应该是“哪”，尽管“几、多少”也可以用在这个句子中，但是意思上不合适，语气上也不舒服。

(5) 大家喜欢____去就____去，不用考虑那么多。

答案：大家喜欢怎么去就怎么去，不用考虑那么多。

分析：有的同学可能会填上“什么”，因为你只看到了“喜欢”，其实，后边的“去”才是最重要的信息。动词之前的疑问代词一般用“怎么”，名词之前的疑问代词多用“什么”。

(6) 你想跟____一起去就跟____一起去吧。

答案：你想跟谁一起去就跟谁一起去吧。

分析：介词“跟”的宾语一般应该是表示人的词语，当然应该使用“谁”。

(7) 你爸爸肯定又在路上看见____新鲜事儿了。

答案：你爸爸肯定又在路上看见什么新鲜事儿了。

分析：“新鲜事”是名词性词语，它的前边应该使用“什么”。这里的“什么”表示的是比较虚的意思，即不确定的意思。

(8) 你要是喜欢____个手机就告诉我，我给你买。

答案：你要是喜欢哪个手机就告诉我，我给你买。

分析：量词之前的疑问代词应该用“哪”。当然，这个句子中的“哪”也可以用“几、多少”来代替，语法上没有错误，但是不合情理，所以不可以！

(9) 你们愿意花____钱就花____钱，老板给你们出。

答案：你们愿意花多少钱就花多少钱，老板给你们出。

分析：“花钱”一定跟数量有关，但是表示数量的“几”没有这样的用法，只能选择“多少”。

(10) 小李不知道____了，今天又迟到了。

答案：小李不知道怎么了，今天又迟到了。

分析：这里的“怎么”表示的是说不清楚的原因，即疑问代词的虚指的用法。不能用“为什么”，因为句尾的“了”不能与“为什么”搭配。

3. 给词语选择恰当的位置

(1) 既然答应了我们就应该去 A 做，B 你们 C 能说了话 D 不算数呢？
怎么

答案：C

分析：“怎么……呢”是比较固定的反问句形式，“怎么”要用在主语之后，动词之前。A 处不可以用“怎么”，因为“去做”是连动句，中间不能插入其他修饰性成分。

(2) 那是我们学校 A 新来的校长，B 昨天刚跟大家见过 C 面，D 都认识他。
谁

答案：D

分析：“谁”是任何人的意思，在句中应该作“认识他”的主语，所以，D 是最恰当的位置。

(3) 你叔叔这个 A 人，一定是在 B 市场上又遇到了 C 人，聊 D 起来了。
什么

答案：C

分析：一般情况下，“什么”后面应该跟名词。句中“什么”是虚指，即不确定的人。A、B 处都不可以插入“什么”，因为“这个人”和“在市场上” 都是比较确定的形式。

(4) 最近 A 几天我 B 正好没 C 工作，咱们可以 D 好好儿地去玩一玩儿。
什么

答案：C

分析：“没什么工作”是没有工作或工作不多的意思。“什么”用在名词前。

(5) 他们一直 A 想去西部 B 像青海、甘肃 C 比较落后的地方 D 考察一下。
等

答案：C

分析：“等”用在表示列举的词语后是列举未尽的意思，与“什么的”相同。

(6) 谁能说清楚 A 他父亲 B 是 C 一个 D 人？
怎样

答案：C

分析：“怎样”一般用在动词之前，在这个句子中，动词“是”之前不能用“怎样”。有的学生会把“怎样”放在“人”之前，这就错了，如果“怎样”在“人”前，应该加“的”，或者把“怎样”换成“什么”才可以直接用在“人”前。正确答案只能是C。

(7) 重要的不是A学了多少，而是B把C学过的内容全都D记住。

怎样

答案：B

分析：“怎样”应该位于动词之前，但句子中的三个动词之前都不可以加“怎样”，因为，句子的重心在后边的分句，即“把学过的内容全部都记住”，而“怎样记住学过的内容”才是句子所要表达的重中之重。因此，“怎样”在“把”之前才是最佳的选择。

(8) 这是A他应该做的，B你C这么大大地D称赞他一番呢？

何必

答案：C

分析：“何必”应该用在表示反问的句子中，而且应该用在主语之后谓语之前，因此，C是最好的位置。应该注意，D不能用其他词语，因为按照汉语语法的要求，“地”与动词谓语之间一般不能加其他成分。

(9) 其实，我们A俩根本就B也C不D认识谁！

谁

答案：B

分析：“？就？”与“？也不？”是疑问代词活用的两个比较固定的形式，其他位置都无法满足这样的要求。

(10) 你难道A认为B这句话C有些D可笑吗？

不

答案：A

分析：这个句子是典型的反问句形式，即“难道……吗？”“不”在句子中的位置只能是A。当然，如果“可笑”之前没有“有些”，D也可以用“不”，但是，因为有了“有些”，“可笑”之前就不能再用“不”了。

4. 选择恰当的词语填空

(1) 对于你们的批评和意见，我们没_____可说的。

A. 什么　　　B. 怎么

C. 这么　　　D. 那么

答案：A

分析：句子中“可说的”是“的”字结构，即名词的性质。“怎么”一般用在动词之前；“这么、那么”后应该是形容词。只有“什么”才用在名词之前。

(2) 入世以后大幅度降低进口关税，_____会对民族企业造成什么影响吗？

A. 难道　　　B. 究竟

C. 到底　　　D. 怎么

答案：A

分析：“难道……吗？”是固定的反问句的形式。“到底/究竟/怎么……呢？”也是比较固定的疑问句形式。

(3) 最近我身体不舒服，____也不想去，你们自己去吧，不用管我了。

A. 什么　　B. 谁

C. 哪儿　　D. 多少

答案： C

分析： “不想去”的当然是地方，用“哪儿”是最恰当的选择。

(4) 他一句话也不说，光拿俩手在那儿比画，我____知道是什么意思！

A. 什么　　B. 哪儿

C. 多少　　D. 才能

答案： B

分析： “知道”之前应该用“怎么”，而我们知道，在疑问代词中，“哪儿”的一个用法与“怎么”基本上是一样的。“才能”在这里没有任何意义。

(5) 我们刚从乡下进城的时候，____都不认识，只能靠一张嘴去到处求人。

A. 什么　　B. 怎么

C. 谁　　D. 哪

答案： C

分析： “认识”的可以是人，也可以是地方。在疑问代词中直接表示人只有“谁”，直接表示地方的是“哪儿”。在这个句子中没有“哪儿”的意思，四个备选答案中也没有“哪儿”这个词语。因此，“谁”是唯一正确的选择。其实，句子后面的“求人”也已经告诉我们正确的答案了。

(6) 看你们把我想的，我____说过那种伤天害理的话呀！

A. 多会儿　　B. 什么

C. 多么　　D. 谁的

答案： A

分析： “多会儿”是“什么时候”的意思。“多么”后应该跟形容词，“什么、谁的”后应该跟名词。

(7) 时代不同了，男人能做的事情，____我们女人就不能做吗？

A. 为什么　　B. 难怪

C. 难道　　D. 怎么

答案： C

分析： “难道……吗”是比较固定的搭配。“为什么/怎么……呢”同样是比较固定的搭配。“难怪”不用在反问句中，我们将在下册介绍。

(8) 这是大家送给你的，你想____吃就____吃，没人会说什么。

A. 谁……谁……　　B. 怎么……怎么……

C. 什么……什么……　　D. 多少……多少……

答案： B

分析： “怎么”后跟动词。“什么、多少”后跟名词，“谁”的后边可以跟动词，但在这个句子中不合适，可以用“你想让谁吃就让谁吃”。因此，“怎么”是正确答案。

(9) 这个电影的广告吹得很响，实际上______好看，演到一半观众就都走了。

A. 怎么没　　B. 不怎么

C. 怎么不　　D. 没怎么

答案：B

分析："不怎么"有否定的意思，"不怎么忙"是不忙，"不怎么好"是不好，"不怎么喜欢"当然是不喜欢，"不怎么好看"就是不好看。

(10) 祥林嫂____也弄不明白，自己已经捐了门槛命运还是那么不好！

A. 什么　　B. 怎么

C. 哪儿　　D. 谁

答案：B

分析："怎么"在这里是"无论如何"的意思。其他词语都不合适。

(11) 我被汽车撞昏以后就____都不知道了，醒来已经躺在医院里边了。

A. 什么　　B. 怎么

C. 哪儿　　D. 多少

答案：A

分析："什么"是名词性的词语，除了后边跟名词性成分外，本身也可以作主语或宾语。"什么"在这里是"任何事情"的意思。

(12) 发生这样的问题，怎么能由我一个人来承担____？

A. 啊　　B. 嘛

C. 呢　　D. 吗

答案：C

分析："怎么……呢"是比较固定的搭配形式。

(13) 他们不就是想多得到一些报酬____？给他们就是了！

A. 吧　　B. 吗

C. 呢　　D. 啊

答案：B

分析："不是……吗"或"不……吗"同样是比较固定的搭配形式，中间一般插入动词性的成分，也可以是名词性词语。

(14) 他肯定是在路上遇到了____人，不然的话早就该回来了。

A. 什么　　B. 怎么

C. 哪儿　　D. 多少

答案：A

分析："什么人"在第3题的第(3)小题中已经介绍过，可以回过头去看看。

(15) 以后你喜欢去____就去____，我不会再多嘴了。

A. 什么……什么　　B. 怎么……怎么

C. 哪儿……哪儿　　D. 多少……多少

答案：C

分析："去"的后边应该跟动作词语或处所词语，"哪儿"是唯一正确的选择。

第十一课 “复合趋向补语的引申用法分析”参考答案与分析

一、病句分析参考

(1) 回到宿舍，我就把今天的报看起来。

分析：按照汉语的习惯，并不是每个句子都一定要用“把”字句。“看报”只是一般的生活小事，况且句子中的“看报”还没有结果，根本没有必要用“把”字句，如果用“把”字句，应该在动词后加结果补语。正确的句子应该是：

回到宿舍，我就看起今天的报来。

回到宿舍，我就看起报来。

回到宿舍，我很快就把今天的报看完了。

(2) 听说这次我考了九十多分，我的心里非常高兴起来。

分析：“起来”的引申用法表示的是动作的开始并继续。句子中的“高兴”后边加上“起来”以后，指的是一种情绪的变化，这时“高兴”已经具备了动词的性质，因此，就不应该用“非常”来修饰了，如果用“非常”，就不能再用“起来”。正确的句子应该是：

听说这次我考了九十多分，我的心里非常高兴。

听说这次我考了九十多分，我立刻就高兴起来了。

(3) 新老师刚走进教室，我们就鼓掌起来。

分析：“起来”做补语必须紧跟动词，而句子中的“鼓掌”是离合动词，有补语时，“掌”应该位于补语之后。正确的句子应该是：

新老师刚走进教室，我们就鼓起掌来。

新老师走进教室以后，我们鼓了半天掌。

(4) 给妈妈打完电话，我就把作业做下去。

分析：这个句子有两种错误：第一，完全可以不用“把”字句；第二，表示某一个动作继续进行时不一定总用“……下去”。正确的句子应该是：

给妈妈打完电话，我就接着做作业。

给妈妈打完电话，我就继续做作业。

(5) 老师一起完头，我们就一起唱了下去。

分析：“起头”这个离合动词表示的是一件事情的开始，如“唱歌、朗读、说话、表演”等，而“下去”表示的是一个动作在原来的基础上继续进行。句子中的“唱”在“老师起头”之前并没有进行着，因此也就不应该用“下去”，而应该用表示开始并继续的“起来”。正确的句子应该是：

老师一起完头，我们就一起唱了起来。

老师一起完头，我们就开始唱了起来。

(6) 你们说的话我都听懂了，但是我写不来。

分析：句子中的“写不来”到底表示的是什么意思不清楚，如果根据前边的句子推断，可以用“写不下来”或“写不出来”，也可以用“记不下来”来修改。因此，可以参考下面的句子：

你们说的话我都听懂了，但是我写不出来。

你们说的话我都听懂了，但是我写不下来。

你们说的话我都听懂了，但是我记不下来。

(7) 桌子上的东西太乱了，你包上来这些东西吧。

分析：“包上来”中的“上来”同样不能清楚地表达意思，而复合趋向补语“起来”的引申用法中，有“把分散的事物加以集中或收集”的意思，正好符合这个句子的意思。正确的句子应该是：

桌子上的东西太乱了，你包起来这些东西吧。

桌子上的东西太乱了，你把这些东西包起来吧。

(8) 你怎么把汽车停起来了？

分析：“汽车停”的结果不应该是“起来”，而应该是“下来”，因为在“下来”的引申用法中，有一个正是“事物通过某个动作停于某处”的意思。正确的句子应该是：

你怎么把汽车停下来了？

(9) 真对不起，我想不出来你的名字了。

分析：汉语趋向动词“出来”的引申用法包括“从无到有”和“辨认清楚”两种意思，但被遗忘的名字应该想办法“招回记忆”。因此，句子中的“出来”应该用“起来”才合适。正确的句子应该是：

真对不起，我想不起来你的名字了。

真对不起，我想不起来你叫什么名字了。

真对不起，我想不起来你是谁了。

(10) 哥哥在他脸上喷了一口冷水，他一下子醒起来了。

分析：句子中的“他”一定是因为某种原因昏迷过去了，也就是说，处在不正常的状态。汉语中表示从不正常的状态回到正常的状态应该用“过来”，反之则用“过去”，“起来”没有这样的意思和用法。正确的句子应该是：

哥哥在他脸上喷了一口冷水，他一下子就醒过来了。

哥哥在他脸上喷了一口冷水，他一下子就醒了过来。

(11) 雨过天晴，这会儿外边又亮下来了。

分析：趋向补语的引申用法中，“下来”除了有“事物通过某动作停在某处”外，还可以表示“由明到暗”等的变化过程。但句子中“雨过天晴”应该是由暗到明的变化过程，因此就不能使用“下来”，而应该用“起来”，因为，“起来”既可以表示某个动作或状态的开始并继续，也可以表示“由暗到明”等的变化过程。正确的句子应该是：

雨过天晴，这会儿外边又亮起来了。

(12) 老师让我们在试卷上写出来自己的名字。

分析：“在试卷上写”的结果应该是“下来”，而不应该是“出来”。因为“下来”

才表示你的名字留在试卷上。正确的句子应该是：

老师让我们在试卷上写下来自己的名字。

老师让我们在试卷上把自己的名字写下来。

老师让我们把自己的名字在试卷上写下来。

(13) 刚才是我糊涂，现在我终于明白上来了。

分析：与第(10)题的“醒”一样，“明白”也是从不正常的状态回到正常的状态，这样，就不应该用“上来、起来、出来”等词语，只能用“过来”。正确的句子应该是：

刚才是我糊涂，现在我终于明白过来了。

刚才是我糊涂，现在我终于明白了。

(14) 这种鞋穿出来好看，可是做出来很不容易。

分析：“穿出来”和“做出来”似乎都可以表达一定的意思，但在这个句子里却不能明确地表达说话者想表达的意思。应该换成“起来”，因为只有“起来”才能够表达“穿的时候”和“做的时候”的意思。注意，“起来”这时常常对比着使用。正确的句子应该是：

这种鞋穿起来好看，可是做起来很不容易。

(15) 你们能猜过来这是谁的衣服吗？

分析：“猜”的结果应该是给出比较正确的答案，即辨认清楚。因此，只有用“出来”做补语，才能明确表达这样的意思，“过来”不具备这样的作用。正确的句子应该是：

你们能猜出来这是谁的衣服吗？

你们猜得出来这是谁的衣服吗？

二、应用练习参考答案及分析

1. 分别用“起来、下来、下去、出来、过来、过去”填空

(1) 风停了，雨住了，大海也平静了____。

答案：风停了，雨住了，大海也平静了下来。

分析：“下来”的引申用法有声音、光亮、情绪等由高到低、由强变弱等的意义，如“安静下来、暗下来、冷静下来、低下来”等。

(2) 我们只要团结____，就一定能够战胜困难。

答案：我们只要团结起来，就一定能够战胜困难。

分析：这个句子中“起来”用的是表示收集和集中的意思。

(3) 我想了半天也没有想____他叫什么名字。

答案：我想了半天也没有想起来他叫什么名字。

分析：这里的“起来”用的是表示招回记忆的意思，即把已经忘记的事情重新恢复到自己的记忆中来。

(4) 今后我们还应该合作____，创造更大的辉煌。

答案：今后我们还应该合作下去，创造更大的辉煌。

分析：“下去”在这里表示的是某个动作或状态继续进行或存在。

(5) 你是不是盼着我再死____一次？告诉你，没门儿！

答案：你是不是盼着我再死过去一次？告诉你，没门儿！

分析：“过去”表示的是从比较正常的状态向不正常的状态的变化。

(6) 这件衣服看____挺漂亮的，你就买____吧。

答案：这件衣服看起来挺漂亮的，你就买下来吧。

分析：“看起来”在这里可以表示估计的意思，也可以表示“看的时候”的意思；“下来”表示的则是停留在某处或做出某种决定。

(7) 我怎么也看不____这是谁小时候的照片。

答案：我怎么也看不出来这是谁小时候的照片。

分析：“出来”在这个句子中表示的是辨认清楚的意思。

(8) 最近两年凭一两首歌就能红____的歌手不多了。

答案：最近两年凭一两首歌就能红起来的歌手不多了。

分析：“起来”表示的是开始并继续的意思。这里不能用“下去”，因为这样的歌手以前并没走红。

(9) 这回你算明白____了，知道谁好谁坏了吧？

答案：这回你算明白过来了，知道谁好谁不好了吧？

分析：“过来”表示的仍是从不好的状态向好的状态转变。

(10) 再这样发展____一定会出问题，赶快打住吧！

答案：再这样发展下去一定会出问题，赶快打住吧！

分析：“下去”同样表示的是动作或状态的延续。

2. 给词语选择恰当的位置

(1) 汽车疾驶 A 在沙漠上 B，整个世界都 C 好像要燃烧 D。

起来

答案：D

分析：“起来”应该跟在动词之后，而 A 的“疾驶”后有“在沙漠上”作补语，不能插入其他成分。D 是唯一正确的位置。

(2) 你们 A 做的 B 是小事，但 C 它将为我们公司 D 带来长远的影响。

看起来

答案：B

分析：“看起来”作为插入语一般用在主语前或主语后谓语前，句子中符合这个条件的只有 B 和 C 两个位置。但是从全句的内容看，只有 B 才最适合用“看起来”，因为“看起来是小事”，其实未必真的是“小事”。

(3) 我听了 A 很长时间也 B 听 C 出来这 D 是哪个民族的音乐。

不

答案：C

分析：有人可能喜欢选择 D，这是错误的！因为“这不是哪个民族的音乐”不能清楚地表达意思，与全句的内容也不搭配。“听不出来”才是正确的答案。必须重视可能补语在汉语实际应用中的作用。

(4) 人们唱着跳着 A，说着笑着 B，气氛很快就 C 活跃 D 了。

起来

答案：D

分析：汉语语法告诉我们，动词加“着”之后一般不能再加其他补语，因此 A、B 两个位置都不合适。“起来”作为补语应该跟在动词或形容词之后。正确的选择只能是 D。

(5) 同学们上 A 课记 B 课堂笔记时应该记 C 老师板书的内容 D。

下来

答案：C

分析：“下来”一般用在动词性词语之后，但 A、B 之后都不能加“下来”，因为它们的前后是两个结合紧密的动宾结构，只有 C 符合语法要求。

3. 选择恰当的词语填空

(1) 他们的车还没有到就____________，我们躲都没地方躲。

A. 下雨起来了　　B. 下起雨来了

C. 下了起来雨　　D. 雨下起来了

答案：B

分析：“起来”作补语时必须紧跟动词，不能放在名词之后，同时，“就”直接修饰动词，因此，只有“下起雨来了”符合语法要求。

(2) 你们看，张东刚刚当上经理，就跟咱们摆____臭架子____了。

A. 起……来　　B. 下……去

C. 过……来　　D. 上……来

答案：A

分析：“摆臭架子”这件事是刚刚开始发生的，因此用“起来”最合适。其他词语都不能表达这个意思。

(3) 这次考试看着容易，可一做____就不那么容易了，我差点儿没通过。

A. 起来　　B. 上来

C. 出来　　D. 下来

答案：A

分析：“做起来”在这个句子里既可以是“做的时候”的意思，也可以理解为“开始做的时候”的意思，与前边的“看着”相对应。而“做出来”表示的是已经有了结果，不符合句子所要表达的意思。

(4) 加入“世贸”以后，中国市场上的进口商品更加丰富____了。

A. 出来　　B. 上来

C. 起来　　D. 过来

答案：C

分析：“丰富起来”是开始丰富的意思，也有“越来越丰富”的意思。

(5) 我们以前见过面，不过你的名字我一下子__________了。

A. 想不出来　　B. 想不起来

C. 没想出来　　　　D. 没想起来

答案：B

分析：“想起来”的意思是把已经被忘记的事情招回到自己的记忆中来，而“想出来”的常常是“办法”等词语。“没想起来”在句中不合适，因为句尾有“了”就不能用“没”，如果没有句尾的“了”，“没想起来”是可以用的。因此，B 是唯一正确的选择。

(6) 如果把我一个人放到月球上去，没有空气没有水，我怎么能活____呀！

A. 下来　　　　B. 起来

C. 下去　　　　D. 过去

答案：C

分析：“活下去”是继续维持自己生命的意思。这里不能用“起来”。

(7) 你们看，新郎官这么一打扮，谁还________他是谁？

A. 认不出去　　　　B. 认得出去

C. 认不出来　　　　D. 认得出来

答案：D

分析：这是一个反问句，说话者想表达的是没有人能知道新郎是谁，因此只能用肯定的形式，D 符合句子的意思。

(8) 为了纪念咱们结婚 30 周年，我特意用 100 克纯金为你打____一对手镯。

A. 下来　　　　B. 出来

C. 回来　　　　D. 起来

答案：B

分析：从没有这对手镯到有这对手镯，是一个“从无到有”的过程，因此，“出来”是最恰当的答案。

(9) 你整整昏迷了三天三夜，现在终于醒____了！可把我们急坏了。

A. 上来　　　　B. 起来

C. 过来　　　　D. 过去

答案：C

分析：从不正常的状态回到正常的状态，“过来”是最好的选择。

(10) 王立昨晚喝了不少酒，刚才醒过来一会儿，这不，又睡____了。

A. 下去　　　　B. 下来

C. 过来　　　　D. 过去

答案：D

分析：从清醒到昏睡的状态，也就是从正常的状态到不正常的状态，应该用“过去”。这里不能用“下去”，因为这里的“睡”不是一种正常状态。

(11) 一到 4 月，中国北方的天气就暖和____了。

A. 起来　　　　B. 出来

C. 上来　　　　D. 上去

答案：A

分析：4 月是北方的春天，天气应该开始暖和了。因此，“起来”是最好的答案。其他趋向动词都不能表示这样的意思。

(12) 他好容易才想____了一个办法，你一定要鼓励他。

A. 出　　B. 起

C. 过　　D. 住

答案：A

分析：“出”与“出来”可以表示相同的意思，即使动作的宾语从无到有，句子中正是这样的意思。“起”与“起来”相同，与“想”搭配，只能表示招回记忆。其他两个词在句子中都不能清楚地表达意思。

(13) 他因为偷盗被警察抓______了，你千万不能再去找他了。

A. 过来　　B. 进来

C. 起来　　D. 出来

答案：C

分析：“抓起来”指“被收容”的意思，正好与“起来”表示“收集、集中”的意思相吻合。如果用“进来”，说话人应该在警察局工作或同样是被抓的人。但实际不应该是这样。其他词语不能表达清楚正确的意思。

(14) 他两腿又细又长，跑_____像一阵风似的，非常舒展。

A. 过来　　B. 出来

C. 起来　　D. 回来

答案：C

分析：“跑起来”是指跑的时候。“像风似的”是比喻跑的速度快。

(15) 音乐一响，几个维吾尔族姑娘就__________。真羡慕她们。

A. 跳舞起来　　B. 跳起舞来

C. 跳舞出来　　D. 跳出舞来

答案：B

分析：“跳舞”是一个动宾结构，与复合趋向补语搭配时，单音节的宾语“舞”应该用在“起”、“来”之间。

第十二课 “名词、动词、形容词分析”参考答案与分析

一、病句分析参考

(1) 我发现很多老师晚饭后都喜欢在学校里散步散步。

分析：汉语动词的重叠形式有几种，一般双音节动词应该是“ABAB”，但离合动词的重叠形式应该是“AAB”。句子中的“散步”是比较典型的离合动词，因此，“散步散步”的形式是错误的。正确的句子应该是：

我发现很多老师晚饭后都喜欢在学校里散散步。

我发现很多老师晚饭后都喜欢在学校里散一散步。

(2) 我喜欢和女朋友坐在公园的湖边聊聊天天。

分析：汉语动词的重叠形式除了“ABAB”与“AAB”形式以外，也有一些可以用“AABB”的形式，如“来来回回、跑跑颠颠、打打闹闹、说说笑笑”等，但是，与“散步”一样，“聊天”也是离合式动词，既不可以用“ABAB”的形式，也不能用“AABB”的形式，只能是“AAB”的形式。当然，还可以有其他的形式表示相同的意思。参考下面的句子：

我喜欢和女朋友坐在公园里聊聊天。

我喜欢和女朋友坐在公园里聊会儿天。

我喜欢和女朋友坐在公园里聊天。

(3) 下面我要讲讲的事情是在去年 10 月发生的。

分析：按照汉语语法的要求，动词做定语时，一般情况下是不能重叠的。我们可以说“看看书，听听音乐，洗洗衣服，吃吃饭”，但不能说“看看的书，听听的音乐，洗洗的衣服，吃吃的饭”，因为前者是动宾结构，后者是偏正结构。正确的句子应该是：

下面我要讲的事情是在去年 10 月发生的。

下面我要讲讲去年 10 月发生的一件事情。

(4) 她哭一哭着说了她家里发生的事情。

分析：与上一题的错误几乎一样，汉语中表示伴随动作的动词状语一般也不能使用重叠的形式。我们只能说“站着讲课，坐着听课，躺着看电视，笑着说话”，不能说“站站着讲课，坐坐着听课，躺一躺着看电视，笑一笑着说话”。汉语中的“笑笑说，笑了笑说；想想说，想了想说”等形式属于连动句，不在本课所讲的范围。上面的句子应该改成：

她哭着说了她家里发生的事情。

她哭了一会儿才说了她家里发生的事情。

(5) 我想请老师把这课的语法讲讲明白。

分析：汉语动词重叠以后多表示动作的时间短、轻松或尝试等意义，常常没有明确的结果或结论，而动词加结果补语则表示的是动作的结果，因此，把这两种形式混在一起，既不能清楚地表达意思，也不符合汉语的要求。当然，有些南方人口语里的“讲讲清楚，洗洗干净，看看明白”等，只能属于汉语方言的一种表达形式，不符合汉语普通话的语法要求。上面的句子应该是：

我想请老师把这课的语法讲明白。

我想请老师把这课语法讲明白。

我想请老师把这课语法讲一讲。

(6) 回国以后我先在家里休息休息了几天，然后才去工作。

分析：动词重叠后所表示的时间长短是不确定的。但是，动词带时量补语以后表示的多是比较确定的时间，因此这两种形式同样不能混在一起用。正确的句子应该是：

回国以后我先在家休息了几天，然后才去工作。

回国以后我先在家休息了一下，然后才去工作。

回国以后我先在家休息休息，然后再去工作。

(7) 请把你的词典借给我用用一下。

分析：这个句子中“用用一下”是“用用”和“用一下”两种重叠形式的混用，其实，选择其中的一个就足以表达清楚意思了。正确的句子应该是：

请把你的词典借给我用用。

请把你的词典借给我用一下。

(8) 现在我们正在讨论讨论一个问题。

分析：一般正在进行的动作持续的时间是不能确定的，当然也就不能用表示时间短的重叠形式来表达。如果不用“正在”可以表示马上要做的事情，也就可以使用动词重叠的形式。正确的句子应该是：

现在我们正在讨论一个问题。

现在我们讨论讨论这个问题。

现在我们讨论讨论另一个问题。

(9) 同学们很高高兴兴地走出教室去了。

分析：汉语中形容词的重叠形式本身已经含有了程度高的意思，因此，不能再用程度副词修饰这个重叠的形容词。正确的句子应该是：

同学们高高兴兴地走出教室去了。

同学们很高兴地走出教室去了。

同学们高兴地走出了教室。

(10) 我的房间收拾得干干净净极了。

分析：与第(9)题一样，“干干净净”已经是“很干净、非常干净、干净极了”的意思，就没有必要再重复，否则就是错句。正确的句子应该是：

我的房间收拾得干干净净的。

我的房间收拾得干净极了。

我的房间收拾得非常干净。

(11) 昨天又有大刮风，大下雨。

分析：汉语单音节形容词可以修饰名词，也可以修饰动词，但由于形容词本身的性质，使它们在修饰名词或动词时有着简单的分工。比如，“多、少，快、慢”常常修饰动词，而“新、旧，高、低”则常常修饰名词。“大、小”既可以修饰名词，也可以修饰动词，如“大房间、小教室，大树、小苗；大吃大喝，大吹大擂，小吵小闹”等。

这个句子中的“大刮风，大下雨”不符合汉语的表达习惯，应该用“刮大风，下大雨”。正确的句子应该是：

昨天又刮大风，下大雨了。

明天又要刮大风下大雨。

(12) 经过一段时间的治疗，王老师终于健康了身体。

分析：汉语形容词的语法功能是可以做定语、状语、补语，也可以做谓语等。应该注意的是，形容词做谓语是不能带宾语的。句子中的“健康”带了宾语“身体”，不符合汉语语法要求。正确的句子应该是：

经过一段时间的治疗，王老师的病终于好了。

经过一段时间的治疗，王老师终于恢复了健康。

经过一段时间的治疗，王老师的身体终于健康了。

(13) 在北京的一年中，我经验了很多事情。

分析：汉语的名词可以做谓语，一般应该用在表示年龄、籍贯、日期等的句子里，称作名词谓语句。但是，和形容词一样，名词做谓语不能带宾语。句子中的“经验”是名词，既不能做谓语，也根本不可以带宾语。可以用“经历”来替换它。正确的句子应该是：

在北京的一年中，我经历了很多事情。

在北京的一年中，我积累了很多经验。

在北京的一年中，我从各种事情中获得了很多经验。

(14) 服务员对客人很热情，很友谊。

分析：汉语的副词一般是用来修饰动词或形容词的，不能修饰名词。个别的例子如“不人不鬼”等，只能算作特殊的情况。在有些作品中也出现过“很中国”一类的用法，也只能算是临时的借用，同样不符合汉语的使用规范。

句子中的“友谊”是名词，不应该用“很”来修饰，应该用“友好”来替换“友谊”。正确的句子应该是：

服务员对客人很热情，很友好。

(15) 现在，北京的大街上好像每个人人都用手机。

分析：汉语中名词的重叠所表示的意思是强调它的普遍性，即“每一个”。句子中在“人人”又加上了“每个”，造成了意思上的重复，形成了错误的句子。去掉“每个”或一个“人”意思就清楚了。正确的句子应该是：

现在，北京的大街上好像每个人都用手机。

现在，北京的大街上好像人人都用手机。

现在，北京的大街上好像人人都有手机。

二、应用练习参考答案及分析

1. 给下列句子填上适当的名词、动词或形容词的重叠形式

(1) 我们学校的食堂____都有非常可口的饭菜。

答案：我们学校的食堂天天都有非常可口的饭菜。

分析：有人会在“天天”处用“顿顿”，意思没有错，但是，“顿”是量词，不是名词。这里只能用“天天”。当然，如果你用“日日”也可以，但它不符合汉语口语的表达习惯。

(2) 请你帮我____，我的句子有什么问题没有。

答案：请你帮我看看，我的句子有什么问题没有。
请你帮我找找，我的句子有什么问题没有。
请你帮我检查检查，我的句子有什么问题没有。
请你帮我听听，我的句子有没有什么问题。

分析：也许还会有其他的表达形式，但这四个句子是最常用的，都含有检查的意思。

(3) 你快把这个好消息告诉她吧，让她也____。

答案：你快把这个好消息告诉她吧，让她也高兴高兴。
你快把这个好消息告诉她吧，让她也放放心。

分析：这个句子中“也”后边不管用形容词还是动词，其实都已经变成动词的重叠形式了。“高兴高兴”是最恰当的答案。如果用“痛快痛快、舒服舒服、快乐快乐”也可以，但是都不如“高兴高兴”表达得清楚。

(4) 他的话____地感动了我们在座的每一个人。

答案：他的话深深地感动了我们在座的每一个人。
他的话实实在在地感动了我们在座的每一个人。

分析：动词前做状语的形容词可以使用重叠的形式，表达的是程度加深的意义。但是应该注意，一般不能在形容词之前加“很、非常”等词语。

(5) 我们认真____，决定同意你提出来的建议。

答案：我们认真研究了一下儿，决定同意你提出来的建议。
我们认真讨论了一下儿，决定同意你提出来的建议。
我们认真分析了一下儿，决定同意你提出来的建议。

分析：我们把动词加“一下儿”也作为动词的重叠形式介绍给同学们，这可能跟你在其他课堂上学的不一样。我们认为，这与动词的一般重叠形式所表达的意思是完全一样的，而且有的语法书也的确认为它们是重叠形式。

(6) 尽管他们夫妻都是残疾人，但他们同样____地活着。

答案：尽管他们夫妻都是残疾人，但他们同样健健康康地活着。
尽管他们夫妻都是残疾人，但他们同样快快乐乐地活着。

分析：“健康、快乐”是这个句子最好的选择形式。当然也可以用“高兴、舒服”等，但是都不如这两个词更能表达出对“残疾人”的敬佩的心情。

(7) 朋友给我发来电子邮件说他____盼望着我早点回去。

答案：朋友给我发来电子邮件说他天天盼望着我早点回去。

朋友给我发来电子邮件说他时时刻刻盼望着我早点回去。

朋友给我发来电子邮件说他日日夜夜盼望着我早点回去。

分析：“天天”是最好的答案。后两个句子显得夸张了一点，但可以理解。

(8) 一看你那____的样子，我就知道你又有什么好事了。

答案：一看你那高高兴兴的样子，我就知道你又有什么好事了。

一看你那美滋滋的样子，我就知道你又有什么好事了。

分析：“高兴”的样子多是指表面，而“美滋滋”的样子则多是指从表面到内心。

(9) 我实在没有力气了，咱们____再接着往山上爬行吗？

答案：我实在没有力气了，咱们休息休息再接着往山上爬行吗？

我实在没有力气了，咱们等等再接着往山上爬行吗？

分析：重叠的动词还可以用“停停、坐坐”等，都能表达相同的意思。

(10) 你应该好好____，否则会很难通过这次的期末考试。

答案：你应该好好复习复习，否则会很难通过这次的期末考试。

你应该好好准备准备，否则会很难通过这次的期末考试。

分析：这里的“复习复习、准备准备”表示的不是时间短，而是强调重复的动作或反复的行为。

2. 给词语选择恰当的位置

(1) 在近十年的创作生活中，A 她写 B 得 C 最有代表性 D。

这部话剧

答案：A

分析：有的学习者会错误地把“这部话剧”放在 B 或 C 处，这里应该注意的是“得”字，它既不能在名词“话剧”之后，也不能在“话剧”之前，这都是汉语语法的要求，前边已经介绍过，可以参考第一课的内容。A 是最合适的位置，在句子中做形式上的主语或是宾语提前。

(2) A 我国还 B 处在不发达阶段，人民 C 生活还 D 不太富裕。

目前

答案：A

分析：时间词做状语，在句子中可以出现在两个位置，即主语之前或主语后谓语前。句子中 A 是最恰当的位置。

(3) 2011 年是 A 新世纪来 B 世界各地 C 地震、海啸、事故、战争不断的 D。

一年

答案：D

分析：有的学习者会非常简单地把“一年”放在 A 的位置上，形成“2011 年是一年”的句子形式，但是，这样就错了。这个句子是一个比较长的判断句，“2011 年”是什么样的“一年”呢，只有放在句子最后，才能清楚地表达出所要表达的意思。

(4) 不管书的 A 印刷质量 B 多高，C 也代替不了 D 内容的可读性。

其

答案：D

分析：“其”是代词，表示“他的、他们的、它的”等，代替前边出现过的事物，在句中作“内容”的定语。正确的位置只能是D。

(5) 这里的A风整整B三天三夜C，树上连一片叶子都D看不见了。

刮了

答案：B

分析：句子中“三天三夜”应该做动词的时量补语，因此，“刮了”当然应该放在句中B的位置上。A和C都是错误的。

(6) 明天白天A晴转阴，南转北风B (3) 4级C 5级，傍晚D有雷阵雨。

间

答案：C

分析：如果你常常听汉语的天气预报，一定对“间(jiàn)”这个词不陌生，这里它是动词，A是错误的位置，C才是唯一正确的位置。

(7) 要A想身体B健康，C就D坚持锻炼身体。

必须

答案：D

分析：“必须”是能愿动词，后边应该直接跟动词，因此，D是唯一恰当的位置。

(8) A星期三以前B我C看D完这本小说，你放心吧。

可以

答案：C

分析：能愿动词“可以”一般应该放在动词之前，句子中A、B两个位置都不可以，D后的完是“看”的补语，动补之间一般不能插入其他成分。

(9) A他还B在这儿，C怎么一转眼D就不见了？

刚才

答案：A

分析：“刚才”是表示时间的名词，在句子中一般用在句首或主语之后，谓语之前。当表示时间的词语与副词相遇时，时间词在前，副词在后。因此，A是唯一正确的位置。

(10) 明天A我的朋友B和C我一起去D故宫参观参观。

想

答案：B

分析：“想”是能愿动词，一般应该放在动词之前，但当动词之前有介宾状语时，能愿动词一般放在状语之前。

(11) 前些年，在北京A的大街上，B都C能D看到骑自行车的人。

到处

答案：B

分析：“到处”是各个地方的意思，在句子中一般做状语，用在动词之前。如果动词之前还有其他状语时，“到处”一般在其他词语之前。

(12) 我A早就B好C要把在北京的经历D写成一本书。

想

答案：B

分析：句子中“好”是“想”的结果补语，“要把……写成一本书”是“想”的宾语。其他位置不能用“想”。

(13) A交通警察蹲在地上B耐心地C小孩子把D鞋带系好。

帮

答案：C

分析：句子中“耐心地”后必须有一个动词，而不应该是“小孩子”，因为“地”不直接用在名词之前。C是唯一正确的位置。

(14) 虎妞一见祥子走进屋，A站起身B来让他C上炕D一起吃饭。

忙

答案：A

分析：这里的“忙”是副词，即“连忙、急忙、赶忙”的意思，应该用在动词之前做状语。但是，C不能用“忙”，因为从语气和语法上都不合适。

(15) 我越A学习B越觉得应该C学习D一些。

多

答案：C

分析：单音节形容词“多、少”常常用在动词之前做状语，这与其他形容词有明显的区别。句子中“多”应该用在“学习”之前，类似的用法很多，如“多运动、多锻炼、多读、多说、多看、多听、多写……”。

3. 选择恰当的词语填空

(1) 李教授是____哲学的，对中国古典文学同样有很深的研究。

A. 做　　B. 搞

C. 弄　　D. 进行

答案：B

分析：“做”和“搞”的后边都可以跟与职业有关的词语，但是，“做”的后边常常是“教师、医生、记者”等具体职业名词，而“搞”的后边则是“建筑、医疗、教育、哲学”等比较抽象的名词。“弄”不能跟工作有关。

(2) 消费者都____入关以后进口车会很便宜，其实价格没降多少。

A. 以为　　B. 认为

C. 知道　　D. 感到

答案：A

分析：“以为”和“认为”最大的区别就是认真思考了还是没有认真思考。“以为”的后边是没有经过认真思考而得出的结论，因此常常是错误的，而且后边多有“原来、没想到、其实”等词语与之呼应。

(3) 小华父母的个子都不算高，但由于爱好运动，刚刚十二岁的他就已经____了近1.75米。

A. 到达　　B. 达到

C. 赶上　　　　D. 超过

答案：B

分析：“近 1.75 米”告诉我们不可能是“超过”；“到达”的宾语一般是处所；“赶上”的对象一般应该是人或其他事物；“达到”的宾语既可以是“目的”一类的词语，也可以是数量词语。正确答案当然是 B。

(4) ____楼下大爷大妈们扭秧歌的锣鼓点儿，我无论如何也看不下去书了。

A. 听说　　　　B. 听见

C. 传说　　　　D. 据说

答案：B

分析：C、D 用法比较接近，“听说”的应该是事情，“听见”的是声音，而“锣鼓点儿”恰好是声音。正确的答案是 B。

(5) 2010 年末，北京市人均可支配资金超过 8000 美元，____于中等发达国家的水平。

A. 相等　　　　B. 相同

C. 相当　　　　D. 相信

答案：C

分析：“相当于”是比较固定的用法，意思是“跟……一样/差不多”。汉语一般不用“相等于”而用“等于”。

(6) 10 年前，北京在西直门与东直门之间，经中关村、回龙观、望京____了一条城市轻轨铁路。

A. 生产　　　　B. 制造

C. 产生　　　　D. 修建

答案：D

分析：“制造、生产”意思相同，常常与工厂有关；“产生”一般是“问题、麻烦”等。“铁路”应该用“修建”。

(7) 为了保护首都北京的环境，中国志愿者协会在广大群众中____了“捐一棵树，治一亩沙”的活动。

A. 实行　　　　B. 开展

C. 进行　　　　D. 发展

答案：B

分析：“开展……活动”、“进行……工作”、“实行……政策、制度”、“发展……事业”是比较常见的搭配形式，因此，正确答案是 B。

(8) 记得我离开时这儿还是个不足两千人的小镇，现在竟然____拥有十几万人的小城市了。

A. 变化　　　　B. 变了

C. 改变　　　　D. 变成

答案：D

分析：从“小镇”到“小城市”是一个不小的变化，但是“变化”不能带宾语，而且常常用做名词。“变”的宾语则常常是“样子”或“高、矮、胖、瘦”一类的词语，“改变”的宾语常常“计划、方案、想法、主意”等。正确答案当然是“变成”。“变成”的用法是某人、事物、处所等形式上从 A 发展到了 B，本质上还是原来的人、事物、处所等。

(9) 改革开放后，来华留学的人数日益增多，截至 2011 年 9 月已____180 万人。

A. 上　　B. 是

C. 达　　D. 过

答案：C

分析：“达”即“达到”。“上、过”意思相同，不能选择其中之一。

(10) 咱们整天在各个公司之间________的能有什么结果？

A. 跑跑去去　　B. 跑去跑去

C. 跑来跑去　　D. 跑来跑来

答案：C

分析：动词四个备选答案形式中，只有 C 符合动词的重叠形式。

(11) 十五年过去了，夫妇俩想见见亲生骨肉的愿望始终没____实现。

A. 要　　B. 会

C. 能　　D. 可

答案：C

分析：四个助动词似乎都可以用在动词之前，但是可以与否定副词“没”搭配的只有“能”一个。正确的选择当然是 C。

(12) 大雪天还在外边乱跑，看你这双小手冻得________的。

A. 冰冰凉　　B. 冰冰凉凉

C. 冰凉凉　　D. 冰凉冰凉

答案：D

分析：汉语一般双音节形容词的重叠形式应该是“AABB”，但是像“冰凉、火热、冰冷、雪白、惨白、黝黑、漆黑、火红、通红、油绿、昏黄”等形容词的重叠形式则应该是“ABAB”。

(13) 今天的厂务会上将__________我们厂下一个阶段的工作计划和具体发展方向。

A. 确定并研究　　B. 研究还确定

C. 研究并确定　　D. 确定还研究

答案：C

分析：按照正常的工作顺序，一般应该是先“研究”，后“确定”，因此，只有 B、C 符合顺序。但这两个词语之间应该用连词“并”，不能用副词“还”，因为“并”表示的是连接，而“还”表示的是“另外”。

(14) 父母应该尽量______孩子的选择，不要过分勉强他们。

A. 尊敬　　B. 尊重

C. 保险　　D. 保障

答案：B

分析：“尊敬”的应该是人；“保障”的应该是权利、自由、利益等；“保险”在这里只是一个干扰性的词语，没有实际意义。“尊重”的既可以是人，更应该是与这个人有关的"权利、自由、利益"以及这个人的意见、态度、选择等。

(15) 这是我读大学以来第一次______社会，我的心情有点激动与不安。

A. 接近 B. 结交

C. 触动 D. 接触

答案：D

分析："接近"的是比较具体的人或事物，而且多指距离上的概念；"结交"的常常是朋友等词语；"触动"则是一个人的心灵；"社会"是一个比较抽象的词语，应该用"接触"。

第十三课　“数量词语分析”参考答案与分析

一、病句分析参考

(1) 今天下午2点，请同学们在体育馆前边集合。

分析：汉语数词“二”单独用在量词或名词之前时，按照汉语语法要求，一般情况下应该用“两”来表示，如“两个、两张、两本、两天、两年、两国”等等。个别表示度量衡的量词前“二、两”通用，如“两斤、二斤，两尺、二尺”等。“二”只有在表示顺序时才用“二”。句子中的“二点”应该用“两点”。正确的句子应该是：

今天下午两点，请同学们在体育馆前边集合。

(2) 我们那个小城市只有一百三十千人口。

分析：不少西方语言里没有“万、亿”这两个数词，因此，有的学生在学习中不会用“万、亿”。句子中的“一百三十千”，按照汉语的表达方式应该是“十三万”。正确的句子应该是：

我们那个小城市只有十三万人口。

(3) 这课的生词我已经写了九十遍了。

分析：汉语可以用相邻的两个数字表示大概的数量，如“两三个，四五天，八九本，十四五斤，一百二三十人”等。但是，“九”和“十”虽然也是相邻的两个数词，却不能用在一起表示大概的数量，因为无论从视觉还是从听觉的角度，都会让人觉得是“90”，造成理解上的错误。句子中所犯的正是这类错误。正确的句子应该是：

这课的生词我已经写了八九遍了。

这课的生词我已经写了十来遍了。

这课的生词我已经写了快十遍了。

(4) 听老师说，今年参加HSK考试的有三千个多人。

分析：汉语中“多”这个词与数量词搭配以后可以表示概数。应该注意的是：

① “多”在表示不可分的事物时，必须紧跟在“十、百、千、万”等数词之后，然后再跟量词，如：“十多个人，一百多本书，三千多只羊，两万多封信”，如果说成“十个多人，一百本多书，三千只多羊，两万封多信”就错了，因为“人、书、羊、信”都是不可分的事物。

② 同样，“三多个人，十四多本书，六多只羊，四十五多封信”与“三个多人，十四本多书，六只多羊，四十五封多信”都不能表达确切的意思。

③ 但是，汉语中不少名词是可以有零数形式的，即表示可分的事物，因此在数量词语与“多”搭配使用时，形式也比较灵活。如：“十多块钱，十块多钱，三块多钱；一百多斤苹果，一百斤多苹果，五斤多苹果；二十多个星期，二十个多星期，两个多星期”等。

句子中的“三千个多人”的用法显然是错误的。正确的句子应该是：

听老师说，今年参加 HSK 考试的有三千多个人。

听老师说，今年参加 HSK 考试的有三千多人。

(5) 为什么你第一天、二天没有来上课？

分析：“二”在表示顺序时，即使在量词前也要用“二”，而不能用“两”。如“二班、二层、二年级”等。但句子中的“第一天、二天”的用法显然不符合汉语的表达习惯和语法要求。正确的句子应该是：

为什么你第一、二天没有来上课？

为什么你第一天、第二天没有来上课？

为什么你前两天没有来上课？

(6) 我在我们国家学了一半年汉语。

分析：汉语中“半”这个词同样是一个比较特殊的词语，它在与数量词搭配表示时间或数量时，一般应该放在量词之后，如“一个半小时，两个半星期，三碗半米饭”等。在与表示时间的“年、天”等词语搭配时，应该放在它们的后边，如“一天半，两年半”等，因为，“年、天”既是名词，同时也可以做量词。正确的句子应该是：

我在我们国家学了一年半汉语。

我在我们国家学过一年半汉语。

(7) 我喝了两个杯牛奶，他喝了三个杯啤酒。

分析：句子中的“杯”既可以做名词，也可以做量词，因此，在语言表达中就没有必要再在它的前边加上其他量词。正确的句子应该是：

我喝了两杯牛奶，他喝了三杯啤酒。

(8) 这个本子里有他天天的日记。

分析：“日记”，从词语意义上说，当然应该是每天写的，因此在句子中就没有必要用“天天”来加以修饰。另外，“天天”可以看作是名词的重叠形式，也可以看作是量词的重叠形式，其实意思就是“每天、每一天”。但是，按照汉语的表达习惯，“天天”在句子中多做状语，而“每天”则既可以做状语，也可以做定语。正确的句子应该是：

这个本子里有他的日记。

这个本子里有他每天的日记。

(9) 他认真地跟着老师写一笔一笔。

分析：数量词重叠以后可以做补语，也可以做状语，应该根据句子的表达内容而定。这个句子中的“一笔一笔”应该是“写”的状态，即“怎么写”，而不是“写”的结果，即“写得怎么样”。正确的句子应该是：

他认真地跟着老师一笔一笔地写。

他跟着老师一笔一笔地写。

他跟着老师一笔笔地写着。

(10) 小汽车一辆地通过这里。

分析：数量词的重叠表示的是数量多，而句子中只用了一个“一辆”，不能清楚地表达句子所要表达的真正的意思。正确的句子应该是：

小汽车一辆一辆地通过这里。

小汽车一辆辆地通过这里。

(11) 会场里响起了一场场的欢呼声。

分析：“场”作量词所修饰的名词常常应该与“场地、时间”有关，如“表演、节目、京剧、电影、杂技，比赛、球赛、运动会，考试、考验，雨、雪、风”等，也可以是比较抽象的词语，如“误会、矛盾、风波”等。

句子中的“欢呼声”不具备这样的特点，因此，不能用“场”这个量词。用来修饰声音的量词应该用“阵”，如“一阵雷声，一阵枪炮声，一阵飞机的轰鸣声”等。正确的句子应该是：

会场里响起了一阵阵的欢呼声。

(12) 商场里的都件件衣服很漂亮。

分析：汉语中有这样一种格式——“每……都……”。句子中量词“件”重叠以后表示的正是“每”的意思，因此，“都”应该用在后面的谓语之前，而不应该用在“件件”前面。正确的句子应该是：

商场里件件衣服都很漂亮。

商场里的衣服件件都很漂亮。

商场里的每一件衣服都很漂亮。

商场里的衣服每一件都很漂亮。

(13) 这些照片有的张照得好，有的张照得不好。

分析：“有的”是代词，后面可以跟名词，也可以什么都不跟，但一定不能跟量词。与“有的”意思比较接近的“有些”则可以跟量词。参考下面的句子：

这些照片有的照得好，有的照得不好。

这些照片有些照得好，有些照得不好。

这些照片有些照得好，有些照得不好。

(14) 听朋友说，《风云 2》这片电影很有意思。

分析：“电影”的量词不能用“片”，因为“片”所修饰的名词多包含面积大或小的意思，如“一片云，一片海，一片树叶，一片面包”等。“电影”如果从观看的角度说，与时间有关应该用“场”；而如果从“电影”本身来说，应该用“部”。正确的句子应该是：

听朋友说，《风云 2》这部电影很有意思。

(15) 通过这两个失败，我真正懂得了认真的重要。

分析：“个”是名量词，但“失败”是“没有成功”的意思，动词性比较强，因此，修饰“失败”的量词应该是“次”。正确的句子应该是：

通过这两次失败，我真正懂得了认真的重要。

二、应用练习参考答案及分析

1. 用借用名量词改写下列句子

(1) 今天小张从上到下穿的都是新衣服。

答案：今天小张穿了一身新衣服。

(2) 我上去一看，公共汽车里坐满了乘客。

答案：我上去一看，坐了一汽车乘客。

(3) 书包里装满了好吃的东西。

答案：装了一书包好吃的东西。

(4) 今天玛丽过生日，朋友们送的礼物摆满了她的桌子。

答案：今天玛丽过生日，摆了一桌子礼物。

今天玛丽过生日，朋友们送的礼物摆了一桌子。

(5) 你没注意把杯子弄掉了，水撒在了地上。

答案：你没注意把杯子弄坏了，撒了一地水。

(6) 书架上都是中国历史方面的书。

答案：中国历史方面的书摆了一书架。

他有一书架中国历史方面的书。

(7) 外面下雨了，他的裤腿弄了很多泥。

答案：外面下雨了，他弄了一裤腿泥。

(8) 上课的时候，老师在黑板上写满了字。

答案：上课的时候，老师写了一黑板字。

(9) 朋友的生日晚会上，你喝了好几瓶啤酒，肚子都撑了。

答案：朋友的生日晚会上，你喝了一肚子啤酒，撑坏了。

(10) 昨天是学校的运动会，操场上都是老师和学生。

答案：昨天是学校的运动会，老师和学生站了一操场。

分析：上面十个句子中的“身、汽车、书包、桌子、地、书架、裤腿、黑板、肚子、操场”本身都是名词，在改写后的句子中都充当了量词，也就是临时借用的量词。在汉语中这是一种非常普遍的语言现象，在汉语学习中应该引起同学们的重视。

2. 给词语选择恰当的位置

(1) 十几A年的接触使B我早就明白你是C聪明、活泼而又乐于助人的D人。

个

答案：C

分析：“个”是“人”的量词，但是按照汉语的语序，名词前如果有形容词等修饰语时，数量词定语一般离名词比较远，因此，C是唯一正确的位置。

(2) 中国的艺术家们把A松、竹、梅B统称C为D“岁寒三友”。

三者

答案：B

分析："三者"是对"松、竹、梅"的统括，因此只能放在它们的后面。

(3) 金花推 A 门一看，B 满满那么 C 人，就立刻转身往回 D 走去。

一屋子

答案：C

分析："一屋子"是临时组合成的数量词语，表示数量多，后面应该跟名词，句中只有"人"适合与它搭配。另外，"那么"的语法要求是，后面所跟词语是形容词或表示数量多或少的词语。这两方面都决定了应该选择 C。

(4) 刚才 A 从图书馆借 B 来 C 的那 D 书你帮我放哪儿了？

几本

答案：D

分析："那"是指示代词，与名词"书"之间应该有量词或数量词，因此，D 是唯一恰当的位置。

(5) A 他 B 那 C 白色 D 运动鞋的鞋底怎么都磨透了？

三双

答案：C

分析："三双"应该放在名词"运动鞋"之前，但"运动鞋"前有表示区别意义的"白色"做定语，因此，C 是唯一正确的答案，即指示代词与数量词语的搭配关系。参考前边第 2 题的分析。

(6) 这 A 位司机够辛苦的，他每 B 天工作十 C 个 D 小时。

几

答案：C

分析：有的同学会选择 A，但是，你考虑过后边的"他"吗？如果是"几位司机"，后边就应该用"他们"而不是"他"。

(7) 我 A 爬 B 到了 C 长城最高的地方 D。太美了！

一口气

答案：A

分析："一口气"有两个意思，一是两次呼吸之间的时间，即吸一次气之后中间不再换气，常常修饰"说话、喝酒、游泳"等词语；二是做某一件事情中间不停顿，相当于副词，在句子中一般用在动词之前。

(8) 这次 A 到南方去，我们一共 B 住了三 C 个 D 月。

来

答案：D

分析：有的同学会选择 A，可你是否注意到了"到南方去"的"去"？这样不矛盾吗？"来到……去"是不能搭配的。正确答案应该是 D。"三个来月"即三个月左右。

(9) 王小丽 A 决定 B 每星期 C 跟朋友们一起吃 D 饭。

一次

答案：D

分析：同学们口语中常常会说"每星期一次吃饭"，但这是错误的用法。动量补语

“一次”应该放在动词“吃”之后。

(10) 张经理让 A 小赵明天早上到 B 他的公司 C 取 D 资料。

一下

答案：D

分析：“到公司取一下资料”是最好的汉语表达形式。“取一下资料”与上边句子中的“吃一次饭”有相同的语法含义。还应该注意的是，连动句中，补语和“了、过”等一般应该放在第二个动词之后。

3. 选择恰当的词语填空

(1) 透过那____玻璃窗，你可以清楚地看到远处那美丽的风景。

A. 面　　B. 片

C. 条　　D. 扇

答案：D

分析：很多学习者会选择“面”或“片”作答案，但是，汉语“门、窗”等名词的量词应该是“扇”，这或许跟“门、窗”的开、关与扇扇子的动作相同有关。不信你反复开关几次你的门窗试试，看看像不像扇扇子的动作。

(2) 哎呀，你吓了我____，进屋前怎么也不敲敲门呢！

A. 一次　　B. 一跳

C. 一阵　　D. 一下

答案：B

分析：当我们遇到令人惊恐的事情时，一般的动作是什么？对了，是“跳起来”，因此，“一跳”是唯一正确的选择。

(3) 从巫山上远远望去，长江游轮像一____扁舟乘流而下，转眼就不见了。

A. 艘　　B. 条

C. 只　　D. 叶

答案：D

分析：“游轮”的量词应该用“艘”，而句子中需要加量词的不是“游轮”而是“扁舟”，其实，就是“小船”的意思。但是“小船”的量词应该是“条”，而“扁舟”的量词只能是“叶”。想一想，“小船”的样子像不像一片树叶？

(4) 昨天我和王亮又去找他了，可他还是那个态度，让我们碰了一____灰。

A. 头　　B. 鼻子

C. 身　　D. 脸

答案：B

分析：“碰了一鼻子灰”是汉语的一种习惯表达方法。仔细思考一下应该有道理，“碰”是向前的动作，而“鼻子”在人的头部是最突出的部分，当然应该首先被碰到！

(5) 第一次去非洲旅行的情形真是令人难以忘怀，当时要是能学____句当地的话就更完美了。

A. 一二　　B. 二三

C. 一两　　D. 三二

答案：C

分析：汉语中“二”这个数词用在量词前一般应该变成“两”，因此，只有 C 符合语法上的要求，是唯一正确的答案。

(6) 2011 年末的这场大雪，是大自然送给我们的一____最好的礼物。

A. 只　　B. 次

C. 堆　　D. 件

答案：D

分析：“次”是动量词，不能用在句中；“只、堆”都不符合礼物的性质。用“件”作量词的名词，汉语中有这样三类事物：**事情、衣服、礼物**。

(7) 自行车在这儿摆得好好儿的，突然刮来了一____风，这不，全倒了。

A. 阵　　B. 回

C. 片　　D. 次

答案：A

分析：突然出现的事物常常不会长久，因此，备选答案中“阵”最符合这个要求。当然，“阵”在表示自然事物如“风、雨”和声音如“脚步声、歌声”等时，常常是短而快的意思，而如果与动词“住、生活、学习”等搭配时也可能是比较长的时间。

(8) 参加 2012 年春季研究生考试的人数超过历____，达到了 83 多万人。

A. 场　　B. 回

C. 届　　D. 遍

答案：C

分析：同一年入学的学生汉语称为同一“届”，其实，“届”在这里表示的是“年”。“历届”就是“历年”即“每一年”的意思。其他量词不合适。

(9) 山田把幸子的毕业论文乱改了一____，弄得她差点儿没有通过答辩。

A. 趟　　B. 次

C. 通　　D. 顿

答案：C

分析：“趟、次”常常与“来、去”用在一起，“顿”常常与“吃、打、骂”用在一起，句子中的主要动词是“改”，“通”是最恰当的答案。“通”在这里与“遍”相同。

(10) 桃红柳绿，小桥流水，鸡鸣犬吠，宛如一____田园交响诗。

A. 个　　B. 曲

C. 首　　D. 篇

答案：C

分析：汉语“诗”、“词”、“歌”、“曲”的量词应该是“首”，“篇”一般做“文章”等的量词。其他量词不合适。

(11) 我耽误了早上 7:30 的火车，下一____去广州的列车几点开？

A. 辆　　B. 次

C. 节　　D. 回

答案：B

分析：汉语中从一个城市到另一个城市的火车、飞机等都按次序排列成不同的序号，因此，在句子中如果出现“班机、列车”时，一般应该用“次”作量词。“节”只是火车整列中的某一部分；“辆”不能作火车的量词。

(12) 整个小区只有几____人家入住，物业管理工作无法运转。

A. 个　　B. 位

C. 口　　D. 户

答案：D

分析：A、B、C 三个量词都属于个体量词，而句子中的“人家”指的是“家庭”，应该是集体性的，因此只能用“户”。

(13) 9 月 13 日的香港《文汇报》上报道了一____惊人的消息。

A. 篇　　B. 页

C. 条　　D. 块

答案：C

分析：与“条”这个量词搭配的名词多是比较长的事物，如“江、河、街、道、路、领带、裤带、鞋带”等。“消息”在文字表现方面也是比较长的，所以用“条”这个量词。此外如“新闻、广告、标语”等也用“条”作量词。与“篇”搭配的名词有“文章、作文、课文、报道”等。

(14) 多少人都被你骗了，现在谁还相信你这____话？赶快离开这儿吧！

A. 句　　B. 套

C. 个　　D. 口

答案：B

分析：骗人的话不会只是一句，肯定是一套一套的，因为“套”表示的是数量比较多的事物，如“一套西服，一套餐具、一套茶具、一套被褥”等。

(15) 看着孩子们那一____天真的笑脸，我的心里充满了无限的喜悦。

A. 个个　　B. 张张

C. 双双　　D. 块块

答案：B

分析：汉语中量词“张”多表示平面的事物，如“床、桌子、纸、地图”等。“脸”与“鼻子、眼睛、耳朵”相比应该是比较平的，所以用“张”作量词。

第十四课　“综合测验”参考答案与分析

一、选择位置参考答案与分析

(1) 谈话是我们 A 日常 B 生活中 C 极普通 D 事情。
的

答案：D

分析：“普通”是形容词，它的前面有副词“极”，它们结合修饰“事情”时，后边必须用“的”。“日常生活”是固定词语，中间不能用“的”。句子中如果不用“极”，C 处也可以用“的”，但这个句子中，D 才是必须用“的”的地方。

(2) 公司员工们 A 都知道 B 他 C 工作做 D 特别认真。
得

答案：D

分析：“得”应该用在动词与补语之间，“工作”怎么样？D 是最合适的位置。

(3) 也许他 A 现在就正在培养着 B 一个未来 C 世界 D 冠军呢。
的

答案：C

分析：“世界冠军”结合得比较紧，中间不能插入其他成分。“未来”是时间词，与名词之间可以加“的”。其他位置都不合适。

(4) 虎妞和祥子结 A 婚 B 以后，两个人 C 上 D 了幸福美满的生活。
过

答案：C

分析：A、B 处都不能用“过”，前者不合语义，后者不合语法。正确的选择应该是 C。这里的“过”是“过节、过年、过生日、过日子”的“过”。

(5) 李老师托 A 你在上海买 B 的那个东西你给 C 她买 D 了没有？
着

答案：D

分析：“着”在这个句子中做结果补语，是“到”的意思。如果选择 A，“托”就改变了本来的意思，从“委托”变成了“手掌或其他东西向上承受(物体)”，与句子的意思完全不符合。

(6) 这件已经过去很长时间的往事，A 我 B 心里一直 C 十分 D 内疚。
令

答案：A

分析：兼语句中“令、使”等词语前多为一件事，后边应该有表示人的词语。

(7) 下 A 一场雨 B，天气开始 C 凉快起 D 来。
了

答案：A

分析：“了”是动态助词，应该放在动词之后，而“起来”之间不能插入“了”，“开始”虽是动词，但无论从语法还是从语气上用“了”都不合适。按照动态助词的语法要求，A是最恰当的位置。

(8) 他昨天去A商店B，为母亲买C许多药D。

了

答案：C

分析：简单地说似乎句子中每个位置都可以用“了”，但按照语法要求，只有“买”与“许多药”之间才必须用这个“了”。

(9) A昨天晚上我突然接B了她从大洋C彼岸打来D的国际长途。

到

答案：B

分析：“接到电话”是最正确的动宾搭配。其他位置都不能清楚地表达意思。

(10) 明天早上请你A叫B我C，不然我怕睡D过了头。

一声

答案：C

分析：当动词的宾语是代词时，动量补语同样应该放在宾语之后。

(11) 幸福的时光A转瞬即逝，婚礼B飞机轰鸣声C彻底D打乱。

被

答案：B

分析：在被动句中，“被”可以直接用在动词之前，但句子中如果有主动者时，“被”还是要放在这个动作的发出者之前。

(12) 她是我A来北京时B认识的第一个人，C成了D我的女朋友。

现在

答案：C

分析：时间词“现在”在句子中的位置一般有两个，即主语前或主语后谓语前。句子中的“现在”是与“我来北京时”对比着说的，因此，C是正确的位置。

(13) 因为A我B来北京C，所以对这里的交通D很不熟悉。

第一次

答案：B

分析：与“一次”不同的是，表示顺序的“第一次”一般应该在动词之前做状语，而不在动词之后做补语。

(14) 我看你们两个A都应该B互相作C让步D。

一些

答案：C

分析：“让步”是“作”的宾语，因此，数量词语“一些”应该放在名词之前，即C的位置，而不能放在D的位置。当然，如果句子中没有“作”，因为“让步”是动宾关系，“一些”也可以用在“让”与“步”之间，但无论如何也不能放在句子的最后。

(15) 如果世界经济A能在一两年内B及时复苏，C我们公司D可能起死回生。
就

答案：D

分析：“就”是副词，只能放在主语之后，谓语之前。D是唯一合适的位置。有的同学喜欢把“就”放在C的位置，这是错误的。

(16) 大力吃A饭就进B城了，我们也不知道C他什么时候回来D。
了

答案：A

分析：“动+了+名+就……”是比较固定的紧缩复句的形式。选择其他的位置都会造成错误。

(17) 他们A前年九月B从各国C陆续来的北京，现在已经差不多D两年了。
是

答案：A

分析：这是典型的“是……的”格式，强调时间、地点和方式。不能放在B、C处，只能选择A。也就是说，在一个句子中既有时间、地点，又有方式状语时，“是”应该放在最前面。

(18) 这种人，你越不让他A去，B他C要D去。
越

答案：C

分析：“越……越……”格式常常只有一个主语，但也可以有前后两个主语。因此，“越”应该放在主语之后。C的位置最合适。

(19) 我们先A去调查B调查，等你C回来就把情况D告诉你。
一

答案：C

分析：“一……就……”常常连接两个关系密切并且接连发生的动作，因此，C是最好的选择。有的同学喜欢把“一”放在B处，就错了！我们可以说“看一看、听一听、尝一尝”等等，但是双音节动词没有这样的重叠形式。

(20) 重要的不是A学了多少，而是B把C学过的内容全D都记住。
能不能

答案：B

分析：能愿动词也应该放在“把”字前边。

二、选词填空参考答案与分析

(1) 我们班的老师因为有事没有来，所以今天的口语课没上____。

A. 好　　B. 完

C. 了　　D. 成

答案：D

分析：“上好”、“上完”都是“上课”了，只是效果或结果不好。“没上了”语法上不合适，即否定的动词后不能加“了”。正确答案只能是“上成”，意思是根本没有上课，因为“老师没有来”。

(2) 从这儿到市中心不太远，坐车的话______一小时就到了。

A. 用得了　　B. 用不够

C. 用不了　　D. 不用完

答案：C

分析：“用不了”的意思是“不需要……”或“用不完……”，在这个句子中强调的是需要的时间比较少。

(3) 听说花两块钱买的足球彩票中了大奖，他高兴得嘴都合不____了。

A. 起　　B. 下

C. 上　　D. 了

答案：C

分析：“合上”的意思是指物体的两部分接触、合拢在一起，“嘴都合不上”是“高兴”的程度。其他词语不能表达这个意思。

(4) 今天，就是在最偏僻的山沟里，老百姓也都能看____电视了。

A. 过　　B. 了

C. 得　　D. 上

答案：D

分析：“看上电视”是“山沟里”发生的巨大的变化，是非常不容易的事情，而“看得、看过、看了”都没有这个意思。

(5) 时间太紧张了，我们准备得也不够充分，这份报告恐怕______。

A. 不写好　　B. 好不写

C. 写不好　　D. 好写不

答案：C

分析：B、D 都不是汉语的表达形式，就是说，汉语没有这种表达方法。只有“写不好”才表示“不能写好”的意思，因为“时间紧张，准备不充分”。

(6) 她整容以后，谁也_____。

A. 认她不出来了　　B. 认她出不来了

C. 不认出她来了　　D. 认不出她来了

答案：D

分析：“出来”做“认”的补语，那么，“认”的宾语“她”应该放在“出”与“来”之间。其他形式都是错误的。

(7) 他告诉过我他的电话号码，可我一时想不_____了。

A. 上来　　B. 起来

C. 过来　　D. 出来

答案：B

分析：“想起来、想得起来、想不起来”都是口语中最常见的形式。应该注意的是“想出来”的意思与“想起来”是不一样的，“想出来”强调的是从无到有的过程，而“想起来”则是把遗忘的事情找回来。

(8) 在美国学习期间，一到周末我们就一起去旅行____去逛街。

A. 或许　　B. 还是

C. 或者　　D. 还要

答案：C

分析：“去旅行”和“去逛街”是不同的周末所选择的活动形式，因此，用“或者”最合适。其他词语不能表达这样的意思。

(9) 教练对练球的小队员们说：“坚持____，未来的世界冠军就是你们的。”

A. 下去　　B. 上来

C. 上去　　D. 出来

答案：A

分析：“世界冠军”是未来的事情，因此应该用“下去”，因为只有“下去”才能够表达“未来”的意思。

(10) 来中国以前我还____北京是个很落后的城市呢，没想到她是个现代化的大都市。

A. 觉得　　B. 感到

C. 认为　　D. 以为

答案：D

分析：A、B 在汉语中表示的意思基本相同，用法也一样，当然不能选择其中的任何一个。“认为”常常是通过认真思考以后所表达的看法，一般应该是比较正确的，“以为”则常常是没有经过认真思考而发表的意见或看法，这个看法常常是错误的，其后常有“没想到、原来、其实”等词语与之搭配。

(11) 印度尼西亚共有________一万三千多个岛屿，被称作“千岛之国”。

A. 很大很小　　B. 大大小小

C. 大小大小　　D. 大的小的

答案：B

分析：“大小”的重叠形式与一般形容词的重叠形式所表达的意思不一样，一般形容词的重叠形式表示的是程度高，而“大小、长短、高低、快慢、胖瘦”等一类词的重叠形式表示的是数量、样式或形式多，因为它们本身已经是名词了。其他几个形式都不符合句子的意思及表达要求。

(12) 中国队要是能够踢进 16 强，我们非__________地玩儿个通宵！

A. 热闹热闹　　B. 热热闹闹

C. 热闹一热闹　　D. 热闹了热闹

答案：B

分析：“热闹”的形容词重叠形式应该是“AABB”，而“ABAB”的形式是由形容词转变成了动词，与句子的要求不符。C、D 不是正确的重叠形式。

(13) 一摸他的手，________的，真把我吓坏了。

A. 冰凉凉　　B. 冰凉冰凉

C. 冰冰凉凉　　D. 冰冰凉

答案：B

分析：比较特殊的形容词的重叠形式就是“ABAB”。备选答案中如果有“凉冰冰”

也可以用。

(14) 我打算先去西安，然后去成都、重庆，____一下长江三峡。

A. 旅行　　B. 游览

C. 游玩　　D. 旅游

答案：B

分析：“长江三峡”是已经被列入世界文化遗产的中国风景名胜，许多人都想去那儿看看。“游览”就是看的意思。其他三个词语意义和搭配都不合适，特别应该注意的是，这三个词语不能带宾语。

(15) 为了别人，也为了自己，我们应该牢固____法制观念。

A. 学会　　B. 意识到

C. 意识　　D. 树立

答案：D

分析：“学会”的除了知识以外，应该是某种技能，而不是观念；“意识到”应该是某种做法的对或错。与“观念”搭配的动词应该是“树立”。

(16) 明天下午，新世纪饭店将____一场国际辩论会。

A. 举行　　B. 进行

C. 开始　　D. 开展

答案：A

分析：“举行”的应该是各种各样的会议；“进行”的宾语不能是名词性词语；“开展”的是工作、活动等；“开始”的宾语同样应该是动词性词语。

(17) 能否把烟戒掉最能____一个人的意志是否坚强。

A. 检查　　B. 检验

C. 试验　　D. 调查

答案：B

分析：“检查”的常是工作、学习、身体一类的词语；“调查”的是问题等事情；“试验”的重心在“试”。对一个人戒烟的意志只能用“检验”，即检查和考验。

(18) 在长安大戏院里，每周都会有几场好戏____欣赏，今天晚上是《空城计》。

A. 愿意　　B. 可以

C. 会　　D. 想

答案：B

分析：“可以”是“被允许”的意思，其他词语不能表达这样的意思。

(19) 《青花瓷 2》获得了奥斯卡最佳外语片奖，你知道吗？这____电影的女主角是我中学的同学。

A. 场　　B. 部

C. 次　　D. 本

答案：B

分析：“场”表示的是与场地和时间有关的事情，如“表演、比赛、演出、风、雨”等。如果说“我看了一场电影”就完全正确了，但是句子是在对《青花瓷 2》这部电影中的女主角进行介绍，并不强调“看”，因此不能用“场”。

(20) 传统京剧之所以能够得到外国观众的喜爱，就是因为它是一____集音乐、舞蹈、服装和化妆于一身的综合艺术。

A. 组　　B. 场

C. 种　　D. 个

答案：C

分析：有人看到“音乐、舞蹈、服装”后会选择“组”；有人看到“京剧”则会用“场”，但是，这个句子说的是“艺术”，因此应该用“种”。与“种”这个量词搭配的名词非常多，可以说任何事物都可以分成不同的种类，但在具体的语言环境中必须加以认真的分析。

(21) 二十年前朋友结婚，送一____枕巾就行了，现在连一台电视也拿不出手。

A. 双　　B. 副

C. 块　　D. 对

答案：D

分析：按照中国人的传统观念，朋友结婚时送的礼物应该成双，因为我们喜欢“好事成双”。但是，汉语用“双”这个量词的事物多是可以分开的，如“一双手、一双鞋”等，而且没有阴阳的分别；“对”则能够弥补“双”的不足，不但是成双的，而且还常常带有阴阳的成分，如“一对夫妻、一对恋人”等。朋友结婚送的“枕巾”上也常常绘着“一对鸳鸯”。因此，D才是正确答案。

(22) 今天就海内外的各大报纸上都报道了两____惊人的消息。

A. 则　　B. 篇

C. 页　　D. 章

答案：A

分析：与“消息”搭配的量词可以用“条、则、个”，其中“则”比较书面化。四个备选答案中只有A是正确的。“篇”常常与“报道、文章”等搭配用。

(23) 老先生的一____话，让我异常感动。

A. 批　　B. 堆

C. 番　　D. 顿

答案：C

分析：“番”这个量词表示的是时间比较长，可以用作“事业、工夫、力量、话”等的量词，也可以用做动量词，表示动作的时间。此外，也可以说“一席话”。“批”常常表示比较多的数量，可以指人或物；“堆”常常表示放得比较乱的事物；“顿”除了与“饭”搭配使用外，还常常与动词“打、骂、批评、教训”等搭配做动量补语。

(24) 天太热了，我们一个个都出了一____的汗。

A. 桶　　B. 筐

C. 身　　D. 盆

答案：C

分析：“出汗”应该与身体有关，因此口语可以说“一头汗、一脸汗、一身汗”。其他几个词语都是具体的事物名词，都可以盛或装某些东西，因此，与它们搭配的名词都应该是比较具体的事物，如“水、油、饭、苹果、蔬菜”等。

(25) 第三____北京国际服装博览会终于开幕了。

A. 次　　B. 个

C. 日　　D. 周

答案：A

分析：“博览会”常常是每年举办一次或几年举办一次，因此，汉语除了用“次”这个量词以外，还常常用“届”做“博览会”(也包括其他的“会”)的量词。其他几个词语都不能表达这样的意思。

(26) 人类应该给动物们留一____生路，让它们在地球上继续繁衍生息。

A. 块　　B. 个

C. 段　　D. 条

答案：D

分析：“生路”就是求生的路、生存的路，是比较抽象的路，因此只能用“条”这个量词。如果是具体的路，也可以说“一段路”，但这里“生路”，实际上是指生存的空间。其他词语都不合适。

(27) 我躺在绿油油的草坪上，呼吸着新鲜的空气，____脑子里一次次地掠过他的身影。

A. 同样　　B. 同时

C. 还　　D. 又

答案：B

分析：A、C、D 都是副词，在句子中一般应该用在谓语之前，而不用在主语之前，因此都不能选择。正确答案当然是 B。

(28) 在十名优秀毕业生中，山本排在第一，她后边是约翰，____后边是我，我后边还有金水真、竹下等同学。

A. 又　　B. 再

C. 第二　　D. 下一个

答案：B

分析：“第二、下一个”的后边一般应该跟事物名词，而不能跟处所词语；“又”是副词，应该用在谓语之前，句子中的“后边”显然不是谓语。正确答案当然应该是表示顺序的“再”。

(29) 佛教、基督教和伊斯兰教称为世界三大宗教，____佛教产生最早。

A. 却　　B. 则

C. 就　　D. 而

答案：D

分析：“却、则、就”三个副词都不能用在句子中的主语“佛教”之前，只有连词“而”具有这样的语法功能。

(30) 他在家里年龄是最小的，然而饭量____是最大的。

A. 却　　B. 但

C. 而　　D. 更

答案：A

分析：按照正常的情况推断，“年龄最小”也应该“饭量最小”，可句子中的后一分句却是“饭量最大”，形成的恰恰是转折关系，而句子中的空又在主语“饭量”之后，因此“却”是唯一正确的答案。

补充内容 “摸底测验”参考答案

一、选择位置参考答案

(1) B　(2) B　(3) B　(4) A　(5) D　(6) C　(7) D　(8) C
(9) A　(10) B　(11) B　(12) C　(13) A　(14) B　(15) D

二、选词填空参考答案

(1) C　(2) B　(3) D　(4) B　(5) B　(6) B　(7) A　(8) B
(9) C　(10) C　(11) C　(12) B　(13) A　(14) D　(15) B　(16) B
(17) D　(18) B　(19) C　(20) B　(21) B　(22) C　(23) C　(24) D
(25) D　(26) C　(27) B　(28) D　(29) B　(30) D

读者的话

我觉得，韩、汉两种语言的语法顺序不一样，所以，刚刚开始学习汉语的韩国人常常容易犯错误。《现代汉语　实用语法分析》这本书可以很好地帮助我们解决这个问题。这本书的上册，是比较基础的汉语语法，开始学习时，好像里边的内容都曾经学过，其实还是有很多陌生的地方。这本书能够把我们不明白的地方解释得清清楚楚，对我们的学习和理解有很大的帮助。

特别是第三部分的“病句分析”，大家会觉得比较难，有时候靠我们自己根本不知道该怎么办，但是，不用担心，这本书的后面有参考答案和分析，它能够帮助我们解决所有的问题。仔细地去读一读，肯定很有收获。

总之，这本书对我很有用。我想对其他同学也会有很大的帮助。

——韩国学生　金周禧

这本书可读性很强，为我们外国学生提供了很大的帮助。老师把每种语法讲解得都很清楚，很仔细，让我们在学习时能够很快了解并掌握所学的内容。这本书不仅有准确的解释，而且也有丰富的例证，语法学习中经常出现的问题，在这本书里都得到了解决。

我最喜欢的部分是“病句分析”，老师对我们留学生在汉语学习和实际使用中经常出现的问题进行了非常充分的分析，同时给出了标准的答案，这样更有利于我们的汉语学习。

我向朋友们推荐，学这本书，上这门课。相信我，你的理想——掌握好汉语，会成为现实的。

——印度尼西亚学生　黄文婷

学习了“实用语法分析”这门课以后，我对自己的汉语水平有了更多的自信！

这门课不仅内容丰富，而且十分有用。虽然预习的时候我们会有这样或那样的问题，但是，经过课上老师清楚、有效的讲解，我们的问题就都解决了。所以，我觉得，课本的形式和上课的安排是密切关联的。

我认为，学好《现代汉语　实用语法分析》，是汉语学习的极其重要的部分。

——英国学生　苏珊

在我看来，“实用语法分析”这门课是最有意思、最好，也是学生最需要的课程之一。对我们了解汉语语法，加强汉语语感很有好处，还能够帮助我们整理自己的中文知识。

我觉得这门课最大的优点是老师的讲课方法，老师和学生之间融洽的关系非常重要。上课的时候大家十分开心，老师讲得非常热情，也非常清楚，所以同学们都不会疲劳，一直聚精会神地学习到下课。

我喜欢这本书，更喜欢这门课！

——俄罗斯学生　贝科夫

北京高等教育精品教材立项项目　　　对外汉语教学中级教材

现代汉语
实用语法分析
(第二版　下册)

朱庆明　编著

清华大学出版社
北　京

目　　录

上篇　知识讲解与练习

下篇　参考答案与分析

上篇 知识讲解与练习

第一课　介词分析(1)

一、知 识 讲 解

介词在汉语交际应用中具有相当重要的作用，应该引起每一位学习者充分的重视。汉语中的介词本身不能做句子成分，必须与它的宾语组成介宾词组才能做状语、定语或补语。介宾补语在本教材上册已经进行了简单的介绍，本课在重点介绍介宾词组做状语的用法的同时，仍然会谈到介宾词组作补语的情况。

介词，按照功能和所表示的意义可以分为不同的类别，本课重点介绍引出动作发生的地点、时间和动作对象的三类介词。

(一)指出地点

这类介词多表示动作在哪里发生，从哪里开始，动作的方向或动作经过的处所等。有的词语多用于口语，有的则多在书面语中使用。

1. 在、从、自、由、打

这组介词引出动作发生的处所或起点，“打”比较口语化，且有较强的地方色彩。

我们都在北京学习。
大家每天都在学生食堂吃饭。
他们是一起从日本来的。
明天我们从北京西站出发去南京。
本次列车自北京开往西安。
他们先到广州，然后再由广州出发去海南。
你昨天才刚打天津回来，怎么今天又要走？
你们是打哪儿来的？

2. 朝、向、往、冲

这组介词引出动作的方向，后面常跟“上、下、左、右、前、后、里、外、东、南、西、北”一类的词语，也可以跟比较确定的处所词语。其中“朝、冲”十分口语化。

你们一直朝前走一会儿就能到饭店。
咱们继续向南开，没多远了。
哎呀，你赶快往右拐呀！
咱们到底往哪儿跑哇？
——往山上跑。
这趟车往上海开，你去哪儿？
你记住，我们家门冲东。
咱们教室的窗户是冲东还是冲南？

3．离、距

应该注意的是：“离”和“从”常常被学习者弄混，简单地说，“从”组成的介宾词组后面一般跟动作性词语，如“到、来、去、出发”等，而“离”的后面一般跟的是“远、近”或“有……公里/距离”。“距”的用法跟“离”比较接近，但多用于书面语中。

北京离天津很近，离上海比较远。

北京语言大学离天安门有多少公里？

这儿离长城大概有四十分钟的车程。

明天我们从北京出发去广州。

这里距香港大约四千公里，坐飞机需要三四个小时。

本次航班距纽约还有一千三百公里。

4．顺、顺着，沿、沿着

这组词多引出动作所经过的路线或前进的方向，后续成分多为“河、路、街、道、江、方向、路线”等词语。与“顺”最大的区别是，“沿”后面还可以是表示比较抽象意思的词语。

你们可以顺(着)这条河走，二十分钟就到了。

我们沿(着)街看看。

你只要沿着我给你指的方向走，一定能够到达目的地。

过去，这个地区沿江修了不少造船厂。

咱们找条小船，顺流而下，很快就能到那里。

只要我们沿着正确的路线/方向前进，就不会错。

(二)指出时间

这类介词引出动作发生、开始或结束的时间。在这类词语中，有相当一部分与指出地点的介词是重合的，不用奇怪，这在任何一种语言里都是常见的现象。在具体的语言环境中不会给你造成麻烦。

1．在、于、当

需要注意的是，时间词做状语时，“在”常常不出现，时间词做补语时，“在”一定不能省略；“当”的后面多跟表示动作的词语，应该注意的是：“当……时”与“当……的时候”这两种格式不能用混；“于”加宾语既可以用在动词前做状语，也可以用在动词后做补语。关于“于”的用法可以参考本教材上册第六课“介宾补语”的讲解。

今天的会议计划(在)12点结束。

明天上午的会议定在8点30分。

欧盟代表团将于下午4点抵达北京。

周老出生于战争年代，经历过许多磨难。

当大家还在休息时，他已经来到办公室了。

当他还在上小学的时候，就已经明白了这样的道理。

*当我们上课的时，不能吃东西。

*当他睡觉时候，别人不要大声说话。

2. 自、从、自从、由、打、自打，离，临、趁

这组介词中，“自/从/由/打……起”是比较固定的搭配。“自从、自打”和“临、趁”的后面多跟表示动作的词语，而且“自从/自打……以后/以来”是最常见的搭配格式。“临”有“在……以前”的意思。“离”的后面常常跟“有……分钟、小时、月、天”等。“趁”表示的是利用某种条件或某个机会，一般可以理解为“在……的时候”或“利用……的机会”。

本公司自即日起更换办公地点。

他从昨晚8点睡到现在还不醒。

自从到北京以后，我们一直住在这里。

由今天算起离暑假还有两个星期。

我们每天都是由8点到12点上课。

打现在开始，我们不再讨论这些问题了。

自打跟她分手以后，我就再也没见过她。

现在离我们毕业还有六个月。

临出发，妈妈才告诉我这件事。

临下课老师又给我讲了一下儿这个词的用法。

趁在北京学习，我们应该多去几个地方走走。

今年暑假我想趁放假回国看看老朋友。

3. 随着

这个介词表示的一般是时间的变化，因此，它的后边多跟“发展、变化、提高、进步”一类的词语。用法上一般是在句首做状语，后边一定要有伴随出现的主句。

随着社会的不断发展，人类文明的程度越来越高了。

随着汉语水平的提高，我们敢跟中国人聊天儿了。

随着科学技术的不断进步，我们将迎来更新的时代。

随着时间的流逝，大家都变得老成了。

(三)指出对象

这类介词主要引出动作或状态所关涉的对象，这个对象，既可能是人，也可能是时间、地点、事件或其他情况。

1. 对、对于、关于

“对”与“对于”的用法比较接近，都表示人、事物、行为动作之间的对待关系。一般情况下，用“对于”的地方基本上都可以用“对”，但是反过来却不可以。在表示人与人之间的对待关系，而介词的宾语又是单个的名词或代词时，应该用“对”而不用“对

于”。另外，与“对”相比，“对于”的书面语色彩比较浓。“对”的宾语是人一类的词语时，“对……满意、了解、信任、佩服、有兴趣、怀疑”等是经常使用的形式。

“关于”常常表示动作关涉的事物或范围，指明事物所关涉的范围和包含的内容等，一般多用在书面语中，常出现在句首，引出的对象一般都比较重要，同时，“关于……”还常用在标题当中，有时也可以做定语。

老师对我们说今天没有课。

我对这事不怎么关心。

老师对我们大家充满了希望。

目前，我对于这件事不能发表任何意见。

对于你们的所作所为，我现在不想说什么。

关于经济问题与会代表进行了热烈的讨论。

《关于21世纪的亚太经济展望》

最近我买了几本关于中国近代史的书。

2．和、跟，与、同

这组词既可以做介词，也可以做连词，意思和用法都比较接近，实际应用中一般前后应该有A、B两部分。其中“和”、“跟”多用于口语，“与”、“同”多用于书面语。

他也想和/跟我们一起去，可以吗？

这件事确实和/跟你没有什么关系。

当把自己的命运与/同事业联系在一起的时候，你就有了一份责任。

同金融危机爆发以前相比，现在消费者的购买力低多了。

3．给、为、替

这组介词多引出服务或动作的对象，而且它们所引出的对象多是人，或是与人密切相关的词语，如“国家、学校、公司”等。应该注意的是它们之间的差别，“给朋友……，为朋友……，替朋友……”在不同的语言环境下是有区别的。仔细体会最后的几个句子。

我想给朋友写封信。

咱们不要再给他出难题了。

他们常常为大家出主意。

大家这样做都是为你好，你却误解了大家。

咱们应该替老人照顾一下孩子。

你们谁能替我值一会儿班，我去方便一下儿。

大家都应该替公司考虑考虑，不能只为自己着想。

我想给/为/替朋友租套房子。

这是我给/为朋友买的礼物。

这是我替朋友买的礼物。

4．把、将，被、叫、让

这几个词语在上册的“把、被”分析中已经做过介绍。应该特别提醒的是：在被动句中，“被”可以直接用在动词前，而“让、叫”却不可以这样用。此外，“叫、让”还可以用在兼语句中。“将”还可以用做副词，有“马上、即将”的意思。

你赶快帮我把东西拿过来。

我已经将你要的书寄出去了。

树被风刮倒了。

我的自行车又被偷了。

他叫人批评了一顿。

车让朋友借走了。

下学期我将彻底回国。

5．比、向、朝、冲

这组介词中，“比”的对象可以是人、事、物等等；“朝、冲”的对象一般是人。应该注意的是“向”与前面“对”的区别。“对”介绍出对象以后常常用“说、了解、理解、感兴趣”一类的动词，而“向”则常常用“问、打听、学习、提问、征求”和“要求、了解”一类词语。“对、向”之后都可以出现“了解”，但意思却不同，一个是“知道”，另一个则是“询问”的意思。在“对/向……表示感谢”结构中，“向”的宾语一般只能是“人”，而“对”的宾语除“人”以外，还可以是与“人”相关的动作、态度、事物等等。

你比他大，可是他比你高。

你要多向师傅们问问。

我们应该向别人学习。

中国奥委会正向全社会征求会徽标志。

我对这样的人不感兴趣。

他对大家的意见表示理解。

他总是朝朋友借钱。

你没事老朝我笑干什么？

你为什么老冲别人发火？

你别生气，我不是冲你说的。

公司对/向你们表示感谢！

公司对你们的付出表示感谢！

6．就、至于

对多数学习者来说，“就”是副词，其实，“就”还有介词的用法，多用在比较正式的场合，且书面语成分比较强。“就”也可以用做动词，如“就业、就餐、就学、就职、就座”等；“至于”引出的是另一个话题，而且多是还不十分明朗的事情。

外交部发言人就中美关系问题回答了记者的有关提问。

两国元首就当前的国际形势进行了富有成效的磋商。

学院领导就期末考试问题给大家做了解释。

他刚刚参加完数学比赛，至于比赛的结果，大概一周后才能知道。

马上就要放假了，至于放多长时间，我就不知道了。

下周我要回国，至于什么时候回来，目前还不能确定。

7．由……组成、由……V……

这两个介词格式第一个引出的是某事物、组织等组成的成分，第二个则告诉我们某事由什么样的人来做。应该特别注意，“由”是一个功能很强的介词，不能把它的意义和用法弄混。

我们班是由八个国家的同学组成的。
他们班的接力队是由山本、玛丽、兰迪和罗兰组成的。
这件事应该由李经理决定。
去不去由你自己决定，别人说了不算。
下面由张老师给同学们介绍一下学校的情况。
这次演出，由你们三人布置会场，由他们几个人准备横幅。

二、语词分析

要求：给句子后的词语选择恰当的位置或选择恰当的词语填空。

(1) A社会的发展，B人民生活的改善，大家的道德水平C也不断提高D。
随着

答案：A

分析：A、B 两个位置都可以用“随着”，但句子中只能选择其中的一个位置，因此，放在句首才最合适。

(2) 一部小说的好与坏A要B广大的读者C来D评定。
由

答案：B

分析：“由”是介词，后边当然应该紧跟名词，记住这一点就会避免很多不必要的错误。

(3) 我们是A取得了一点成绩，B但是C父母的期望还差得D很远。
离

答案：C

分析：“父母的期望”是名词性短语，介词“离”放在名词之前，这个名词既可以是人、物、处所，也可以是时间或抽象的词语。

(4) 赵经理A站在台上B说C了很长时间，可D就是没有一个人鼓掌。
对我们

答案：B

分析：“对我们”的后边一般是动词，而且“对”后用“说”是最常见的。

(5) 新中国成立前在A这个地区，都是B由父母决定C孩子的D婚姻。
自己

答案：C

分析：“自己”与“孩子”之间可以用“的”，但是“孩子”后有“的”，为了避免重复，“自己的”中的“的”就可以省略了。

(6) 利比亚A战事B爆发C，已经有数万人D死于战火。

以来

答案：C

分析：“……以来”与“自从……以来”的意思完全相同，“自从”常常可以省略。“……以来”是指从事情发生到报道的时候。

(7) A中国古代的发明创造B国家发展、社会进步和人民生活以及C民族精神都产生过极其深远的D影响。

对于

答案：B

分析：A是错误的选择，因为如果这样，句子就没有了主语；而“发明创造”与“国家发展、社会进步……”之间缺少必要的成分。

(8) 那人说：小姐，A你的行李，B我马上C你D搬进去!

给

答案：C

分析：“给”在这里有“为”和“帮”的意思。记住，“给”无论是介词还是动词，后边一般都应该跟与人有关的词语。但句子中的A、B两个位置上不能用“给”，因为无论从语法还是语义上都不合适。

(9) 在施工中出现的一切与质量有关的问题都应____乙方负责解决。

A. 被　　B. 由

C. 受　　D. 把

答案：B

分析：“由”的一个用法就是“让谁做什么”。句子中的乙方，表示的正是“负责解决”问题的人员。其他三个词语都不能表达这样的意思。

(10) 为了____与会人员准备会议材料，会晤组的人员整整忙了两个晚上。

A. 对　　B. 给

C. 向　　D. 使

答案：B

分析：四个备选项目的后边都可以是人，但只有“给”符合句子的需要。因为“给”有“为”的意思，而“忙了两个晚上”的原因是“为/给”大家“准备材料”。“对、向、使”的后边都不能用“准备”。

(11) 他是一个十分乐于助人的人，大家都应该____他学习。

A. 给　　B. 向

C. 对　　D. 和

答案：B

分析：“向……学习”是汉语中十分固定的用法，因为要“学习”，就应该问别人问题，与“向……问、打听、请求、询问”等一样。

(12) ____那时候开始，她就一个人挑起了全家的重担，直到去年再婚。

A. 在　　B. 当

C. 离　　　　D. 打

答案：D

分析："打"与"自、从、由"有相同的意义和用法，常常与"起、开始"等词语搭配使用。

(13) 我认为，过早____孩子进行外语教育并不一定能够得到预期的结果。

A. 关于　　　　B. 对

C. 为　　　　D. 使

答案：B

分析："对"引出的是"进行外语教育"的对象。"为"表示目的，"使"一般用在兼语句中。

(14) 中国的经济在从计划经济____市场经济转化的过程中，必须注意与国际接轨。

A. 为　　　　B. 向

C. 对　　　　D. 到

答案：B

分析："转化"本身就带有方向性，因此"从……向……转化"才是最正确的搭配格式。"向"的后边既可以是具体的方向，如"东、西、南、北"，也可以是比较抽象的词语，如"好的方面、纵深"等。

(15) 银行____学校不太远，走五分钟就到了。

A. 离　　　　B. 从

C. 在　　　　D. 往

答案：A

分析："从"引出动作发生的时间和处所的起点；"在"引出动作发生的时间和处所；"往"则指出动作的方向。正确的答案是A。

三、病句分析

(1) 在这个地方你们常常踢足球吗？

(2) 参观的人应该在右边进去，在左边出来。

(3) 我住在的地方是大学的留学生宿舍楼。

(4) 我把母亲的话记住在心里。

(5) 我经常在爸爸的书房里把书拿出来。

(6) 请替我从老师把作业拿回来。

(7) 来中国以前，我从一个中国留学生学习汉语。

(8) 我家住在从东京不远的地方。

(9) 我们下了决心，明天一早这个饭店离开。

(10) 老师们关于我们的学习很关心。

(11) 他们热情地帮助了我们，我们非常感谢对他们。

(12) 我们应该多朝学习好的同学学习。

(13) 对我，这里就是我的第二个故乡。

(14) 迈克自从2001年学习汉语。
(15) 那条小路两旁都是树，我们常常晚饭后散步，沿着小路。

四、应用练习

1. 用所给介词完成下列句子

(1) 节目我们已经编出来了，______________，__________。(至于)
(2) 今天是中秋节，你们来我家，____________________________。(跟)
(3) ______________________________，我们现在开始讨论。(关于)
(4) 我觉得小孙是个很不错的人，__________________________。(对)
(5) ____________________，我们的汉语水平有了明显的进步。(自从)
(6) __________我要在北京的市场上多逛一逛，买些好东西。(临)
(7) 汽车门口太拥挤了，请大家____________________________。(往)
(8) ___________________________________吃饭我常常吃不饱。(在)
(9) ______________________________大概有70公里的路程。(离)
(10) 我们楼的服务员非常负责任，_________________________。(从)

2. 给词语选择恰当的位置

(1) 吃的时候，A应该把炸好的苹果或土豆先B蘸C一下D。
在清水里

(2) A去上海B出差的机会，我想C好好跟朋友D谈谈这个问题。
趁

(3) 现在我们A请王老师B介绍C一下有关的情况D。
给大家

(4) 人们A都知道，晚上睡觉B吃东西C对休息一点儿好处D都没有。
以前

(5) 评书《杨家将》A 7月8日起将B北京人民广播电台C第二套节目D重播。
由

(6) 从2010年起，A国家汉办已B HSK的形式和内容C进行全面调整D。
对

(7) A从这么高B的地方C跳D很危险，咱们还是别跳了。
往下

(8) 在A人的一生中，B人的外表C时间的推移D而变化。
随着

(9) A这是B一本C现代妇女D婚姻问题的书，值得一读。
关于

(10) A那次毕业典礼后，我们B一别十年，C再没D见过面。
从

3．选择恰当的词语填空

(1) 请代你爸爸和我____教过你的所有老师们问好。
A. 向　B. 往
C. 替　D. 把

(2) 中国人民再次____非洲灾区人民献出了一片爱心。
A. 对　B. 向
C. 由　D. 同

(3) 去农村搞社会调查____了我很大的启发，从此我真正了解了农民。
A. 为　B. 给
C. 让　D. 向

(4) 自金融危机爆发____，已有数十家外国银行在中国内地设立了分行。
A. 以来　B. 以前
C. 过来　D. 后来

(5) 来中国____，我曾经学习过一年半汉语，但只能听懂几个简单的句子。
A. 以后　B. 以来
C. 以前　D. 过来

(6) 他____如何提高公司经济效益的问题从来都是一点儿也不关心。
A. 关于　B. 至于
C. 对于　D. 在于

(7) 老板____我们要求过于苛刻，我们都非常不满意他的做法。
A. 给　B. 让
C. 在　D. 对

(8) 李老师是一位知名教授，这是她____参加工作之日起就定下的目标。
A. 在　B. 当
C. 自　D. 离

(9) 北京城市轻轨五道口站____北京语言大学的直线距离仅 300 米。
A. 从　B. 由
C. 距　D. 自

(10) 平安大街修好以后，____街建起了很多富有民族特色的店铺。
A. 朝　B. 向
C. 临　D. 沿

(11) 你就____这条河骑，用不了 30 分钟就能到你要找的地方，门口有牌子。
A. 往　B. 走
C. 顺着　D. 随

(12) 这次援助内蒙古灾区的活动，已经____全社会发出了献出闲置衣物的号召。
A. 往　B. 向
C. 为　D. 给

(13) 中俄两国领导人____共同关心的国际问题坦率地交换了意见。

A. 为　　B. 就

C. 从　　D. 关于

(14) ____当代中国的经济情况，我们下次找时间再谈。

A. 对于　　B. 关于

C. 关系　　D. 由于

(15) 首先是评委们给参赛者打分，然后____组委会综合评委的意见确定名次。

A. 凭　　B. 由

C. 从　　D. 以

第二课　介词分析(2)

一、知 识 讲 解

本课将介绍的是引出依据或凭借的事物、引出事情发生的原因和表示排除意义的几组介词，还要对一组在用法和意义上比较接近的介词结构进行简要的对比分析。

(一)指出依据或凭借的事物

这组介词可以用在口语中，但更多的是用在书面语中，用于指出动作或动作的结果所依据或凭借的事物。

1．按、按照，依、依照，据、根据

这组介词构成的介宾词组多表示遵从某种标准、基础、要求或规定等，所带的宾语可以是名词，也可以是动词。但不同的介词后的词语有一定的限制，简单说就是：单音节词语不能用在双音节的“按照”、“依照”和“根据”之后。另外，“根据”多是把某种事物作为结论的前提或语言行动的基础。

要特别注意“根据”与“按照”之间的差别，因为它们的后边都可以跟“法律、规定、规则”一类的词语，但它们强调的重心并不完全相同。请参考练习中对具体句子的分析。

既然这样，就按你的意见(意思、想法、主意)办吧。

你们应该按照合同的要求(规定、条款)进行生产。

任何人都要依法办事。

依照《刑法》第一百二十六条第七款，判处李戴龙三年有期徒刑。

据了解(分析、调查、猜测)他在三天前已经回国了。

据悉反对派早已兵临城下。

根据你的表现(成绩、能力、态度)，你可以通过了。

根据我们的调查(研究、讨论、比较)，只有你适合这个工作。

2．经、经过、通过

这组介词构成的介宾词组多表示遵从某种方式、方法或态度而做出某种判断或决定等。应该注意的是，“经过、通过”除做介词外，还都可以做动词，“经过”也可以做名词。即使做介词，这两个词语的用法也存在着许多不同的地方，如，“通过”后边可以跟“电视、电影、书报、电话、电脑、网络”一类的词语，而“经过”却不能这样用。“经”多用于书面语。

经研究，厂方决定对下列人员进行奖励。

未经有关部门同意，任何人不能随便进入空防禁区。

经过/通过讨论，我们终于达成了一致。

经过/通过了解，我知道应该怎么做了。

这是经过慎重考虑以后做出的决定。

你决定以后可以通过电话告诉我。

你们通过网络可以了解到世界各地的消息。

汽车经过语言学院。

我们首先应该通过那座桥。

大家终于通过了我们的建议。

这就是事情的经过。

3. 以、凭、靠

这几个介词多含有“依照”、“根据”和“依靠”的意思，“以”多用在书面语中，“凭、靠”的意思和用法都比较接近，但是，“凭”的后面可以跟“票、证、护照、证明”一类的词语，这是“靠”不能做到的。

以你的表现(成绩、条件、能力)完全可以获奖。

广大同学都以饱满的热情(情绪、精神面貌)投入到比赛当中去了。

我们不能总是以这种方式(方法、身份、条件)去做事情。

你们凭什么不让我参加这次表演?

凭你的能力(表现、实力、条件)，我相信一定能够顺利完成任务。

请大家凭门票入场。

这是我凭以往的经验做出的判断。

我们不能总靠父母(别人、朋友、家人)帮助。

王秀华就是靠自己的双手(勤劳、劳动、努力)养活了全家人。

每个人都应该靠自己的能力去创造幸福的生活。

(二)指出原因和目的

由介词引出某个行为动作的目的或某个结果产生的原因。这组介词及由它们组成的介宾结构，在句子中只能作状语。

1. 为了、为着、为

这几个介词引出的是动作行为的目的。“为了”一般情况下用在句首，如果放在句中，应该变成“……是为了……”的格式。“为”与“为了”有相同的意义和用法。“为着”用得比较少。还应该注意“为/为了/为着……而……”的固定格式。

为了学习汉语我们一起来到了北京。

为了尽早掌握汉语，他不分白天黑夜地学习。

我们来这里是为了解决问题，不是为了争吵。

我是为着解决问题而来这里的。

王教授为对外汉语教学事业付出了毕生的精力。

为避免更多的麻烦，我们应该提前跟大家说清楚。

为多学一点知识，我还要留在这里。

大家为今天的成功而付出了那么大的辛劳，感谢你们！

2．由于、因

这组介词用于引出原因。应该注意的是，它们既可以作介词，也可以作连词，它们的意思基本相同，只是语法作用不一样，在句子中的位置也有区别。也应该记住“由于/因……而……”这个表示原因和结果的固定格式。

他由于生病没能参加今天的晚会。

由于质量问题，这个企业被迫停产了。

由于最近总是下雪，路上连续发生多起交通事故。

不久我们就由于感情破裂而分道扬镳了。

昨晚首都机场因降雪致使几十个航班被迫取消。

这起交通事故是因行人横穿马路而引起的。

(三)除/除了……(以外)，都……、除了……(以外)，还/也……

这组介词表示排除的意义，应该特别注意与“除、除了”相关的“都”和“还、也”。如果我们把句子分成两部分，后边用“都”时，一般强调的是前后两部分的不同或具有某种区别性；而后边用“还、也”时，一般则强调前后两部分的相同或具有某种共同性。

除你之外，我们大家都去旅行。

除了吃饭、上课，他从来都不离开自己的宿舍。

除了英语以外，别的语言我都不会说。

除了两位女同学以外，我们班都是男同学。

除了两位女同学以外，我们班还有十几位男同学。

今天除了去长城，我们还要去十三陵、颐和园。

他除了会说英语、法语以外，也会说一点德语、西班牙语。

每天除了买菜做饭以外，她还得照顾孩子。

(四)在……里、在……内、在……中、在……上、在……下

一般情况下，这几个介词结构中都可以加上处所或事物名词，构成表示处所的介宾词组，在句子中做状语。此外，还有一些比较特殊的用法。

在学校里、在房间里、在家庭里、在教室里、在商店里

在剧场内、在礼堂内、在居室内、在国内、在学校内

在大海中、在大山中、在公园中、在家中、在学校中

在桌子上、在教学楼上、在列车上、在山上、在水上

在汽车下、在高山下、在大树下、在高楼下、在井下

1．在……中

在这个结构中加上动词、名词或某些词语结构，可以表示动作发生的时间和过程，意

思是“在……的时候”、“在……过程中”。

我们在学习中常常会遇到一些难题。

在工作中，他总是很认真细致。

大家在讨论中达成了一致的意见。

每个人在生活中都会有这样那样的问题。

在比赛中我们必须聚精会神。

在会议进行过程中，谁都不能随意进进出出。

在今天的晚会中很多同学都演了节目。

你们在昨天的讨论会中谈了什么问题?

在最近的几个月中，大家表现得都不错。

2．在……上

在这个结构中加上动词如“学习、工作、生活”，表示“在……方面”；也可以加上名词，如“基础、问题、事情、创作、职责”等表示某方面的情况；加上某些名词也同样可以表示时间或动作所伴随的过程，如“会、会议、晚会、历史”等。

东方学生在汉字学习上一般都不会有什么问题。

他在工作上还是非常用心的。

我们在生活上并没有过高的要求。

你在认识上已经有了很大的提高。

我们应该在现有的基础上更上一层楼。

在这个问题上，我始终跟大家保持一致的意见。

在昨天的联欢会上你表演了什么节目。

在明天的会议上你一定要表明你自己的态度。

这些问题在历史上都进行过无数次的讨论。

3．在……下

在这个结构中加上某些动词如“帮助、照顾、关心、关怀、鼓励、支持、关照、督促、抚养、培养、教育、指导、指点”等，表示产生某种结果的原因；还可以加上一些名词如“条件、环境、气氛、情况、状况、背景”等，表示的是某种条件。

在老师的帮助下他的汉语水平提高得很快。

在朋友的照顾下我终于恢复了健康。

你是在自己的努力下取得的好成绩。

张同在朋友的护送下顺利来到了医院。

在父母的抚养和社会的关怀下，这些残疾儿童生活得十分幸福。

在公司领导的亲切关怀下，我们的工作正在顺利开展。

他是在不了解事实的情况下犯的错误。

在这样的条件下我们不能进行工作。

在这种恶劣的环境下什么人都会受不了。

二、语词分析

要求：给句子后的词语选择恰当的位置或选择恰当的词语填空。

(1) 到 2015 年，A 地铁 14、16、17 号线 B 建成以后，C 北京的地下交通网络将 D 全新的形象展现在世人面前。

以

答案：D

分析：根据句子结构分析，C 以前都是句子的时间状语，“北京的地下交通网络”应该是句子的主语，而介词“以”及宾语应该在主语之后做动词“展现”的方式状语。

(2) 屋子里 A 显得 B 太素了，你应该买个花瓶 C 摆 D。

在桌子上

答案：D

分析：介宾词组“在桌子上”做“摆”的补语。其他位置都不合适。如果放在 C 处，因为“摆”后没有其他成分，句子显得不够完整。

(3) A 你能 B 他的手指判断 C 他的劳动和营养状况 D 吗？

根据

答案：B

分析：“根据”的宾语可以是名词，也可以是动词。这个句子中，只有通过“他的手指”来“判断他的”情况。“根据”是把某种事物作为结论的前提。

(4) A 现在 B 还没有回国，我们 C 有时间，D 应该多去几个地方转转。

趁

答案：A

分析：介词“趁”一般放在句子的最前边，其后跟动词性词语，表示的是“在……的时候”或“利用……的机会”。C 在语法上说得通，在语义上却不合适。

(5) A 王林 B 常常生病，不能来上课，C 我看这完全是 D 缺乏身体锻炼。

由于

答案：D

分析：有的同学可能会选择 A 或 B，这两个位置似乎都可以，因为“常常生病”是“不能来上课”的原因。但是，为什么会“常常生病”呢？当然是“由于缺乏身体锻炼”。因此，D 才是最合适的位置。

(6) ____带好学生，孙老师把自己所有的病痛都抛在了脑后。

A. 对　　　B. 向

C. 由于　　D. 为

答案：D

分析：“带好学生”是孙老师的教学目标，也可以是孙老师“不顾病痛”的原因。“由于”与“因此”是比较固定的搭配，因此，不能选择“由于”。

(7) 在新形势和新思想的影响____，很多孤寡老人都勇敢地选择了再婚。

A. 上　　B. 下

C. 中　　D. 里

答案：B

分析："老人选择再婚"的原因是"新形势和新思想的影响"，因此用"在……下"是最恰当的选择。

(8) ____零点公司的一项调查显示，到去年底，iPhone 4 手机的市场占有率已达43.2%。

A. 据　　B. 以

C. 在　　D. 因

答案：A

分析："据"的意思是"根据"，而介词"根据"的宾语常常是动词，如"调查、统计、了解、研究、分析"等，也可以是名词，如"情况"等。

(9) 在中国古典文学特别是诗歌的发展史____，李白、杜甫占有特殊的地位。

A. 里　　B. 下

C. 上　　D. 时

答案：C

分析："在……历史上"是比较固定的搭配形式。其他词语都不合适。

(10) 来北京以后，除了长城和故宫以外，别的地方我____没去过。

A. 还　　B. 都

C. 也　　D. 又

答案：B

分析：从句子的前后关系可以判断出说话人应该去过"长城和故宫"，而后边说的是"没去过别的地方"，那么，前后正好是相反的关系，而"都"在这个格式中表示的恰恰是前后不同的意思。

(11) 天气寒冷致使水管爆裂造成了拥堵，____连夜抢修，今晨已恢复通车。

A. 经过　　B. 按照

C. 经历　　D. 随着

答案：A

分析："经历"是名词或动词，不符合语法要求；"按照、随着"有比较相近的用法，而且不能与"抢修"搭配使用。"经过"做介词时后边常常跟动词性词语，如"讨论、研究、学习、调查"等，当然也包括"抢修"。

(12) 在我的印象____，他始终是个性格开朗的人。

A. 中　　B. 内

C. 上　　D. 下

答案：A

分析："在我的印象中"的意思是"我一向/一直认为……"。其他词语都不能表达这样的意思。"在……中"中间还可以插入"思想、意识、记忆"等词语。

(13) 在老师的严格要求____，我们的汉语水平有了较大的提高。

A. 下　　B. 上

C. 后　　D. 中

答案：A

分析：“我们的汉语水平有了较大的提高”的原因是“老师的严格要求”。“在……下”正好可以表达这样的意思，即表示“原因”。“在……上、在……中”没有这样的用法。

(14) 这种新产品好就好____操作简便。

A. 是　　B. 到

C. 比　　D. 在

答案：D

分析：“这种产品”到底为什么“好”？它“好”在哪一方面？“在……”的其中一个用法就是表示“在……方面”。其他词语没有这样的用法。

(15) 学校经过研究，允许毕业班学生在学校规定的范围____自由选择课程。

A. 中　　B. 内

C. 上　　D. 下

答案：B

分析：“在……内”一般表示的就是时间、距离、人、事物等的范围，这个句子中有“范围”，当然就应该用“内”了。其他词语不能表达这样的意思。

三、病句分析

(1) 在今天的联欢晚会，很多同学表演了汉语节目。

(2) 来中国以前，由于在大学上学习其他课程，我没有专门学习汉语。

(3) 这件事一定要在思想引起高度的重视。

(4) 考试主要看学生在困难上解决问题的水平。

(5) 按照天气预报，明天有大雨。

(6) 根据学校的规定，我们早上 8 点上课。

(7) 他的汉语水平提高了由于朋友的帮助下。

(8) 我们应该凭自己的努力学习，而不能只凭别人的帮助。

(9) 这次汉语节目表演的成功，完全是以大家努力的结果。

(10) 我想趁学习汉语好好了解中国。

(11) 我们去农村进行语言实践为了提高口语水平。

(12) 爸爸妈妈付出了为我们很大的心血。

(13) 我会说除了英语以外，还有法语和德语。

(14) 在这种情况里，我们只能这样做了。

(15) 在我的故乡上没有这种水果。

四、应用练习

1. 用所给的介词完成句子

(1) ____________________，别的书店都买不到这本书。(除了)
(2) ____________________，李老师连续工作了 48 小时。(为了)
(3) ____________________，我们大家终于明白了这个问题。(在……下)
(4) ____________________，我们不能把问题推给别人。(在……下)
(5) 这样的结论，完全是____________________得出的。(根据)
(6) ____________________，学校决定取消他们的考试资格。(由于)
(7) 山本幸子____________________________________。(靠)
(8) ____________________，他们在那里搜集了大量的材料。(趁)
(9) 小张__________________给大家做出非常好的榜样。(在……中)
(10) 同学们放弃休息时间进行排练，都是______________。(为了)

2. 给词语选择恰当的位置

(1) A 一个民族的风俗习惯和文化特色要 B 几百年 C 或者上千年才能 D 形成。
经过
(2) 目前世界上 A 电脑通用的语言 B 主要 C 英语 D 为标准。
以
(3) 他们 A 正在 B 参加 C 世界排球比赛作 D 各种准备。
为
(4) 他 A 惊人的毅力，B 克服困难，C 认真学习，终于 D 成了一位著名学者。
以
(5) A 为了帮助灾区人民，我国除了 B 捐助款项，C 派出了 D 赈灾志愿者。
还
(6) A 这次来中国的目的 B 就是 C 好好看看中国 D 市场经济发生的变化。
为了

3. 选择恰当的词语填空

(1) ____真实历史事件改编的电视剧《潜伏》在社会上引起了强烈的反响。
A. 随着　　B. 根据
C. 由于　　D. 经过
(2) 在朋友们热情的支持和帮助____，我们的任务终于在月底以前完成了。
A. 中　　B. 里
C. 上　　D. 下
(3) 十八岁以前爸爸妈妈照顾我的生活，那以后就只能____自己的双手了。
A. 以　　B. 靠
C. 由　　D. 从

(4) 全体员工都要团结一致，____实现年初制定的宏伟目标而努力。

A. 对　　B. 为

C. 向　　D. 往

(5) 在我的记忆____，他应该是一个很要强，也很讲面子的人。

A. 内　　B. 上

C. 下　　D. 中

(6) 只有____市场经济顺利发展的基础____，才能充分发挥每个人的作用。

A. 在……中　　B. 在……下

C. 在……上　　D. 在……里

(7) ____援助利比亚重建的问题____，中国始终持积极的态度。

A. 在……中　　B. 在……里

C. 在……上　　D. 在……下

(8) 随着人民生活水平的不断提高，市场____绿色食品越来越受欢迎。

A. 里　　B. 中

C. 上　　D. 下

(9) 这次到河南去语言实践，____惯例仍然要租用首都汽车公司的车。

A. 随着　　B. 经过

C. 按照　　D. 由于

(10) 张林是____自己一双勤劳的手，建立起了他们那个幸福而美满的家庭。

A. 让　　B. 凭

C. 把　　D. 给

(11) 无论在车站买票还是在邮局取包裹，都要____本人有效证件。

A. 据　　B. 凭

C. 靠　　D. 由

(12) 他在有全体新生参加的大会____详细而全面地介绍了学校的情况。

A. 里　　B. 外

C. 上　　D. 下

(13) 你马上去____我把他叫回来，千万不能让他闯出祸来。

A. 替　　B. 将

C. 用　　D. 由

(14) 南极上空的臭氧洞正____每年一个美国陆地面积的速度在增大。

A. 以　　B. 从

C. 由　　D. 为

(15) 半年后，他终于____着自己勤奋的工作被工人们选为车间主任。

A. 靠　　B. 据

C. 借　　D. 以

第三课　副词分析(1)

一、知 识 讲 解

副词是用来修饰或限制动词或形容词的一类词，一般情况下不能修饰名词，不能单独回答问题，不能重叠，不能用肯定否定的形式表示疑问。应该注意的是，汉语中不少形容词也可以修饰动词，在句中做状语，形式上跟副词似乎没有什么区别，但它们仍然是形容词，因为形容词在做状语的同时，还可以修饰名词，做定语，而副词没有这样的语法作用。

汉语副词按照其所表示的意义可以分为表示程度、时间、范围、重复、估计、否定和语气等几类，还有一些难以归纳在某一类里。本教材将分四课对汉语常用的副词加以归纳和分析，并对意义比较接近的副词进行适当的比较。本课重点分析表示程度、时间和范围的副词。

(一)表示程度的副词

表示程度的副词一般都可以直接用在形容词或表示心理活动的动词前面，一般不用在普通动词之前。

1．比较、相当、很、十分、非常、万分、极为、极其、最、……极了，真

这组副词在修饰形容词和心理活动的动词时本身存在着程度高低上的差别。其中，“真”修饰形容词以后一般不再修饰名词，即“真+形容词”不做定语。“万分、极为”的用法比较接近，多修饰心理动词。应该注意的是，这些表示程度的副词不能用在比较句中。

这两天天气比较好。

我们大家都比较喜欢唱歌。

这件衣服相当漂亮！

我相当熟悉那个地方，我带你们去。

他是我的一位很要好的朋友。

最近的金融危机弄得大家心情都很沉重。

大家都十分尊重您的意见。

你穿这件衣服十分精神！

非常感谢贵单位给予我们的大力支持。

我觉得你这篇文章写得非常好。

病人被医生们从死亡线上抢救过来，亲人们向医生表示万分感激。

能够见到您我们感到万分高兴。

这种情况极为少见。

他的病情极其严重，必须马上做手术。

大卫是我们班学习最努力的学生之一。

我最喜欢看香港的功夫电影。

这两天北京下雪以后冷极了。

他聪明极了。

你这件衣服真漂亮!

我真不理解你们当时是怎么想的!

*他是我们真好的老师。

2. 更、还

在比较句中表示比较的差别的形容词之前，除了“更”和“还”以外不能使用其他表示程度的副词。在一般句子中使用“更”，常常含有与其他事物或人比较的意思。

其实，我觉得玛丽比大卫更努力。

与上海相比，北京的街道更宽一些。

我比你还喜欢看杂技表演。

我们班学生很多，他们班比我们班还多。

我更喜欢旅行。(与别人比，或与听话的人比)

今天好像更冷一些。(与昨天或以前相比)

3. 特别、尤其

这两个副词的意思和用法完全相同，不过“特别”还可以做形容词，在句子中充当谓语或定语。“特别是、尤其是”的后面既可以跟动词性词语，也可以跟名词性词语。

孩子们特别喜欢看动画片。

加入世贸组织以后，中国的市场经济形势特别好。

我很喜欢运动，尤其喜欢滑冰和游泳。

下雪以后这几天尤其冷。

他很喜欢看书，特别是侦探小说。

张老师很喜欢文艺，特别是唱歌跳舞。

我们学校亚洲学生最多，尤其是韩国、日本学生。

不少同学喜欢运动，尤其是打太极拳。

我们班同学都很聪明，尤其是他。

4. 太……了、可……了、多(么)……啊、真……啊、挺……的、怪……的、够……的

这实际上是程度副词的一种变体。它们的格式比较固定，在实际运用中，应该充分重视。这组词在强调某个事物或状态达到某种程度的同时，也有加强语气的作用。其中，“太……了”有表示过分的意思，“怪……的”中间插入的成分多是不十分理想的。

你们太辛苦了。

这个电影可有意思了。

机会多难得啊，你不能不去。

这个地方多美呀!

这张画儿真漂亮啊!
当个名人真难啊!
这个孩子挺可爱的。
今天天儿挺不错的，咱们出去转转吧。
怎么来这么个破地方？怪可怕的!
这两天怪不舒服的。
她汉语说得够流利的。
你够聪明的呀！这么难的题都能做出来。
你的主意太妙了，就这样定了。
她的个子太高了，能找到对象吗?

(二)表示时间的副词

表示时间的副词通常要用在动词前做状语，这些副词既可以强调过去的时间，也可以强调现在和将来的时间，还可以表示动作发生得快慢、急缓，有的则表示动作的通常性等。

1. 曾、曾经，已、已经

这组副词表示过去的时间，或是以往的经历，或是过去完成的动作。“曾/曾经……过……”、“已/已经……了”是比较固定的搭配形式，有时，“已经”后也可以用“过”，但同时在句尾用上“了”更符合语法要求。在汉语学习中，记住一些比较固定的形式会很有用处。

他曾和爸爸、妈妈一起来过这里。
我曾经参加过这样的比赛。
记得老师曾经给我们介绍过这个故事。
我们已学完了基本语法。
大部队已经准时到达了目的地。
林老师家早就已经搬到学校外边去了。
我们已经去过海南好几次了。
这些话我已经跟他说过三次了。

2. 正、在、正在

这组副词主要表示现在的时间里发生或进行的动作，还常常与“呢、着”连用。当然，如果句子中还有比较确定的时间词语，那么，这个正在进行的动作也可能是在过去或将来的时间发生。

我们正上课呢，你稍等等。
你在做什么？为什么不给我回电话?
现在老板正在吃饭，没有时间接待你们。
教室里正考着试呢，请小一点声。
他正在家里躺着呢，根本就没有去医院。

昨天晚上八点我们正在跟从上海来的朋友聊天呢。

后天的这个时候也许我们正坐在回国的飞机上呢。

3．将、将要、即将

这组副词表示未来或马上要发生的事情，多用在书面语中。口语中常常用“要……了”表达同样的意思，应该注意“就要……了”与“快要……了”在使用上的区别。

我们下个月将去非洲。

这次离开你，我将永远不再回来。

2016年将要在土耳其举办夏季奥运会。

我们要放暑假了。

我明天就要回国了。

我快要结束在北京的学习了。

*我们明年快要毕业了。

4．马上、立刻、立即、一下子

这组副词表示很快的动作，句中还常常可以加上“就”，以进一步强调动作的快。汉语中还有一些类似的词语，如“顿时、霎时、立时”等，我们将在后边的课文中介绍。应该特别注意“一下子”的用法，一般情况下，“一下子”只形容已经发生的动作，在比较特殊的语言环境中也可以表示即将发生的动作。

我们马上出发。

你等我一下儿，我马上就来。

他刚一说完就立刻跑出去了。

老师说了声“开始”，大家立刻就做了起来。

接到你的电话我立即就来了。

用完的注射器请立即销毁。

我一下子就明白是怎么回事了。

听到这个消息她一下子就晕过去了。

你们别想一下子就把这些事做完。

我真恨不得一下子就找到他。

真希望一下子就回到她的身边。

5．赶快、赶紧，赶忙、连忙、急忙

这组副词同样表示动作很快，其中“赶快”和“赶紧”常常用在命令句或祈使句中；“急忙”与“赶忙”和“连忙”相比，虽然它们都表示“忙”，即紧张的意思，但“急忙”还有比较着急的意思，在具体的句子中要分析清楚，选择准确。

咱们赶快走吧，要不就迟到了。

飞机马上就要起飞了，请大家赶快登机。

别让人家着急，你赶紧给他回个电话！

还不赶紧走！眼看就要下雨了。

听到楼下有人喊他，他赶紧/赶快下楼了。

他知道自己错了，赶忙向客人道歉。

看到客人进来，我连忙给他们倒茶。

看到一位老大娘颤巍巍地爬上车来，我连忙给她让座儿。

事故发生后，大家急忙把伤员送到了医院。

听说宿舍跑水，他急忙回去了。

6. 就、才

表示动作早晚与快慢的对比——“就”常常强调动作发生得早，进行得快和顺利等，“才”则完全相反。“就……了”、“……才……”这两个格式告诉我们：“就”常常与“了”搭配使用，而“才”一般不能这样用。此外，“就、才”还表示其他方面的意思，我们将在下一部分具体介绍。

我5点就起床了，你8点半才起床。

今天的作业我不到半个小时就做完了。

他20分钟就到了，你怎么一个小时才到？

你怎么现在才来？

直到现在我才明白，你根本就不喜欢我。

听说你一个晚上就把那本小说看完了，够快的呀！

怎么？你用了两个星期才看完！

7. 刚、刚刚，常、常常，总、总是，老、老是

这组词中应该注意“刚、刚刚”与“刚才”的区别：“刚才”是名词，做状语可以用在主语之前，而“刚、刚刚”不可以。有时“刚刚”可以与“才”搭配使用，表示直到目前才发生某个动作，但是，不能用“刚”和“才”来搭配，因为，那样常常会被误以为是“刚才”。“老、老是”比较口语化。

我刚来，什么都不了解。

我们刚刚开始工作，还没有一点儿经验。

你们刚刚才到这里，先休息两天吧。

他常迟到，你不用惊讶。

我们常常一起讨论共同关心的社会问题。

你最近怎么总出问题呀？

他总是晚来一会儿。

你怎么老不说话？

这几天老是下雨，我们怎么去香山呀！

8. 直、都

“直”有“不停地”的意思，也强调程度比较高；“都”有“已经”的意思，用在时间词前常常表示时间很晚，用在表示年龄的词语前强调年龄大，用在其他词语前强调程度高。

他急得直哭。

听到妈妈的声音，她激动得直流眼泪。

都八点半了还不起床？

我那老儿子都三十了，还没有对象呢。

你看，我都快累死了，你也不帮帮我。

(三)表示范围的副词

副词尽管是修饰动词的，但它所限定的范围却跟主语或宾语有关，也就是说，范围副词所限定的范围，或者是主语，或者是宾语。

1．都、全、到处、一块儿

这几个副词一般都是限定主语的范围。

我们都去颐和园。

他们全是我的朋友。

公园里到处是人。

咱们一块儿去吧！

2．都、一共、总共、只、就、才

这些副词限定宾语的范围。“都”限定宾语时，动词后多带有疑问代词，用在疑问句中。

你都去过什么地方了？

你们都有什么要求？可以马上告诉我。

他一共买了三本书。

你们总共来了几个人？

我只看过一次京剧表演。

我们班就有一个欧洲同学。

你才买一件衣服？我可买了好几件呢！

二、语词分析

要求：给句子后的词语选择恰当的位置或选择恰当的词语填空。

(1) 为了 A 推动西部大开发，B 我们电台早 C 已经到青海、甘肃等落后地区考察了 D 十余次了。

就

答案：C

分析：副词“就”在句子中一般可以表示早、顺利等意思，而且，“就”的前边常常会有一些相应的时间词语与之搭配，如“五点就起床，三年前就来北京了”等，句子中的“早”与“就”是常常出现在一起的，即“早就……”。

(2) 躺在病床上的 A 日子，一切 B 好像 C 在痛苦与绝望中 D 度过。

都

答案：B

分析：句子中的代词“一切”是主语，“都”则是承前概括的状语，因此，应该紧跟主语。又如“他们都从这里去商店”等。

(3) 多少年来，他A习惯B穿着他那件黑中C透灰的中山装D上班。

总是

答案：A

分析：“总是”是时间副词，在句子中应该用在主语之后，谓语之前。有人会觉得“上班”才是主要动词，其实，“习惯”是句子的主要动词，而“穿着……上班”应该是习惯的宾语，因此，“总是”只能在“习惯”之前。

(4) 我A真想躺在床上B舒舒服服地C睡一觉，可还有D多事情没有做，怎么办？

很

答案：D

分析：“很”一般应该修饰形容词或表示心理活动的动词，句子中只有D是最恰当的位置。注意：形容词“多”只有加“很”等副词以后才可以修饰名词，否则只能修饰动词，如“多说、多学、多吃、多喝”等。

(5) 这本小说昨天A我从B早上六点C看到D晚上六点。

一直

答案：C

分析：副词“一直”既可以强调方向，也可以强调时间，但无论如何，在句子中都应该用在谓语动词之前，不能用在主语之前。

(6) A小王B知道C自己错了，我们就D别跟他计较了。

已经

答案：B

分析：“已经”同样要用在动词之前，其他位置都不合适。

(7) 在他的帮助下，我终于A脱离了困境，B真不知道C怎么感谢他D好！

才

答案：D

分析：“不知道……才好！”是一个比较固定的格式，中间一般应该插入带有疑问词语的动词形式，如“怎么感谢、去哪儿玩、吃什么”等。

(8) 中午下课A以后，B学生们马上C去食堂D吃饭。

就

答案：C

分析：和“才”一样，“就”在句子中一般也应该放在动词之前，表示动作的早、快、顺利等。句子中的“去食堂吃饭”是连动句，“就”一般应该放在连动句的第一个动词之前。

(9) 他A进门，B电话铃C就响D了起来。

刚

答案：A

分析：副词“刚”一般用在动词之前表示动作在不久之前发生。在句子中，用了“刚”，一般不再用“了”。因此，正确答案只能是A。

(10) 我 A 要 B 去叫格林，格林 C 就 D 来了。

正

答案：A

分析：“正”常常与“要”搭配使用，用在主语之后，动词之前，表示动作即将发生，但还没有发生。

(11) 糖尿病患者习惯吃南瓜，其实南瓜比红薯含有____高的糖分。

A. 很　　B. 极

C. 最　　D. 更

答案：D

分析：汉语语法告诉我们：在“比”字句中，表示比较的差别的形容词之前不能使用“很、最、非常、十分、特别、极”等程度副词，只能用表示比较的“更、还”。这一点应该牢牢记住。

(12) 在颠簸的公共汽车上，看到一位老人上车，我____站起来给她让了座儿。

A. 急忙　　B. 连忙

C. 一下子　　D. 才

答案：B

分析：“连忙”有“赶紧、马上”的意思，在句子中是最合适的。“急忙”一般形容遇到让人十分着急的事情，而给老人让座“快”就可以了，不能“急”。

(13) 这次实习是学生自己安排的，辅导员____是起辅助的作用。

A. 只　　B. 都

C. 才　　D. 全

答案：A

分析：副词“只”强调“起作用”的范围很有限，尽管“才”也可以表示有限的范围的意思，但是，“才”在这个句子中不能与“是”搭配使用，否则语气上说不通。而“都、全”的意思、用法相同。正确的答案只能是 A。

(14) 20 世纪 90 年代，中国____处在由计划经济向市场经济转变的过程中。

A. 正在　　B. 正要

C. 正　　D. 正当

答案：C

分析：“处在……中”是正在进行的事情，因此应该用“正”。尽管“正在”也完全可以表示相同的意思，但“正在”与“处在”连用，使句子显得不利索。“正要、正当”用法、意思比较接近。

(15) 昨天晚上的京剧是很有意思，不过我____听懂，他们说的唱的好像不是汉语。

A. 全没　　B. 全不

C. 都不　　D. 不都

答案：A

分析：“听懂”是一个表示结果的动补结构，对这种结构的否定，一般应该用“没”，而不能用“不”。另外，句子中的“昨天”已经告诉我们事情发生在以前了，因此对动词的否定只能用“没”。

(16) 比尔·盖茨小时候____非常喜欢动脑筋，他的成功不是偶然的。

A. 才　　B. 就

C. 又　　D. 只

答案：B

分析：“就”表示的是早、快、顺利等意思，而且前边常常有“很早、很快、小时候、马上、一下子”等词语。

(17) 他这个人的性格____怪____，谁都别想得到他的同情。

A. 多……啊　　B. 真……啊

C. 可……了　　D. 怪……的

答案：C

分析：“多……啊！”、“真……啊！”多为感叹句，一般用在句尾。“怪……的”加上“怪”词语重复，不符合汉语表达习惯。“可怪了”是最恰当的结果，意思是“非常怪、很怪”。

(18) 我们大家都觉得，没有比北京烤鸭____好吃的东西了。

A. 很　　B. 非常

C. 更　　D. 最

答案：C

分析：“很、非常、最”的意义和语法都比较接近，不能用在比较句中比较的结果之前。“更”是唯一正确的答案。

(19) ____听说故宫很有名，可是，我们从来没去参观过。

A. 一直　　B. 终于

C. 始终　　D. 到底

答案：A

分析：“终于、到底”意义、用法接近，不能选择其中之一。“始终”应该强调某个具体的过程。这个句子中用“一直”是最恰当的。

(20) 这个计划____制定出来，还需要大家进行反复的讨论。

A. 刚才　　B. 刚刚

C. 立刻　　D. 就要

答案：B

分析：“刚刚”表示动作发生或结束得晚。其他词语不能表示这样的意思。

三、病 句 分 析

(1) 别着急，你在家好好考虑考虑才决定吧。

(2) 我来中国以前才学习了两年半汉语了，所以水平不高。

(3) 一见到老人上车，就大家马上给她让座。

(4) 那天直到晚上11点，他就回到学校。

(5) 在中国，我走到哪里，常常看见有人一边走路一边吃东西。

(6) 在韩国，教我汉语的老师都以前在中国学过汉语。

(7) 昨天晚上我们参加了真热闹的联欢会。
(8) 老师希望我们取得更进步。
(9) 她买了一件太漂亮的毛衣。
(10) 几年前他曾经来中国了。
(11) 信已经寄，过两天她就会收到的。
(12) 最近常常我去友谊商店买东西。
(13) 哈尔滨的冬天天气很冷，还常常很刮风。
(14) 我们是早上六点半出发的，你可能正睡觉了。
(15) 我们去参观的那个地方很漂亮极了。

四、应用练习

1. 选择合适的副词填空

一共 将 十分 还 赶紧 曾经 已经 尤其 都 就 到处

(1) 这次南方之行，给我留下了____深刻的印象。
(2) 几年以前我____跟他见过一面，没想到他的变化这么大。
(3) 学习汉语____八个多月了，你觉得最大的困难是什么？
(4) 他起床时____八点半了，早饭早____没有了。
(5) 我们____在四个月以后毕业，那时我们一定参加汉语水平考试。
(6) 他特别喜欢看京剧，____是传统京剧。
(7) 王老师留的作业不少，张老师的作业____多。
(8) 9月的北京，____是鲜花，人们也都兴高采烈的。
(9) 这次去山西语言实践，我____花了七百多块钱。
(10) 你女朋友在宿舍等你呢，还不____回去！

2. 给词语选择恰当的位置

(1) A到北京B来以后，C我们D去过两次长城。
曾

(2) 不少人A达到B温饱的程度，怎么C就有人D浪费起来了？
刚刚

(3) 夜里A两点，B我们都C睡了，可妈妈还在专心地D批改着学生的作业。
已经

(4) 你怎么A还不去上班，B快C八点半了，你不怕D迟到啊？
都

(5) 九寨沟自然风景区A是B世界上自然生态系统C保存得D完整的地区。
比较

(6) 她的A美丽B吸引住了C我们全班同学D的视线。
一下子

(7) 中国古代发明的造纸技术 A 在历史上 B 很早 C 向欧亚各国 D 传播了。

就

(8) 无情的岁月所 A 留下的痕迹，B 使他不敢 C 相信站在自己面前的 D 是当年那个漂亮的小芳。

就

(9) A 同学们 B 去教室 C 上课了，D 只有我一个人在宿舍。

都

(10) 我早 A 想亲眼 B 看看长城了，今天 C 总算 D 实现了愿望。

就

(11) 这件衣服 A 你 B 穿 C 上 D 好，送给你了。

刚

(12) A 到十三五期间，B 接受高等教育的就业人口 C 会进一步 D 增多。

将

(13) 他们班 A 除了格林 B 以外，C 别的同学 D 去长城游览了。

都

(14) 你要是 A 不想让他 B 生气的话，这件事 C 好不要这么 D 快告诉他。

最

(15) 我们 A 大家 B 都 C 不 D 赞成他那种为人处世的态度。

太

3. 选择恰当的词语填空

(1) 记得这个问题我们好像____议论过，难道你没有印象吗？

A. 曾经 B. 已经

C. 正在 D. 正要

(2) 今天星期几呀？你看看，____几点了？怎么到现在还不起床！

A. 才 B. 就

C. 都 D. 又

(3) 这件事我们____不太了解，你去问问对面办公室的人吧。

A. 都全 B. 全都

C. 不全 D. 全不

(4) 在国家之间的经济交往中，一定要____注意互利互惠的问题。

A. 特殊 B. 特点

C. 特定 D. 特别

(5) 我非常喜欢听中国的民族音乐，____是江南丝竹。

A. 而且 B. 还

C. 尤其 D. 更

(6) 公共汽车上人们说话声音太大了，有时____两个人的秘密也能让人听见。

A. 而且 B. 甚至

C. 别的 D. 前面

(7) 直到今天我____明白为什么爸爸妈妈总是舍不得我离开他们。

A. 就　　B. 才

C. 只　　D. 还

(8) ____是谁打来的电话？有什么事吗？

A. 刚　　B. 才

C. 刚才　　D. 刚刚

(9) 目前，北京的缺水问题已____严重，必须尽快加强普通市民的节水意识。

A. 极了　　B. 够

C. 相当　　D. 真

(10) 直到今天才知道，北京的冬天可____够冷____！

A. 真……了　　B. 真……的

C. 太……了　　D. 很……的

(11) 早上，我____要出门的时候，电话突然响了，原来是幸子从东京打来的。

A. 正　　B. 正在

C. 已经　　D. 曾经

(12) 你怎么还不出发？还差 3 分钟____12 点了！

A. 就　　B. 只

C. 快　　D. 将

(13) 老师说了三遍，我____听懂。我的听力真糟糕！

A. 才能　　B. 就

C. 可能　　D. 才

(14) 满街____是人，有什么好逛的，还是去看电影吧。

A. 净　　B. 竟

C. 总　　D. 仅

(15) 我____学习电脑，对一些网址、网站、电子信箱的操作还不太熟悉。

A. 将　　B. 刚

C. 还　　D. 就

第四课　副词分析(2)

一、知识讲解

汉语副词按照其所表示的意义可以分为表示程度、时间、范围、重复、估计、否定和语气等几类，还有一些难以归纳在某一类里。本教材分四课对汉语常用的副词加以归纳和分析，并对意义和用法接近的副词进行适当的比较。本课重点分析表示重复、否定、估计和语气的副词。

(一)表示重复的副词

汉语中表示重复的副词并不多，有的语法书把这类副词称为表示频率的副词。为了让学习者容易理解，本教材还是采用重复副词的说法。

1. 还、也、又、再

这四个副词虽然都表示重复，但都有各自强调的重点。“还”强调另外的情况，也表示和以前一样的意思；“也”强调相同的事情或情况；“又”强调已经发生的情况，并且常常与“了”搭配使用，在“又……又……”格式中还有比较特殊的意义和用法；“再”则强调未来发生的动作，一般不能与“了”搭配使用，还可以表示动作前后的顺序等。

昨天我买了一本书，还买了一支铅笔。

我去过长城，还去过颐和园和圆明园。

我们还住在原来的地方。

你是学生，他也是学生。

你们去上海，我们也去上海。

你唱我也唱。

你怎么又迟到了？

我又发现了一个问题。

他怎么又生气了！

今天又是星期五了。

这个小姑娘又聪明又漂亮。

她又会说英语，又会说法语。

欢迎你们有时间再来！

好了，咱们明天再谈吧。

我想再跟你们商量一下这个问题。

你吃完饭再走吧。

“还”还有一种比较特殊的用法，就是表示说话人对所发生的情况感到意外或出乎意料，没有想到会有这样的结果。与此相关的是，“还”常常与“不到”连用，构成“还不到……”的形式，表示在某个结果出现之前的时间短、年龄小、数量少、程度低等。

你还真行，竟然闯过来了！

他们还真有两下子，都顺利通过了。

你用了还不到半天就做完了？佩服！

听说王娜还不到20岁就结婚了。

这个学校有的教授还不到30岁就已经是博导了。

这次考试我们班通过的同学还不到一半儿。

我写了半天还不到一百个汉字。

她学了十年钢琴还不到5级？真奇怪！

2．重新、重、反复、屡次、屡

这几个副词同样都表示重复，用在动词前做状语。应该注意的是，单音节副词“重”修饰的动词一般也应该是单音节的，而其他副词则没有这样的限制。

这次没有成功不要泄气，咱们可以重新来嘛。

老师说这一课我们还要重新学习。

你不喜欢的话，我可以给你重做。

下面我给大家重讲一遍，请你们注意听。

经理反复强调了几遍，大家总算安静下来了。

我已经反复说了几遍了，你还是没听懂。

你这样屡次去打搅别人，好意思吗？

他可是个屡战屡败、屡败屡战的将军。

(二)表示否定的副词

否定副词只能用在主语后谓语前，否定过去、现在或将来的动作或状态。与否定副词相对的当然应该是肯定副词，但那些副词的用法比较特殊，我们将在其他课中加以介绍和分析。

1．不、没、没有

“不”多对现在或将来的事情加以否定；“没”、“没有”则是对过去的事情进行否定。在一般的否定句中，不能出现“了”，表示变化的句子除外。应该注意的是，汉语中有些动词只能用“不”来否定(如“是、知道、可以、应该”等)，有些动词或动词结构却又只能用“没”来否定(如“有、找到、看见、听懂”等)。“不有”、“不看见”、“不找到”、“没是”、“没知道”、“没可以”、“没应该”等都是错误的用法。

还应该知道的是，有时候“没”可以用在名词之前，但这时的“没”是“没有”的意思，即“没+有”，如“没人、没书、没事”等。

我不喜欢这样。

明天我不参加演出。

我不是不想发表意见，只是还没了解清楚问题。

昨天他没参加会议。

你们的建议我都没有同意。

这次我不跟你们一起去了，你们自己去吧。

昨天很热，今天不热了。

教室里没人怎么办?

正好今天我没什么事，可以好好陪陪你。

2．别、不要，不必、不用

“别”多用在祈使句中，而且含有劝解的意思，与“不要”的用法相同。“不必”与“不用”的用法基本相同，在语气轻重方面有一些区别，要根据具体的语言环境来判断。还应该注意的是，这几个副词在对话中，可以单独出现。

你别去了，在家休息吧。

你不要为我担心，没事儿。

你千万别信他的话。

你们不必着急，一会儿就好了。

你不必那么担心，总会有办法的。

这件事就你不用管了。

您不用操那么多的心，他自己会有办法的。

我看不必/不用/不要了!

(三)表示估计的副词

这类副词在句子中的位置比较灵活，可以在主语后谓语前，有时也可以放在主语或宾语的前边。这些副词估计的多是即将发生或结束的情况，存在的数量，动作发生的时间、地点等等。

1．大概、大约、大都、大多、大体、大致、大半儿、多半儿

这几个副词是对未来情况的估计，多有70%以上的可能性。其中“大体”和“大致”还常常用作“大体上”、“大致上”。

他今天大概不会来了。

她大约有二十一二岁。

我们学校有大约五千个学生。

这里住的大都是外来户。

你们说的话，我大多听不懂。

你的意见与我大体相同。

经理大致同意咱们的方案。

明后天大半儿不会下雨了。

今天小李多半儿不来了。

2．可能、也许、恐怕、八成、或许、兴许、没准儿、说不定

这些副词同样是对未来情况的估计，也多有70%以上的把握。在口语中出现的频率更

高一些。

张老师明天可能不去参加会议了。

可能今天下午又要下雨。

今天夜里也许要刮一场大风。

也许他们明天才能来，别等了。

恐怕我不能同意你们几个人的意见。

迈克恐怕又要迟到了。

这或许又是你的误解。

今天八成还要下雨，带上雨伞吧。

这或许是你最后的机会，一定要把握住！

明天兴许又要下雨。

没准儿是我错了，那就按你说的办吧。

张老板说不定又要变卦。

3．未必、不一定、不见得

这是一组表示对未知情况的否定的揣测(估计)的副词。意思和用法都比较接近。

情况未必像你们所说的那样。

你别急，他说的未必是真的。

我看他不一定来了。

我说的也不一定都对。

他说的不见得都有道理。

亲眼看见的也不见得是真的！

4．几乎、差不多、差一点儿

这组副词常常表示结果与所说的某种情况、要求或期盼非常接近。“差一点儿”的后边如果是不希望发生的情况，其肯定和否定形式所表达的意思是一样的，即没有发生；如果是希望的情况，肯定形式表示的是没有发生或没有某种结果，否定形式表示的则是已经发生或已经产生了某种结果。“几乎”的后边常常用“都、全、每个”等词语。在口语中，“差一点儿、差一点儿没”常用做“差点儿、差点儿没”。“差不多”一般表示时间、数量等。

我几乎都要被你们气死了。

他的头发几乎全白了。

今天的工作差不多已经做完了。

张老师差不多五十岁了。

他们差不多该到了，咱们去外边迎迎吧。

刚才我的杯子差一点儿摔坏。(没摔坏)

刚才我的杯子差一点儿没摔坏。(没摔坏)

这次考试我差一点儿及格。(没及格)

这次考试我差一点儿没及格。(及格了)

(四)表示语气的副词

语气副词主要是起强调语气的作用，可以表示加强肯定、否定的语气，可以表示追问的语气，也可以表示劝解等语气。

1．可、却、倒

“可”做副词有几种比较重要的意义和用法：可以强调很高的程度，有“很、非常”等意思；可以强调长久的期待，有“终于、总算”的意思；可以表示对别人的规劝，有“千万、万万”的意思；也可以表示确实如此，有“真的、确实”的意思。“却”、“倒”强调事实与原来的设想相反，“倒”还有缓和语气的作用。

北京的颐和园可漂亮了。

他这个人可聪明了。

我等了你两个小时了，你可来了。

我可明白这个词语怎么用了。

你可不能这样说人家！

咱可别这么随便地进进出出的。

我可没去那个地方，听说那儿可危险了。

今天可够热的。

我可不知道这到底是怎么回事。

不知道为什么，他说来却没有来。

你们都这样看？我却不这样认为。

昨天很冷，今天倒不冷了。

你们俩哈，弟弟倒比哥哥高。

2．究竟、到底

多表示对某种情况的追究的语气。常用的形式是在“到底”和“究竟”后再加上疑问的句式，句尾还常常用“呢”与之配合。“到底”多用于口语，“究竟”多用于书面语。这两个副词可以用在句首或主谓之间。

这样做到底对不对？

你到底明白不明白？

我们到底应该不应该这样做呢？

到底你对还是他对？我都糊涂了。

这究竟是谁的错？

他们究竟去不去参观了呢？

你究竟跟不跟我一起去？

我们到底什么时候去南方实习？

究竟是你去还是他去？

究竟你们想干什么？

3．千万、并不/没/非/无、绝不/没/非/无

这几个词语分别表示劝解和强调否定的语气。应该注意的是，“并、决”一般不用在肯定句中。

你们千万不要听他的。

明天的会你千万要来啊。

我并不喜欢一个人旅行。

我们俩并没有见过面啊！

你见到的那个人并非我的朋友。

我们这样做并无恶意。

他绝不会做这样的事情！

我绝没听他说过这样的话。

你不要着急，这决非我的本意。

你们别多心，我决无其他的意思。

二、语词分析

要求：给句子后的词语选择恰当的位置或选择恰当的词语填空。

(1) 我记不太清楚了，A 应该 B 是 C 一百二十双 D。

大概

答案：A

分析：“大概”一般应该放在动词的前边，在句子中没有必要的动词时，也可以直接放在数量词语之前。记住，不能放在数词与量词之后。

(2) 你 A 说的话到底 B 是什么意思，我 C 一点儿 D 没听懂，请你再讲一遍。

也

答案：D

分析：注意“一点儿也/都……”格式的使用。这是一个表示强调意义的固定格式，一般是强调数量少，程度低等。

(3) 上个周末，同学们 A 来到俱乐部，B 说说 C 笑笑，简直 D 热闹极了。

又

答案：A

分析：“又”一般修饰动词，表示过去的重复。也可以修饰形容词，常常有强调程度高的意思。句子中应该表示再次“来到俱乐部”的意思。

(4) 在成长中 A 遇到些难题 B 不可怕，C 怎能因此丧失了 D 自己的信心？

并

答案：B

分析：“并”这个副词用在否定词语之前一般是加强否定的语气。其他位置不能用“并”。

(5) 教师在教学生知识的同时 A 应该 B 教他们 C 做人的道理 D。

还

答案：A

分析：句子中有“同时”时，“还、也”等表示重复的词语一般应该放在“同时”之后，不管“同时”在句子中是名词还是连词。

(6) 我A受不了B每次C一动不动地D坐两个钟头。

可

答案：A

分析：副词“可”在汉语实际应用中的意思很多，应该特别注意。在这个句子中，“可”的意思是“真的、确实”，一般用在“没、不、真”等词语之前。有时候也可以用“可”的变体“可是”，记住：这个“可是”不是“但是”的意思。比如“这么热的天儿，我可是真受不了了！”

(7) A都快12点了，B他C没有D睡呢。

还

答案：C

分析：“还没……呢”是比较固定的形式，表示某个动作目前没有结束或发生，但在未来的时间一定会结束或发生。

(8) 他A特意把家人B叫醒，到厨房C给我做了碗D热乎乎的鸡蛋挂面汤。

还

答案：A

分析：肯定会有不少人选择D这个位置，说明“挂面”还是热乎的。但是，“还”的用法除了“仍然”以外，还有强调“另外”的意思。句子中“还”应该放在A处，是说“他把家人叫醒”之前已经做了其他的事情。而“到厨房给我做的”当然应该是“热乎乎的面条”！

(9) 走，咱们先去A买东西，B一会儿C去D吃饭。

再

答案：C

分析：句子中“去买东西”与“去吃饭”都是连动句，一般来说，在由“来、去”做第一个动词的连动句中，如果这两个动词没有处所宾语，第二个动词之前一般不能插入其他副词。那么，只有C是正确的位置。

(10) 我认为，人类所共有的文化A是B由某一个或几个民族C创造D出来的。

决不

答案：A

分析：“决不”后应该加动词，A是最恰当的位置。C的位置不符合语气副词的语法作用。

(11) 出院一年半以后，他的病____复发了，不得不再次住进了医院。

A. 再　　B. 也

C. 又　　D. 就

答案：C

分析：“又……了”是比较固定的形式，中间插入动词，表示动作在过去的重复进行。“就”在语法上没有错误，但“就”常常表示动作发生得早、快和顺利，而句子中的“复发”是在“一年半以后”，不能用“就”。

(12) 每前进一步，____都要消耗他全部的体力，但巴尼·罗伯格没有停下。

A. 差一点儿　　B. 几乎

C. 所有　　D. 无论

答案：B

分析：与“几乎”紧紧相连的词语常常是“都、每”等，强调事情的普遍性。“所有”后应该是名词，“无论”后应该是表示疑问的形式，“差一点儿”后一般不用“都”。

(13) 我想利用这两年的时间学好汉语，同时____想到中国各地去走走、看看。

A. 又　　B. 也

C. 再　　D. 才

答案：B

分析：“学好汉语”与“到中国各地去走走、看看”是说话者想做的两件事，而且句子中有“同时”，“同时”之后应该用“也、还”。“又”也可以表达相同的意思，但“又”一般强调动作在过去时间的重复。

(14) 他这样做对你____恶意，说实话，他是非常尊敬你的。

A. 并　　B. 并不

C. 并非　　D. 并无

答案：D

分析：“恶意”是名词，“并无”的意思是“并没有”，二者搭配最合适。

(15) 这件事我想了____想，怎么也不明白他为什么那么生气。

A. 又　　B. 多

C. 还　　D. 几

答案：A

分析：“V 了又 V”几乎成了汉语中表示反复动作的一个固定格式，应该记住，如“看了又看、听了又听、唱了又唱、去了又去”等等。应该注意的是，这个格式中的动词一般应该是单音节动词。

(16) 你____来了，你父母在这儿等了你半天了。

A. 还　　B. 又

C. 才　　D. 可

答案：D

分析：后边的“……等了你半天了”已经告诉你答案了。对，就是“可”。记住“可”做副词的几种意义和用法，特别是“可……了”的两种不同意思——非常、终于。

(17) 在大家的共同努力下，我们进行了两年的实验____成功了。

A. 结局　　B. 总算

C. 但是　　D. 总是

答案：B

分析：“总算”有“终于、到底”的意思，用在主语后谓语前，表示经过努力达到了目的。其他词语不能表示这样的意思。

(18) 他们俩也刚刚认识，还从来____见过面呢。

A. 不　　B. 没

C. 就　　D. 常

答案：B

分析："见面"是动宾离合词，对"见过面"进行否定必须用"没"，不能用"不"。另外，与"从来"搭配的要求也可以说明这一点。请参考下一课的介绍。

(19) 看着两套一模一样的衣服，我____分不清哪套是我的，哪套是小丽的。

A. 几乎　　B. 大概

C. 也许　　D. 可能

答案：A

分析："大概、也许、可能"三个副词的意思和用法都相同，选择哪一个都不符合出题者的要求。正确答案只能是"几乎"。应该注意这种题的思路，也许你不知道"几乎"正确与否，但是你一定要知道其他三个词语是完全一样的。

(20) 我只是在网上跟他聊聊天儿，并____想过直接跟他见面。

A. 不　　B. 没

C. 非　　D. 无

答案：B

分析：这个题乍一看"并不、并没"都可以用在句子中，但是仔细分析你会发现，句子中"想"后有动态助词"过"，而按照汉语语法的要求，在动词后加"过"以后，对动词的否定只能用"没"。其他两个词语在这里没有意义。

三、病句分析

(1) 今年8月我来了中国，然后，再开始学习汉语了。

(2) 如果有时间，我再想去看一次这个电影。

(3) 他们不同意你的意见，也我的看法跟你不一样。

(4) 有一天，妈妈让孩子放学以后去理发，也给他五毛钱。

(5) 我妈妈是个有耐性的人，却我爸爸一点儿耐性也没有。

(6) 他最近工作很忙了，又身体不好，别麻烦再他了。

(7) 我喜欢美术，也音乐。

(8) 听说前两次他都没有参加，这次还没想参加。

(9) 中国的白酒我从来不喝过。

(10) 大家都没有知道他们结婚的事。

(11) 表演已经开始了，请大家别说话吧。

(12) 你究竟去上海旅行吗？

(13) 玛丽今天又没来上课，我恐怕她生病了。

(14) 他说明天可能有事，一定不来了。

(15) 请你相信我，我决会办好这件事。

四、应用练习

1. 用所给的词语改写句子

(1) 听说维也纳新年音乐会的门票很贵。 (不)

(2) 两年前我们参观过北京的一个经济开发区。 (没)

(3) 我们先吃了菜，喝了酒，然后品尝了著名的北京烤鸭。(还)

(4) 既然赵经理已经同意了，你们就可以留下来了。 (不必)

(5) 汉语进修学院的留学生有一千五百个左右。 (大约)

(6) 如果按照你们的计划去做，我估计不会成功。 (恐怕)

(7) 这次考试运气真不好，我只得了 59 分。 (差一点儿)

(8) 北京的城市轻轨开起来非常快，非常稳，舒服极了。(可)

(9) 我们在楼下等了一个多小时你才回来。 (可)

(10) 你说的话我不太相信，小张不是那么不讲情义的人。 (决不)

2. 给词语选择恰当的位置

(1) 你告诉我的那个电影 A 我 B 去看了 C 一遍，还 D 是看不懂。

又

(2) 两个小时以后，A 雨终于 B 停了，C 我的心情 D 轻松了一些。

也

(3) 受大家的影响，A 我们 B 都高兴地 C 加入了 D 前进着的人流。

也

(4) 他觉得 A 弹钢琴 B 是他生活中 C 最大的乐趣 D。

可能

(5) 我上次 A 去时，主管这工作的人员出差了，昨天 B 只好 C 去了 D 一次。

又

(6) 我也不知是为什么，A 是 B 因为我对 C 自己产生了 D 自信心的缘故。

大概

(7) 全班 A 十八个 B 同学 C 都 D 参加了今年的春季运动会。

几乎

(8) 汉语学习中 A 语调难的 B 问题 C 欧美同学所特有，亚洲同学 D 同样头疼。

并非

(9) A 身体的残疾 B 能影响一个人的事业，而心理上的残疾则 C 肯定会 D 影响人的一生。

不一定

(10) 这次她真的 A 已 B 决定不 C 回那个可怕的魔窟 D 去了。

再

(11) 以前是城里人 A 住楼房，如今咱农村人 B 都 C 住上了 D 漂亮的新楼房。
也

(12) 我们 A 一起 B 去上海 C 旅游 D 过。
没有

(13) 他的电话号码 A 说过好几次了，B 我 C 老是 D 记不住。
却

(14) 我在网上挑花了眼，A 挑来挑去，B 至今 C 没有一个 D 满意的。
竟

(15) 我问遍了所有的人，A 谁也 B 说不清这 C 是怎么一回事 D。
究竟

3．选择恰当的词语填空

(1) 如果你们有机会的话，欢迎你们____到我们厂来参观指导。
A. 又　　B. 再
C. 才　　D. 更

(2) 你们的意见都有一定的道理，不过，我____上同意赵亮的观点。
A. 大概　　B. 几乎
C. 大体　　D. 大约

(3) 进入 2011 年以来，北京的家政市场____次成为了人们关注的焦点。
A. 又　　B. 还
C. 再　　D. 也

(4) 2020 年的奥运会____会在非洲的某一个国家举行，你觉得怎么样？
A. 可以　　B. 可能
C. 可　　D. 要

(5) 你们所津津乐道的____不是什么新鲜事，外面早就传开了。
A. 并非　　B. 并不
C. 并无　　D. 并

(6) 你们所说的麻烦，在我们的行程中____会发生，我们进行了充分准备。
A. 不必　　B. 未必
C. 不要　　D. 必要

(7) 妈妈的话你____要记住，常常给家里打个电话或发个 E-mail。
A. 十分　　B. 千万
C. 百万　　D. 亿万

(8) 你____别以为那真是什么 UFO，那不过是晚霞中飞机尾气形成的景象。
A. 总是　　B. 千万
C. 一直　　D. 从来

(9) 你____要记住，一定要把这封信亲手交给你们的领导。
A. 十分　　B. 千万
C. 百万　　D. 多半

(10) 王老师的病已经好了，不过____要恢复几天，请同学们尽管放心吧。

A. 就　　B. 还

C. 再　　D. 又

(11) 开发大西北应该加大投资，否则____很难达到预期的目的。

A. 可以　　B. 恐怕

C. 要不　　D. 左右

(12) 很快大家就忘了那些不愉快的事情，____在一起愉快地工作起来了。

A. 也　　B. 再

C. 还　　D. 又

(13) 这个地方太美了，以后我们一定____要来。

A. 又　　B. 也

C. 还　　D. 再

(14) 她学得真快，用了____不到两个小时，就把这个舞蹈学会了。

A. 只　　B. 却

C. 还　　D. 就

(15) 为了避免事故____次发生，有关部门对这一地区实行了交通管制。

A. 又　　B. 还

C. 再　　D. 的

第五课　副词分析(3)

一、知 识 讲 解

除了前两课比较系统归类的副词以外，汉语实际应用中还有不少副词需要掌握。下面两课我们将把汉语中一些相关的副词(也有些形容词甚至名词)归纳在一起进行综合的对比分析。

(一)只好、只能、只得、只有、不得不

这组副词强调在没有办法的情况下进行的选择，它们所修饰或限定的动作或事情，常常是不希望发生或不愿意出现的。这组词语中除“不得不”以外，其他几个词语在一定的语言条件下可以出现在主语之前。“只有”还可以用在复句中表示唯一的条件，与“才”搭配使用。

没有汽车，我们只好走着回去了。

看来，只好你来给大家解释一下儿了。

这件事只能这样做，没有别的办法。

这个问题，只能你自己去解决了。

你们都不帮助我，我只得自己想办法了。

大家都不去，只得我自己去了。

你只有放弃自己的主张才能与大家协作。

看来，只有你自己去请他了。

我本来不想这样做，现在不得不这样做了。

现在，你不得不听听大家的意见了。

(二)一直、再也、永远，从来、从不、从没、从未，一连、一再、再三

这组副词多跟时间和频率有关，强调以前的一段时间内的情况或以后的一段时间会如何，也强调动作次数的反复等。

1. 一直、再也、永远

“一直”可以表示今天以前或以后的所有时间，也可以表示不停的动作，还可以表示动作的方向，后面可以跟动词，也可以跟形容词；“再也”有无论如何、永远的意思，常指以后的时间或以前的某个时间以后的时间，后边应该紧跟否定词语；“永远”表示今天以后的时间，有时也可以表示比较模糊的时间。应该注意的是，“再也”有“一直”和“永远”两个词语的意思和用法，但在语气上有一定的差别。

最近两个星期他一直生病住在医院里。

我要在这里一直学习四年。

请你一直往前开，马上就到了。

她一直都这么漂亮。

我再也不会去那个地方了。

从那以后他再也没有来过这里。

我再也不会随随便便地把车借给别人了。

我会永远记住你们的，亲爱的朋友们！

回去以后，我永远都不想再到这里来了。

只要有祥子在，车厂的门口永远扫得干干净净的。

2．从来：从不、从没、从未

“从来”后面多跟否定形式“不”和“没”，可以简化成“从不”、“从没”或“从未”，简化后的几个词语用法比较相近，在句子中多强调否定的语气。“从来”后也可以跟肯定的形式。

在汉语交际中，“从不”与“从没、从未”有着明显的意义和形式上的区别。“从不抽烟”与“从没抽过烟”，“从不喝酒”与“从没喝过酒”所强调的时间及意义是不同的。这既与“从来”有关，更与“不、没”有直接的关系。

我从来不喝酒。

他从来没有抽过烟。

这里从未发生过这样的事情。

玛丽上课从不迟到。

他们从没做过这样不道德的事情。

他这个人，从来就喜欢独来独往。

你不知道吧，他从来就抽烟喝酒。

3．一连、一再、再三

“一连”后面可以是动词或数量词，直接跟数词时后面常常用否定的形式。应该记住下面两个句式：“……一连+动词+数量词+名词”、“……一连+数量词+没/不+动词+名词”。“一连”在句子中常常强调动作持续的时间，发生的次数、顺序，动作所涉及的宾语的数量等。

“一再”与“再三”的用法基本相同，表示在某段时间里某个动作一次又一次地进行。因为它们本身已经包含数量的形式，因此，句子中一般不需要再加数量词做补语。它们在句子中直接做状语，常常修饰与说话或心理活动有关的动词，偶尔也可以修饰其他词语。“再三”还可以做补语。

他一连说了三声“谢谢”。

今年冬天一连下了六天雪。

上周我们一连去了上海、广州、厦门等几个城市。

我一连吃了二十多个饺子。

他一连两个星期没来上课。

我已经一连三天没睡觉了。

我一再嘱咐他不要去，他就是不听我的话。

父母一再告诉我，到北京后一定要认真学习。

这个人不知是谁，一再拨我的手机。

他再三劝我不要生气。

老师再三告诫我们，暑假的两个月不能放弃汉语学习。

经过再三考虑，我还是决定放弃。

我考虑再三，决定接受你的建议。

(三)竟、竟然、居然、果然，悄然、悄悄……；茫然、恍然，猛然、忽然、突然

汉语中由一个形容词或副词加上“然”构成新的副词是常见的现象。这些词语都有强调语气的特殊作用，但它们在具体的句子中又都有比较特殊的作用，不能随意替换。

1．竟、竟然、居然、果然

这几个词都表示出乎意料，即没有想到的意思，多用在口语中。“竟然、居然”在有些语言环境中可以用在主语之前，其中“居然”的语气更强烈一些。还应该注意的是，它们常常与“不料、没想到”等搭配使用，以加强语气。“果然”表示事实或结果与听说或所料相同。

他说来竟没有来。

真没想到竟是你给他送去了衣服。

他竟然不喜欢跟我们一起去！

刚才还是晴天，现在竟然又下起了雨。

怎么？竟然你们都不想参加？

怎么？居然你也这么说！

你居然不认识这个人！

我说的话你居然不相信，现在怎么样？后悔了吧？

昨天还说得好好的，不料，今天他竟然又变卦了。

天气预报说有雨，今天果然下雨了。

大夫的话你就是不听，怎么样？果然出麻烦了吧！

2．悄然、悄悄、偷偷、默默、静静、暗暗、轻轻，稍、稍稍、稍微

“悄然”表示动作不打扰别人，也表示不知不觉的情况，多用在书面语中，与“悄悄”的意思比较接近，而后者更强调没有声音，且多用在口语中；“偷偷”则强调不让人知道；“默默”指不说话，独自坐某事；“静静”指安静地做什么；“暗暗”一般强调在心里想或下定了决心；“轻轻”指声音小，不影响别人；“稍、稍稍、稍微”的意思和用法相同，常常强调动作涉及的数量少、程度低、时间短等，动词后常有“一点儿、一些、一会儿、一下儿”等作补语。

不知不觉中，春天悄然降临了。

在新年的爆竹声中，旧的一年悄然而去。

他悄悄地离开了我们。

他悄悄地来，又悄悄地走了。

不知道是谁，偷偷地把我的自行车骑走了。

你偷偷拿走他的书，他不着急吗？

在别人的欢笑声中，她默默地流着眼泪。

大家静静地站在那里，谁也没有发出声响。

那时，我已经暗暗地下定了决心：一定要成功！

大家在上课，我轻轻地走进去坐在后边。

请你们稍/稍稍/稍微等一下儿/一会儿。

你就稍/稍稍/稍微吃一点儿/一些，别让妈妈担心。

3．猛然、忽然、突然

这三个副词都有情况发生得快，而且出乎人们的意料的意思。其中“突然”还可以做形容词。“猛然”多与人的心理或肢体动作有关。

看到她，我猛然想起了妈妈。

听到门响，我猛然回头，原来是姐姐站在那儿。

怎么忽然下起雨来了？

昨天他还说跟我们一起去，今天又忽然不去了。

这个问题突然摆到了我们面前，我们该怎么办？

这件事使我觉得十分突然。

这是一个突然的事件，不用惊慌。

二、语 词 分 析

要求：给句子后的词语选择恰当的位置或选择恰当的词语填空。

(1)　已经 A 这么晚了，哪儿还有什么 B 汽车，C 咱们 D 走着回去了。

只有

答案：D

分析：“只有”在这里是“只好”的意思，后边跟比较不如意的事情。

(2)　我 A 很生他的气 B，一连 C 没有跟他说话 D。

三个星期

答案：C

分析：“一连”后如果有否定词语，数量词应该紧跟“一连”。

(3)　这本小说昨天 A 我从 B 早上 6 点 C 看到 D 晚上 10 点。

一直

答案：C

分析：副词“一直”应该放在动词之前，句子中只有“看到”最合适。

(4)　谁 A 能想到，一个八岁的小学生 B 面对歹徒 C 能临危 D 不惧！

竟

答案：C

分析："竟、竟然、居然"有相同的用法，都表示没有想到的意思。作为副词，它们一般要放在动词之前。句子中的四个位置都是动词，但是，C 最恰当。

(5) A 看到邮递员，我 B 想起 C 给妈妈的包裹还没有 D 发出去。

猛然

答案：B

分析："猛然"有"忽然、突然、一下子"的意思，而且常常与人的肢体动作或心理动词连在一起用。

(6) A 走着走着 B 怎么 C 停住了，前边 D 发生什么事了？

忽然

答案：C

分析："停住"是让人没有想到的事情，因此，"忽然"应该用在"停住"之前。

(7) 我知道 A 他 B 会 C 很快 D 通知你们的。

一定

答案：B

分析："一定"在句子中常常有两种意义，第一表示说话人的决心，如"我一定按时到。"第二表示说话人对客观情况的估计，一般在"一定"之后跟"会、能、可以"等词语。

(8) 毕业分别 A 以后，B 我们 C 没有 D 见过面。

再也

答案：C

分析："再也+没/不+动词"是比较固定的用法，表示以前的某个时间以后一直没有发生那样的事情，也可以表示说话的时间以后永远不会出现类似的事情。有人会选择 D，从语法上说似乎没有什么问题，但在意思的表达方面不如 C 更清楚，语气也同样不如 C 肯定。

(9) 我今天 A 不想 B 去看电影，C 明天 D 去吧。

还是

答案：C

分析："还是"作为副词，有对两件以上的事情进行比较后加以选择的意思。句子中说话人把"今天去"与"明天去"加以比较以后，选择"明天去看电影"。有的同学会选择 A，有"还是"表示"仍然"的意思，但是，我们很难知道"我"昨天是不是"不想去看电影"了。正确的答案当然还是 C。

(10) 真难想象，他们 A 再次 B 见面 C 是相隔了 D 十五年之后。

竟

答案：C

分析："竟"在句子中应该用在主语之后，谓语之前。这个句子的主语应该是"他们再次见面"，正确的答案当然只能是 C 了。

(11) 在叶乔波之前，中国运动员在冬季奥运会上还____获得过金牌。

A. 从来　　B. 从未

C. 从不　　D. 总是

答案：B

分析：“从未”与“从来没有”的意思和用法完全一样，其后的动词应该用上“过”。其他词语在这个句子中都不合适。

(12) 你根本想象不到，那场震惊世界的大火的起因____是一个小小的烟头。

A. 究竟　　B. 竟然

C. 终究　　D. 毕竟

答案：B

分析：“竟然”是没有想到的意思，而其他三个词语有基本相同的用法，都有“到底”的意思。

(13) 自从跟他分手以后我就下定了决心，____不会回到他的身边了。

A. 一连　　B. 从来

C. 再也　　D. 千万

答案：C

分析：“再也”有“永远”的意思，后边多为否定的形式。“从来、千万”后边也多是否定形式，但“从来”是指以前的事情，“千万”常常是劝别人应该怎么样或不要怎么样。“一连”在这个句子中没有任何意义。

(14) 你们早就想去欧洲考察，可真的得到了这样的机会，你们____又要放弃！

A. 竟然　　B. 果然

C. 悄然　　D. 既然

答案：A

分析：“机会”来了却“要放弃”，是说话者根本不能想象的事情。因此，“竟然”是唯一正确的答案。

(15) 几天以前我就说你的情况不对，怎么样？____让我说着了吧。

A. 竟然　　B. 果然

C. 忽然　　D. 居然

答案：B

分析：实际情况与“我”说的相同，当然应该用“果然”。其他三个词语用法有共同之处，因此不能用任何一个。

(16) 我坐上车急急忙忙地赶到医院，进了医院才____想起小双还在学校里。

A. 果然　　B. 忽然

C. 竟然　　D. 悄然

答案：B

分析：“忽然”在这个句子里有“一下子”的意思，其他词语没有这个意思。

(17) 几十年过去了，我们第一次见面的情景他____还记得清清楚楚。

A. 谁知道　　B. 竟

C. 没想到　　D. 究竟

答案：B

分析：能够记得“几十年前第一次见面的情景”，真是令人难以想象，当然应该用表示“没想到、想不到”的“竟”了。虽然“没想到”也可以表示相同的意思，但在句子中只能用在主语“他”之前。

(18) 这么好吃的东西，我好像____没吃过。你也尝尝。

A. 总是 B. 永远

C. 从来 D. 现在

答案：C

分析：“从来+没/不+动词+过+宾语”是十分固定的格式。其他词语没有这样的用法，也不能表达相同的意思。

(19) 为了准备考试，昨晚我____学习到后半夜才休息。

A. 继续 B. 一连

C. 一直 D. 持续

答案：C

分析：“继续”的意思是接着前边的动作，在句子中不合适；“一连”的后边应该有表示时间、次数或数量的词语，句子中没有；“持续”也不能用在句子中。“一直”有“不停地”的意思，在句子中最合适。

(20) 昨晚的事情发生得太____了，大家根本没有什么思想准备。

A. 突然 B. 忽然

C. 居然 D. 竟然

答案：A

分析：“太……了”格式中应该是形容词，而四个备选答案中只有“突然”符合要求，因此，“A”是唯一正确的答案。

三、病句分析

(1) 他那种看不起别人的神气劲儿，使人们再忍不住了。

(2) 这么重要的事情，他可从来不跟我说过。

(3) 我按照约定的时间来到公园门口，没想到果然只有我一个人。

(4) 他打开门一看，哎呀！悄然同学们都坐在房间里。

(5) 来北京以后我还从不去过那个地方。

(6) 望着天上那无数的星星，我忽然了。

(7) 看到大家都举起了手，只好刘老根儿同意了他们的意见。

(8) 多少年已经过去了，可是我永远不忘了她！

(9) 那时我就下定了决心：以后我再也没来那个地方。

(10) 我们帮助了他，他一连对我们说“谢谢！”

(11) 考试以前我再三复习了，但是还是考得不理想。

(12) 她急得一直哭，你去劝一劝她吧。

(13) 天气预报说今天有雪，今天竟然下雪了。

(14) 爸爸妈妈让我回国，不得不我回国了。

(15) 来中国以前，我从没喝酒过，抽烟过。

四、应用练习

1．用所给的词语完成句子

(1) 如果这次检查你们厂还是不能通过，____________。(只好)

(2) ____________________，请您多多谅解！(不得不)

(3) 自从来到北京以后，________________。(一直/再也)

(4) __________________，弄得我不知怎么办才好。(一连)

(5) ____________________，我们都特别佩服她。(从来)

(6) 大夫早就跟我说过这样的话，______________。(果然)

(7) ____________________，你说让我多生气呀！(居然)

(8) 队伍在崎岖的山路上行进着，______________。(忽然/突然)

(9) __________________，他就是坚持自己的看法。(一再)

(10) 不知是谁骑走了我的自行车，过几天又____________。(悄悄)

2．给词语选择恰当的位置

(1) 除了我以外，A 大家都 B 不了解情况，我 C 自己做 D 了。
只好

(2) A 我好像 B 不知道 C 什么是甜和苦，我的舌头 D 总是麻木的。
从来

(3) 没想到 A 他 B 会 C 说出 D 这样让人伤心的话。
竟

(4) 走出火车站，A 望着 B 大街上的车流和人流，C 我 D 不知所措。
茫然

(5) A 没想到马受了惊，拉着车跑 B 过去 C 挡住了 D 大卡车。
正好

(6) A 天 B 没亮，就 C 听见外边有许多人在 D 大声喊叫。
还

(7) 我相信 A 你 B 会 C 那样 D 做的，你果然没有辜负我。
一定

(8) A 我们今天 B 喝 C 咖啡 D 吧，这样聊起来会更有精神。
还是

(9) 这本书昨天 A 我从 B 早上七点 C 看到 D 中午十二点。
一直

(10) A 每次进城 B 我 C 最头疼的 D 是挤车，咱们骑车去吧。
就

3. 选择恰当的词语填空

(1) 都这么晚了，怎么可能还有出租汽车？我看咱们只____走着回去了。

A. 得　　B. 要

C. 是　　D. 可

(2) 一些名牌轿车在其他轿车纷纷降价的形势下，也____放下了架子。

A. 只可　　B. 只要

C. 只好　　D. 只是

(3) 这样的结果让我感到太____了，根本没有什么思想准备。

A. 突然　　B. 忽然

C. 居然　　D. 竟然

(4) 万万没想到局长会半路停车，小周____刹车，车身向前倾斜，戛然停止。

A. 居然　　B. 竟然

C. 猛然　　D. 果然

(5) 她____走到母亲面前，注视着她在灯下专心学习的面庞。

A. 偷偷　　B. 悄悄

C. 暗暗　　D. 突然

(6) 临行前妈妈____嘱咐我，到了北京一定及时给家里打电话。

A. 一连　　B. 再三

C. 再也　　D. 永远

(7) 没想到这个男人____比自己还细心，花嫂觉得怪不好意思的。

A. 都　　B. 还

C. 很　　D. 竟

(8) 我也没想到，他____连这么简单的问题也回答不出来。

A. 果然　　B. 竟然

C. 固然　　D. 虽然

(9) 看着两个一模一样的孩子，我____分不清谁是哥哥，谁是弟弟。

A. 几乎　　B. 大概

C. 也许　　D. 左右

(10) 冬天北方哪儿都很冷，我看咱们____去南方玩儿吧。

A. 还是　　B. 宁可

C. 最后　　D. 到底

(11) 大刘干得可真快，____不到两个小时就把一天的活儿全干完了。

A. 还　　B. 就

C. 只　　D. 却

(12) 这件事我问了____问，没有一个人能够告诉我到底是怎么发生的。

A. 就　　B. 又

C. 还　　D. 多

(13) 你为什么说你____不知道这件事呢？我不是告诉过你吗？

A. 从不　　B. 从没

C. 从未　　D. 从来

(14) 刚刚进门，妈妈就____问了我好几个令我难堪的问题。

A. 一再　　B. 一连

C. 再三　　D. 几次

(15) 如果再没有人来营救咱们，咱们就____坐以待毙了。

A. 只好　　B. 只可

C. 只要　　D. 只是

第六课　副词分析(4)

一、知 识 讲 解

汉语的副词，除了前三课归纳分析的以外，本课要介绍的几类词语(个别的同样是形容词甚至名词)在汉语实际应用中同样非常重要。

(一)其实、实际、实际上，实在、确实

这组词强调的是真实的情况。“其实”后边的内容常常与前边的内容相反，这个词可以用在主语之后，也可以用在主语之前；“实际”是名词，“实际上”是词组，它们与“其实”的用法十分相近，都有表示转折的意思，“实际上”还可以做定语。

“实在”与“确实”既可以做副词，也可以做形容词，“实在”有诚实、不虚假和的确的意思，“确实”有真实可靠、肯定的意思，这两个词语最大的特点是强调真实，而不强调相反。

不知道的人以为他很高傲，其实他是一个很好的朋友。

他说他 25 岁，其实他不过 20 岁。

这件衣服看起来不怎么样，实际不错。

大家都以为我去过长城，实际上我连一次也没有去过。

实际上你们不知道，王老师特别喜欢古典音乐。

你说得太可怕了，实际上的情况并不是这样。

我实在不喜欢在很多人面前说话。

她的汉字写得实在漂亮。

今年冬天实在冷。

我知道，你是个很实在的人。

请你相信我，他确实说过这样的话。

你们别再问了，我确实不知道这件事。

这是个非常确实的消息，信不信由你。

(二)按时、及时、准时

这组副词强调在规定或预定的时间内发生了或应该发生什么事情。“按时”的用法比较随便，可以用在比较正式的场合，也可以用在个人事务方面；“及时”还有不拖延、马上、立刻的意思，即强调时间快；“准时”特别强调时间上的准确，即不早不晚。还应该说明的是，在实际语言交际中，“及时、准时”也常常被用做形容词，即在句子中可以做定语或谓语。

学生应该按时来教室上课。

快递公司一定会按时把你的鲜花送到对方的手中。

在我们出发前，他终于及时赶回来了。
有什么问题请及时告诉我，千万不要客气。
发现问题要及时解决，不能拖延时间。
我一定准时参加你们的婚礼。
我们的老师每天都是 8 点钟准时到教室。
你们把病人送来得很及时，否则就耽误了。
大家都十分准时，谢谢你们！

(三)临时、暂时、暂且、暂，顿时、霎时间、刹那、一时

这组词语都表示时间短而快，有的含有迅雷不及掩耳之势。“临时”除有“暂时”即时间短的意思外，还有“突然”的意思；“暂时、暂且”的意义和用法都十分接近，都表示动作行为在短时间里出现或存在，只是“暂且”更书面一些，而与这两个完全相同，一般只用在书面语当中的是“暂”，“暂”通常只修饰单音节词语。

“顿时”一般只修饰已然的动作行为；“霎时间”是名词，但用法如同副词，常常形容自然事物；“刹那”也是名词，却兼有“顿时、霎时间”的作用；“一时”有临时、突然、偶然的意思。

我临时有点儿事，出去一会儿，请稍等。
这是公司临时做的决定，没来得及跟大家商量。
大家暂时休息一下儿。
我暂时还不能答复你们，明天会给你们正确的答复。
这件事暂且往后放一放，先研究其他事情。
今天的事谁对谁错暂且不说。
我们只是暂住两天，不会影响你们太多。
比赛因故暂停了五分钟。
表演开始了，剧场里顿时鸦雀无声。
看到老师走进教室，小刚顿时不敢说话了。
雷声过后，霎时间风雨交加。
神秘的飞碟在我们的头顶盘旋了几圈，刹那间就不见了。
这个人我肯定认识，可一时想不起来他的名字了。
我一时拿不出这么多钱来，能宽限几天吗？

(四)分别、分头、各自

强调不同的人从不同的方面或采取不同的方式做某一件事情。“分别”还有动词意义，即“分手、离别”的意思。

中国队和古巴队分别战胜了对手，进入了决赛。
请你们分别介绍一下自己的设计情况。
咱们分头去做这件事吧。
好，就这样定了，大家分头去干吧。
大家各自去准备吧，注意明天的出发时间。

请你们各自考虑明天的发言，不要冷场。

不要伤心，咱们只是暂时分别，不久就会见面了。

(五)分明、明明、显然，一定、干脆、简直

这组词语多强调很明显的事情，有的还带有夸张的语气。“分明、明明”常常用在前一分句中，强调事实的真实性，而后一分句则指出对立的情况；“显然”是形容词，在句子中强调非常清楚的情况。

“一定”表示意志坚决、确定无疑，也可以表示极有把握的推断；“干脆”表示做出决断，采取的常常是一种断然措施或比较极端的行为，也可以做形容词；“简直”强调完全如此或差不多如此，带有明显的夸张语气，而且表示程度高。

事情分明是这样的嘛！

这分明是事实，你们应该相信我的话。

他明明没有来，怎么能说他来了呢？

外面明明下雨了，你却说是晴天。

这件事显然是你错了。

很显然，你这样做是不对的。

我一定参加明天的活动。

这件事一定是他干的。

明天不一定会下雨。

等了这么长时间他还不来，咱们干脆回去吧。

这个人做事一向很干脆，你就放心吧！

我简直不相信自己的耳朵。

昨天的事简直把我气死了。

(六)照样、照例、还是，仍、仍然、仍旧，依然、依旧

这组词强调跟原来或一贯的做法、样子或状态没有区别。“照样”还可以是动宾的形式，即“照着……样子”；“照例”强调按惯例做某事；“还是”有比较以后进行选择的意思。

与“仍然、仍旧”相比，“依然、依旧”更多地用在书面语中。

没有你参加，我们照样会做得很好。

你看，咱们说了半天，可他照样不来上课。

你这件衣服很不错，我也想照样做一件。

今天我照例首先要回答大家的问题。

我还是住在原来的房间。

我看咱们还是去老地方吧。

外边又下雨了，我看还是别出去了。

她仍想着原来的男朋友。

不用劝了，他仍然坚持自己的主张。

我们仍旧按照原来的计划去做。

尽管如此，我们依然相信你。

你只要改了，依旧是我们的好朋友。

(七)毕竟、到底、究竟，终于、最终、总算，早晚、迟早，始终

这组副词都跟语气和时间有关系，强调事情最终的结果。此外，“毕竟”在用法中还有表示原因的意思；“到底、究竟”这两个词语在语气副词中已经接触过，在这里它们同样有强调结果的意思，“究竟”的使用还有比较特殊的地方，类似于名词，学习者应该注意；“早晚、迟早”有一定和无论如何的意思，“早晚”也可以做名词；“始终”强调从开始到最后的全过程，后面可以跟否定形式。

她毕竟是个小孩子，不能怪她。

你们毕竟是第一次做这样的事，失败是难免的。

你到底/毕竟还是来了。

你们到底/究竟同意不同意？

我究竟/总算没有看错你。

明天的旅行你究竟/到底去不去？

这个问题我一定要问个究竟。

我们经过半年的努力，终于有了结果。

我终于/总算弄明白这是为什么了。

你们总算/终于来了。

你放心，我早晚会去的。

我们迟早还会见面的。

要想保持口腔卫生，必须坚持每天早晚刷牙。

我们始终认为你没有错。

父母始终不同意我们的结合。

(八)不免、难免、免不了，省得、免得、以免

这是前后意思完全相反的一组词语。“不免、难免、免不了”强调的是不能避免的事情或结果，而“省得、免得、以免”则是希望避免的事情或结果，也就是说，这些词语的后面跟的都应该是不理想的事情。其中“免不了、省得”在口语中用得多一些。

听了朋友的话，小丽不免伤心起来。

初学汉语不免会说错写错。

平时不注意，考试时难免会发生问题。

酒后驾车，难免出错。

你总这么不认真，免不了挨批评。

少吃点儿，省得发胖。

早点儿回去吧，省得让你父母着急。

早点儿出发，免得迟到。

少说话，多干事，免得让人说闲话。

好好检查检查，以免出问题。

在北京骑车要遵守交通规则，以免发生事故。

二、语 词 分 析

要求：给句子后的词语选择恰当的位置或选择恰当的词语填空。

(1) 昨天晚上我一直A和家人B在一起，C不知道外面发生的D事情。

确实

答案：C

分析：副词“确实”强调对事情的客观真实性的肯定，一般应该用在谓语之前。作形容词时，也可以用作定语，如“确实的消息”。

(2) 解决A拖欠民工工资的问题国务院B早就C发了文件，你们D为什么迟迟不办？

明明

答案：B

分析：“早就发了文件”是一件十分清楚的事情，而“明明”的用法就是在句子中突出强调事情的明确性，因此，B是最恰当的位置。

(3) 记忆中的故乡A是那么美丽，街道B不宽，车辆C不多，蛙鸣D不断。

仍然

答案：A

分析：后边连续三个主谓格式中都可以插入“仍然”，但是都不能插入，因为那将破坏句子完美的形式。只有 A 是最合适的位置。“仍然”的意思是跟以前一样，而“故乡”在记忆中是不会改变的，“仍然是那么美丽”！

(4) 分别A十八年了，我们B又回到了一起，C你能说这D不是命吗？

终于

答案：B

分析：“回到一起”是我们十八年来始终没有改变的愿望，也许这是命运的安排，但它终于变成了现实。B是唯一恰当的选择。

(5) 要想A获得事业上的B成功，不付出C的艰辛是D不可能的。

一定

答案：C

分析：“一定”在这里有“相当”的意思，表示程度高、数量多，其实是形容词的用法。句子中的“艰辛”就是艰苦的努力。

(6) 你们不用担心，我会____跟她在一起，她一定会平安地回来的。

A. 终于　　B. 早晚

C. 始终　　D. 到底

答案：C

分析：“始终”是从开始到最终的意思，符合句子的意思。而“终于、到底”意思和用法一样，不能选择其一；“早晚”可以表示时间，也有一定、无论如何的意思。

(7) 俗话说“一日不见，如隔三秋”，咱们才两年没见，我____认不出你来了。

A. 马上　　B. 干脆

C. 简直　　D. 一定

答案：C

分析：“认不出你来”是对两年没见的结果的夸张表述，因此只能用“简直”这个词语才能表达这样的意思。“马上”有立刻、立即的意思，而两年的时间不能用“马上”来形容。副词“一定”有坚决的意思，“干脆”有直截了当的意思。

(8) ____你根本不懂他的心，他已经为你默默祈祷了很多年。

A. 确实　　B. 其实

C. 实在　　D. 实际

答案：B

分析：“其实”表示所说的是实际情况，常常含有与前边所说的情况相反的意思。这个句子中没有前边的句子，但是，实际上暗含着的意思是“你觉得你懂他的心”。其他词语不能表达同样的意思。

(9) 如果你____知道自己没有能力却硬要去做，结果只能是遗憾。

A. 干脆　　B. 简直

C. 明明　　D. 分别

答案：C

分析：“明明”一般用在句子的前半部分，而后边常常会有转折性的词语如“但是、可是、却”等与之搭配，“明明”强调十分明显而清楚的情况。

(10) 尽管我们已经有十几年没见面了，但是我____一下子就认出她来了。

A. 实在　　B. 还是

C. 显然　　D. 霎时

答案：B

分析：这里的“还是”用的是“仍然”的意思，即跟以前一样。“霎时”指短时间；“显然”有明显、清楚的意思；“实在”有确实的意思。

(11) 他们几个昨天______逛商店去了，却说自己去上课了。

A. 明显　　B. 毕竟

C. 明明　　D. 明白

答案：C

分析：“明明”与“分明”相同，在句子中常常表示十分清楚、明显的事情，每个人都知道。而后边的句子一定会有相反的情况出现，常常用“却、但是、为什么”说出另外一种情况。“明显”尽管也有相同的意思，但没有这样的用法。其他两个词语用在这里不合适。

(12) 你到底在学校____在公司工作？

A. 或者　　B. 还是

C. 不是　　D. 还

答案：B

分析：在用“到底、究竟”的追问句中，后边必须有表示疑问的形式，因此，只能选择“还是”。有的同学会选择“或者”，应该说，如果没有“还是”，“或者”并不是不能使用，但是，在有“还是”这个词语时，必须选择“还是”。

(13) 这一课的生词很多，____难预习了！

A. 很　　B. 太

C. 非常　　D. 多

答案：B

分析：如果句子中句尾没有“了”，选择“很、非常”都是正确的，但是，因为有了这个“了”，就只能选择“太”了，因为“太……了”是比较固定的搭配形式。“多……啊”是比较固定的搭配形式。

(14) 我____上完中国文学课，还没回宿舍呢。

A. 一　　B. 就

C. 刚　　D. 刚才

答案：C

分析：“刚”用在“上完课”之前，表示动作结束得比较晚，与句子后边的“还没回宿舍呢”形成时间上完美的配合。如果用其他词语则不能形成这样的搭配，也不能清楚地表达意思。

(15) 这个作家____去国外访问，所以他了解外国。

A. 不　　B. 没

C. 常　　D. 多

答案：C

分析：“不、没”修饰“去国外访问”以后，就不会出现“了解外国”的结果，因此不可以使用。“多”修饰动词常常表示对别人的劝导，如“你应该多听、多说、多写、多记”等。只有“常”才能与后边形成恰当的配合。

三、病句分析

(1) 大家都以为她是中国人，实在她是日本人。

(2) 昨天我听到了一条非常其实的消息，我们没有期中考试了。

(3) 其实你们不用担心，只要准时复习就不会有什么问题。

(4) 和他约会我从来不担心，他是一个很按时的人。

(5) 我们都分头做好了准备，只等明天参加比赛了。

(6) 我一定知道他对唱歌跳舞不感兴趣。

(7) 这是很明明的事情，你怎么不知道呢？

(8) 从最近几年来看，今年冬天简直冷！

(9) 这个问题大家看得很显然，不需要再讨论来讨论去了。

(10) 只要我们这样工作照样，就一定能成功。

(11) 我知道，依旧她在心里惦记着这件事。

(12) 我不明白始终这件事情到底是为什么。

(13) 你不必为我们担心，我们早晚在一起。

(14) 他现在始终了解了我们的好心。
(15) 吃了两个星期药，总算小李的病好起来了。

四、应 用 练 习

1．用所给的词语完成句子

(1) 表面看起来这个问题并不难办，________________。(其实)
(2) ________________，你还是另请别人来做吧。(实在)
(3) 我们公司要求全体员工每天________________。(准时)
(4) ________________，不然会造成极其恶劣的后果。(及时)
(5) 得知他突然病故的消息，我________________。(顿时)
(6) ________________，大家应该把力量集中起来一起干。(分头)
(7) 外面刮那么大的风，我看________________。(还是)
(8) 你这样不听别人劝告，________________。(简直)
(9) ________________，不要总是说人家大刘有问题。(毕竟)
(10) 还有一个多月我们就要毕业了，这一天________________。(总算)

2．给词语选择恰当的位置

(1) 很多A年轻的父母B并不C了解自己的孩子，更D不知道如何教育孩子。
其实
(2) 飞机A能够B抵达令我们倍感欣慰，这次C会谈关系着公司D的前途。
准时
(3) A几个小组的矿工B在一百多米深的井下进行着C作业D。
分别
(4) 倘若他们还不能A按期B完成任务，C就不要让他们做了，换别人D吧。
干脆
(5) 一星期A没有吃饭的B人或许C能够生存，但是没有了水D一定会渴死。
照样
(6) 孩子A是孩子，你B不应C按自己的意志D去要求他，应该给他自由。
毕竟
(7) 他说读书A是B他C生活中D最大的乐趣。
可能
(8) 你A千万要B记住C吃药D，别让妈妈着急啊！
可
(9) 这本书A我B整整看了C一天D看完。
才
(10) A到北京语言大学以后，B我们C参加了D一次考试。
就

3. 选择恰当的词语填空

(1) 品茶品酒师看起来是个简单的职业，____需要很多专业知识。

A. 其实　　B. 实践

C. 实在　　D. 实话

(2) 我__________没有在事发现场，非常抱歉我不能回答你的问题。

A. 确实确实　　B. 确确实实

C. 很确实地　　D. 非常确实

(3) 他们俩是在四十年前上大学时相识的，____他们都只有十八九岁。

A. 按时　　B. 当时

C. 及时　　D. 一时

(4) 记者们所问的问题，刘市长____难以回答，只好换了一个话题。

A. 此时　　B. 一时

C. 当时　　D. 同时

(5) 在香港四国邀请赛上，中国队和巴西队____战胜了自己的对手进入决赛。

A. 一起　　B. 一块儿

C. 分别　　D. 平均

(6) 中国上海和北京8月中旬出现的____不是UFO，你怎么非说它是呢?

A. 明显　　B. 毕竟

C. 明明　　D. 明白

(7) 孙老师的癌症已经到了晚期，但他____坚持完成了自己的工作。

A. 总是　　B. 终究

C. 仍然　　D. 同样

(8) 你放心吧，就是你有一天变成了一个穷人，我____会跟你在一起。

A. 同时　　B. 又

C. 照样　　D. 再

(9) 跟其他动植物一样，人____会死的，这是大自然的规律，谁也无法抗拒。

A. 终于　　B. 总是

C. 究竟　　D. 总算

(10) 张小虎的条件是不错，但他____还是个孩子，不能对他要求太高。

A. 根据　　B. 甚至

C. 如何　　D. 毕竟

(11) 都已经7点了，咱们____不出发可就真的来不及了。

A. 也　　B. 再

C. 又　　D. 就

(12) 你先想想这个问题，不想好____回答时会再次出错儿。

A. 免不了　　B. 免得

C. 以免　　D. 省得

(13) 旅行途中我会____给你写信，告诉你我所见到的一切新鲜事儿。

A. 一定　　B. 分头

C. 明明　　D. 及时

(14) 说干就干吧，我们____按照老办法一个人负责一部分。

A. 究竟　　B. 总算

C. 还是　　D. 分别

(15) 虽然多少年已经过去了，可我____不能忘记儿时的那件事。

A. 再　　B. 又

C. 仍　　D. 只

第七课　固定格式分析

一、知识讲解

本课要介绍的是汉语中比较常见的一些固定格式，这些固定格式在汉语实际应用中都有着比较高的使用频率，而且，对于学习者来说，又都有一定的难度。弄懂这些固定格式的意义和用法，对于解决汉语学习中的实际问题一定会有很大的帮助，对于提高你的汉语语法水平也是非常重要的。

(一)所+V+的+名

“所”是一个助词，没有什么具体的意思。在与动词组合时，可以使动词变成名词性的词语或共同做名词的定语，这是它最重要的语法意义。它的基本形式是：“所”加上动词，然后跟“的”，后边还可以出现名词，即**“所+V+的+N”**。这种形式多用于书面语。其实，在句子中，用“所”与不用“所”的意思没有多大的区别，但是作为一种语法形式，还是应该尽量掌握。

所说、所说的、所说的话

所做、所做的、所做的事

所买、所买的、所买的东西

所研究、所研究的、所研究的课题

这件事所引发的讨论应该引起我们充分的重视。

你们所讨论的问题我并不关心。

目前大学生所关心的不只是就业问题。

日本福岛的地震和海啸所造成的人员伤亡和财产损失不可估量。

(二)所谓……就是……

这是一个表示解释意义的固定句式。“所谓”提出需要解释的词语，“就是”后对这个词语加以解释，一般在“就是”之前应该有停顿，有时在“就是”前还可以使用其他词语。这个格式多用在书面语中。

此外，还应该注意，“所谓”也可以单独用在句子中间做定语，引述别人的词语或句子，并含有对所引述的内容否定、批评或指责的意思。这种用法一般在议论性的文章中出现。

所谓 HSK，就是汉语水平考试。

所谓留学生，就是在国外学习的学生。

所谓 WTO，指的就是世界贸易组织。

所谓“双赢”，一般就是指谈判或贸易双方都得到利益。

我根本就不相信你们所谓的“帮助”，那不过是一个骗局。

他所谓“努力学习”，还不如说是“努力休息”。

老板所谓的“努力”，其实就是让我们做奴隶！

(三)以……为……，为/被……所……

这应该是古汉语留下来的两种特殊句子形式，即现代汉语中的“把”字句和被动句，多用在书面语当中。我们已经在上册的“把、被”分析中简单地介绍过了。应该强调的是，在“以……为……”中，“为”只能带名词性宾语，不能带其他成分；在“为/被……所……”句式中，“所”后的动词多是双音节词语，并且动词后不能带有其他成分，与普通被动句的要求不一样。

大家应该以幸子为榜样，努力学习。

以O为圆心，以R为半径划一个圆。

学习不能只以分数为目的，应该注意能力的培养。

任何人如果只以赚钱为人生的快乐，那就大错特错了。

很多观众都为这部电影的剧情所感动。

那个年月，为生活所迫，刘明不得不沿街讨乞。

你们的这种所作所为很难为群众所理解。

这种艺术形式为广大人民群众所喜闻乐见。

(四)拿……来说，对……来说/来讲、在……看来

这是三个形式上比较接近的固定格式，“拿……来说”是举例，中间插入名词性的成分，内容不受任何限制，前边常常有与其所举的例子相关的小句子，后边一般还应该有解释性的成分，即三段的句子形式；“对……来说/来讲”、“在……看来”中间都应该是与人相关的词语，后边则表示这个人或跟这个人有关的组织、国家甚至民族的看法、观点、意见、建议等。比较之下，“在……看来”更强调所插入成分的观点、意见，而“对……来说/来讲”有时候还带有说话者的意思。

这次我们班考得都不错，拿玛丽来说，综合课95分，阅读课92分。

今年春天很冷，拿现在来说，已经四月了，还得穿毛衣才行。

北京有很多名胜古迹，拿长城来说，已经有七八百年的历史了。

对我来说，汉字不难，语法比较难。

对留学生来说，汉语基础学习非常重要。

这件事对他来说可是个不小的打击。

对北京人来说，面食是最理想的食物。

在你看来，这个问题应该怎么解决？

在我看来，这并没有什么可吃惊的。

在当今的青年人看来，奇装异服是一种时尚。

我认为，对年轻人来说，掌握一门技术十分重要。

(五)连……也/都……，一点儿也/都……

这是汉语中很重要的两个强调格式。前者强调主语、宾语、动词等，后者则强调程度

低、数量少。这两个格式中的“也”和“都”的后边常常使用“不、没”等否定词语，然后才是动词或形容词。需要说明的是，“连……也/都……”中的“连”，在语言实际应用中有时可以省略不用，变成“……也/都……”。

连老师也不知道那个地方。

老师连那个地方都不知道？

刚来北京时我连一句汉语都不会说，连一个汉字也不会写。

连最亲密的朋友都离开了我，我该怎么办？

他连想都没想就同意了。

这份合同他连看都没看就签字了。

这样的问题一个也不要问。

这样的东西一个也不能少。

他一点儿都不了解这里的情况。

这件事你一点儿也没想过？

我一点儿也不喜欢那个演员。

怎么，你就一点儿也不想家？

“一点儿”表示数量时还可以换成“一+量词”，强调数量少。在这样的句子中，动词的宾语常常被提前到主语的位置上。

这些书我一本都不想看。

你今天怎么一句话也不说？

同学们今天一个也没来。

他们那儿我一次也没去过。

你给我的钱，我一分都没有花。

来北京半年多了，一场电影我都没看过。

什么？医院，最近几年我一次也没去过。

(六)还没/不……呢、还……呢

“还没/不……呢”表示某个动作或某种情况目前还没有发生或结束，但是在未来的时间里肯定会发生或结束。“还没/不……呢”中间一般应该插入动词或动宾结构，也可以加入形容词。

我还没去过颐和园呢。

我姐姐还没有来过北京呢。

我们还没学第十课呢。

现在我还不能决定是不是同意你们的要求。

我还没习惯这里的气候呢。

这个问题我还不清楚呢。

李老师的病还没好呢，怎么上课？

你们先休息吧，我还不累呢。

“还……呢”在句子中也可以强调某个人或物没有达到应该达到的标准，含有说话者对对方蔑视的态度，常与“亏、亏得”等连用；有时候也可以表示强调自己达到了某种程度或水平，含有自豪的意味。如果主语是第三方，则兼有轻蔑和羡慕两种意思。

你还是班长呢，怎么总是迟到？

他还是先进呢，就这个水平啊！

你们还是大学生呢，怎么这么说话呀！

你知道吗？我还考过第一名呢。

我们还一起吃饭了呢，你知道吗！

您别看不起我，我还学过表演呢。

玛丽还得过冠军呢。

他还三好生呢？我看不配！

(七)有点儿+A/V，A/V +一点儿

这两个格式都表示程度不很高，其中，“有点儿”后边多是表示不如意、不理想的事情，动词应该是心理动词；有时“有+点儿”也可能是“动词+量词”，用在名词前。

今天有点儿冷。

我有点儿不舒服。

他有点儿担心。

我看你有点儿害怕，是吧？

罗兰最近有点儿想家。

我还有点儿活儿没干完。

桌子上有点儿水。

这个人有点儿勇气。

“一点儿”前边的动词或形容词不受任何限制，可以是理想的，也可以是不理想的。“一点儿”也可以代替名词做动词的宾语，还可以在形容词后表示程度并不太高的建议。

今天比昨天冷一点儿。

这双鞋好看一点儿。

这孩子比小时候胖一点儿了。

你不觉得这里的东西贵了一点儿吗？

大家都希望过得舒服一点儿。

你再吃一点儿吧！

这种草莓我也买了一点儿。

太贵了，便宜一点儿吧！

你的声音大一点儿好吗？

请你再往里边站一点儿，谢谢！

(八)A/V 得不能再 A/V 了

这是一个表示程度高的固定格式。“A”一般应该用形容词或心理动词，可以是积极性的，也可以是消极性的；有时候也可以用普通动词。

今年冬天真是冷得不能再冷了。

你是聪明得不能再聪明了。

现在的汽车价格是便宜得不能再便宜了。

这几天我是忙得不能再忙了。

对这个东西他是喜欢得不能再喜欢了。

我已经吃得不能再吃了。

大家都走得不能再走了。

(九)连……带……

这个固定格式中前后可以插入名词性成分，也可以插入动词性成分，而这两个成分一般应该是相互关联的，不能一点儿关系都没有。格式所强调的主要是两种事物都包括，或者两个动作同时进行。组成固定的格式之后，在句子中既可以做主语、定语，也可以做状语。

你们看，教室里连老师带学生都没有。

昨天我连书包带钱包都弄丢了。

刚才他连人带车都摔倒了。

我喜欢他那种连蹦带跳的样子。

孩子们连说带笑地走了过来。

我们连唱歌带跳舞，整整玩了一个晚上。

(十)到……为止、继……之后、应……之邀、应邀

这是几个书面语的表达形式，常常出现在新闻类的文章中。“到……为止”表示时间、进度从过去的某一点起到另外的一点停止；“继……之后”表示在时间或次序上在某个后面；“应……之邀”的意思是答应某人的邀请而访问某个国家，参观某个地方，参加某次会议等等，使用中还可以简化为“应邀”。应该注意的是，“截止到……为止”是错误的搭配。

本次海啸到15日为止已经夺去了上万人的生命。

到目前为止，中国大陆公民已经超过了13.8亿。

我们的讨论到此为止。

继3月11日的地震之后又连续发生数百次余震。

本次实验是继上次之后的又一次成功的实验。

我们对主席先生应本次大会之邀前来参加会议表示热烈的欢迎。

国务院总理应邀访问了拉美七国。

二、语词分析

要求：给句子后的词语选择恰当的位置或选择恰当的词语填空。

(1) 这A就是我想告诉B你的C事情，希望你能够把D它们都记住。
所有的

答案：C

分析："所有的"只能用在名词性词语之前，应该记住"所+动词+的+名词"的固定形式。

(2) 我们 A 这里 B 的图书仪器你都 C 可以随时使用 D。

所有

答案：B

分析："所有"后边可以直接加名词，也可以加"的"以后再加名词。

(3) 你 A 交通规则不懂，B 机械常识没学，C 甚至 D 方向盘也没摸过，怎么能开车上路呢？

连

答案：D

分析："连……也没……"是十分固定的格式，句子中强调的是"摸过"的宾语"方向盘"。A、B 两个位置似乎可以，但都缺少必要的搭配词语"也、都"。

(4) 你 A 说的话到底 B 是什么意思，我 C 一点儿 D 没听懂，请你们再讲一遍。

也

答案：D

分析："一点儿也/都……"同样是十分固定的语法格式，因此，"也"的位置是固定的。C 似乎可以，但那样的话"也"应该表示相同的意思，那么，与谁相同呢？"一点儿"后边又缺少必要的搭配词语。因此，D 是最恰当的位置。

(5) 我没 A 学过音乐、舞蹈 B 和书法，C 现在 D 不想参加这样的班，以后再说吧。

还

答案：D

分析："还"有仍然的意思，也可以认为"还不/没……呢"的格式。如果是后者，意思是说：现在不想参加这个班，以后会参加。

(6) 我觉得这件衣服 A 大，您还有 B 小 C 的 D 吗？

一点儿

答案：C

分析："一点儿"一般应该用在动词或形容词之后，表示程度低。应该注意"一点儿"与"有点儿"的区别。

(7) 请你 A 慢 B 吃，吃太快了 C 对胃 D 没有好处。

一点儿

答案：B

分析："慢一点儿吃"的意思是"吃得慢一点儿"。其他位置不合适。

(8) "雅思"考试大有取代"托福"之势，报考人数越来越多，_____以东亚考生为主。

A. 其中　　B. 中间

C. 其他　　D. 其实

答案：A

分析：应该记住的是："其中"的前后一般是数量词语，而且一般前边是比较大的数量词语，后边的数量是前边数量中的一部分。句子中的"越来越多"表示数量多，而"以东亚考生为主”只是全部考生中的大部分。

(9) 据《北京晨报》报道，老人们每天清晨结伴去爬香山，____节假日也不休息。

A. 至于 B. 以至于

C. 甚至 D. 不至于

答案：C

分析：“连……也/都……”是比较固定的格式，而“甚至”与这个格式表达相同的意思。B、D之后应该是不理想的事情。

(10) 你们____的交流，难道就是无偿获取别人的经济情报，从而损人利己吗？

A. 所有 B. 所谓

C. 所以 D. 所得

答案：B

分析：“所谓……就是……”是固定的格式，尽管这个句子表现得不是十分明显，但只要认真分析，还是能够找到正确答案的。其他词语中只有“所有”可以用在句子中，但是，意义上完全不通！

(11) 按照公司规定，____人进车间以前必须更换服装鞋帽。

A. 所来 B. 所有

C. 所进 D. 所去

答案：B

分析：“所有”有全部的意义，相当于“任何”。其他三个词语后边加“人”时都应该用“的”。

(12) 您要是____一句英语____不学，再办奥运会怎么给运动员当翻译呀！

A. 虽然……但是…… B. 因为……所以……

C. 连……都…… D. 如果……就……

答案：C

分析：“连……都……”是一个表示强调意义的语法格式，而其他三个都是复句形式，不符合句子本身的要求。正确答案只能是C。

(13) 这家饭店的饭菜不错，服务也很理想，就是____远。

A. 一下儿 B. 一点儿

C. 有点儿 D. 一会儿

答案：C

分析：“饭店远”是说话人认为不理想的事情，因此，“远”之前用“有点儿”是最恰当的。其他词语没有这样的表达效果。

(14) 这件衣服太长了，那件红的好像____，我想看看那件。

A. 短一点儿 B. 有点儿短

C. 短一短 D. 短了短

答案：A

分析：“太长了”表示说话人不满的态度，因此，后边的句子就不能再用表示不满的“有点儿短”，而应该用“短一点儿”，因为后者还可以表示满意的事情。其他两个备选项目不合适。

(15) 昨天28摄氏度，今天30摄氏度，今天比昨天_____。

A. 有点儿热　　B. 热有点儿

C. 一点儿热　　D. 热一点儿

答案：D

分析：在“A 比 B”的比较句中，比较的差别之前不能出现表示程度的词语，只能在表示差别的形容词之后使用比较的结果。这在前边的比较句中已经介绍并分析过了，可以回去参考一下。

三、病句分析

(1) 两个月以后，我们都以张老师为好朋友。
(2) 所有问题都为大家努力所解释清楚了。
(3) 你所谓的话，所办的事我都不能理解。
(4) 春天到了，天气却一点儿冷。
(5) 我一点儿喝水，然后考虑明天旅行的计划。
(6) 昨天去王府井我们一点儿都没买东西。
(7) 第一次来北京的时候我不习惯，因为连夜里也没有洗澡的地方。
(8) 他对我连一句也没有说过关心的话。
(9) 这个句式连中国大学生难学，何况我们留学生！
(10) 这时候我的心里有点儿舒服了。
(11) 今天我有点儿高兴，咱们去喝酒吧！
(12) 来北京半年了，我还不去过颐和园呢。
(13) 我们来北京快一年了，对冬天来说，我非常不习惯。
(14) 我们班同学学习非常努力，拿迈克来说，就很努力。
(15) 在这本小说看来，我觉得很有意思。

四、应用练习

1. 用所给的词语完成对话

(1) A. 玛丽，我们班有谁想参加运动会，你问过吗？
B. ____________________________。(所+V+的+N)

(2) A. 请你说清楚，你刚才谈的到底是什么意思？
B. ____________________________。(所谓……就是……)

(3) A. 如果总是把自己当作中心人物，结果会怎么样？
B. ____________________________。(以……为……)

(4) A. 你觉得北京的交通拥堵问题应该怎样解决？
B. ____________________________。(在……看来)

(5) A. 老师的讲课方法你们已经习惯了吗？有什么问题？
B. ________________________。(对……来说)

(6) A. 山下小姐，你父母也会说汉语吗？
B. ________________________。(连……都/也……)

(7) A. 去年刚来的时候，你对这里的感觉如何？
B. ________________________。(一点儿也/都……)

(8) A. 迈克，你都去过哪些国家？
B. ________________________。(还没……呢)

(9) A. 我们学校周围的环境怎么样？
B. ________________________。(有点儿……)

(10) A. 你喜欢穿什么颜色的服装？
B. ________________________。(……一点儿)

2. 给词语选择恰当的位置

(1) A令人高兴的是，B这里C发生的问题都跟D我们没有关系。
所

(2) A有建筑专家指出，B未来的居室中阳台C占有的空间D不宜过大。
所

(3) 我们都为他A那坚强B不屈的精神C深深地D感动了。
所

(4) A留学生，就是在B外国C学习的学生，也可指在国内某地D进修的学生。
所谓

(5) 你A连这么简单的B话C听不懂，我们干脆D不用再谈了。
都

(6) A这么一笔资金，B你们来说不算C什么，可我们D就不同了。
对

(7) 他们昨天A刚刚B来到北京，C没有D去过长城、颐和园这些地方呢。
还

(8) A这几天的天气B可能会C冷D，你们得多穿一点儿。
有点儿

(9) 今年流行A汉服，很有中国B特色，不过你这件太浅C了，深D就好了。
一点儿

(10) A来B中国C留学的外国D人都必须遵守中华人民共和国的法律。
所有

3. 选择恰当的词语填空

(1) 这样一____，同学们学习的积极性很快就提高了。
A. 上　　　　　　B. 下

C. 来　　D. 去

(2) ____每一位学生来说，认真学习都应该是最重要的。
A. 对　　B. 向
C. 朝　　D. 冲

(3) 第一次吃北京烤鸭你会觉得______也不腻，第二次就不同了。
A. 很　　B. 非常
C. 太　　D. 一点儿

(4) 传达我的命令：______刑警马上集合，五分钟后出发。
A. 全体　　B. 全部
C. 一切　　D. 整个

(5) 她真喜欢中国菜，这周已经____去了四次中国餐馆了。
A. 一连　　B. 不断
C. 纷纷　　D. 难怪

(6) 来北京快半年了，我____去过长城和颐和园____，你呢？
A. 不是……吗　　B. 还没……呢
C. 怎么……呢　　D. 多么……啊

(7) 金融危机后进口轿车降价幅度很大，____奔驰____，一下子降了15%。
A. 对……来说　　B. 拿……来说
C. 在……看来　　D. 在……时

(8) ____我____，一个人有多少钱并不能说明他成功与否。
A. 拿……来说　　B. 在……看来
C. 在……上　　D. 由……来讲

(9) 自从参加工作以后，我们____从来没见过面呢，更不用说一起吃饭了。
A. 也　　B. 再也
C. 还　　D. 又

(10) 我什么展览都喜欢看，目的就是__________自己的知识。
A. 丰富一点儿　　B. 一点儿丰富
C. 丰富有点儿　　D. 有点儿丰富

(11) 任何人一生中______的事情绝不只是简简单单的一两件。
A. 所有　　B. 所经历
C. 所看见　　D. 所听说

(12) 李德伦先生作为一位著名的指挥家，多年来一直____人们所尊敬和景仰。
A. 对　　B. 给
C. 为　　D. 是

(13) ____对外汉语教学，____把汉语作为第二语言对外国人进行的汉语教学。
A. 所说……就是……　　B. 所谓……就是……
C. 只要……就是……　　D. 既然……就是……

(14) 中国要和国际接轨，你看，____胡同的老人们____学起英语来了。

A. 连……也…… B. 既……也……

C. 既……又…… D. 要是……也……

(15) 说实话，我______都不同意你们的意见，因为它不符合大多数人的利益。

A. 一会儿 B. 一点儿

C. 一块儿 D. 根本

第八课　代 词 分 析

一、知 识 讲 解

本课要对汉语中的代词进行归纳和分析。代词一般包括人称代词、指示代词和疑问代词几种，其中疑问代词我们已经在上册进行过分析，这里就不再加以介绍。本课主要介绍指示代词和人称代词。对这些词语适当地加以了解，会使你的汉语词汇更加丰富，也有助于进一步提高学习者的汉语语法应用水平。

(一)指示代词

指称或区别人、物、情况的词叫指示代词。指示代词的用法有的很简单，有的则比较复杂。指示代词有近指和远指的区别，应该注意每个词语的具体特点，特别要注意“这、该、此、本、某、贵”等在使用上的不同。

1．这、那，这个、那个，这些、那些

“这、那”多用在名词和数量词之前，也可以直接做主语；“这个、那个”应该用在名词之前，表示单个的确定的人、物；“这些、那些”同样用在名词之前，也可以单独使用，表示的是复数。

这人、那人

这本书、那本书

这几个人、那几个人

这不错，那也很好。

这个东西是他的，不是我的。

那个教室很安静，咱们去那儿吧。

这些书是谁的？

那些本子都已经用完了。

这些是你的，那些归我。

2．这么、那么，这样、那样

这组词语可以用在形容词或表示心理活动的动词之前，表示程度，相当于“很、非常”等；用在普通动词前表示行为动作的方式；用在数量词前强调数量的多或少。

“这么、那么”与“这样、那样”有许多相同的地方，但不能用在名词前。“这样、那样”用在“的+名词”或数量名之前，也可以单独做句子成分。

应该注意的是：“这么、那么”在指代事物时，有着明确的分工，即“这么”常常表示时间、距离近的情况，而“那么”常常表示时间或距离比较远的情况，而且还常常用在比较句中，即“A 有/没有 B(这么/那么)+adj”。

“那么”还有一个比较特殊的用法，即表示顺着上文的语意，申说应有的结果，常与“既然、如果”等搭配使用。“这样”用在句子中间起连接作用，有“因此”的意思。

昨天那么凉，今天却又这么热！

北京这么大，我们的城市那么小。

这样的事情、那样的地方

这样几件事、那样两本书

你怎么那么想家？

我总是这么担心她。

你别这么激动，请静一静！

我们应该这么办。

不能按照他说的那么做。

这样很舒服。

那样也有道理。

你这样做合情合理，没有什么错。

他这样说是不对，不过别生气。

你的房间怎么这样乱糟糟的？

你们何必那样惊慌！

像咱们这么走，什么时候能到家！

我说这么两句话你就生气了？

他们怎么就来了那么几个人？

我的孩子早就有桌子这么高了。

他不像你说的那么让人讨厌。

我可没有你那么聪明。

你们家乡的街道有北京这么宽吗？

既然你不舒服，那么，你就回去休息吧。

如果你不同意，那么，你可以提出自己的意见。

有问题你就及时问，这样，你就可以不断进步。

你说话太厉害了，这样，把大家都吓跑了。

3. 这里、那里，这儿、那儿

这几个词语都可以表示处所，而且也都可以用在人称代词或表示人的名词之后，使非处所词变成表示处所的词语。“这儿、那儿”多用于口语中。

我们来这里，你们去那里。

咱们在这儿休息一会儿。

你去那儿叫他吧。

快让他们来我们这里。

同学们都去老师那儿了。

你赶快到我这儿来吧！

明天咱们一块儿去他那儿看看。

4. 这时、那时，这时候、那时候，这会儿、那会儿

这组指示代词都指代比较具体的时间，在句子中做主语、定语和状语等。其中“那时候、那会儿”常常用在具体的事情之后，表示特别具体的时间。这些词语一般用在口语中，“这会儿、那会儿”口语化更强。

我们正在吃饭，这时，他突然来了。

那时我们谁也不认识谁。

这时候我什么也不能告诉你。

那年我们入学那时候正好是冬天。

刚回国那会儿我们还见过几次面。

刚才他还在这儿，这会儿又不见了。

5. 这、此、该、本、某、贵

这几个词语都用在名词前，用法也比较接近，但是适用的场合与语言风格不一样。“这”可以直接用在名词前，也可以在名词前加上数量词，其他几个都直接用在名词之前，而且多用在书面语中。“此”相当于“这、这个”，做名词还可以说成“此时、此地”；“该”指代前文出现过的人、事或处所等，可以解释成“这、那”；“本”则表示自己方面的、现今的，也就是与说话者所在的地方和时间有关的人、处所和时间等等，有时候也可以指所介绍的机关、处所等；“贵”则是敬辞，表示对对方的尊称，有“您”的意思，与“本”相对；“某”是汉语中的一个比较特殊的词语，它字面上表示不确定的人、事、物等，而实际上却确有所指，同样是后边直接加名词。

这组词语中，“此、该、本、贵”多用在书面语中。

这人、这事、这小伙子

这个人、这件事、这本书

这三个人、这两件事、这几张地图

此人、此事、此时、此地、此消息

我们就此告别吧。

从此我们再也没有见过面。

该国、该地、该校、该厂、该公司、该单位

我十分荣幸地向您介绍玛丽同学，该生学习认真、成绩优秀。

南苏丹是一个刚刚成立的国家，该国人口只有十几万。

本人、本家、本班、本校

本县、本市、本省、本国

本厂、本公司、本单位、本局

本日、本周、本月、本年、本世纪

我们将在本周五召开全院会议。

本校教职员工使用体育馆实行八折优惠。

本公司欲招聘相关人员，有符合条件者可前来应聘。

贵国、贵厂、贵公司、贵校、贵单位、贵省、贵县

我们非常希望贵公司派人来洽谈合作事宜。

某人、某事、某地、某公司、某国、某天、某年、某物、某些

据说该公司的某位领导竟然拿了回扣!

6．这、那、这儿、那儿

这几个词在口语中还有比较特殊的用法，即它们都有表示时间的意思：“这、这儿”是这时候，“那、那儿”是那时候的意思。

我们是两年以前认识的，打那以后再也没有见过面。

今天的事就算完了，打这起我们别再来往了。

我们只是去年见过一次面，从那儿起没什么联系。

今天就谈到这儿吧，以后找机会再谈。

(二)人称代词

所谓人称代词，就是代替人或事物名称的词语。汉语的人称代词包括第一人称、第二人称、第三人称和特殊人称几种。应该注意各种人称代词内部的关系，也要注意各种人称代词之间的关系，特别是人称代词的一些意义上的变化以及使用上的一些细微差别。

1．人家：别人，我、自己，他、他们

这几个词语告诉我们，“人家”的意思比较多，既可以是“别人”，也可以是“我、自己”，还可以是“他、他们”。“人家”的用法也很特别，既可以单独做主语和宾语，也可以用在人名之前，做主语或宾语的同位语，如“人家玛丽，人家小张”等。

人家都去，你为什么不去?

你再不说话，人家可要生气了。

这东西是小张的，快把它还给人家。

你跟她既然已经认识了，就不能把人家放在一边不管。

人家把心里话都告诉你了，你不能不理人家呀!

人家玛丽都来北京三年多了，怎么能跟她比呢?

我可不能跟人家张同比。

2．咱们、我们、你们、他们、她们

这几个人称代词都是复数，其中应该注意的是，“咱们”与“我们”有很大的区别：“咱们”包括说话和听话的双方，与“他们”相对，多用于口语；“我们”不包括听话的一方，与“你们”相对。“他们”可以是包括男女在内，也可以专指男性，而“她们”特指女性。

走，咱们一起去吧。

他们不去，那，咱们去吧。

你们不去，我们可要去了啊。

我不想跟你们一起吃饭，我自己吃。

他们班都是男生。

她们的成绩比咱们还好！

她们女生都敢，咱们怕什么？

3．大家、大伙儿、大家伙儿

这几个词语都指在某个场合所有的人，一般包括说话和听话的双方，口语化十分浓，而且带有很强的亲和力。它们都可以单独做句子成分，也可以用在“咱们、我们”之后，共同做句子成分。有时候单独用或跟“你们、他们”连用，表示不包括说话人自己在内。

今天下午大家一起吃饭吧。

大家都同意的话，我就没有什么可说的了。

咱们大家一起去海南旅行吧。

大伙儿都到齐了吗？

你们大家伙儿商量商量，不用急着告诉我答案。

我听大伙儿的，你们说怎么做就怎么做。

(三)别、别的，另、另外

这是一组强调其他情况的词语，它们之间的关系比较复杂。应该特别注意的是，“别”作为副词，与“不要”相同，表示劝阻或禁止；“别”也可以和“别的”一样，后边加上名词，如“别人、别国”等。“另”做副词与“另外”相同，在句中做状语；做指示代词时，“另”与“另外”也有相同之处，即它们都可以在后边加上“数量名”的形式，不同的是，“另外”可以有“另外+的+名”的形式，而“另”不可以；“另外”单独用时，有与“此外”一样的意义和用法。

你别/不要去那个地方了。

别/别的人不去我也不去。

还有别的问题吗？

我们另/另外找一个地方吧。

另外，我们再讨论一下儿明天的旅行计划。

另两个城市我们也想去参观参观。

另外一个问题下次再谈。

今天我们就谈到这儿，另外的事情以后再说！

(四)其中、其余、其他

这组词语中，“其中”是名词，但用法比较特殊，它的前边一般应该出现一个比较大的数量，后边是大数量中的一部分，也可以用在固定的格式中，如“其中之一”。

我们班有20个同学，其中有11个女生。

改革以后国有企业人员裁减了，其中不少人下了岗。

我有很多好朋友，大卫是其中之一。

“其余”、“其他”的意思和用法都比较接近，后边直接跟名词。要注意的是，指示代词“其他”既可以指人，也可以指事物，不能写成“其它”。

你们两个先走，其余人留下。

这些我收下，其余你都带回去吧。

玛丽留下，其他同学可以走了。

你们三个留在原地，其他人到前边去帮助三组。

你们两个进来，其他同学在外边等等。

二、语词分析

要求：给句子后的词语选择恰当的位置或选择恰当的词语填空。

(1) 我们在A这里人生地不熟，应该先多找B人了解一下C情况，然后再D进行下一步工作。

当地

答案：B

分析：我们既然不了解这里的情况，就应该找这里的人了解，而“这里的人”就是“当地人”。不能是C，“了解一下当地情况”似乎没有错，但是，找什么人才能了解当地情况呢，当然是“当地人”。因此，B才是最恰当的选择。

(2) A“知识就是力量”B来自西方思想家的名言，C一直鼓励着大家D奋斗。

这句

答案：B

分析：“这句名言”是一个正确的“指+量+名”结构，而“名”前又有一个比较长的定语“来自西方思想家的”。应该注意，汉语的代词一般应该代替前边的某个事物(包括人等)。

(3) A王军现在可是B名人了，不可能C跟D咱们哥们儿联系了。

人家

答案：A

分析：“人家”与“王军”是同位语。这个“人家”比较特殊，但在口语中又是比较常见的一种用法。同学们应该记住。

(4) 大三伏天儿的你A还穿B厚的衣服，C怎么可能不D热呢？

这么

答案：B

分析：“三伏天”指夏天最热的时候，而最热的时候还要穿“这么厚的衣服”，是令人难以想象的。“这么+形容词”是最常见的搭配形式。

(5) 我们所从事的A工作是B平凡，但平凡的C工作也有它D不平凡之处啊！

那么

答案：B

分析：与“这么”一样，“那么”一般用在形容词之前，强调程度高。句子中只有“平凡”是形容词。后面的“不平凡”之前不需用“那么”。

(6) 小翠一边A给姑娘大嫂们送茶端水，一边B在心里C说，我哪有你们D娇贵啊！

这么

答案：D

分析："这么、那么"后一般应该跟形容词或表示心理活动的动词，意思是"十分、非常"等。还应该知道，"这么、那么"也可以用在一般动词之前，有"这样、那样"的意思。在这个句子中，D是最恰当的选择。

(7) A他B糊涂，C做了错事，你D为什么就不能原谅他呢？

一时

答案：B

分析："一时"有"突然"的意思，用在主语后谓语前。句子中的"一时"不能用在C处，因为，"他糊涂，一时做了错事"不如"他一时糊涂，做了错事"更符合汉语表达习惯。

(8) 据统计，这个公司有A两千B个C中国员工D。

左右

答案：C

分析："左右"表示大概的数量，应该用在数量词语之后，名词之前。其他位置不合适。

(9) 刚才来办事的那个人说话怎么____不客气，一点儿礼貌也不懂！

A. 那么　　B. 这么

C. 这样　　D. 这里

答案：A

分析："那个人……那么不客气"，"这个人……这么不礼貌"。记住，距离说话人近的时间、处所要用"这么"，反过来应该用"那么"。

(10) 这个问题____已经讨论了很长时间了，什么时候才能有个结论呢？

A. 人家　　B. 大家

C. 别人　　D. 本人

答案：B

分析："大家"指所有的人，也就是参加"讨论"的人员。其他词语没有这样的表达效果。"人家、别人"意思基本相同，不能选择。

(11) 上海的工业总产值占全国的八分____一。

A. 之　　B. 中

C. 为　　D. 的

答案：A

分析："几分之几"是汉语中比较固定的搭配，最常见的是"……分之……"和"百分之……"。其他词语不能用在这个格式中。

(12) 这是本市最大的医院，____医院拥有全国最先进的医疗设备。

A. 该　　B. 贵

C. 本　　D. 其

答案：A

分析："该"多用在比较正式的语言环境中，有书面语的特点。"该"的意思可以是"这"，有时也可以是"那"。注意，这个句子中不能用"本"，因为说话人不一定是这个医院的工作人员。其他两个词语也不能清楚地表达意思。

(13) 我____人不同意你们的做法，我保留自己的意见。

A. 该　　B. 本

C. 每　　D. 这

答案：B

分析："我本人"就是"我自己"的意思。句子有特别强调自己的观点的意思。其他几个词语都不能使用。

(14) 张玲，我和小燕去看电影了，你们先休息，不要等____了。

A. 咱们　　B. 我们

C. 人家　　D. 别人

答案：B

分析：在汉语实际应用中，"我们"常常不包括听话的一方，而"咱们"则包括说话和听话的双方。正确答案只能是B。

(15) 你只要照顾好你们组的人就行了，____的人就不用你操心了。

A. 其中　　B. 其他

C. 中间　　D. 别的

答案：B

分析："其中、中间"的用法是指在某一个数量当中，而这里指的是另外的人，因此，正确答案应该是B。有的同学可能会选择D，但那样会同时出现两个"的"，当然是错误的。

三、病句分析

(1) 前几天来我房间的这位朋友是我在上海认识的。
(2) 这个问题太难了，明天我们去王老师问吧。
(3) 这么晚了，外边怎么还这么很热闹呢？
(4) 玛丽是进修班的同学，本人聪明好学，热情开朗。
(5) 我去过桂林，此地风光秀丽，民情淳朴，是旅游的好地方。
(6) 今年冬天咱们这儿没有下雪，你们那儿下了没有？
(7) 朋友们都走了，我也只好搭另人的车回去了。
(8) 你看小王人家多认真，从不马马虎虎。
(9) 我的辅导员说学完这半年，我的汉语水平能够到达六级。
(10) 我喜欢很多城市，北京是一个漂亮的城市之一。
(11) 朋友告诉我坐出租车去长城不用这样的多时间。
(12) 听说哈尔滨离北京有五百公里那样远。
(13) 我们班23个同学中只有两个欧洲人，多余都是亚洲人。
(14) 在世界上二百多个国家中，中国其中人口最多。
(15) 买完这两件衣服以后，我已经没有其余的钱了。

四、应用练习

1. 用所给的词语改写句子

(1) 你的房间太脏了，让我们怎么坐呀？ (这么)
(2) 你用完了玛丽的自行车就赶快还给她。 (人家)
(3) 你的做法我不赞成，因为会伤害好朋友。 (这样)
(4) 三年前我去过一次日本，从那时候开始我学习日语了。 (那儿)
(5) 同学有的在看书，有的在做作业，只有两个人在偷偷聊天。(另)
(6) 今天我们看录像，下课后老师让我们把录像内容写成故事。(这个)
(7) 要想彻底解决问题，我们就应该再想一个新的办法。 (另外)
(8) 你花那么多钱买东西，这些有用，那些一点儿用也没有。 (其余)
(9) 张老师告诉我，我们的汉语水平比别的学生高一些。 (咱们)
(10) 天津离北京大约一百五十多公里，上海可远多了。 (这么)

2. 给词语选择恰当的位置

(1) 《诗经》A 是中国最古老的诗歌总集，B 集中 C 体现了 D 古代劳动人民的精神风貌。
它

(2) A 俗话说，B“多个朋友多条路，少个朋友添堵墙”，C 说明中国人对 D 朋友关系的高度重视。
这

(3) A 这个小区 B 多年没解决的 C 污水排放问题，D 新物业一下子就解决了。
那么

(4) 这么重要的 A 开幕式就来了 B 几个客人，C 能不让 D 领导生气吗？
那么

(5) 你们来北京两年了 A 还不适应 B，你看 C 金多喜，都 D 快成了北京人了。
人家

(6) 你们先走吧，A 我 B 在这儿 C 等等 D 一个朋友。
另

(7) 在改革开放初期，A 我国就有 B 城市居民 C 达到了 D 小康水平。
一部分

(8) 据统计，上海现在 A1.7B 户家庭就 C 拥有 D 一部汽车。
每

(9) 有人说你 A 讲 B 普通话 C 没有他讲得 D 好听。
那么

(10) 他们 A 都是 B 非常熟练的 C 技术 D 工人，你就放心吧。
一些

3．选择恰当的词语填空

(1) 三年前他做了胃癌切除手术，打____以后他每天坚持运动，从未间断。

A. 那样 B. 那么

C. 那儿 D. 那里

(2) 每一位来____公司应聘者，均须持学历、学位证明并交两张免冠照片。

A. 这 B. 此

C. 某 D. 本

(3) 我躺在床上，心里总是________地胡思乱想，不知什么时候才睡着。

A. 这些那些 B. 这样那样

C. 这么那么 D. 这里那里

(4) 不管是借了谁的东西，用完了就应该还给____，别让人看不起。

A. 别人 B. 人家

C. 他人 D. 那里

(5) 参加这次太空飞行的除了中、美、俄宇航员外，还有____两位普通客人。

A. 别 B. 另一

C. 另外 D. 别的

(6) 你们只要认真做好自己的事情就行了，____的不用你们管。

A. 其中 B. 其余

C. 剩余 D. 多余

(7) 这个房间太潮湿了，告诉你们经理，我们要求换到____一个房间去住。

A. 另 B. 另一

C. 别的 D. 别

(8) 你们不用担心，这次不行的话我们再____想办法，一定保证你们满意。

A. 另 B. 别

C. 别的 D. 另一

(9) 校长先生，我十分荣幸地向您推荐爱华同学，____生自2010年……

A. 本 B. 某

C. 该 D. 这

(10) 对不起，今天不能陪你了，我答应今天晚上去爸爸妈妈____过节。

A. 这儿 B. 那儿

C. 这 D. 那

(11) 在我们这个数百万人口的城市中，科技界____人并不很多，多数是引进的人才。

A. 此地 B. 本地

C. 当地 D. 该地

(12) 我们上大学____七八个人住一个房间，比你们现在艰苦多了。

A. 这时 B. 那些

C. 当时 D. 那会儿

(13) 你们都是我们总经理请来的____宾，周到的服务是我们的责任。

A. 本　　B. 贵

C. 该　　D. 某

(14) 这可是咱们____的事儿，谁都不能不上心，要不就退出。

A. 每个　　B. 别人

C. 大伙儿　　D. 人家

(15) 我相信你们的水平真的有____高，可我也不能给你们开后门儿啊！

A. 那么　　B. 什么

C. 这么　　D. 怎么

第九课　特殊词语分析(1)

一、知识讲解

本课及以后几课所要介绍的特殊词语，都是汉语中比较常见而且又容易给学习者带来困惑的词语。这些词语在语言应用中的使用频率都很高，而且具有相当高的实用价值，但它们又很难统一归类，有些词语还有相近或相对的形式等。弄懂这些特殊词语的用法，一定会对你的汉语学习，特别是对汉语语法的学习有非常大的帮助。

(一)舍不得，恨不得、恨不能、巴不得，由不得、不由得，了不得、不得了、了不起

这几组词语只是构词形式相同，用法和意义上都没有什么必然的联系。我们把它们集中在一起，一是为了学习者学习方便，二是可以帮助学习者归纳相同形式的一类词语。

1．舍不得

动词，可以带名词或动词性宾语，既可以表示人与人或处所之间不愿意分离，也可以表示因爱惜而不忍抛弃或使用某件物品。“舍不得”的肯定形式是“舍得”，常用在疑问句中。

他们俩总是你舍不得我，我舍不得你的。

大家都舍不得你走。

同学们都舍不得离开。

我们大家都舍不得北京。

这本书我还舍不得送给你呢。

挺好的书，真舍不得卖了。

他舍不得用这个杯子。

这么好的东西送给别人，你舍得吗?

你说你要走，但是，你舍得走吗?

2．恨不得、恨不能、巴不得

“恨不得”带动词性短语的宾语，表示急切地盼望做成某事，而实际上未必如此。在它与动词宾语之间常常可以加上“马上、赶快、立即、一下子、就”等词语，后边不能有否定形式。“恨不能”与“恨不得”意思相同，只是用得比较少。“巴不得”表示非常希望怎么样，用法与“恨不得”相近，但后边可以跟否定的形式，也可以直接带名词性宾语，还可以单独用作谓语。与“恨不得”相比，“巴不得”更口语化。

他恨不得马上回国工作。

我恨不得立即见到她!

你恨不得一下子飞回家，对吧？

他恨不能插上翅膀飞到妈妈身边去。

我恨不能一口气把这些书都读完。

我恨不得现在就离开你。

你不要被他欺骗，他巴不得你这样做。

不来正好，我巴不得他不来呢。

太好了！我巴不得这样的结果呢！

你们能这样对待他，我巴不得呢。

3．由不得、不由得

“由不得”有不能依从或无法控制两种意思，可以做谓语，也可以做状语。在表示无法控制的意思时，“由不得”与“不由得”相同，在句子中只做状语。还应该知道，“不由得”还有“不禁、忍不住”的意思。

这事可由不得你。

婚姻大事由不得别人做主！

听了他的笑话让你由不得发笑。

去不去可由不得你自己。

他说的话不由得你不信。

听了朋友的劝告，她不由得哭了起来。

每到这个时候，妈妈总是不由得流下热泪。

4．了不得、不得了、了不起

“了不得”是形容词，在句中做定语、补语、谓语等。有非常突出、超出一般的意思，这时与“了不起”意思相同；也表示情况严重、没有办法收拾，这时，与“不得了”的用法基本相同；还表示程度很深。“了不起”常常含褒义，而“不得了”则常常含贬义。

这是个了不得的职业。

他可是个了不起的人才。

这个人可了不得，沟通能力强极了。

可了不得啦，王老师倒在教室里了！

可不得了了，厨房里全是蟑螂。

算了吧，没什么了不起的！

他听了以后高兴得不得了。

刚刚四月底，天气就热得不得了了！

(二)怪不得、怨不得、难怪，原来、本来

这组词中，“怪不得”、“怨不得”与“难怪”有很多相似或相同的地方，即，它们都可以做动词，可以带宾语，意思是“不能责怪”；它们又都可以起副词的作用，表示明白了某种结果产生的原因，不再觉得奇怪，句子中前后常常有“原来、没想到”等引

出表明原因的语句。“难怪、怪不得、怨不得”可以用在句首，也可以用在后一分句的最前边。

这件事怪不得别人，应该怪你自己。

这次事故很难怪他，是你骑车太快了。

怪不得/难怪没来上课，原来他住院了。

难怪他又回国了，真没想到是他妈妈病了。

你女朋友来了，怪不得/难怪你那么高兴！

“原来”和“本来”做形容词时，都有原有的、没有改变的意思，在句中做名词的定语；做副词时，它们又都有强调先前、当初的意思，在句中做状语，可以用在主语前；他们的区别是：“原来”有解释突然明白的原因的意思，“本来”有按道理就应该是这样的意思。

这是我们原来的计划，现在已经改变了。

这件衣服本来的颜色是蓝的，现在成灰白的了。

原来他不在这儿工作，上个星期刚来。

你原来不在我们班，这学期怎么到我们班来了？

我本来不想告诉你这件事。

本来他们是好朋友，可后来不知为什么分手了。

我们都以为你是中国人，原来你是日本人。

难怪他常常吃方便面，原来又没钱了。

本来嘛，学生就应该按时来上课。

我比你大，你本来就应该听我的。

(三)和、与、跟、同、或，并、而

这是一组连词，每个词语都可以连接前后两个成分，但是这两个成分的性质却有所不同。

1. 和、与、跟、同、或

这组词前后连接的是两个并列性的成分，即句子中的主语、宾语、定语或状语，这些成分既可以是词，也可以是词组，一般应该是名词性的，动词、形容词在句子中做主语或宾语时也可以用它们连接。在比较特殊的情况下，如前面有共同的状语或助动词，后面有共同的宾语或补语时，这些词语也可以连接谓语中并列的动词或形容词。应该特别注意的是，这组词语一般不连接分句或段落，“跟”作连词不连接状语、谓语和补语。

王老师和学生的关系十分密切。

他工作与学习都非常认真。

他们跟你们是老乡吗？

老板同职员为什么不能享受相同的待遇？

在北京或上海都可以学好汉语。

他一生都在追求快乐和幸福。

成功与失败都会让我们增长知识。

发展与落后是一对长期共存的矛盾。

你这个人，就喜欢吃和喝！

在科学实验中，前进或后退都要付出代价。

正确或错误的决断会导致完全相反的结果。

你能够认识和改正自己的缺点我们很高兴。

小李的新居安排和布置得非常舒适。

这几天李明德显得十分焦躁和不安。

我喜欢游泳和打篮球。

*我喜欢游泳和喜欢打篮球。

明天咱们去参观或者去听讲座。

*明天我们去参观或者他们去听讲座。

2．并、而

这两个词语多连接的是动词性的成分，前后存在递进、并列或相对等关系。“并”一般连接动词，有时也可以连接名词，这时与“和”的用法相同；“而”一般连接形容词，此外，还有更广泛的用法，比如在复句中表示转折的作用等。

与会人员讨论并通过了这项决议。

他们相互认识并十分了解。

这次搬家，我把那些不用的家具并一部分旧书都扔掉了。

北京是一个古老而年轻的城市。

他是一位年轻而帅气的小伙子。

他那勤奋而认真的态度令人钦佩。

我经过认真的思考而得出了正确的结论

他说来，而他却没有来。

大家都相信这是真的，而你却始终持怀疑的态度。

(四)最少、至少、少说、起码，最多、顶多、多说、至多

这组副词一般表示数量的多或少，程度的高或低，时间的长或短等等。“最少、最多”可以单独做谓语、定语，也可以和“至少、少说、起码，至多、顶多、多说”一样在句子中做状语，分别表示最低限度或最高限度。应该特别注意的是，在语言实际应用中，“至少”等词语强调的反而是“多”；而“至多”等词语强调的却是“少”。

我们学院欧洲学生最少，亚洲学生最多。

2011 年是降水最多的一年。

我最少要在中国学习四年。

来北京以前，他最多能说一两句汉语。

咱们至少等他半个小时了。

他少说吃了 30 个饺子。

我们俩每年至多见一两次面。

这次我顶多考 60 分。

我多说在这儿住三天，你不用着急。

我看他起码有三四十岁了。

(五)幸亏、多亏、幸好、好在，可惜、遗憾

“幸亏”是副词，多表示由于某种有利原因避免了不好的结果，而且这个有利原因多产生于自身；“多亏”本来是动词，可以带宾语，指由于别人的帮助而避免了不好的后果，含有对别人感谢的意思，后边可以加“了”，现在也可以和“幸亏”一样做副词；“幸好、好在”的用法与“幸亏”相同。

“可惜”和“遗憾”都是形容词，表示值得惋惜。在用法上，“可惜”多指向自身，“遗憾”则多指向别人；“可惜”多指物，“遗憾”则更多指事情，当然这不是绝对的。“遗憾”还可以用作名词，在句子中做主语或宾语。请仔细体会下面的句子。

刚才幸亏我躲得快，不然就被汽车撞着了。

幸亏我带了雨伞，要不早淋湿了。

多亏你的帮助，我才获得了老板的承认。

这件事多亏了朋友们，否则真不知怎么办！

幸好你们来了，否则我真不知道该怎么办。

我真是没辙了，好在你及时赶来了。

那么好的杯子摔碎了，真可惜！

多好的学习机会呀，可惜我不能参加。

那么好玩的地方你没去，多遗憾啊！

我们非常遗憾地通知您，您没有被录取。

他一生最大的遗憾是没能考上大学。

没能去机场为他送行，成了我心中的遗憾。

(六)至于、以至于、不至于

“至于”做副词用时常以“不至于”和“以至于”的形式出现，前面是某种原因，后面跟不理想的结果。“不至于”表示不会产生这种结果；“以至于”表示可能产生或已经产生了这种结果。单独用“至于”时多为反问句，表示的是“不至于”的意思，而且，在口语里用得比较多，甚至有时可以单独用“至于”做谓语。

“至于”做介词(也有语法书认为是连词)时，主要是引进另一个并不重要的话题，后面常跟表示不清楚或没有考虑好等的解释性的句子。

他常常不来上课，以至于不能参加考试。

他平时穿得太少，以至于生病住院了。

你虽然缺了不少课，但不至于考试不及格。

这点小病，还不至于住院。

那么点儿小事，至于生这么大的气吗？

为了他，你就生那么大的气，至于吗？

我们已经考完了，至于结果，我还不知道。

要放假了，至于放几天还不清楚。

因为地震我们已经停课了，至于哪天复课，还很难说。

(七)日常、平常、平时，经常、时常、常常，通常、往往

这是一组表示时间的词语，在句子中除“日常”只做定语外，其他词语都可以做状语，其中“平常、平时”意思比较接近，“平常”在表示时间以外，还有普通、不特别的意思；“经常、时常、常常”用法相同，表示事情出现的频率高，其中“经常、常常”口语更常用；“通常”的意思是一般和平常，在句子中多做状语；“往往”表示某种情况时常存在或经常发生，也可以表示根据以往的经验对即将发生的事情做出比较正确的判断，用法比较正式。

留学生应该学一些日常用语。

不能因为我们办案扰乱了群众的日常生活。

平常我们每天有四节课。

我们都是平常人。

他平时很少说话。

他经常早出晚归。

我常常在这个餐厅吃饭。

他时常半夜给我打电话。

留学生通常是两个人一个房间。

通常情况不是这样的。

这样的问题往往发生在新生身上。

开始学习时，我们往往会说错写错。

这是十分平常的事情，不用大惊小怪的。

他夜里回家是经常的现象。

二、语词分析

要求：给句子后的词语选择恰当的位置或选择恰当的词语填空。

(1) 你看，外边又下雨了，A 我带着 B 雨伞呢，不然 C 咱们 D 怎么回去呀！

幸亏

答案：A

分析：“幸亏”与“多亏”有相同的意义和用法，是由于某种因素或有利条件避免了麻烦。句子中的有利条件当然是“我带着雨伞”。

(2) 小张长期 A 开夜车，B 体重 C 一下子减轻了 D 近 20 公斤。

以至于

答案：B

分析：“以至于”的后边应该是已经发生了的不理想的事情，前边应该有产生这个结果的原因。“开夜车”恰恰是“减轻体重”的原因。

(3) A 儿子 B 终于有对象了，C 张大妈的脸上 D 笑开了花。

难怪

答案：C

分析："难怪"可以用在句首，表示结果，其后常常由"原来"引出产生这个结果的原因。在具体的表达中，也可以先说出原因，然后由"难怪"告诉我们事情的结果。"难怪"一般应该在所在分句的句首。

(4) A我们曾经B是好朋友，但C经过那件事以后，D就不怎么说话了。

原来

答案：A

分析："原来"表示"以前、起初"的意思，可以用在句首，也可以用在主语之后，谓语之前。

(5) 马老师A有B六十岁了，可他走起路来却C像D二十几岁的小伙子。

少说

答案：A

分析："少说"与"最少、至少"的用法一样，在句子中做状语。

(6) A半数的美国B男人和女人说，他们C工作D是为了养家。

近

答案：A

分析："近"在这里有"大约、接近"的意思，不是做形容词表示时间或距离短的那个意思。其他位置都不能清楚地表达意思。

(7) 她的A美丽B吸引住了C在场的所有人D。

一下子

答案：B

分析："一下子"是副词，表示动作发生得快，而且多用来形容已经完成了的动作，即动词常常应该加"了"。

(8) A开幕的时间到了，B走吧，要不C，就迟到D了。

快

答案：B

分析："快"在这里有"赶快、赶紧"的意思，表示催促的意思。A不可以用"快"，因为"快"后应该跟动词，换成"快到时间了"才可以。

(9) 什么？你说张力？他可是个______的人物，有什么事找他肯定没问题。

A. 由不得　　B. 了不起
C. 舍不得　　D. 怪不得

答案：B

分析："了不起"有不平凡、突出、能力特别强的意思，常常用来形容人。其他词语都不能表达这个意思。"怪不得"与"难怪"的意义、用法相同。

(10) 环保意识的增强，使贺年卡市场变得冷清起来，代之以发送手机短消息____网上的电子邮件。

A. 也　　B. 并
C. 或　　D. 又

答案：C

分析："发送"的宾语是由"手机短消息"和"电子邮件"组成的，而这两种方式都是取代"贺年卡"的新形式。连接这两个短语的词只能是"或"。"也、又"是副词，后边应该跟动词性成分；"并"可以是副词，也可以是连词，连接的可以是动词性成分，也可以是分句，不能是名词性成分。

(11) 和孩子们一起生活了五年，一下子就要离开他们还真有点儿______。

A. 恨不得　　B. 怪不得

C. 舍不得　　D. 怨不得

答案：C

分析："舍不得"有很爱惜，不忍放弃或离开的意思，句子说的是"和孩子们一起生活了五年"，不愿意离开他们。"怪不得、怨不得"有相同的意思和用法，"恨不得"是非常希望的意思，都不符合句子的意思。

(12) 公司的产品本来销路很好，由于近年忽视了质量问题，______各地销售商纷纷退货。

A. 以至于　　B. 不至于

C. 至于　　D. 至于不

答案：A

分析："以至于"后边跟的应该是已经发生了的不理想的事情，而句子中"销售商纷纷退货"正是由于"忽视质量"造成的不良后果。"不至于"是说不会发生不理想的事情，"至于"则是引出另外一件事，都与句子的意思不合适。

(13) 那么漂亮的一件工艺品让他不小心给摔碎了，多____呀！

A. 遗憾　　B. 可惜

C. 可怜　　D. 可怕

答案：B

分析："可惜、遗憾"常常被学生弄混，其实，"可惜"常常是对心爱的东西被损坏或丢失表示惋惜，而"遗憾"则有不称心的意思，即常常是对希望办的事而没有办成表示的态度。其他两个词语都不能用在这个句子中。

(14) 因为在北京待的时间长，所以我们_____去公园跟老人们聊天。

A. 往往　　B. 平常

C. 经常　　D. 日常

答案：C

分析："日常、平常"多做形容词，后面多跟名词；"往往"虽然有"常常"的意思，但在这个句子里不合适。正确的答案应该是"经常"。

(15) 公司职员在速成系学生中_____占有比较多的数量。

A. 日常　　B. 平时

C. 往往　　D. 平常

答案：C

分析："往往"指一般的情况下，在这里最合适。其他几个词语都不能清楚地表达意思。

三、病句分析

(1) 这么漂亮的杯子我可恨不得用。
(2) 圣诞节快到了，我恨不得回国。
(3) 那是一本不得了的好书，昨天晚上我整整看了一夜。
(4) 今天爱德华又没来上课，怪不得他住院了。
(5) 本来你是学生，大家都觉得你像老师。
(6) 这是本来我们的房间，现在我们换到另一个楼去了。
(7) 我有一个女朋友，她聪明、漂亮和温柔。
(8) 我们班的张老师发音很清楚和板书十分整齐。
(9) 昨天晚上我们几个人决定并研究了假期旅行的事情。
(10) 他找到钢笔而写了一张留言条。
(11) 玛丽来北京最少已经有五次以内了。
(12) 现在我们的汉语水平最多在六级以上。
(13) 这件事幸亏了你们的帮助，不然还不知道会怎么样呢。
(14) 对他来说，那是一件十分可惜事情。
(15) 他是违反了公司的规定，但是至于开除他吧。

四、应用练习

1. 选择所给词语中的一个完成句子

(1) 这么好的饭菜，我可________________________。(恨不得　舍不得)
(2) 已经连续在北京学习十个多月了，________________。(恨不得　由不得)
(3) 到时间我们必须返校，________________________。(了不得　由不得)
(4) 他高兴得都差点儿跳起来，____________________。(怪不得　原来)
(5) ________________________，听说他妈妈来看他了。(本来　难怪)
(6) 睡觉前喝杯牛奶____________________都有益健康。(并　或)
(7) 一个学期虽说有二十周，但________________________。(至少　最多)
(8) ________________________我们才躲过那么多的麻烦。(幸亏　多亏)
(9) 他虽然做了不该做的事，____________________？(至于　不至于)
(10) 美元贬值是有可能的，________________________。(不至于　以至于)

2. 给词语选择恰当的位置

(1) 在北京生活久了，A 一下子 B 真有点儿 C 离开 D。
　　舍不得
(2) 手机 A 键盘的输入方法 B 一般电脑 C 键盘的输入方法 D 差不多。
　　和

(3) 健康A专家提醒人们，柿子和红薯B和鸡蛋一起吃C对身体健康不利D。
　　或

(4) 那么A有价值的古董，B全都C沉入了大海，真D让人心疼啊！
　　可惜

(5) 我现在只想A好好学习，B以后会做什么工作，C我还D没有考虑。
　　至于

(6) 这条街上A也有B十几家小饭馆儿，C顾客总是D特别多。
　　少说

(7) 他们在那里A住了五天，然后就B赶紧C去追赶大队D人马去了。
　　顶多

(8) 快叫他上来，A我B马上C就D见到他。
　　恨不得

(9) A跟她接触了B这么多年，真C说分手D就分手。
　　舍不得

(10) A我在房间里B找不到钥匙，C原来D是你拿走了。
　　怪不得

3. 选择恰当的词语填空

(1) 难怪大家都说你聪明绝顶，____你是个左撇子。

A. 本来　　B. 原来
C. 原先　　D. 原本

(2) 这事可____你一个人，得由董事会共同协商来决定。

A. 舍不得　　B. 怪不得
C. 由不得　　D. 恨不得

(3) 中国足球队____拉美球队没有什么接触，对他们并不十分了解。

A. 从　　B. 与
C. 向　　D. 或

(4) 今天的事情，____了司机眼疾手快，不然就出大事了。

A. 幸亏　　B. 多亏
C. 亏得　　D. 幸好

(5) 目前，在中国的外国学生已经达到三十万人，其中欧洲学生____占50%。

A. 至少　　B. 很多
C. 很少　　D. 太多

(6) 没能跟你们一起去新疆考察真____！再有机会我一定会去的。

A. 遗憾　　B. 可惜
C. 亏得　　D. 可喜

(7) 我只知道他是清华大学的教授，____他研究什么，我就不清楚了。

A. 至于　　B. 至少
C. 至多　　D. 在于

(8) 任何一个初学汉语的人，都____会听错说错，大胆一些。

A. 恨不得 B. 免不了

C. 由不得 D. 怪不得

(9) 其实，王明迷恋网络早就不是新闻了，____原因，曾有媒体报道说，是因为爱女在国外留学。

A. 由于 B. 再说

C. 至于 D. 对于

(10) ____他急匆匆地走了，原来他家里出了急事啊！

A. 也许 B. 可能

C. 怪不得 D. 要不是

(11) 今天晚上，我____跟你们一起去听听歌儿，绝对不会跳舞！

A. 少说 B. 顶多

C. 最少 D. 至少

(12) 我个人认为，就我们公司目前的状况而言，还____申请破产。

A. 至于 B. 以至于

C. 至多 D. 不至于

(13) 看到一百对新婚夫妇隆重的结婚场面，张亮也____马上举行婚礼。

A. 恨不得 B. 了不得

C. 由不得 D. 舍不得

第十课　特殊词语分析(2)

一、知 识 讲 解

本课我们同样分几组对汉语中常用的一些词语进行分析，其中包括一些特殊的由相反词素组成的名词，一些用法比较特别的形容词的重叠形式，还有一些单音节的动词和一组表示估计、推测的词语等。这些词语都有它们特殊的意义，学习以后你一定会觉得自己又进步了。

(一)大小、高低、多少、快慢、强弱、轻重，肥瘦、胖瘦、高矮、远近，长短、早晚、迟早，天地、老少、男女、尺寸

这组词语都是由意义相反的两个形容词或名词组成的新名词，表示年龄、体积、数量、速度、距离、能力、时间、范围等，多用于口语。汉语中有相当一部分由这种方式构成的词语，应该引起学习者充分的注意。

这些词语中，需要注意的是："大小"既可以表示人的年龄，也可以表示事物的面积、体积，还可以表示抽象的问题的严重程度等；"高低、强弱"既可以表示水平、能力，也可以表示说话声音等；"多少"指数量；"快慢"指速度；"轻重"指重量，也指说话的严重程度；"高低"与"高矮"虽然相近，但用法上却有区别：前者指物，后者指人；"肥瘦"与"胖瘦"同样存在着指物与指人的区别；"远近"指距离；"长短"作名词是"是非、好坏"的意思，"早晚"作名词是"早上和晚上"的意思，"迟早"与"长短、早晚"都可以做副词，有"无论如何、一定"等意思；"天地"更多地说的是比较抽象的范围；"老少、男女"表示的是人，而且常常可以连在一起用，即"男女老少"；"尺寸"既可以表示长度，也可以表示物体的外形面积、体积。

你穿这件衣服大小很合适。

年龄的大小并不能决定一个人成熟与否。

这棵树的高低肯定不会有人量过。

学生数量的多少决定着这个学校的生存问题。

老师说话的快慢直接影响着学生的学习。

学习能力的高低/强弱决定一个人的最后成绩。

你不能总是说话不分轻重，这样会伤人的。

这条裤子肥瘦合适。

她的胖瘦是非常标准的。

个子的高矮不应该成为找对象的唯一条件。

道路远近并不重要，关键是交通应该方便。

时间的早晚并不太重要，关键是要有信心。

我早晚/迟早要让你们明白我真正的用心。

时间的长短将影响我们能否完成任务。

你不能在背后说别人长短。

今年暑假我长短要回去看看老朋友。

农村是一个广阔的天地。

我们一定要努力开辟一个新的天地。

为了环保，我们全家老少都出动了。

这样的工作男女都适合。

他们全村男女老少都参加了这次活动。

要好好量量房间的尺寸，不然不好放家具。

一个人说话办事要有一定的尺寸，不能随心所欲。

(二)先后、前后、左右、上下

这组词语同样是由意义相反的两个词组成的，但它们与前一组词语不同。“先后”一般只能用在动词前做状语，强调动作持续的时间，动作完成的顺序，也可以表示在一定的时间内动作发生的次数或动作涉及的宾语的数量；“前后”除与“先后”有完全相同的意义和用法以外，还可以用在表示时间的词语之后，表示大概的时间，这时与“左右”的意思和用法比较接近；而“左右”除表示时间外，还可以表示数量、年龄等；“上下”除表示大概的年龄外，还可以用在“全国、全厂、全公司、全村”一类词语后，表示所有的人的意思。

我先后/前后在这里住了五年。

8点钟同学们先后/前后来到了教室。

他们俩前后/先后来到了北京语言大学。

在北京期间，我们前后/先后去参观了不少地方。

昨天我们先后/前后参观了长城、故宫和颐和园。

他已经先后/前后去过长城三次了。

今天中午我前后/先后吃了二十多个饺子。

春节前后我得去一次上海。

五点前后你得给我打个电话。

你别忘了吃饭前后把药吃了。

时间还早，现在也就是11点左右。

她很年轻，大概二十岁左右。

我们学校有四千个左右留学生。

这批学生都在二十岁上下。

反腐败的工作必须全国上下一起抓。

我们全村上下都在为受海啸影响的国家募捐。

(三)大大、大大地、大幅度

形容词重叠以后可以做定语，也可以做状语，还可以直接做句子的谓语。应该注意使用上的区别：“大大、大大地、大幅度”做状语一般表示的是数量、程度、时间等发生的变化明显，因此，它们所修饰的动词常常是“提高、增加、增长、增进、增强、上升”或“降低、减少、下降、减缓”一类的词语。

来北京以后，同学们的汉语水平大大/大大地/大幅度提高了。

她那双大大的眼睛可招人喜欢了。

近几年职工的收入有了大幅度的增加。

改革开放以后，职工们大幅度提高了收入。

你看她眼睛大大的，亮亮的，多漂亮！

(四)代……、替……

“代、替”都是动词，有“帮助”的意思，用法也比较接近，在句子中一般可以替换；“替”做介词时，意思是指出服务或关心的对象，有“为、给”的意思，这时不能用“代”替换。还应该知道，“替”并不完全等于“为、给”，用“为、给”的句子不一定都能用“替”来换。

请代/替我们问你爸爸妈妈好。

今天张老师病了，我代/替她来上课。

大家都替/为你高兴。

我想替/为/给朋友租套房子。

你也替/给我画一张吧。

我有点儿急事，你替我请个假。

你不能只想自己，也应该替别人想想。

我想给妈妈打个电话。

我得替妈妈打个电话。

(五)即、为

“即”有动词、副词和连词三个词性，做动词常常表示解释，意思是“是、就是”；做副词有“立刻、马上、就”等意思；做连词与“即使”一样，表示让步关系。“即”是一个书面语很浓的词。“为”有动词和介词两个词性，动词“为”表示的是一种判断的性质，与“即”意思相近，但不完全相同；做介词表示被动的意义，常常用在“为……所……”的格式中，表示目的则用在句首或主语后谓语前。注意做介词和动词时声调是不同的。

现在的北京语言大学，即北京语言学院。

正月十五，即元宵节，是春节以后的第一个比较大的节日。

非此即彼的意思是“不是这个，就是那个”。

情况紧急，请即派一个分队来。

几十年前马寅初先生即提出了控制人口的主张。

你现在即赶过去也来不及了。

我们公司给我学习的时间为两年。

中华人民共和国的首都为北京。

水中的主要物质为氢(H)和氧(O)。

你不能总是为他人所利用。

我们都为灾区人民的精神所感动。

为尽快解决问题我们应该好好谈谈。

(六)数、算

这两个词常常用在表示比较的句子中，而且多与“最”连用。“数”和“算”相同的格式是“……**最**……**要数/算**……了”；另外，它们都还有自己特有的表达方式：“数”后跟的是小句子，常用的格式是“……**数**……**最**……”，而“算”后边一般跟的是词语。此外，“算”还有很多其他的意思和用法，如“计算、加上、当作、有效力、属于、归”等。

我们学校学生最多的要算东亚人了。

同学们中最漂亮的要数玛丽了。

我们班数他高，也数他学习最认真。

咱们几个人中数我年龄最大了。

迈克的身高在咱们学校都是数一数二的。

你好好数数，一共买了几本书。

这两个月中今天算最舒服的一天了。

你算我最好的朋友了。

请你好好算一算，离毕业考试还有多少天。

周末去旅游也算我一个吧。

这件事不能由你一个人说了算。

既然你喜欢，这个杯子就算你的了。

(七)看起来、看样子、看上去、看来，想、想必、想来

这是一组表示估计、推测的词语。“看起来、看样子、看上去、看来”用法基本一致，在句中做插入语，对客观情况做出估计、推测或判断，可以用在句首，也可以用在主语后谓语前，但是应该注意，主语一定不能是“我”。

“想、想必、想来”同样表示猜测和推断，但主观的成分要多一些，除“想”外一般不用“我”做主语。“想”在句子中做谓语。用这些词语的句子同时可以使用“大概、大约、可能、恐怕”等词语。

看起来你好像很累。

你看样子有点儿不舒服。

看上去今天你很精神啊。

看来今天不会下雨。

看来今天可能不会下雨了。

已经连续下了三天雨了，看样子今天还不会停。

我想今天他不会来了。

我想他今天大概不会来了。

想必他又在宿舍睡懒觉。

这事想来没那么容易。

(八)一起、一同、一块儿，一齐、一律、一致，一度，一味；一带

这组词语里都含有“一”，因此也多有相近的意思，在句子中有的做状语，有的做谓语，有的做定语。“一带”在这组词里比较特别，只是形式上与其他词语相近，意思没有共同之处，它用在处所词语后表示的是某一比较大的地区。

“一起、一块儿”意思相同，指的是空间上合在一处或在同一时间、同一地点发生的事情；“一同”与“一块儿”也比较接近，只是比较书面语化；“一齐”则表示在同一时间而不一定同一地点发生的事情，也比较书面语化；“一律”指的是没有例外；“一致”常常指意见、看法、观点相同，在句子中多做谓语，也可以做状语；“一度”表示对过去某个时间发生的事情的追述，常常与“曾、曾经”搭配出现；“一味”表示不顾客观条件或情况，固执地坚持自己的做法而不改变，多含有贬义。

咱们一起去吧。

我们是一同来北京的。

我们在一块儿学习了四年。

现在大家一齐唱这首歌。

人和行李一齐到了。

应该允许有不同的意见，不能强求一律。

这次语言实践，大家一律都得参加，不能请假。

我跟大家的意见一致，没有其他问题。

大家一致认为应该这样做。

我们的婚姻一度曾经出现过裂痕。

你不能一味地娇惯孩子，这样会出麻烦的。

我们学校东南亚一带的学生比较多。

今年春天长江下游一带竟然下起了大雪！

(九)况且、再说、何况

这组词语都可以引出另一个原因，表示进一层的意思。“再说”还可以放在句尾，表示留待以后再办理或再考虑。“何况”也用在反问句中加强语气。

外边下着雨，况且/再说你身体又不好，别出去了。

他们已经结束了，况且人都走了，你就别去了。

他最近太累了，再说身体本来就不好，怎么能不病倒！

他第一次来，何况又是晚上，你去接接他吧。

这件事以后再说吧。

最近非常忙碌，喝酒的事以后再说。

这个字你都不认识，何况我呢？

再大的困难，再难的问题我们都解决了，何况这么一点儿小麻烦！

二、语词分析

要求：给句子后的词语选择恰当的位置或选择恰当的词语填空。

(1) 我们A办公室的B七个人中C张强最高，可是D他胆子也最小。

数

答案：C

分析：“……数……最……”是比较固定的格式。D不可以，因为“最小”前有“也”。如果没有“也”，则可以放在D处。

(2) 有的人A每天B都不刷牙，这样C时间长了D一定会得口腔疾病。

早晚

答案：B

分析：“早晚”一般有两种用法，一个是名词，即“早上、晚上”；另一个则是副词，即“或早或晚、无论如何、一定”。这个句子中用的是第一种。D后如果没有“一定”也可以放“早晚”。

(3) 你们看A门口那位拿着一个B花篮的C小姑娘D眼睛多漂亮啊!

大大的

答案：D

分析：有“大大的眼睛”才会让人发出“多漂亮啊！”的感叹。从语法上说，B也可以用“大大的”，但综合语法与语义，D才是最正确的选择。

(4) 这件事A我要B你办并不难，关键是C你应该主动积极D一些。

替

答案：B

分析：“替”同样有帮助、代替的意思，一般应该是人与人之间的关系。句子中只有“我、你”，当然应该是“我替你办”。

(5) 他们到底A是什么？既不B是朋友，也不C是同学，更不D是恋人。

算

答案：A

分析：乍看起来，A、B、C、D似乎都可以用“算”，但是，“既……也……更……”是一个并列加递进的格式，内部关系密切，如果一个地方用了“算”，另两个地方就都应该用。因此，只能选择A。“算”在这里有“看做、当做”的意思。

(6) 你们A大家要是B都不愿意去，C我自己D去了。

只好

答案：C

分析：“只好”的意思是“不得不”，后边常常跟说话人不希望出现或发生的事情。句子中，大家都不愿意去，当然“只好我自己去了”，尽管“我”也不喜欢去。其他位置不可以。

(7) 一个国家国民人均收入的____代表着这个国家的经济发展程度。

A. 快慢　　B. 高低

C. 大小　　　　D. 强弱

答案：B

分析："快慢"指速度，"大小"指面积、体积、年龄等，"强弱"指声音、能力，"高低"既可以指能力、物体高度，也可以指人们收入的水平。

(8) 如果寒假你们去哈尔滨旅行，那就也____我一个吧。

A. 数　　　　B. 算上

C. 是　　　　D. 算算

答案：B

分析："算上"有加上、计算进去的意思，也就是"把我也加在里面"。其他三个词语都不能表达这样的意思。

(9) 今春流行的感冒病毒，____H5N1 病毒，已经完全被有关部门所控制。

A. 为　　　　B. 即

C. 数　　　　D. 算

答案：B

分析："即"是"就是"的意思，常常用在对前面的词语或句子进行解释的时候。"为、算"都有"是"的意思，但用法与"即"不同。"数、算"又有共同的另外一种用法，都不适合这个句子。

(10) 时钟已经敲了十二下儿，我____他是不会回来了。

A. 看样子　　　　B. 看起来

C. 想　　　　D. 想必

答案：C

分析："想"有认为、觉得的意思，表示的是自己的想法、看法。"看样子、看起来"的用法、意思完全相同，不能选择其中的任何一个；"想必"是副词，句子中不能有主语"我"出现，否则语法错误。

(11) 非洲人的身材非常好，____腿，细细的腰，跑起来特别舒展。

A. 大大的　　　　B. 高高的

C. 长长的　　　　D. 圆圆的

答案：C

分析："大大的眼睛、高高的个子、圆圆的脸"在形容人时都是比较常用的搭配形式，而"长长的"一般形容人的腿、胳膊、手指、头发等。

(12) 一路上还____顺利，只是飞机晚点了二十分钟。

A. 算　　　　B. 是

C. 没　　　　D. 不

答案：A

分析："算"在这个句子里用的是"是、认作"的意思。但是，这里不能用"是"，因为"是"不符合口语表达要求，也没有同样的表达效果。

(13) 这些花看起来像是真的，_____都是师傅们用纸和绢做的。

A. 果然　　　　B. 确实

C. 其实　　　　D. 事实

答案：C

分析：副词“其实”的后边告诉我们的是真实的事情，常常与它前边的内容相反。句子中前边说“花像是真的”，后边说“是纸做的”，中间当然应该用“其实”。其他词语不能表达这样的意思。

(14) 春节____，那个地区连续发生了几次比较大的地震。

A. 左右　　　　B. 上下

C. 前后　　　　D. 先后

答案：C

分析：“前后”在表示大概的时间、数量时常常可以用在时间、数量词语或动宾结构之后，如“十二点前后，春节前后，开学前后”等。而备选项目中的其他词语，都不具备这些用法。用在这个句子中也不合适。

(15) 夏天去那儿避暑相当不错，_____热了一点儿。

A. 怕是　　　　B. 就是

C. 还是　　　　D. 总是

答案：B

分析：“就是”除了表示特殊强调的意思外，还可以用在表示轻微转折的句子里，相当于“不过、只是”。常常是在前边说了不少好的地方或有利情况后，在“就是”后边说一些不好或不利的情况。

三、病 句 分 析

(1) 一个人能力的大小将决定他未来工作的好坏。

(2) 女孩子不能只看对方的高低，要全面考虑对方的条件。

(3) 她个子高高，眼睛大大，是个十分漂亮的女孩子。

(4) 加入WTO一年以后，中国的GDP又提高了大幅度。

(5) 你取得了这么好的成绩，我们替你都高兴。

(6) 回国以后，为我们请向系里的老师们问好。

(7) 除了故宫以外，清朝皇帝还有两个离宫，为颐和园和避暑山庄。

(8) 汉语水平考试HSK，是一项非常科学的测试系统。

(9) 这次考试成绩都不错，最好数山本洋子。

(10) 我们系两千多学生中，算迈克最高了，2.08米。

(11) 这次运动会上算你得的奖牌最多了。

(12) 这个数学题我怎么也数不出来，你来帮帮我吧。

(13) 我看样子你好像非常不舒服，躺下休息休息吧。

(14) 看起来今天我的心情不错。

(15) 这样的结果和我想必的完全一样。

四、应用练习

1．用所给的词语改写句子

(1) 你的鞋是42号的，我的鞋也是42号的。　(大小)
(2) 李老师家的客厅有30平方米，王老师家的也是30平方米。　(尺寸)
(3) 那个地方远也好，近也好，反正我不会跟你们一起去。　(远近)
(4) 我还没有去过桂林，今年春节有没有时间我都要去看看。　(长短)
(5) 进入新世纪以来，中国的经济形势很好，GDP提高很快。　(大大)
(6) 我想请你向你父母转达我的谢意和问候。　(代)
(7) 中国的青藏高原号称世界屋脊，其中珠穆朗玛峰最高。　(为)
(8) 我们学校亚洲学生占58%，其次是欧洲学生。　(数)
(9) 你看，又阴天了，我觉得还要下雨。你说呢？　(看起来)
(10) 多数同学都没有把这道题做出来，肯定容易不了。　(想必)

2．给词语选择恰当的位置

(1) 这件A衣服B多合适C啊，你为什么D不喜欢穿呢？
大小

(2) 回国以后，A请B向你爸爸妈妈C问D个好。
替我

(3) 加入世界贸易组织以后，A中国B降低了C进口商品的D关税。
大幅度

(4) 特意为外国汉语学习者研制的A汉语水平考试，B HSK，C是由国家汉语考试中心D承办的，目前已经越来越受到世人的瞩目。
即

(5) 坐落在长江A入海口的B上海市，改革开放以来社会生产率C迅速增长，D全国经济发展速度最快的城市之一。
为

(6) 他偷偷A拿走的B只是几件小东西，C但这将D影响他的一生。
看起来

(7) A北京站B几年被评C为东城区D交通安全先进地区。
连续

(8) 我记不太清楚了，大概是A一百B二十C本D吧。
左右

(9) A说汉语B是中国人C说得D好。
当然

(10) A我B唱了C三支D外国歌曲。
一连

3. 选择恰当的词语填空

(1) 课堂上教师语速的____将直接影响学生的听说能力。

A. 强弱　B. 远近

C. 快慢　D. 大小

(2) 改革开放以来，每年春节____都会有大批民工离京或返京。

A. 上下　B. 先后

C. 左右　D. 前后

(3) 你们到达那里以后，请____我们考察组的全体人员向当地群众表示问候。

A. 代　B. 给

C. 向　D. 对

(4) 本世纪以来，各地区消费者协会受理投诉最多的要____保险和物业管理问题了。

A. 是　B. 算

C. 为　D. 有

(5) 在发达国家中，____美国的整体经济实力最强，日本紧随其后。

A. 算　B. 数

C. 即　D. 为

(6) 到北京半年以来，我的汉语口语水平已经____提高了。

A. 很大　B. 大大

C. 大大的　D. 很大的

(7) 我很喜欢非洲的小孩子，一个个眼睛____，皮肤亮亮的，漂亮极了。

A. 很大　B. 大大的

C. 多大　D. 真大的

(8) 这套房子看____挺漂亮，住进去以后会怎么样，现在还很难说。

A. 上来　B. 上去

C. 下来　D. 下去

(9) 这是一所____很普通的学校，但它却培养出了一代又一带的著名科学家。

A. 看下去　B. 看上去

C. 看过去　D. 看进去

(10) 上海是中国人口最多也是工业最发达的城市____。

A. 之中　B. 之一

C. 一个　D. 当中

(11) 他好几个星期没来上课了，____他的汉语比别人差。

A. 难怪　B. 难说

C. 难道　D. 原来

(12) 老师耐心地给我们做解释，____我们能详细了解文章的内容。

A. 只好　B. 显得

C. 特意　D. 好让

(13) 今天你好好儿休息，我来____你做饭，等你病好了咱们再换过来。

A. 代　　B. 替

C. 给　　D. 向

(14) 改制以后，只有我们全厂____劲往一处使，才能扭转被动局面。

A. 前后　　B. 先后

C. 左右　　D. 上下

(15) 他已经向我保证，____要考过英语六级，否则不回来见我。

A. 大小　　B. 多少

C. 长短　　D. 快慢

第十一课　特殊词语分析(3)

一、知 识 讲 解

本课首先对一组语气助词进行分析，这些词语在不同的语言环境中可以表示出完全不一样的语气及语言色彩；其次我们还要分析一组叹词，叹词是一种非常特殊的词类，它既不是实词，也算不上虚词，更不跟任何词语搭配使用，但它们在句子中的作用却无可替代；然后我们将对一组象声词语进行简单的分析，在汉语口语中，象声词有形象生动的表现作用，学会它们，将会使你的汉语表达更加富有活力。

(一)语气助词

语气助词，也可以简称为语气词。在句子中一般用在句尾，帮助句子表示疑问、吃惊、同意、赞许、不满等多种不同的语气。

1. 吗、吧、呢，嘛、啊、呀

这组词语用在句尾可以表示不同的语气，有时候相同的一个词，在句子中的用法也不完全一样。

“吗、吧、呢”都可以表示疑问，但是“吗”只是问一般的是非，在汉语应用中构成疑问句(1)，并且不能与其他表示疑问的词语搭配使用，更不能与其他疑问形式混合使用；“吧”的疑问中带有很大的猜测成分，此外，“吧”还多用在祈使句中，还可以跟“大概、可能”等搭配表示估计；“呢”用于是非问句以外的问句，多问“在哪儿”或与前句相关的事情，还和其他疑问词语搭配使用，也可以用在表示动作的进行和状态的持续的句子中，与“正在、在、正、着”搭配使用，还可以在句子中间起停顿的作用等。

你们都是日本学生吗？

咱们也跟他们一起去吗？

*你是哪国人吗？

*我们明天去不去长城吗？

他们都是韩国学生吧？

今天老师讲的大家都听懂了吧？

咱们一起走吧。

今天大概不会下雨吧。

我怎么一点儿也不知道呢？

他们都去吃饭了，你呢？

咱们走吧，时间太晚了。

请坐吧，咱们好好聊聊。

我的大衣呢？

大衣在衣柜里挂着呢，你自己去拿吧。

小张正睡觉呢，不要吵醒他。

“嘛”不表示疑问语气，表示的是事情本来就应该如此或者理由很明显，一般用在句尾或小句尾，小句前后还可以有其他句子。“啊”在句尾一般起语气舒缓的作用，不影响句子感情色彩的程度，不用“啊”也不会改变句子的意思，而且“啊”在具体的句子中会随着前面音节尾音的变化出现几个变体，比如“呀、哇、哪”等。关于“啊”的具体变化，在语音学习中你会得到满意的答案。

咱们是好朋友嘛，千万别客气。

是他自己要走的嘛，我有什么办法？

在家靠父母，出门靠朋友嘛！

蓝蓝的天，白白的云，多漂亮啊！

你怎么还没走哇？都要迟到了。

是你呀？我还以为是妈妈回来了呢！

你可真笨哪！连这么简单的事都做不好。

你总不复习，学过的东西当然要忘啊。

这么晚了你还要去哪儿啊？

你写的这是什么汉字啊？

你们说的是他呀？我当然认识！

2．的、罢了、呗、么、喽、哪

这几个语气助词在汉语应用中同样很重要，但没有上面那些出现的频率高。“的”用在句尾表示肯定、确认的语气，常常与“是、会”等搭配使用；“罢了”一般用在陈述句尾，意思与“而已”相同，常常与“不过、只是”等搭配出现，有往小处说的语气；“呗”多表示事实或道理明显，不必多说，或者问题简单，不难解决，也有勉强同意或让步的语气；“么”分别与“吗、嘛”的意义和用法相同；“喽”常常表示变化，有提醒人注意的意味；“哪”只是语气助词“啊”的一个变体，出现在尾音是“n”的音节之后。

你先走吧，我会及时赶过去的。

我们是一定会成功的。

他是去年来北京的。

我们不过是来看看罢了，没有别的意思。

你千万别生气，我只是随便说说罢了。

你说他脸色不好，病了呗！

你去就去呗，我能有什么意见。

难道你不认识他吗？

学生么，就应该按时来上课。

这几天忙得我腿都站不直喽。

这件事真是不好办哪！

(二)叹词

叹词常常表示强烈的感情或者呼唤和应答。叹词一般都用在句首，个别的也可以用在句尾，其前后应该有停顿。不同的叹词表示不同的意思，有时候同一个叹词由于声调不同所表示的意义也不一样，这要根据具体的语言环境来决定。汉语的叹词一般为单音节，也有个别双音节叹词，有的双音节叹词更接近象声词。

1. 啊、呀、哇、哼、哦(噢)、嗯、喝、呵、嗬

“啊”因声调不同可以表示请求或叮嘱、追问、惊疑、醒悟明白、同意或赞叹等；“呀”、“哇”一般表示吃惊或惊喜；“哼”表示不满、不服气、怀疑或不相信；“哦(噢)”可因声调的区别表示不同的意思——吃惊、奇怪、明白醒悟等等；“嗯”同样可因声调不同分别表示同意、疑问、不以为然或出乎意料等；“喝、呵、嗬”三个叹词基本相同，表示惊喜、讥讽、夸奖赞许或羡慕等不同的意思。

学习中应该注意的是，“嗯、哦、啊”三个叹词在发第二声和第三声时均可以表示惊奇，但由于发音开口度的不同，它们所表达的意思的轻重也存在相应的区别。请仔细体会下面的例句。

这事你尽快告诉他，啊！

你们到底去不去呀，啊？

啊，太好了！

啊！他们都知道了！

啊！居然有这么不要命的？

啊——大海，我美丽的故乡！

呀，我把今天的事给忘了！

哇，今天做了这么多菜！

哼，有什么了不起，不就是小组长吗！

哦(噢)？这是真的？

哦？居然你也持反对意见？

哦(噢)——原来是这样。

嗯，就这样决定了。

嗯？这是什么字？

嗯！你怎么还没有走？

嗯？竟然有这么回事？

喝，这个月收入真不少！

呵，几年没见，变成大姑娘了！

嗬，您成了富婆了啊！

嗬，真不错呀！

2. 哈、咳、嗨、嘿、呸、咦、哟

“哈”表示得意、不在乎等；“咳”表示非正式的招呼、惊喜、赞美、伤感、惋惜及无可奈何等；“嗨、嘿”相同，表示比较随便的招呼、引起注意、赞叹、得意或惊喜等；

“呸”表示唾弃或斥责；“咦”表示惊疑；“哟”表示比较轻微的吃惊。

哈，我算什么作家！

咳，你到底想吃什么？

咳，这个地方真不错！

咳，没了老伴儿真是可怜哪！

嗨，最近好吗？跑到哪儿去了？

嘿，今天又是个大晴天！

嗨，几年没回来，咱这儿变化可真大！

呸！谁还相信你的鬼话！

咦？你怎么也来了？

哟，你回来了？

3．哎呀、哎哟、哈哈、呵呵

这是几个双音节叹词，“哎呀、哎哟”可以表示一般的吃惊、焦急，也可以表示惊喜、惊惧时的呼声，“哎哟”还表示痛苦的呻吟；“哈哈”一般表示得意；“呵呵”表示满意或得意。

哎呀，我把书包忘在教室里了。

哎呀，这么大的雪呀！

哎哟，你也不提醒我一声。

哎哟——我受不了了，赶快停下来吧！

哈哈，我没有说错吧！

哈哈，你还是回来了！

呵呵，你们到底来了。

(三)象声词

这些词语都是象声词，象声词就是用语音来模拟事物及自然界里声音的词语。汉语中的象声词有单音节、双音节的，也多音节的。由于象声词是在特定的语言环境下使用的词语，因此，随时都会出现不同的象声词。这里，我们分别介绍几个单音节、双音节和多音节的象声词供学习者了解。

1．砰、乒、啪、哗、唰、笃、嘟

“砰”形容撞击或重物落地的声音；“乒”形容开枪的声音；“啪”形容放枪、拍掌或东西撞击的声音；“哗”形容流水或铁器的声音；“唰”形容车辆迅速擦过去的声音；“笃”形容敲击木门的声音；“嘟”是运动场上裁判员吹哨的声音。

我们正在上课，忽然门“砰”的一声开了，吓了我一跳。

就听“乒”的一枪，打倒了一个敌人。

我正吃着饭，“啪”，碎了一个碗。

“哗”地一下，盆里的水都洒了出来。

我在路上走着，就听“唰”的一声，一辆车开了过去。

“笃、笃、笃”，一定是妈妈回来了。

几万名观众屏住呼吸，“嘟——”比赛开始了。

2. 哗啦、咣当、当啷、吧嗒、嘎巴、扑通、咕咚、轰隆；哈哈、呵呵、嘿嘿

这组双音节的象声词中，有的既与单音节相同，又与多音节相同，这也许就是象声词所特有的现象。“哗啦”形容流水声、下雨声、玻璃瓦片摔碎声等；“咣当”形容关门时撞击震动的声音；“当啷”形容金属器物磕碰的声音；“吧嗒”形容两物合拢的声音；“嘎巴”形容树枝等折断的声音；“扑通”形容重物落地或落水的声音，也可以形容心跳声；“咕咚”形容重物落地或大口喝水的声音；“轰隆”多形容雷声、爆炸声和机器轰鸣声等；“哈哈、呵呵、嘿嘿”常常形容笑声。

蒋亮急急忙忙朝大门冲去，就听“哗啦”一声，玻璃门碎了。

汽车奔驰着，车上的东西“咣当咣当”地响着。

两员战将催马而至，“当啷”一声，刀剑相撞，火星四溅。

这时候，他还不忘“吧嗒”两下嘴。

突然，“嘎巴”一声，脚下的树枝断了，他被悬在空中。

急忙之中，只见他“扑通”一下子跳进了水里。

队伍正在行进中，就听“咕咚”一声，一个战士倒在了地上。

婚礼正在举行，“轰隆”一声巨响，爆炸声使婚礼被迫停止。

你一个人在那儿“哈哈”傻笑什么？

刘明呵呵地笑着走了过来。

你在那儿嘿嘿什么？还不赶快进来。

3. 稀里哗啦、哗啦哗啦，噼里啪啦、噼噼啪啪，扑通扑通，咕咚咕咚，轰隆轰隆、轰轰隆隆，唧唧喳喳，滴答滴答、的嗒的嗒，呼哧呼哧

在这组词语中，“稀里哗啦、哗啦哗啦”表示下雨声或流水声，有时也形容吃饭的声音；“噼里啪啦、噼噼啪啪”则形容鞭炮的爆炸声，也形容鼓掌的声音；“扑通扑通”既可以是跳水或东西掉进水里的声音，也可以是激动时心脏跳动的声音；“咕咚咕咚”多形容大口喝水时发出的声音，还可以形容叩头的声音；“轰隆轰隆、轰轰隆隆”一般形容火车、飞机、坦克车等经过时发出的声响，也可以形容大型炸弹爆炸的声音，还可以是滚滚的雷声；“唧唧喳喳”既可以形容小鸟的鸣叫声，也可以形容人们(特别是女人)私下议论的声音；“滴答滴答、的嗒的嗒”发音接近，表示的意思却不一样，前者形容水、血向下滴的声音，后者多形容钟表走的声音；“呼哧呼哧”形容劳累后呼吸的声音。

一阵噼里啪啦的鞭炮声把我从梦中惊醒。

窗外的雨在稀里哗啦地下着，妈妈却还没有回来。

小强跑回房间，咕咚咕咚喝起水来。

看到她再次朝我走来，我的心扑通扑通地跳了起来。

你们又在唧唧喳喳议论什么？

一列奔驰的火车轰轰隆隆地驶过我们身边。

轰隆轰隆的雷声告诉我们，大雨就要到了。

她扔掉刀子，任血“滴答滴答”地流着。

夜深人静，只听见墙上的钟在“的嗒的嗒”地走着。

爬到山顶，大家“呼哧呼哧”地喘着粗气。

汉语中的象声词不只这些，同学们在汉语学习中应该注意搜集和整理，特别是在汉语阅读中，正确地理解象声词的意义，可以帮助你顺利地读懂所阅读的内容。如果在自己的写作中能够恰当地使用象声词，则将为你的文章增加色彩，进而提高你的汉语写作水平。

二、语词分析

要求：给句子后的词语选择恰当的位置或选择恰当的词语填空。

(1) 国内机场餐饮服务中的价格欺诈行为，是不是应该引起有关部门的高度重视了____？

A. 吧　　B. 呢

C. 啊　　D. 吗

答案：B

分析：汉语中用“吗”组成的疑问句被称做疑问句(1)，一般情况下，其他疑问形式不能与疑问句(1)混用。句子中“是不是”是一种疑问形式，因此，不能选择“吗”填空。“是不是……呢”才是正确的搭配形式。

(2) 问题已经发生了，着急、生气又有什么用____？

A. 啊　　B. 嘛

C. 呢　　D. 吗

答案：C

分析：“啊、嘛”一般不用在疑问句中，“吗”不能与“什么”这个疑问形式一起用。正确答案只能是“呢”。“有什么用呢”是一个反问的形式，意思就是“没有用”。

(3) ____！我就是搞不明白，他凭什么要比咱们多那么多呢！

A. 哼　　B. 哦

C. 哇　　D. 啊

答案：A

分析：“哼”表示的是不满意、不服气或不相信，而这个句子恰恰是这样的意思。“哦”可以表示明白、奇怪、吃惊等不同的意思；“哇、啊”也都有惊奇、感叹和抒情等意思，都不能与这个句子的意思一致。

(4) 既然你不想去，那么我们俩先走____，再见！

A. 吧　　B. 啊

C. 了　　D. 呢

答案：C

分析：有的同学可能会选择“吧”，但是，这是不对的。因为“吧”有祈使意义，即有劝别人做什么的意思，句子中的“我们走……”是对“你”说的，不具备祈使意义，因此不能用“吧”，应该用“了”。如果把“你”改成“他”，把“我们”换成“咱们”，就可以选择“吧”了，因为“咱们”是对听话的人说的，包括对方，而不包括第三者。其他词语不合适。

(5) 我去他家的时候，他正在和孩子们一起看电视____。

A. 了　　B. 着

C. 啊　　D. 呢

答案：D

分析：“正在+动词+宾语+呢”是比较固定的搭配。“着”应该用在动词之后。其他词语都不能表示清楚的意思。

(6) 昨天晚上，电视里有一场精彩的足球比赛，场上的观众比运动员还激动____。

A. 吧　　B. 看

C. 了　　D. 呢

答案：D

分析：“呢”用在句尾表示让听话人明白，含有夸张的语气。其他词语不能表达这样的意思。

(7) 你从来没有告诉过我们，这里的景色这么美____！

A. 呢　　B. 吧

C. 呀　　D. 吗

答案：C

分析：这个句子带有感叹的语气，因此，句尾应该用“啊”，根据汉语音变的规则，“美(měi)”后的“啊”可以用“呀”表示。其他词语没有表示感叹的用法，当然不能用在这个句子中。

(8) ____！多漂亮的景色呀！还不赶快把相机拿出来。

A. 哦　　B. 嗯

C. 喝　　D. 哼

答案：C

分析：备选项目中的其他几个叹词，都没有表示赞叹的作用，而句子中“漂亮的景色”一定需要表示赞叹的“喝”或“呵”、“嗬”。“哦”表示的是明白醒悟，或者是吃惊、奇怪等；“嗯”则表示答应、同意，也可以表示吃惊等意思；“哼”带有不满意、不服气的意思，都不符合句子的意思。

(9) 赵龙甩手而去，门在他身后______一声被死死地关上。

A. 哗啦　　B. 嘎巴

C. 扑通　　D. 咣当

答案：D

分析：关门的声音应该是“咣当”，“哗啦”是流水或东西倒塌的声音，“嘎巴”是树枝等被折断的声音，“扑通”常常表示东西掉进水里的声音。

(10) 刚刚跑了 200 米，李同就在那儿________地不能动弹了。

A. 咕咚咕咚　　B. 稀里哗啦

C. 滴答滴答　　D. 呼哧呼哧

答案：D

分析：李同一定是个体质不佳或超胖的人，不然跑了 200 米不至于“呼哧呼哧”地喘粗气。其他象声词都不能表示喘气的声音。

三、病句分析

(1) 什么时候去，我什么时候给你打电话呢。
(2) 她已经非常伤心了，不要再为难她吧。
(3) 咱们是走着去吗，还是骑自行车去吗？
(4) 这样的场合你大概还不太习惯吗？
(5) 老板已经说过几遍了，难道你们还没听懂吧？
(6) 你不是很喜欢她嘛，怎么又不理她了？
(7) 嗬，你有什么了不起，不就是个小头头吗！
(8) 啊，这到底是为什么呢？
(9) 我们几个人每天都一齐来上课，一齐去吃饭。
(10) 进入新世纪以后，我们一带亚洲的经济发展令世界瞩目。
(11) 我们大家一致意见，没有人唱反调。
(12) 她不高兴常常一点儿很小的事情。
(13) 每个星期六和星期天我们平常都不会上课。
(14) 对我自己来说，这是一个十分经常的事情。
(15) 这件事老板都不能决定，况且你呢？

四、应用练习

1. 选择所给的语气词、象声词分别填空

轰轰隆隆　　吗　　哦　　噼里啪啦　　吧　　嗬
哗啦哗啦　　哼　　呢　　咕咚咕咚　　呀　　哪

(1) 我已经吃过午饭了，你吃了____？
(2) 你说他不认真____，有点儿冤枉他，可他总出点小麻烦。
(3) 你____，怎么就是不能让父母省心____？
(4) ____！不简单____！这么快就有结果了？
(5) ____？你们也都同意这个方案？
(6) 怎么？他也陪客人去参观？____！他有什么资格！
(7) 代表们一走进来，会场里立刻响起了____的掌声。
(8) 飓风过后，大片的房屋____地倒塌下来。
(9) 海湾上空，____的飞机声不绝于耳，战争已经临近。
(10) 朝拜者跪在活佛跟前____地叩头，活佛心中暗暗为他们祈祷。

2. 用所给的词语完成下列句子

(1) 平时训练中一点点小的失误，____________________。(往往)
(2) ____________________________，那么，现在散会。(一致)
(3) 中国的少数民族，主要聚集在____________________。(一带)

(4) 本公司全体员工自即日起________________。(一律)
(5) ________________，只有节假日除外。(平常)
(6) 他虽然近乎残废，但________________。(日常)
(7) ________________，可在联欢会上总是又唱又跳的。(平时)
(8) ________________，你千万不要那么客气。(嘛)
(9) 春节前后出行的人最多，________________。(况且)
(10) 这样的事大人都很难做好，________________？(何况)

3．选择恰当的词语填空

(1) 今年六月我打算去伦敦看世界杯比赛，你去____？
A. 吧　　B. 吗
C. 呢　　D. 呀

(2) ____，你的意见很有道理，咱们是应该去拜访拜访张总了。
A. 嗯　　B. 哼
C. 哇　　D. 嘛

(3) 他们的这种做法也许可以用“有福同享，有难同当”来形容____。
A. 吗　　B. 呀
C. 吧　　D. 呢

(4) 我们想了解一下儿，每年“十一”七天长假人们是怎么度过的____？
A. 啊　　B. 吧
C. 吗　　D. 呢

(5) 如今过节时____的爆竹声又为节日增加了喜庆祥和的气氛。
A. 稀里哗啦　　B. 噼噼啪啪
C. 唧唧喳喳　　D. 轰轰隆隆

(6) 世纪之交，一个多么幸福而神圣的夜晚____！
A. 吧　　B. 吗
C. 呢　　D. 啊

(7) 听了叔叔的故事，孩子被吓得____大哭起来，这是谁都没想到的。
A. 哈哈　　B. 哗哗
C. 呼呼　　D. 哇哇

(8) 你们不就是想早一点回到广州去____？我同意就行了。
A. 吧　　B. 吗
C. 呢　　D. 啊

(9) 大虎喝完最后一口酒，手一扬，____的一声，酒瓶碎了。
A. 唰　　B. 乒
C. 啪　　D. 笃

(10) 学会骑自行车还得三天五天的呢，何况学习开汽车____！
A. 啊　　B. 吧
C. 呢　　D. 哈

第十二课　关联词语分析

一、知识讲解

复句是由两个或两个以上意思上有联系的单句组成的句子形式，构成复句的单句叫做分句。复句通常用一些关联词语来连接各个分句，不同的关联词语表示分句之间的不同关系。复句按照分句之间的关系可以分为联合关系和偏正关系两大类，此外，还有紧缩复句。

汉语中不同关系的复句都是由相应的关联词语连接的，本课重点从词汇的角度对汉语中使用频率比较高的复句关联词语加以大体的归纳，并进行简要的分析，特别是对一些同义或近义的关联词语，我们将逐一进行对比和分析，以便学习者能够很好地理解和掌握。

(一)联合复句使用的关联词语

联合关系的复句使用的关联词语包括下面这些组。

1．一边……一边……、边……边……、一面……一面……

这组词语表示并列关系的复句，意思是主语同时进行的两个动作，而这里的“同时”，既可以是短时间内的同时，也可以是比较长的时间内的同时。句中的主语既可以是一个人，也可以是不同的人。

他一边吃一边喝，一直没有停。

他一边唱，我们一边听。

我边走边对他说：“加快！”

你总是一面说一面笑，我不知道是不是真的。

在北京的两年里，迈克一边学习，一边工作。

2．又……又……、也……也……、既……又/也……

这组词语与上一组相同，表示并列关系的复句，但它们既可以表示同时的动作，也可以表示同时所处的状态。也就是说，在这组词语中，既可以插入动词，也可以加入形容词。应该注意的是，这组词语有时表示的并不一定是同时的动作，有可能有先后的次序。

他整天又吃又喝的，谁供得起他？

这个房间既宽敞明亮，又安静舒适，我们非常满意。

你既会说英语，又会说汉语，一定大有用武之地。

我既喜欢做饭，也喜欢逛街。

你又要学习汉语，又要在公司上班，忙得过来吗？

我也吃饭，也喝汤，你呢？

3．一方面……一方面……、一来……二来……、一是……二是……

这组词语同样表示并列关系的复句，意思是从某一事物的两个方面来讨论问题，也可以是强调或列举两个目的、两个原因或理由等，在不同的句子里会有不同的表现。“一方面……一方面……”也可以说成“一方面……，另一方面……”。

这样做一方面可以解决资金问题，一方面可以引进人才。

你在办公室吸烟，一来对自己不利，二来也影响别人。

本次实验失败的原因，一是准备不足，二是考虑不周。

你这样做一方面可以说明事实，另一方面也可以警示别人。

4. 有的……有的……、有时……有时……、时而……时而……

这是一组表示选择意义关系复句所使用的词语，即可以是人、事、物和时间等的选择。“时而……时而……”书面语成分比较浓。

同学们有的回国了，有的去旅行了。

你们的建议有的我表示同意，有的我不能接受。

周末我们有时去逛街，有时在家干家务。

你看，她时而哭，时而笑，显得很不正常。

5. 是……还是……、要么……要么……、或者……或者……

这同样是一组表示选择关系的词语，可以是疑问形式的，也可以是普通句子形式。应该注意的是，有时候，一个句子里可以连续使用两个以上的“或者”。

下学期你们是继续学习还是开始工作?

你要么起床，要么继续睡觉，别躺在床上抽烟。

明天我们开始复习，或者再讲一讲最后一课。

你或者坐火车去，或者坐飞机去，不能坐船。

这个差使或者你去，或者他去，或者你们一起去。

6. 不是……就是……、不是……而是……

这组词语虽然也表示选择，而且形式上十分接近，但表示的意思却有所不同。“不是……就是……”仍然是选择关系，即二者必选其一；而“不是……而是……”则否定一个，肯定一个。也就是说，这两个格式中的“不是”意思并不完全相同。

最近几天不是刮风就是下雨，没一个好天儿。

帮你洗衣服的不是玛丽，而是罗兰。

下个月我们不是去山东实践，而是去河南实践。

7. 先……再……、先……接着……、先……然后……最后……、……后来……、……于是……

这组词语用在顺承关系复句中，表示先后的顺序。应该注意的是“再”与“然后”的用法，它们比较接近，有时可以用在同一个句子中，而且可以前后调换，不会影响句子意思的表达。

吃饭最好先喝汤再吃主食。

老师先听写了今天的生词，接着开始讲解语法。

我们先去天津，然后去山东，最后到上海去看看。

我们是在体育馆门口见的面，后来就分手了。

他听了半个小时没听懂，于是起身走了出去。

8. 不但/不仅/不仅仅/不只/不光……而且/还/也……、……更/还/甚至……

在这是一组表示递进关系复句使用的词语，它们往往搭配使用。在汉语实际应用中，有时也会只出现后边的词语，而不用前一部分，在其他复句关系的关联词语运用中也有这种现象，应该引起学习者的注意。

他不但会说汉语，而且会说英语和法语。

我说的不仅仅是你们，还有他们几个人。

不只你一个人这样想，大家也这样想。

他每天不光要完成自己的工作，还要帮助别人。

上课时不能随便吃东西，更不能追跑打闹。

你把别人的东西吃了，还把人家骂了一顿，像什么话！

按照学校的要求，上课不能吃东西，甚至不能喝饮料。

9. 不但不/没……反而……、……反而……

这是一组表示反递进的关联词。“反而”表示跟前面提到的情况相反。应该注意的是，在具体语言应用中，“反而”常可单独出现，但在句子中一定暗含一种预设。参考后两个句子。

马上就要考试了，他不但不复习，反而出去逛街了。

昨天他不但没跟我们一起调查，反而在家里睡大觉。

住在校外的同学都早就到了，你住校内，反而总是迟到。

这次你说你复习了，可是成绩反而下降了。

10. “与其……不如……”与“宁可/肯/愿……也不……”

这是一组取舍关系复句使用的关联词语，表示在比较利害得失之后选择一种做法。“与其”、“宁可”一般用在动词前，也可以用在主语前。注意“宁可”等主观意识更浓一些。

与其在家休息，不如跟我们一起唱卡拉OK。

与其你们去，还不如我自己去呢！

我宁可在家休息，也不跟你们去歌厅。

宁可我自己不吃，也要让孩子们吃好。

11. “宁可/肯/愿……也不……”与“宁可/肯/愿不……也要……”

这两种句子形式表示的意思恰好相反，前者是从两件不希望或不喜欢的事情中选择一个还可以接受的事情去做，后者则是从两件都比较有利的事情中选择一个更加有利于自己或更合情理的事情去做。“宁可”等表示的一般应该是句子中主语的意愿，可以用在主语前，也可以用在主语之后。

她宁可去死，也不嫁给自己不喜欢的那个人。

虎妞宁可不要父亲的财产，也要嫁给祥子。

我宁可自己做饭吃，也不去那个饭馆吃饭。

他宁可不回国，也要参加学校组织的活动。

我宁可睡觉，也不去看电影。

我宁可不睡觉，也要去看电影。

(二)偏正复句使用的关联词语

汉语中表示偏正关系复句使用的关联词语与表示联合关系复句使用的关联词语相比要多得多，用途也更广。下面分别加以介绍。

1．因为……所以……、(之所以)……是因为……、由于……因此……、……因而……；……只好……、……不免/难免……、……以至/以致……

这组词语用来表示因果关系。表示因果关系的词语中，既可以有连词，也可以在后一分句中使用副词。在汉语学习中，应该特别注意“因为、由于”，“所以、因此”，“不免、难免”，“以至、以致”这样的同义词，有时候它们并不容易用准确，特别是在汉语测试中，有时候会同时出现在备选项目中，需要认真思考。需要说明的是，“不免、难免”强调的是希望避免而又不能避免的某种结果，而“以至、以致”强调的则是某种原因所导致的某种结果，“以至”还表示在时间、数量、程度、范围上的扩大和延伸。

因为我最近很忙，所以没有去看你们。

他没来上班，是因为家里有急事。

由于最近天气不好，因此大家情绪都不高。

他做过很多调查，因而最有发言权。

你们都不去，只好我自己去了。

来的人比较多，教室里不免有些拥挤。

你们是新同学，难免会做出错误的句子。

他从来不锻炼，以至/以致身体越来越不好。

最近我学习很忙，有时候夜里一两点以至三四点也不能休息。

2．既然……就/何必/为什么/才……、……可见……、……在于……

这组是典型的表示推论因果关系的关联词语。“既然……就……”表示前一分句提出已经成为现实或已经肯定的前提，后一分句根据这个前提推出结论，也可以说是前边给出原因，后边根据这个原因劝人应该怎么做或不要怎么做。“可见、在于”则是前边给出结果，后边推导出产生这个结果的原因。

大家既然来了，就不要回去了。

他既然知道了，你何必再跑一趟呢?

既然老师到了，我们为什么不上课呢?

既然已经来了，我才不会回去呢!

这次考试不理想，可见你没有认真复习。

他今天又没有来，可见有什么问题。

这次实验的失败，完全在于你没有做好充分的思想准备。

这次比赛的失利，在于我们太轻敌了。

3．如果/要是……(那么，)就……、……的话，就……；假如/假使/假若/倘若……就……、若……则……

这是一组表示假设的条件与结果关系的关联词语。在假设复句中，常常是前一分句提出一个假设的条件，后一分句根据这个假设的条件而产生相应的结果。“如果、要是……的话”在口语中用得比较多，其余的则多用在书面语中，特别是“若……则……”这个格式，文言的味道很浓，一般只在书面语中出现。“假如/假使/假若/倘若”与“如果”的意思完全一样，只是语言色彩有所区别，应该加以了解。

如果你们不愿意，就不要参加这次活动了。

今天老师不来的话，我们就自己复习。

要是大家都去的话，我就去。

假如/假使/假若/倘若你真的不喜欢，就不要跟他联系了。

若时间不够则不必来。

4．……(要)不然(的话)/否则……、没有……就没有……

“不然、否则”用在一个比较具体的要求后面，表示如果不按照这个要求去做会产生什么样的结果。“没有……就没有……”是一种表示假设关系的双重否定句，意思同样是“如果没有……那么就没有……”。

你应该多穿一点儿，不然会感冒的。

你应该跟我们一起去，要不然就没有机会了。

咱们得好好复习，不然的话很难通过期末考试。

你们应该跟我们一起去，否则我们也不去了。

没有一定的汉语水平，就没有参加演讲比赛的可能。

5．万一、一旦

这两个词语中“万一”是连词，用在前一分句，表示可能性极小的假设，假设的条件可以是有利的，也可以是不利的。“一旦”是副词，有“如果有一天”的意思，多用来表示还没有发生的事情。此外，“万一”也可以做名词，有万分之一的意思，表示极小的一部分；“一旦”也可以用做名词，专指某一天的时间。

万一他来了，我们就应该告诉他事情的真相。

你不用太担心，万一成功了呢？

一旦发生问题，后果就不堪设想。

一旦有机会，我肯定会再来看你们。

汛期来临之前我们应该做好充分准备，以防万一。

我们的事业不能因为这样的原因而毁于一旦。

6．虽然……但是/可是……、……不过/只是……、……然而/却/倒……

这是一组表示转折关系的关联词语。在转折复句中，前后两个分句之间是矛盾和对立的关系，也就是说，后一分句不是按照正常的思路把前一分句所叙述的情况进行下去，而是向相反的方向发展。

应该注意的是，“但是、可是”比“不过、只是”的语气要重得多，而且“不过、只是”还有比较特殊的用法：它们都可以表示在十分理想的情况下找出不满意的地方，“不过”还可以在很不满意的情况下找到比较理想的因素。另外，“然而”多用在书面语中表示转折，而且可以用在连接含有转折关系的段与段之间；“却、倒”是副词，只能用在主语后谓语前，不能用在主语之前。

虽然问题比较严重，但是我们还不至于彻底放弃。

这个学校各个方面的条件都很好，不过/只是离市中心远了一点儿。

这个地方周围的环境太差了，不过交通还比较方便。

我们都参加了，然而没有任何收获。

他是一个性格古怪然而十分正直的人。

他说来，可是他却没有来！

昨天很冷，今天倒不怎么冷了。

7．尽管……但是/可是/还是/仍然……、……，尽管……

“尽管”表示的是一种让步，与“虽然”用法基本相同。“尽管”用在后一分句时，多出现在书面语中。应该注意的是，“还是、仍然”在这类复句中常常与“尽管”搭配使用。应该说明的是：“尽管”还用作副词，有“不用考虑别的，放心去做”的意思。

尽管我们跟他谈了很长时间，他还是/仍然想不通。

尽管你也跟着去了，可是你发现问题了没有？

这样的句子形式并不是疑问句，尽管句子中有疑问词语。

有什么问题你尽管说，我可以帮助你。

8．只有……才……、只要……就……，除非……才……、除非……否则/不然……

这是典型的表示条件关系复句的关联词语。条件复句，是指根据某种条件推断事物间的因果关系的复句。而“只有……才……、只要……就……”这两个句子的形式常常被用混，其实，前者表示说话人认为是比较高的或唯一必要条件，而后者则表示说话人认为是具备了充分的条件，即不需要更高的条件了。“除非”与“只有”基本相同，表示指出唯一的先决条件。

只有活下去，才能享受未来的幸福。

只有亲口尝尝，你才能真正知道梨子的味道。

只要有个地方能够躺下休息一会儿，我就满足了。

只要能够继续学习，我就不会提出别的要求。

除非你去他才会来。

除非请张总来才能解决这个问题。

除非你去，否则/不然他不会来。

除非平时下苦功夫，否则不会有好结果。

9．无论/不论/不管……都/也……

这组关联词语表示在任何情况下结论或结果都不会改变，当然，这个条件是假设的。应该注意的是，“无论”等与“都”之间必须有疑问形式的词语或形式，如“谁、什么、哪儿、多少、怎么样、去不去、好不好、A 还是 B”等，也可以是选择性的词语。需要特别注意的是，“无论如何”是汉语中一个十分固定的表达形式。

无论谁都不应该忘记过去。

不管什么地方我都想去看看。

不论你喜欢不喜欢都应该跟我们一起去。

无论长城还是颐和园我都没去过。

不管早晨、晚上，我们都能在教室里见到她的身影。

今天的会议你无论如何也要来参加。

10. 除了……都……、除了……也/还……

“除了……都……”与“除了……也/还……”之间的区别是：用“都”时强调前后两部分之间的不同点；用“也/还”时则强调前后两部分之间的相同点。

我们班除了玛丽都是亚洲同学。

除了长城以外，我们还去了颐和园和故宫。

我们班除了亚洲同学还有欧洲和美洲同学。

来北京半年了，除了长城以外，我哪儿都没去过。

11. 即使……也……、就是/哪怕/就算/即便/纵使……也……，别说/不要说/不用说……就是……也……

这组词语组成的复句叫让步复句。这种复句的前后两个分句指有关的两件事，前一分句表示一种假的情况，后一分句表示结果或结论不受这种情况的影响。这些词语中，“即便”多用于书面语，其他则多用在口语中。“别说/不要说/不用说……就是……也……”是一种带有很强的比较意义的让步复句，而且比较的关系并不简单，需要仔细体会。

即使没有这次事故，大家同样也会忧心忡忡。

就是你不去我们也会去。

哪怕不吃饭我也要看这个电视。

就算你去也不管什么用。

即便我们不来，他也会为我们准备。

纵使你再聪明，不努力也没有用。

这么重的东西，别说/不用说你们，就是我也搬不动。

不要说留学生，就是中国学生也写不出这么好的文章。

这么容易的问题，别说大人，就是三岁的孩子也能回答出来。

12. “即使……也……”与“宁可……也……”

这两个句式形式上十分相似，但是在表示的意义上，前者强调的是对客观情况的假设或做出某种让步，常常是与实际情况相反的事情，而后者则强调的是主观的愿望。

即使下雨，我们也要来上课。(实际上没有下雨)

即使你不来，我们也要去那里。(实际上你来了)

即使白跑一趟，我们也要来找你。(我们没有白跑)

宁可被雨淋湿，我们也要来上课。(可能被淋湿了)

我宁可不休息也要完成这个工作。(可能不休息)

她宁可挨骂也不去干那样的事。(可能真的挨骂)

13．为了……、……为的是/是为了……、……以/以便……、……好……

这组关联词语主要是表示想要达到某一种目的，而这个目的可以在前一分句出现，也可以在后一分句出现。“以”多用于书面语，而“好”则多在口语里用。

为了达到目的，我们必须做进一步的努力。

为了救济发生海啸地区的灾民，中国政府提供了无私的援助。

我们来北京为的是/是为了学好汉语。

每个人都必须注射疫苗，以防止疾病传染。

你应该努力学习，以便取得好成绩。

你往里边一点儿，好让别人也有个地方坐。

你快点儿回来，我好去吃饭。

14．……以免……、……免得/省得……

这组词语表示的是想要避免某种不好的结果。“省得”多在口语中使用。

你应该带上把雨伞，以免挨雨淋。

你们应该来上课，以免被取消考试资格。

你应该去，免得他不高兴。

我还是跟你们一起去吧，省得到时候你们骂我。

(三)紧缩句常用的词语

汉语中还有一种复句叫紧缩句，它形式上跟单句一样，但是实际上表示的是复句的意义。句子十分简洁，表意又十分精辟，这是它最大的特点。汉语中的紧缩句主要包含以下几种形式。

1．一……就……、刚……就……、动+了……就……、动+完……就……

这几个比较固定的格式，表示的是两个动作紧接着发生，也可以表示因果、条件、假设等关系。“一、刚”用在动词之前。

他们一下班就去看电影了。

我一下雨就头疼。

你怎么刚睡醒就要吃饭呢？

怎么我刚说完她就哭了？

张老师下了班就去接孩子了。

你别着急，我做完作业就帮助你。

2．越……越……、越来越……

这是表示变化的一组句子形式，有随着时间的变化而变化的意义，也可以是随着情况的变化而变化。应该注意的是，句子中如果有带“得”的补语，第一个“越”应该放在“得”与补语之间。应该注意的是，在这两个句式中，不应该再出现表示程度的副词，如

"很、最、非常、十分、特别"等。

你越走越快，我怎么跟得上？

山本已经学了半年书法了，现在越写越漂亮。

你说得越快我就越听不懂。

我还是觉得房间越大越亮越好。

大家对中国的经济情况越来越了解了。

小姑娘长得越来越漂亮了。

*我对中国朋友越来越非常了解了。

3. 再……也……；非……不……、非……才……

"再……也……"有"无论如何都会怎么样"的意思，"再"后可以是动词，也可以是形容词；"非……不……"实际上与"非……不可"相近，有"一定……"的意思；"非……才……"强调必要的条件，与"只有……才……"的用法比较接近。

你再说也不管用。

困难再大我们也要想办法完成。

他再吵也不会答应他。

我再也不会去那个地方了。

我非跟你们一起去不可。

他非要来不行，我没办法。

我非学好汉语才回国。

你非听他的话才行。

4. 不……不……、没有……不……、没有……没有……、不……没有……

这是一组双重否定的形式，表示的是特别强调、特别肯定的意思。

你不去不行。(一定得去。)

不自学好英文课程决不结婚！(学好英语再结婚。)

没有上课不能参加考试。(上课才能参加考试。)

没有人没有书。(大家都有书。)

没有调查研究就没有说话的根据。(一定要调查才能有根据。)

不参加就没有机会了。(参加才能得到机会。)

二、语词分析

要求：选择恰当的关联词语填空。

(1) 我一定要去伦敦看世界杯比赛，为了买门票，我_____天天喝白开水_____再喝酒了。

A. 宁可……也不……　　B. 即使……也不……

C. 如果……就……　　D. 因为……所以……

答案：A

分析：“宁可……也不……”格式中所说的事情，常常与说话者或句子主语的心理活动有关，表明决心，即强调主观方面的因素。而“即使……也……”表示的是假设的让步，即可以是还没有实现的事实，也可以是与事实相反的事情，多从客观方面去看待事物，如“即使下雨我们也要来上课”，实际上没有下雨。另两个复句形式不符合句子的语法要求。

(2) 为了爱情，虎妞____要父亲的财产，____要跟祥子结婚。

A. 如果……就…… B. 宁可不……也……

C. 只要……就…… D. 即使……也……

答案：B

分析：“如果……就……”与“只要……就……”尽管语义不完全一样，但在用法上没有差别，不能选择其中的任何一个；“即使……也……”一般强调客观条件或因素，而且常常与事实相反，不符合这个句子的语法和语义要求。

句子中“虎妞”既想要父亲的财产，也想跟祥子结婚，但在两者有矛盾的情况下，她只能选择其中一种，比较利害得失后，“虎妞”放弃了“要父亲的财产”，选择了“跟祥子结婚”。“宁可不……也要……”表达的正是这样的意思。

(3) 咱们都是第一次来这个城市，____找不到住的地方怎么办?

A. 就是 B. 万一

C. 为了 D. 只有

答案：B

分析：“万一”表示极小的可能，有“如果、一旦”的意思，用法也比较接近。其他词语不能表达这样的意思，也不符合句子的语法要求。

(4) 失败一两次并不可怕，关键是我们应该____吸取教训，以利今后的工作。

A. 从此 B. 从中

C. 其中 D. 于是

答案：B

分析：“从此”一般指从这个时间开始，“从中”的意思是“从这件事情中”，符合句子意思。“于是”后边应该是结果，“其中”前后应该有数量大小方面的变化，都不符合句子的意思和语法要求。

(5) “老乡见老乡，两眼泪汪汪”，他们俩多年不见，______要好好儿聊聊。

A. 以免 B. 以便

C. 免不了 D. 怪不得

答案：C

分析：“免不了”的意思是不能避免，也就是应该怎样，可以怎样，会怎样。“以免”是为了避免；“以便”就是“为了”，只是常常用在后一分句的句首；“怪不得”从语法上说可以用，但无论是意思还是语气在这里都不合适。

(6) 和其他集体比赛一样，体操比赛同样讲究的是团队精神，比赛中，____有一个人出了问题，____会影响整个的比赛结果。

A. 宁可……也不…… B. 既然……就……

C. 虽然……但是…… D. 倘若……就……

答案：D

分析："倘若……就……"与"如果、要是、假如……就……"一样，是假设复句的一种书面表达形式。"一个人出了问题"只能是一种假设，而不应该是事实，因此其他几个复句形式都不合适。

(7) ____该公司最终没能答应消费者的索赔要求，____"添加剂"事件毕竟给那些高高在上的厂家上了生动的一课。

A. 只有……才……　　B. 如果……就……

C. 尽管……但是……　　D. 因为……所以……

答案：C

分析："尽管……但是(还是)……"格式中要充分注意"还是"的存在。句子中前后分句有明显的转折关系，而其他三个备选项目都有条件、原因与结果的关系，不符合句子的意义。

(8) 做人应该讲究原则，但也应该注意与朋友的关系，____都不能轻易伤害朋友的感情。

A. 不管什么　　B. 无论如何

C. 即使什么　　D. 不论怎么

答案：B

分析："无论如何"的意思是不管怎么样，表示不管条件怎么变化，结果始终不会改变。备选项目中的"不论怎么"如果是"不论怎么样"就可以使用，但是一字之差，就不能清楚地表达意思。

(9) 这个地区的社会治安非常好，百姓安居乐业，____群防群策做得不错。

A. 因此　　B. 可见

C. 所以　　D. 然而

答案：B

分析："因此、所以"表示相同的意思，用法也相同，当然不能选择其一。"然而"是转折的关系，但句子没有这样的关系。"可见"的后边常常是告诉我们原因，产生前边提到的结果的原因。

(10) 实行市场经济以后，____是电信市场____保险市场都得向国际开放。

A. 只有……才……　　B. 只要……就……

C. 无论……还是……　　D. 既然……就……

答案：C

分析："电信市场"与"保险市场"是两个并列的成分，而且句子后边有"都"，因此，"无论……还是……都……"是最好的答案。

(11) 新的地铁通车以后，大兴、房山地区的住房将大大地升值，____购房者趋之若鹜。

A. 但是　　B. 然而

C. 因而　　D. 而且

答案：C

分析："因而"与"因此、所以"的意义、用法基本相同，符合句子本身的意义。而

“但是、然而”的意义、用法基本一样，不能选择其一；“而且”是进一步的意思，且应该与“不但、不仅”搭配使用。

(12) 微波炉不是只能热剩饭，____煮饭、烧汤以外，____可以进行烧烤。

A. 除非……才…… B. 除了……还……

C. 除非……否则…… D. 除了……都……

答案：B

分析：“除非……才……”与“除非……否则……”一样，只是语气上有所区别；“除了……都……”强调的是前后两个成分之间的不同点，而句子中的“煮饭、烧汤”和“进行烧烤”都是微波炉的功能，是共同点，因此，“除了……还……”是最恰当的答案。

(13) 我们去欧洲各国考察的一行人员，____下飞机____各奔东西了。

A. 了……就…… B. 一……就……

C. 就要……了…… D. 刚才……就……

答案：B

分析：“一……就……”是最标准的紧缩复句的格式，表示两个动作连接得非常紧密，即第二个动作紧跟着第一个动作发生。A 的“了”应该用在动词之后，而句子中没有这个动词；C 的“了”后边不能再有其他动词；D 的“刚才”应该换成“刚”才对。

(14) 这个工作____你去____，别人谁也没有这方面的能力。

A. 非……不可 B. 除了……以外

C. 对……来说 D. 拿……来说

答案：A

分析：“非……不可”中间可以插入动词、名词，意思是“一定”，是口语中常用的一种强调形式。“除了……以外”后边如果用“也”表示前后两部分的共同点，但是这个句子却不是这样，因此不可以。

(15) ____明天再刮大风，我们就不能去实验厂参观了。

A. 就算 B. 虽然

C. 要是 D. 即使

答案：C

分析：后一分句中的“就”明确告诉我们应该用“要是、如果、假如”等，因为“要是……就……”与“如果、假如、倘若……就……”都是表示假设关系的复句形式。而“就算、即使”的意思、用法相同，“虽然”的后边应该是“但是、可是”，都不符合句子前后的语法语义关系。

(16) ____坚持自己确定的研究方向，就一定能够取得令人瞩目的成绩。

A. 既然 B. 只要

C. 一 D. 只有

答案：B

分析：“既然、只要、一”的后边都可以用“就”来搭配，但根据句子的前后意义及语法关系，只有“只要”才是唯一正确的选择。“只有……才……”也是一组搭配形式，但句子中没有“才”。

(17) 你除了要努力学好课本上的知识以外，____要去参加社会实践。

A. 都　　B. 还是

C. 还　　D. 必须

答案：C

分析："学习知识"与"参加实践"是任何一个学生想要掌握一门外语都应该认真去做的两件事，句子主要是强调它们之间的共同点，因此用"除了……以外，还……"是最好的格式。

(18) 别的药对这种病都不起作用，____那种药____可以治这种病。

A. 只要……就……　　B. 只有……才……

C. 如果……就……　　D. 不管……都……

答案：B

分析："那种药"是唯一可以治疗"这种病"的药，其他药都不行。当然应该选择B。另外，A、C 的用法比较接近；D 的"不管"后应该有疑问词语或成分，同样不能用在句子中。

(19) 虽然说他是班里年龄最小的，可学习____是班里最好的。

A. 而　　B. 却

C. 并　　D. 但

答案：B

分析：A、C、D 都是连词，应该用在主语之前。句子中的主语是"学习"，只有"却"可以用在主语之后，并同时具有转折的语气。

(20) 电子书____叫书，却处处给人以电器制品之感，到底算不算书呢？

A. 既然　　B. 因为

C. 如果　　D. 虽然

答案：D

分析：后一分句中有表示转折意义的"却"，那么，能够与"却"搭配的当然应该选择"虽然"。其他词语都有相互搭配的词语，在句子中都不合适。

(21) 不管刮风____下雨，他从来都没迟到过。

A. 或者　　B. 还是

C. 不管　　D. 并且

答案：B

分析：按照汉语复句的要求，"不管……都……"格式中的"不管"之后应该跟表示疑问的词语或形式，因此，"还是"是最佳的选择。有人会选择"或者"，尽管"或者"也可以表达同样的意思，但是，在有"还是"的情况下，只能用"还是"。

(22) 我的家乡在南方，那儿冬天很少下雪，____下，____不怎么大。

A. 如果……就……　　B. 即使……也……

C. 既然……就……　　D. 因为……所以……

答案：B

分析：C、D 都是表示因果关系的关联词语，在句子中不合适。而"如果……就……"要求后边的成分应该是按照前边的条件而变化的，句子中的"不怎么大"同样不符合这个条件。因此，“即使……也……”是唯一正确的答案。

(23) 不管雨下得____大，我一定要去机场接他。

A. 很　　B. 好

C. 太　　D. 多

答案：D

分析：四个备选答案中，只有“多”具有表示疑问的性质，符合“不管……”的语法要求。其他词语都不合适。

(24) 尽管父母极力反对，他们俩最终____按计划结婚了。

A. 总算　　B. 究竟

C. 还是　　D. 到底

答案：C

分析：尽管“到底、总算、究竟”都可以用在句子中，但不能选择其中的任何一个，因为它们有基本相同的意义和用法。正确答案应该是“还是”，因为，“还是”在复句中常常与“尽管”搭配出现。

(25) ____明天天气怎么样，我都会按时来参加开幕式。

A. 既然　　B. 因为

C. 虽然　　D. 不管

答案：D

分析：“既然、因为”是表示因果关系的关联词语，而句子没有这样的语义关系；“虽然”应该与“可是、但是”等搭配，而句子中没有。句子中的“怎么样”明确告诉我们应该选择“不管”。

三、病句分析

(1) 他不喜欢这本书，与其送给别人，不如送给他。

(2) 明天刮风还是下雨，我们准时出发。

(3) 这个地方不但贫穷，但是文化方面也很落后。

(4) 他们一边说着、唱着，一边很愉快。

(5) 他各方面都很好，只是身体却不大好。

(6) 我宁可把这本书看完，也不吃饭。

(7) 我的自行车虽然很旧，只是从来不出毛病。

(8) 她比我大十岁，不过我们俩成了好朋友。

(9) 不论我有多忙，他不帮助我。

(10) 对于我来说，请客不是负担，也是增进我和朋友友谊的桥梁。

(11) 他又不说，你又不说，我怎么会知道呢？

(12) 尽管学习怎么忙，他每天还是坚持锻炼。

(13) 既然你们邀请我，然而我一定去。

(14) 即使明天下雨，我们要去参观。

(15) 小李为大家做了不少事，他从来不说。

四、应用练习

1. 用复句形式改写下列句子

(1) 风比刚才刮得大多了，天也暗了下来。　(越……越……、越来越……)
(2) 书架上那几本小说我只看过两三本，别的都还没看呢。(除了……都……)
(3) 他这个人不只是对朋友热心，对不认识的人也很热心。(无论……都……)
(4) 你就是出去卖报纸，也比整天待在家里强啊。　(与其……不如……)
(5) 她非常漂亮，有人说她生气时别人也以为她在笑。　(即使……也……)
(6) 中式快餐经济实惠，一点儿都不比洋快餐差。　(既……又……)
(7) 我们不能害怕事物之间那种复杂的联系。　(尽管……但是……)
(8) 她觉得把聊天与看书进行比较，还是看书更有意义。　(宁可……也不……)
(9) 老张说你去叫他他就来，别人谁请也没用。　(除非……否则……)
(10) 你根本就不知道事情发生的原因，你说了不管用。　(没有……没有……)

2. 给句子后的词语选择恰当的位置或选择恰当的词语填空

(1) A 如果从全局考虑，不要说 B 哪个小单位受些损失，C 我们个人的利益受到损害 D 也要正确地对待。

即使

(2) 在这么紧张的时刻，他宁可自己 A 受些 B 损失，C 不愿 D 拖累亲戚朋友。

也

(3) 内蒙古地处高原，A 蒙古族人 B 又能歌善舞，C 体力消耗大，D 胃口特别好。

因此

(4) A 我的德语进步 B 很慢，很快就 C 丧失了信心而 D 放弃了学习。

由于

(5) 他虽然翻遍了昨天的报纸，A 却 B 没有找到 C 自己 D 想要的那篇文章。

然而

(6) 倘若你 A 不同意我们的意见，B 不要 C 参加我们的行动了，D 以免造成不愉快。

就

(7) 本公司职员在工作中，A 遇到自己难以解决的 B 问题，在时间 C 允许的情况下，都应该尽量 D 请示公司领导或有关技术人员。

凡是

(8) 这个买卖无论你 A 同意不 B 同意，C 我们 D 要做成，一定要让你们满意。

都

(9) 他的意思 A 是除非总经理 B 亲自去邀请 C 他 D 会来参加我们的开业仪式。

才

(10) 今天晚上我们应该 A 早点儿 B 睡觉，明天早上 C 早点儿 D 出发。

好

(11) 降低关税以前，____最普通的进口轿车____得几十万元，现在可好了。

A. 如果……就…… B. 宁可……也……

C. 即使……也…… D. 既然……就……

(12) 咱们____紧跟在别人后面爬行，倒不如想办法，闯出一条新路子。

A. 即使 B. 宁可

C. 与其 D. 就算

(13) 观看传统京剧，不要说留学生，____我们中国人也不一定能听懂几句。

A. 与其 B. 宁可

C. 就是 D. 既然

(14) ____他再也坚持不下去了，____才决定放弃这个工作。

A. 要不是……那么…… B. 尽管……但是……

C. 因为……所以…… D. 只要……就……

(15) 过几年，就是感染了某些病也不用担心，____医疗技术会有更大的突破。

A. 因为 B. 既然

C. 所以 D. 然而

(16) ____大家怎么劝，那个人都不肯从 30 米高的广告牌上爬下来。

A. 即使 B. 假如

C. 不管 D. 只管

(17) ____你帮助我，____我一个人天黑也干不完这么多活儿。

A. 如果……就…… B. 除非……才……

C. 除非……否则…… D. 只要……就……

(18) 日本公布发现放射性污染以后，外经贸部通知从即日起暂停日本的牛肉进口，____防影响消费者健康。

A. 为 B. 使

C. 以 D. 省得

(19) 年轻的妈妈缺少带孩子的经验，小孩子____冷了热了的。

A. 难免 B. 难怪

C. 难得 D. 免得

(20) 我们已经商量好了，____把这个问题调查清楚绝____离开这里。

A. 没有……不…… B. 不……不……

C. 不……没有…… D. 没有……没有……

(21) 大家利用周末时间到你们这儿来，____是想乐一乐，没有别的意思。

A. 无非 B. 没有

C. 没不 D. 不无

(22) 你用这个时间做点儿什么不好，____要听那个烦人的广播!

A. 都 B. 还

C. 非　　D. 只

(23) ____报答好心人的帮助，明华的父母把社会上为明华捐的款送给了“希望工程”。

A. 因为　　B. 为了

C. 由于　　D. 以便

(24) 年轻人，结婚可____闹着玩的，____一辈子的大事，你还是好好地想一想吧！

A. 因为……所以……　　B. 不是……而是……

C. 不是……就是……　　D. 即使……也……

(25) 我认为，____再贫穷的孩子，____有受教育的权利。

A. 即使……也……　　B. 尽管……也……

C. 无论……也……　　D. 只有……才……

第十三课　成语俗语分析

一、知 识 讲 解

汉语的成语和俗语，既有着丰富的文化内涵，又有着与众不同的表现力。在汉语学习中，如果能够多了解并掌握一些汉语的成语、俗语等，一定会在不断丰富你的中华文化知识的同时，提高你的汉语应用水平。

我们从汉语数以千、万计的成语和俗语中，选择了一些既适合课堂学习，又比较有实用价值的内容展示给学习者。希望大家首先要熟悉这部分内容，进而了解并掌握它们的使用方法，争取能够在自己的汉语实践中巧妙地加以运用。我们相信，当你能够做到这一点的时候，你真的又进步了。

(一)成语、四字词语

汉语的成语多是古代流传下来的一个非常有意思的故事，而且它们又都会告诉给我们一个很深刻的道理；汉语中的四字词语也都有比较固定的用法，记住这些词语，会帮助你说好汉语，写好汉语，用好汉语。

下面我们把一些比较容易理解和运用的成语、四字词语按照音序排列在后面，你可以自己猜猜它们的意义和用法，也可以查查词典，还可以问问你的老师和朋友，弄清楚它们到底是什么意思。你一定会喜欢的。

爱不释手、八面玲珑、八仙过海、白璧微瑕、白头偕老，
百尺竿头、百发百中、百废俱兴、百花齐放、百家争鸣，
百年大计、百折不挠、班门弄斧、半斤八两、饱经风霜，
别出心裁、不动声色、不寒而栗、不绝如缕、不谋而合，
不可思议、不伦不类、不约而同、沧海桑田、藏龙卧虎，
朝三暮四、车水马龙、瞠目结舌、成千上万、诚心诚意，
成竹在胸、尺短寸长、初出茅庐、出口成章、触目惊心，
川流不息、粗心大意、大动干戈、大海捞针、大器晚成，
大庭广众、大同小异、大言不惭、当之无愧、得天独厚，
东奔西走、对症下药、耳熟能详、翻云覆雨、反唇相讥，
分道扬镳、丰功伟绩、风餐露宿、风驰电掣、风和日丽、
风雨同舟、功亏一篑、钩心斗角、归根到底、和衷共济，
后会有期、画龙点睛、画蛇添足、货真价实、豁然开朗，
家喻户晓、见异思迁、近水楼台、精益求精、兢兢业业，
九牛一毛、九死一生、举棋不定、举世闻名、举一反三，
聚精会神、开门见山、刻舟求剑、口若悬河、枯木逢春，
滥竽充数、老骥伏枥、乐极生悲、冷若冰霜、离乡背井，

理所当然、立竿见影、礼尚往来、厉兵秣马、鳞次栉比，
龙飞凤舞、乱七八糟、马到成功、毛遂自荐、眉飞色舞，
门可罗雀、门庭若市、梦寐以求、妙手回春、名副其实，
名正言顺、莫名其妙、莫衷一是、目瞪口呆、南辕北辙，
难能可贵、难言之隐、能歌善舞、逆水行舟、呕心沥血，
抛砖引玉、披星戴月、平分秋色、扑朔迷离、七上八下，
七嘴八舌、棋逢对手、千方百计、千军万马、千钧一发，
千里迢迢、千篇一律、前所未有、巧夺天工、青出于蓝，
青梅竹马、情投意合、取长补短、人微言轻、人云亦云，
人之常情、日积月累、如数家珍、如鱼得水、入木三分，
入乡随俗、三番五次、三顾茅庐、三思而行、三五成群，
三心二意、三言两语、山清水秀、山穷水尽、赏心悦目，
舍本逐末、生离死别、十年寒窗、十全十美、实事求是，
实实在在、事半功倍、事倍功半、始终如一、视而不见，
守株待兔、手足无措、数典忘祖、水到渠成、水滴石穿，
顺理成章、四面八方、四面楚歌、四通八达、似是而非，
似笑非笑、谈笑风生、讨价还价、天长地久、天花乱坠，
啼笑皆非、同床异梦、同甘共苦、同舟共济、完璧归赵，
万古长青、万水千山、万无一失、万众一心、为非作歹，
为虎添翼、未雨绸缪、温情脉脉、闻名于世、文从字顺，
文质彬彬、五光十色、五湖四海、五颜六色、无与伦比，
无动于衷、无可奈何、无济于事、无论如何、物美价廉，
小心翼翼、心安理得、心不在焉、心旷神怡、心猿意马，
心直口快、信口开河、行云流水、兴高采烈、揠苗助长，
言简意赅、一唱一和、一帆风顺、一干二净、一鼓作气，
一呼百应、一见如故、一见钟情、一箭双雕、一劳永逸，
一路顺风、一马当先、一目了然、一目十行、一曝十寒，
一气呵成、一日三秋、一丝不苟、一视同仁、一往情深，
一厢情愿、一言一行、一衣带水、一针见血、一知半解，
一字千金、以逸待劳、义无反顾、异曲同工、引经据典，
引人注目、有口皆碑、有口无心、有声有色、与此同时，
与日俱增、鹬蚌相争、远见卓识、争先恐后、志同道合，
周而复始、专心致志、自始至终、自相矛盾、自言自语，
字斟句酌、总而言之、走马看花、坐收渔利、座无虚席。

(二)俗语、古语

俗语是被大家接受并且道理深刻、意思鲜明、形象生动、简单明了、干净利落的大白话(即口语)；古语则是古人说过的同样具有深刻的道理和实用意义的话，很多已经变成了俗语。学会这样的句子，同样会对你的汉语学习起到非常大的帮助。

我们同样为同学们选择了一些很常见、很好用的俗语和古语放在后面，请你好好地读一读，先从字面上去猜一猜它们的意思，如果还不明白，那么，你的老师肯定能够让你获得满意的答案。

八仙过海，各显其能。
百尺竿头，更进一步。
百闻不如一见。
笨鸟先飞早入林。
比上不足，比下有余。
冰冻三尺，非一日之寒。
兵来将挡，水来土掩。
病来如山倒，病去如抽丝。
不吃苦中苦，难得甜上甜。
不到黄河不死心。
不经一事，不长一智。
不怕一万，只怕万一。
不入虎穴，焉得虎子。
不听老人言，吃亏在眼前。
不做亏心事，不怕鬼叫门。
差之毫厘，失之千里。
车到山前必有路，船到桥头自然直。
吃一堑，长一智。
重打锣鼓另开张。
出门问路，入乡问俗。
出水才见两腿泥。
初生牛犊不怕虎。
穿衣戴帽，各有所好。
春雨贵如油。
春不种，秋不收。
此地无银三百两。
聪明一世，糊涂一时。
大河有水小河满，大河无水小河干。
当局者迷，旁观者清。
刀子嘴，豆腐心。
冬练三九，夏练三伏。
读不尽的书，走不完的路。
读万卷书，行万里路。
儿的生日，娘的苦日。
儿行千里母担忧。
耳听为虚，眼见为实。

饭后百步走，能活九十九。
放长线，钓大鱼。
干打雷，不下雨。
隔行如隔山。
功夫不负苦心人。
光阴似箭，一去不返。
瓜熟蒂落，水到渠成。
过了这个村，就没这个店了。
海阔凭鱼跃，天高任鸟飞。
行行出状元。
喝水不忘打井人。
不管黑猫白猫，抓住耗子就是好猫。
黄金有价，知识无价。
活到老，学到老。
鸡蛋里挑骨头。
既来之，则安之。
吉人自有天相。
机不可失，时不再来。
江山易改，禀性难移。
解铃还得系铃人。
近朱者赤，近墨者黑。
酒逢知己千杯少，话不投机半句多。
君子成人之美。
靠山吃山，靠水吃水。
苦海无边，回头是岸。
浪子回头金不换。
老将出马，一个顶俩。
良药苦口利于病，忠言逆耳利于行。
留得青山在，不怕没柴烧。
路遥知马力，日久见人心。
驴唇不对马嘴。
麻雀虽小，五脏俱全。
满招损，谦受益。
没有金刚钻，别揽瓷器活。
每逢佳节倍思亲。
名师出高徒。
明知山有虎，偏向虎山行。
磨刀不误砍柴工。
你走你的阳关道，我走我的独木桥。

宁为玉碎，不为瓦全。
女大十八变，越变越好看。
便宜没好货，好货不便宜。
平安是福。
千里送鹅毛，礼轻情意重。
千里之行，始于足下。
前人种树，后人乘凉。
强将手下无弱兵。
巧妇难为无米之炊。
青出于蓝而胜于蓝。
情人眼里出西施。
人不可貌相，海水不可斗量。
人逢喜事精神爽。
人活七十古来稀。
人往高处走，水往低处流。
人心换人心，八两换半斤。
三天打鱼，两天晒网。
善有善报，恶有恶报。
少壮不努力，老大徒伤悲。
失败乃成功之母。
师傅领进门，修行在个人。
世上无难事，只怕有心人。
十年树木，百年树人。
书到用时方恨少。
踏破铁鞋无觅处，得来全不费工夫。
天外有天，山外有山。
天下兴亡，匹夫有责。
万事开头难。
万事俱备，只欠东风。
亡羊补牢，犹未为晚。
王婆卖瓜，自卖自夸。
无事不登三宝殿。
笑一笑，十年少；愁一愁，白了头。
心急吃不了热豆腐。
心有余而力不足。
羊毛出在羊身上。
养兵千日，用在一时。
一把钥匙开一把锁。
一寸光阴一寸金。

一个巴掌拍不响。

一个萝卜一个坑。

一失足成千古恨。

一心不能二用。

有理走遍天下，无理寸步难行。

有缘千里来相会，无缘对面不相识。

远亲不如近邻。

在家靠父母，出门靠朋友。

真金不怕火炼。

知足者常乐。

只要工夫深，铁杵磨成针。

种瓜得瓜，种豆得豆。

二、语词分析

要求：给句子后面的词语选择恰当的位置或选择恰当的词语填空。

(1) 他总是一个人在房间里来回地走着，嘴里还自言自____地嘟哝着什么。

A. 己　　B. 然

C. 语　　D. 从

答案：C

分析：“自己、自然、自从”都是一个完整的词语，但我们不是在做综合填空练习，而是在做成语、四字格的练习，“自言自语”才是一个真正完整的形式。

(2) 三箱啤酒被他们几个喝得一干____净，还吃了十几斤酱牛肉，简直让人目瞪口呆。

A. 一　　B. 二

C. 两　　D. 而

答案：B

分析：“一干二净”是固定的四字格式，其他词语都不可以。

(3) 这件事你不用太着急，我们大家一起想办法，车到山前必____路！

A. 须　　B. 有

C. 然　　D. 定

答案：B

分析：“必须、必然、必定”同样只是一个词语，而在俗语中，只能是“车到山前必有路”，意思是在困难面前一定会有解决问题的好办法。

(4) 同学们来自五湖四海、四面八____，在学习上要互相帮助，在生活上要互相照顾。

A. 边　　B. 方

C. 面　　D. 角

答案：B

分析："四面八方"才是最正确的答案。"八边、八面、八角"在这里都不能与"四面"搭配在一起。

(5) 每天晚饭后都有那么多人出来散步，因为大家都希望"饭后百步走，能____九十九"。

A. 够　　B. 力

C. 活　　D. 量

答案：C

分析："能够、能力、能量"都不能替代"能活九十九"，这是中国人关于健身、养生的一句俗语。

(6) 本次招聘的节目主持人，不但要漂亮大方，而且要能歌善____。

A. 唱　　B. 说

C. 演　　D. 舞

答案：D

分析："能歌善舞"是衡量娱乐节目主持人的一条非常重要的标准。

(7) 在我们中国，好朋友之间是不分你我的，这就叫"有福同享，有难____当"。

A. 同　　B. 应

C. 承　　D. 来

答案：A

分析："应当、承当"只是一个词而已，不能与"有难"搭配成成语或俗语。"有福同享，有难同当"是中国人在好朋友之间所共同遵守的一条准则，也就是说，好朋友要共同面对困难，共同分享成功和快乐。

(8) "一失___成千古恨"，你一定要吸取教训，重新做人。

A. 掉　　B. 去

C. 足　　D. 明

答案：C

分析："一失足成千古恨"的意思是，一旦做错了事或犯了严重错误，一辈子都会悔恨的。而"失掉、失去、失明"在这里都没有任何意义。

(9) 你们不要以为别人帮助你们都是理所___然的。

A. 以　　B. 谓

C. 既　　D. 当

答案：D

分析："所以、所谓、既然"都可以和前后搭配成词语，但"当然"——"理所当然"才是最正确的答案。也可以说成"理所应当"，即按照道理可以这样做。

(10) 出门在外，一定要多跟家里联系，儿行千里___担忧啊！

A. 总　　B. 也

C. 母　　D. 还

答案：C

分析："儿行千里母担忧"反映的是母子之间的深厚的亲情，这同样是中国人都非常熟悉的一句俗话。

三、病句分析

(1) 我好好想想，还是觉得那样做不合适。
(2) 课上我们应该集中精神地听课，不能三心二意。
(3) 对他，我真是没有办法一点儿，你去劝吧。
(4) 他们俩是在晚会上见面爱上的，现在很幸福。
(5) 中国的少数民族一般都喜欢唱歌和喜欢跳舞。
(6) 中国的长城是有名世界的八大奇迹之一。
(7) 做出这样的事情，真是让人又哭又笑。
(8) 听了老师的建议，我们大家一言一语地议论起来了。
(9) 爷爷年轻的时候为了家庭生活也是东走走西走走。
(10) 中国人说“不到河边心不死”，这到底是什么意思？
(11) 何必那么较真呢？你真是聪明一时，糊涂一世。
(12) 别急，咱们慢慢地等。用长线才能钓大鱼嘛！
(13) 小张辞职的理由很充分，人走得越高，水流得就低。
(14) 做事情一定要专心，这叫做一个头不能想两件事。
(15) 我怎么不想有好结果？只是心里有能力可是不能用出来！

四、应用练习

1．选择成语、四字词语填空

(1) 你们看，他把咱们的菜吃得________的。（一干二净　一心一意）
(2) 你________地来找我，到底有什么事呀？（四面八方　三番五次）
(3) 每年国庆节天安门广场上的人都________的。（千军万马　成千上万）
(4) 看到他那么不讲理，张老师________地摇摇头。（小心翼翼　无可奈何）
(5) 做任何事都不能________，应该聚精会神。（诚心诚意　粗心大意）
(6) 这篇文章的最后几个句子简直是________。（滥竽充数　画蛇添足）
(7) 你说话从来都像是在表演，总是________的。（兴高采烈　有声有色）
(8) 你说了那么多，________就是要离开我们，对吧？（归根到底　争先恐后）
(9) 在市场上可以随便地________，商场里可不容易。（讨价还价　七嘴八舌）
(10) 王老板是我们这里________的名人，谁不知道他？（举世闻名　家喻户晓）

2．将下面的俗语、古语与它们的解释对号入座

A. 不经一事，不长一智　（　）
B. 机不可失，时不再来　（　）
C. 百闻不如一见　（　）
D. 满招损，谦受益　（　）

E. 聪明一世，糊涂一时 (　)
F. 亡羊补牢，犹未为晚 (　)
G. 冰冻三尺，非一日之寒 (　)
H. 一寸光阴一寸金 (　)
I. 差之毫厘，失之千里 (　)
J. 儿行千里母担忧 (　)

(1) 听到一百次，不如亲眼看到一次。强调亲眼看很重要。
(2) 三尺厚的冰，不是一天的寒冷冻成的。比喻事物形成发展要有个过程。
(3) 骄傲会招来损失，谦虚能得到好处。用来劝人要谦虚，不要骄傲。
(4) 不经历某种事情，就不能增长某方面的知识。说明实践能使人长知识。
(5) 一分一秒的时间虽然很短，但价值却像黄金那样贵重。
(6) 聪明了一辈子，一时却糊涂了。指聪明人也有糊涂的时候。
(7) 羊丢了把羊圈修好还不晚。犯了错误及时改正还来得及。
(8) 开始时错了一点点，结果就会造成很大的错误。
(9) 机会不能放弃，时间过去就不会再回来。说明机会难得，不能错过。
(10) 儿女出门在外，离家很远，母亲总是惦念着他们。

3. 选择恰当的词语填空

(1) 你们夫妻俩可真是一____钟情啊！结婚十八年从没红过脸吗？
A. 看　　B. 面
C. 见　　D. 次

(2) 李红这个人说话总是____相矛盾，你不必跟他太认真了。
A. 互　　B. 照
C. 自　　D. 思

(3) 对刘主任百忙____中光临我们的开业典礼，本公司全体员工深表敬意！
A. 其　　B. 的
C. 之　　D. 正

(4) 中国人在为朋友送行的时候都喜欢说这样一句话，就是“祝一____顺风”。
A. 起　　B. 次
C. 路　　D. 直

(5) 王琳就是那么个粗心大____的人，你别跟他一般见识。
A. 手　　B. 脑
C. 意　　D. 概

(6) 这部电影美____不足的是配音演员没有把剧中人物的心情把握准。
A. 丽　　B. 妙
C. 中　　D. 好

(7) 俗话说“远亲不____近邻”，以后还少不了麻烦大家。
A. 像　　B. 比
C. 是　　D. 如

(8) 做事情应该虚心一些，你没听说过这句古话吗？“三人行必有____师。”

A. 我　　B. 老

C. 教　　D. 军

(9) 希望大家在工作中专心致志，最好不出次品，记住，一心不可____用。

A. 有　　B. 利

C. 一　　D. 二

(10) 这一次你就没有必要再为他担心了，俗话说，一回生，二回____嘛！

A. 生　　B. 烂

C. 硬　　D. 熟

第十四课 综合测验

一、选择位置

(1) 这么复杂的A人际关系B一个十几岁的孩子C怎么解释得D清楚呢?
对

(2) 现在我只A想好好研究，B将来做什么，C我不D清楚。
至于

(3) 我A跑到B城里，C找到一个专卖中药的药店，D买到那种药。
才

(4) A到中国B来以后，C我D去上海旅行过一次。
曾

(5) 这个世界上，A没有B比替别人做决定C不D负责任的了。
更

(6) 他A跟B中国朋友用汉语C谈话，所以他汉语D进步很快。
常常

(7) 我A朋友从来B不C吸烟D不喝酒，没有什么恶习。
就

(8) 他们A给大家唱了B一支歌，C我们D唱了一支歌。
也

(9) 真抱歉，两年没见A我B忘了C你的D名字了。
都

(10) 这儿风景真A不错，B有时间的话，我C想D来。
还

(11) 如果A下次B有C这样D的机会，我一定去。
再

(12) A来这里的人B都说这儿C玩的地方D特别多。
可

(13) 我刚A来北京的时候，一句B汉语C不会说D。
也

(14) 早就想来中国了，今天A我B来到了北京，C我D感到特别高兴。
终于

(15) 周末他们A聚在房间里，B说说C笑笑，D真是热闹。
又

(16) 通过这件事，A我们B知道了他C是个D什么样的人了。
总算

(17) 学校附近 A 有 B 几家商店， 可是营业 C 的时间已 D 经过了。

好

(18) 如果你 A 在家庭生活中 B 就沉默寡言，C 在公开场合也很难 D 抛头露面。

往往

(19) 参加今天招待会的 A 都是老朋友，B 你又不是第一次 C 跟大家见面，D 有什么不好意思的嘛!

况且

(20) 你这个人，A 去哪儿 B 不好，C 去那么危险的 D 地方!

非

二、选词填空

(1) 自从和他分手____，我的生活又重新见到了阳光，充满了希望。

A. 以前　　B. 以后

C. 后来　　D. 过来

(2) ____这次事故发生的原因的报道、文章以及宣传活动已经够多的了。

A. 由于　　B. 按照

C. 关于　　D. 根据

(3) 北大二年级的学生利用暑假的时间____长征的路线进行了实地考察。

A. 往　　B. 顺

C. 沿　　D. 跟

(4) 他总是为朋友们着想，____自己，他好像从来没有做过什么。

A. 有关　　B. 为

C. 从　　D. 向

(5) 我已经通知他了，____他来不来，那就要看他自己了。

A. 对于　　B. 至于

C. 关于　　D. 由于

(6) 我代表公司____贵方的热情招待表示诚挚的感谢。

A. 向　　B. 对

C. 为　　D. 对于

(7) ____走时别忘了告诉王主任一下，明天千万不要误机。

A. 当　　B. 才

C. 临　　D. 就

(8) 这个菜凉了就不好吃了，请大家赶快____热吃吧。

A. 还　　B. 就

C. 趁　　D. 正

(9) ____与国际官员的谈判____，张部长充分展示了他所特有的个人魅力。

A. 在……上　　B. 在……下

C. 在……里　　D. 在……中

(10) ____你的学习成绩，今年完全可以考上全国重点大学。

A. 依照 B. 根据

C. 凭 D. 拿

(11) 人们____所说的环境污染，主要是指大气污染、水污染和噪声污染等。

A. 经常 B. 通常

C. 常常 D. 时常

(12) 他一般不喝酒，____喝上一点儿，那也是在跟朋友相聚的时候。

A. 突然 B. 居然

C. 偶然 D. 偶尔

(13) 他的病虽然好了，可是____需要休息一段时间。

A. 又 B. 还

C. 再 D. 就

(14) 他不过刚学了几句日常用语，还____谈不上当翻译。

A. 本来 B. 根本

C. 一定 D. 彻底

(15) 这个时候交通____非常拥挤，咱们还是等一会儿出发吧。

A. 千万 B. 万万

C. 绝对 D. 哪怕

(16) 他是很聪明，但____还是个孩子，不能要求他什么都懂。

A. 根据 B. 毕竟

C. 甚至 D. 至于

(17) 这次的活动全部是学生自己收集资料、自己确定题目，教师____是起组织和指导的作用。

A. 只 B. 都

C. 就 D. 全

(18) 我们每个人都在期待着他的回答，他____坐在那儿无动于衷！

A. 果然 B. 忽然

C. 竟然 D. 悄然

(19) 在北京语言大学学习还算不错，就是宿舍楼______挤。

A. 一点儿 B. 有点儿

C. 一下儿 D. 一会儿

(20) 医疗部门再次请大家放心，新的流感病毒新年____不会影响我市。

A. 上下 B. 左右

C. 前后 D. 先后

(21) 上海是中国人口最多也是工业最发达的城市____。

A. 之中 B. 之一

C. 一个 D. 当中

(22) 减员增效的问题不是一位领导、一两个部门的事，必须全厂____一起抓。

A. 先后 B. 左右

C. 上下　　D. 几乎

(23) ____没有想到，我们全班同学竟然都顺利地通过了！

A. 多半　　B. 十分

C. 千万　　D. 万万

(24) 你已经是孩子的妈妈了，____身体又不怎么好，何必那么苦着自己呢？

A. 何况　　B. 再说

C. 不但　　D. 但是

(25) 在农村插队的三年半中，我们同吃同住，____面对当地的恶劣环境，直到返城。

A. 分别　　B. 一起

C. 分头　　D. 分手

(26) 在如何改善服务质量这个问题上，经理们的观点并不是完全____的。

A. 一起　　B. 一律

C. 一致　　D. 一齐

(27) 进入新世纪以后，汽车、彩电的价格降下来了，可____生活用品的价格却在慢慢上涨。

A. 常常　　B. 平常

C. 日常　　D. 时常

(28) 2008 年金融危机影响最严重的是欧美____，现在已经开始好转了。

A. 一带　　B. 一部分

C. 一边　　D. 一面

(29) 三年来大卫很少迟到，不知怎的，最近他____迟到，一定有什么问题了。

A. 多　　B. 很多

C. 很常　　D. 常常

(30) 纳米技术给人们带来了新希望，____，纳米走进我们的生活还为时尚早。

A. 而且　　B. 然而

C. 反而　　D. 从而

(31) ____有一天你一个人到了月球上，没有空气没有水，你说你该怎么办？

A. 虽然　　B. 尽管

C. 倘若　　D. 既然

(32) 我现在工作不错，收入也算可以，但处处追名牌____不实际____不可能。

A. 即使……也……　　B. 既……也……

C. 既然……就……　　D. 连……都……

(33) ____你亲自去才能解决那个问题，其他任何人都无济于事。

A. 除了　　B. 除非

C. 只要　　D. 即使

(34) 对于学生来说，学习____是第一位的，但身体也要锻炼好。

A. 既然　　B. 要是

C. 虽然　　D. 仍然

(35) 他____已经承认错误了，你____原谅他吧。

A. 既然……就…… B. 如果……就……

C. 因为……所以…… D. 只要……就……

(36) ____谁看了，____能马上明白这幅画到底是什么含义。

A. 不但……而且…… B. 尽管……也……

C. 无论……都…… D. 因为……所以……

(37) 机构精简以后，单位的经济效益____没有减少，____比以前增加了。

A. 虽然……但是…… B. 因为……所以……

C. 尽管……可是…… D. 不但……反而……

(38) “一失____成千古恨”，你一定要吸取教训，重新做人。

A. 掉 B. 去

C. 足 D. 明

(39) 这件事你不用太着急，我们大家一起想办法，车到山前必____路!

A. 须 B. 有

C. 然 D. 定

(40) 他总是一个人在房间里来回地走着，嘴里还自言自____地嘟哝着什么。

A. 己 B. 然

C. 语 D. 从

补充内容 结课考查

一、选择位置

(1) A电影《功夫熊猫》的热播，B重新唤起了C成人观众D卡通片的热情。
对

(2) 厂长A把工厂卖了的消息一传来，车间里就像B爆炸了一样，C工人们D纷纷议论起来。
都

(3) 他A开了这么多年的车B没有出过事，C今天的事可真D没想到。
从来

(4) 这么重要的A开幕式就来了B几个客人，C能不让D领导伤心吗？
那么

(5) 在中国A，中秋节是B仅次于春节的C传统节日D。
一年中

(6) A前三届国际汉语教学讨论会B都是C北京语言大学D主办的。
由

(7) 我A青少年时期B的大部分时间C是随父母D度过的。
在部队中

(8) 退休职工每个月能A从街道B领到C 2000元D人民币退休金。
大约

(9) 小张是一个A非常正直的人，B我们也应该C做D的人。
那样

(10) 一个人A认为有趣的事，B其他人C不一定D觉得可笑。
却

(11) A开发B大西北的意义C每一个人D都能够清楚地理解的。
并不是

(12) 与前几期A比，这次B招收的学员C注意了身体素质方面的D要求。
所

(13) A现在的中学生吃的、B穿的、C用的D我们那个时候完全不一样了。
跟

(14) 这么大的院子里A住着B我C一个人，总有些D担惊害怕的。
只

(15) A到我们这里B来，每天要C干的活D是这些。
就

(16) 我保证，A从今天开始B不C再D抽烟喝酒了。

永远

(17) A在社会的大B变革中，C人都会或多或少地感到D一些不适应。

任何

(18) 我们A取得了一点点成绩，B但是C大家的期望还差得D很远。

离

(19) A我在屋子里找不到钥匙B，C原来是你D拿走了。

怪不得

(20) 其实，A在这次比赛中，你的表现B跟马克C相上D下。

不

二、选词填空

(1) “砸大奔”事件根本无助____解决问题，只不过发泄了一下儿私愤而已。

A. 对　　B. 于

C. 跟　　D. 向

(2) 三元屋形牛奶在常温____只能保存两天，冷藏可以保存一周左右。

A. 里　　B. 内

C. 上　　D. 下

(3) 你总是采取这样的态度，对解决问题根本无助____事。

A. 给　　B. 对

C. 从　　D. 于

(4) 多么先进的管理方法，____会存在着这样或那样的漏洞。

A. 也　　B. 就

C. 又　　D. 再

(5) 为了迎接考察团，大家____几个星期都没有休息了，谢谢你们！

A. 一直　　B. 从来

C. 总是　　D. 一连

(6) 俄罗斯的“入世”谈判经历了很多年，2011年底____达成入世的双边协议。

A. 终于　　B. 究竟

C. 毕竟　　D. 竟然

(7) 我给他准备了那么多好吃的东西，可是他____看____不看一眼。

A. 只有……才……　　B. 只要……就……

C. 宁可……也……　　D. 连……也……

(8) 张老师____也就四十几岁，其实都已经快退休了。

A. 看出来　　B. 看样子

C. 看得出　　D. 看上来

(9) ____刮风下雨，明天我们____必须去参加龙昌公司的开业仪式。

A. 或者……或者……　　B. 虽然……但是……

C. 只要……就……　　D. 不管……都……

(10) 这座红楼里，曾经发生过一段____为人知的故事，是它改变了这个城市。

A. 少　　B. 稀

C. 鲜　　D. 不

(11) 这次世界杯开幕式晚会上的节目真可以说是精彩____呈，好戏连台呀。

A. 同　　B. 齐

C. 全　　D. 纷

(12) 现在说什么也没有用了，反正是“远水解不____近渴”。

A. 是　　B. 了

C. 能　　D. 起

(13) 玛丽是一个十分活跃的学生，____喜欢唱歌跳舞，____擅长琴棋书画。

A. 既……又……　　B. 除了……都……

C. 一边……一边……　　D. 不但……还是……

(14) 我爱了她整整四年，直到毕业那年我才鼓起勇气____她求婚。

A. 对　　B. 使

C. 给　　D. 向

(15) 按照上级指示，这个案件的调查组是____省厅和市局两部分人员组成的。

A. 被　　B. 从

C. 自　　D. 由

(16) 那个公司虽然属于我们市，但是公司人员____是本地的，有一部分是外地务工人员。

A. 都不　　B. 不都

C. 全没　　D. 没全

(17) 大家都希望____放假，好一起去哈尔滨看冰灯。

A. 赶忙　　B. 连忙

C. 赶快　　D. 急忙

(18) 你们已经不小了，____知道不应该到那种地方去，为什么还要去！

A. 明白　　B. 干脆

C. 明明　　D. 实在

(19) 北京是一个古老____年轻的城市，谁都会喜欢上她。

A. 和　　B. 与

C. 而　　D. 很

(20) 北京师范大学人才济济，桃李芬芳，____校风严谨，不愧百年名校。

A. 且　　B. 也

C. 和　　D. 再

(21) ____孩子的父母或爷爷、奶奶来接，____谁也别想把他领走。

A. 如果……就……　　B. 既然……就……

C. 只要……就……　　D. 除非……否则……

(22) 我在那个小镇一共住了六年，____始至终没有离开过那里。

A. 开　　B. 起

C. 自 D. 在

(23) 我为什么不能比你强？虽然你教了我，但我这是“青出于蓝而胜____蓝”！

A. 利 B. 于

C. 比 D. 出

(24) ____着他多年从事刑警工作的经验，一眼就看出这是个十分狡猾的对手。

A. 按照 B. 凭

C. 根据 D. 由

(25) 在这个山村，十几年前电灯电话还只是个梦，今天已经变成了现实，明天____会出现更新的变化。

A. 而且 B. 或者

C. 还是 D. 甚至

(26) 虽然我们远隔千山万水，但我的心永远____你在一起。

A. 离 B. 或

C. 跟 D. 给

(27) 他坐在电脑前不停地编辑着他的书，孩子____抱怨他不能陪着去玩玩儿。

A. 总是 B. 一连

C. 总得 D. 从来

(28) 还有一个星期就可以回家过年了，真______马上回到父母身边。

A. 舍不得 B. 由不得

C. 怪不得 D. 恨不得

(29) 据世卫组织报告，每年死于车祸（包括飞机失事）的人数____有 30 万。

A. 左右 B. 先后

C. 大约 D. 前后

(30) 展望未来，中美关系____不会一帆风顺，有机遇也有挑战，____前途是光明的。

A. 既然……那么…… B. 因为……所以……

C. 如果……就…… D. 尽管……但是……

(31) 这是个有很强的实力的大厂子，______说破产就破产吧。

A. 以至于 B. 至于

C. 不至于 D. 不以至

(32) 你应该尽快把你获得金牌的好消息告诉父母，____他们为你担心。

A. 不要 B. 省得

C. 不让 D. 以便

(33) 了解这件事的人，____认为它是近年来少见的怪事儿。

A. 无非 B. 无不

C. 没不 D. 不无

(34) 在我们这里，只要春节一到，总能听到_______的鞭炮声。

A. 哗啦哗啦 B. 叽里呱啦

C. 噼里啪啦 D. 呼哧呼哧

(35) 科学实验____经常会发生一些难以想象的事情。

A. 中　　B. 上
C. 下　　D. 里

(36) 哎呀，你们来晚了一步，张经理____出去一会儿。

A. 马上　　B. 也
C. 刚才　　D. 刚

(37) 郭奶奶住院____会儿一直是杜师傅来照顾她，她的几个儿孙谁也没来过。

A. 这　　B. 那
C. 该　　D. 本

(38) 是老师指引我走上了这条路，每当我成功时，都会____感激我的恩师。

A. 千万　　B. 更
C. 万分　　D. 还

(39) 2012 年，在校留学生达到 8868 人，____本科生占 48.6%。

A. 中间　　B. 其余
C. 其他　　D. 其中

(40) 站在悬崖峭壁上，面对无边的大海，我_____想，要是能够像鹰一样飞起来多好啊！

A. 果然　　B. 当然
C. 忽然　　D. 茫然

(41) 最近我______想家，圣诞节放假我想回国去看看父母。

A. 一点儿　　B. 一会儿
C. 有点儿　　D. 一块儿

(42) 那天演出结束后我开车回家的路上发生了车祸，____我便与舞台告了别。

A. 从此　　B. 但是
C. 接着　　D. 然后

(43) ____重树北京国安的雄风，俱乐部高薪请回了葡萄牙教练帕切科。

A. 为了　　B. 为的是
C. 以便　　D. 因为

(44) 连绵起伏的群山中遍布着各种山洞，洞外一片荒芜，洞内____设施齐备，十分讲究。

A. 而　　B. 可
C. 却　　D. 但

(45) ____遇到了什么困难，____要坚持实验下去，直到最终成功。

A. 尽管……也……　　B. 无论……都……
C. 既然……也……　　D. 如果……就……

下篇　参考答案与分析

第一课　“介词分析(1)”参考答案与分析

第二课　“介词分析(2)”参考答案与分析

第三课　“副词分析(1)”参考答案与分析

第四课　“副词分析(2)”参考答案与分析

第五课　“副词分析(3)”参考答案与分析

第六课　“副词分析(4)”参考答案与分析

第七课　“固定格式分析”参考答案与分析

第八课　“代词分析”参考答案与分析

第九课　“特殊词语分析(1)”参考答案与分析

第十课　“特殊词语分析(2)”参考答案与分析

第十一课　“特殊词语分析(3)”参考答案与分析

第十二课　“关联词语分析”参考答案与分析

第十三课　“成语俗语分析”参考答案与分析

第十四课　“综合测验”参考答案与分析

补充内容　“结课考查”参考答案

第一课　“介词分析(1)”参考答案与分析

一、病句分析参考

(1)　在这个地方你们常常踢足球吗？

分析：由“在……”组成的表示处所的介宾词组做状语时，一般应该直接放在动词之前，一般不会放在主语前。另外，句子中如果有副词特别是表示时间的副词做状语，一般应该放在介词之前。正确的句子应该是：

你们常常在这个地方踢足球吗？

(2)　参观的人应该在右边进去，在左边出来。

分析：介词“在”表示的是动作发生的时间或处所，而一般不表示动作发生的起点或方向，具体说就是：“在”组成的介宾词组做状语时，其后的动词一般不含有方向性。而句子中的“进去”和“出来”表示动作的起点和方向，应该用“从、打、由、自”，而不是“在”。正确的句子应该是：

参观的人应该从右边进去，从左边出来。

参观的人应该打右边进去，打左边出来。

参观的人应该由右边进去，由左边出来。

(3)　我住在的地方是大学的留学生宿舍楼。

分析：汉语中“住”是动词，“在”在动词后引出动作发生的处所，即“在”后边应该直接跟处所名词。日本学生习惯用“住在”做定语，这不符合汉语的语法要求。正确的句子应该是：

我住的地方是大学的留学生宿舍楼。

我住在大学的留学生宿舍楼里。

(4)　我把母亲的话记住在心里。

分析：句子中的“记住”本身已经是有结果的动补结构，因此后边不能再跟表示处所的“在心里”。当然，要想表达这个意思，可以用“记在心里”。但是，句子中把“记住”与“记在心里”这两种形式混在一起就错了。正确的句子应该是：

我把母亲的话记在心里。

我把母亲的话记住了。

我记住了母亲的话。

(5)　我经常在爸爸的书房里把书拿出来。

分析：如第(2)题的分析中所介绍的那样，由“在”所组成的介宾词组表示动作发生的处所，因此其后的动词一般不具有方向性。句子中的动词是“拿出来”，带有明显的方向性，应该用“从”。正确的句子应该是：

我经常从爸爸的书房里把书拿出来。

我经常把书从爸爸的书房里拿出来。

我经常从爸爸的书房里拿出书来。

(6) 请替我从老师把作业拿回来。

分析："从"的后边应该是表示时间或处所的词语，而"老师"只是表示人的名词，不能清楚地表达句子的意思。应该在"老师"后加上"那儿"，才能明确地表示处所。正确的句子应该是：

请替我从老师那儿把作业拿回来。

(7) 来中国以前，我从一个中国留学生学习汉语。

分析："从"引出的时间或处所，不能引出动作的对象。句子中的"中国留学生"是"我学习汉语"的对象，应该用介词"跟、和、与、同"，其中口语中常常用"跟、和"。正确的句子应该是：

来中国以前，我跟一个中国留学生学习汉语。

来中国以前，我和一个中国留学生学习汉语。

来中国以前，一个中国留学生教我汉语。

(8) 我家住在从东京不远的地方。

分析：介词"从"引出动作发生的时间或处所，因此，在由"从"组成的介宾词组之后应该使用动词，而不是形容词，如"从……到/去/来/出发"等。句子中的"从"应该用"离"。正确的句子应该是：

我家住在离东京不远的地方。

从我家到东京不远。

(9) 我们下了决心，明天一早这个饭店离开。

分析：句子中的"这个饭店"可以做"离开"的宾语，也可以与介词"从"构成介宾词组，然后做"离开"的状语。韩国同学应该特别注意这方面的错误，汉语的宾语应该在动词之后。正确的句子应该是：

我们下了决心，明天一早离开这个饭店。

我们下了决心，明天一早从这个饭店离开。

(10) 老师们关于我们的学习很关心。

分析：句子中的"关于"应该用"对于"或"对"，后者有对待的意思，多修饰说明态度的描写性词语，"对于"多用在主语之前，"对"多用在主语之后，且常用在口语中。用"关于"的句子常常是比较重要的事情，也常常放在句首，而且书面语成分更多。正确的句子应该是：

对于我们的学习，老师很关心。

老师对我们的学习很关心。

老师很关心我们的学习。

(11) 他们热情地帮助了我们，我们非常感谢对他们。

分析：汉语的状语应该放在谓语之前，不应该在谓语之后。有些介词可以组成介宾词组在句子中做补语，请参考上册第六课。正确的句子应该是：

他们热情地帮助了我们，我们对他们非常感谢。

他们热情地帮助了我们，我们对他们非常感激。

他们热情地帮助了我们，我们向他们表示感谢。

他们热情地帮助了我们，我们非常感谢他们。

(12) 我们应该多朝学习好的同学学习。

分析：“朝……学习”可以用，但是更好的应该是用“向/跟……学习”，因为尽管“朝”有“向”的意思，但用“朝”过于随便，而且“朝”的宾语多为方位处所词语。用“向/跟”才符合汉语表达习惯。正确的句子应该是：

我们应该多向学习好的同学学习。

我们应该多跟学习好的同学学习。

(13) 对我，这里就是我的第二个故乡。

分析：“这里就是我的第二个故乡”是“我”的看法，表示自己的看法应该用“对……来说”或“在……看来”这两个固定格式，而“对”不能表达这样的意义。可以参考本书第七课“固定格式分析”中的相关内容。正确的句子应该是：

对我来说，这里就是我的第二故乡。

在我看来，这里就是我的第二故乡。

(14) 迈克自从2001年学习汉语。

分析：“自从”完全可以表达“自”和“从”的意思，但口语中用“自”或“从”更多，而“自从”后多用动词性词语。此外，“自、从”表示时间的起点时后边还常常加上“起”或“开始”。正确的句子应该是：

迈克自2001年起学习汉语。

迈克从2001年开始学习汉语。

(15) 那条小路两旁都是树，我们常常晚饭后散步，沿着小路。

分析：“沿着小路”应该做“散步”的状语，放在动词之前，不应该单独列出。正确的句子应该是：

那条小路两旁都是树，我们常常晚饭后沿着小路散步。

二、应用练习参考答案及分析

1. 用所给介词完成下列句子

(1) 节目我们已经编出来了，________________。(至于)

答案：节目我们已经编出来了，至于合适不合适，由你来决定。

节目我们已经编出来了，至于谁来演，我们不能决定。

节目我们已经编出来了，至于什么时候演，要由系里安排。

分析：“至于”引出与前边的事情有关的另一件事，其后应该有相应的句子，而且后边的句子常常表示尚不清楚的意思。

(2) 今天是中秋节，你们来我家，________________。(跟)

答案：今天是中秋节，你们来我家，跟我一起过节吧。

今天是中秋节，你们来我家，就跟回到自己家一样，千万别客气。

分析：“跟”有“和、像”的意思，因此，可以组成不同的句子。

(3) ________________，我们现在开始讨论。(关于)

答案：关于暑期旅行的问题，我们现在开始讨论。

关于你们提出的问题，我们现在开始讨论。

关于合作办学的问题，我们现在开始讨论。

分析："讨论"一般是问题、事情、建议等等，而到底是什么问题、建议、事情，可以有很多，只要符合句子要求就可以，不必强求一致。

(4) 我觉得小孙是个很不错的人，____________。(对)

答案：我觉得小孙是个很不错的人，对朋友、同事十分热情。

我觉得小孙是个很不错的人，对她的批评不能太严厉。

我觉得小孙是个很不错的人，对她当经理我表示赞成。

分析："对"的后边可以是人、事、物，"对"的主语可以是前边的"小孙"，也可以是说话人。如果是说话人，后边就应该有说话人的看法。

(5) __________，我们的汉语水平有了明显的进步。(自从)

答案：自从到中国以后，我们的汉语水平有了明显的进步。

自从参加辅导班以来，我们的汉语水平有了明显的进步。

自从上了这个课以后，我们的汉语水平有了明显的进步。

分析："自从"与"自、从"有相同的用法，常常表示时间的起点，而且一般要持续到说话的时间。"自、从"的后面可以是处所词语，而"自从"只能是表示时间的动词性词语，而且常常有"以来、以后、开始、起"与之搭配。

(6) ________我要在北京的市场上多逛一逛，买些好东西。(临)

答案：临回国时我要在北京的市场上多逛一逛，买些好东西。

临毕业我要在北京的市场上多逛一逛，买些好东西。

分析："临……"的意思是"在……以前"或"在……的时候"，对留学生来说，毕业、回国之前买一些东西带回去留作纪念是非常有意义的事情。

(7) 汽车门口太拥挤了，请大家____________。(往)

答案：汽车门口太拥挤了，请大家往里边走一走。

汽车门口太拥挤了，请大家往里边动一动。

分析："往"是介词，后边一般跟表示方向或处所的词语，然后跟动词。

(8) ____________吃饭我常常吃不饱。(在)

答案：在陌生人面前吃饭我常常吃不饱。

在客人面前吃饭我常常吃不饱。

在外边吃饭我常常吃不饱。

在生气的时候吃饭我常常吃不饱。

分析："在"的后边一般应该是时间词语和处所词语，而句子中"吃不饱"的原因有很多，既可以是表示处所的词语，也可能是某个时间。要根据具体的情况来决定，但应该合情合理。

(9) __________大概有 70 公里的路程。(离)

答案：长城离我们学校大概有 70 公里的路程。

我们要去的地方离这儿大概有 70 公里的路程。

分析：应该注意"离"与"从"的区别："从"加名词后常常应该有具体的动词，而

"离"加名词后多是"远、近"或"有……公里"等。

(10) 我们楼的服务员非常负责任，____________________。(从)

答案：**我们楼的服务员非常负责任，每天都从里到外地给我们打扫房间。**

我们楼的服务员非常负责任，从早到晚地为我们服务。

分析："从"的后边应该是时间词语或表示处所的词语，而且由"从"组成的介宾结构在句子中常常做状语。

2. 给词语选择恰当的位置

(1) 吃的时候，A应该把炸好的苹果或土豆先B蘸C一下D。

在清水里

答案：B

分析：介宾结构"在清水里"在句中作状语，应该放在动词之前，B 是最恰当的位置。有的同学会选择A，但是从语法和语气上说都不合适。

(2) A去上海B出差的机会，我想C好好跟朋友D谈谈这个问题。

趁

答案：A

分析："趁"常常用在句首，构成介宾结构作全句的状语，表示的是"在……的时候"或"利用……机会"的意思。

(3) 现在我们A请王老师B介绍C一下有关的情况D。

给大家

答案：B

分析：介宾结构作状语应该用在动词前。"请"是兼语句的第一个动词，"介绍"才是主要动词。

(4) 人们A都知道，晚上睡觉B吃东西C对休息一点儿好处D都没有。

以前

答案：B

分析："以前"的前面可以是时间词语或跟时间有关的动词，因此，"睡觉以前"是最合适的用法。

(5) 评书《杨家将》A 7月8日起将B北京人民广播电台C第二套节目D重播。

由

答案：B

分析："由"引出动作的发出者，B 是最恰当的位置。应该注意的是，不少学生会选择A，从而构成"由……起"，其实这只是一个干扰视线的安排。"……起"完全可以不用"由"或"从"。

(6) 从2010年起，A国家汉办已B HSK的形式和内容C进行全面调整D。

对

答案：B

分析："对"后面跟名词性词语，"国家汉办"在句中作主语，因此，B 是正确的位置。

(7) A 从这么高 B 的地方 C 跳 D 很危险，咱们还是别跳了。

往下

答案：C

分析：介宾结构作状语，只能选择 C。

(8) 在 A 人的一生中，B 人的外表 C 时间的推移 D 而变化。

随着

答案：C

分析：“随着”这个介词，一般情况下要求它的宾语应该是动词性的，但这个动词性的词语已经变成了名词，而且常常与时间和变化有关。如“发展、提高、变化、推移、进行、改变”等。

(9) A 这是 B 一本 C 现代妇女 D 婚姻问题的书，值得一读。

关于

答案：C

分析：“关于”这个介词，在句子中可以和宾语一起做动词的状语，一般位于句首，也可以做名词的定语。在这个句子中，“一本”什么样的“书”，是由“关于”引出来的，即“关于”引出事物所包含的内容。

(10) A 那次毕业典礼后，我们 B 一别十年，C 再没 D 见过面。

从

答案：A

分析：“从……起”、“从……以后”、“从……以来”等都是常见的搭配形式。其他位置都不合适。

3．选择恰当的词语填空

(1) 请代你爸爸和我____教过你的所有老师们问好。

A. 向　　B. 往

C. 替　　D. 把

答案：A

分析：与“向”搭配的动词常常是“问、打听、询问”等词语。“往”的后边常常应该是表示方向、处所的词语，“替”在这里意思不对。

(2) 中国人民再次____非洲灾区人民献出了一片爱心。

A. 对　　B. 向

C. 由　　D. 同

答案：B

分析：“献……爱心”的对象是“灾区人民”，“对、向”的宾语又都可以是人，而“向”有潜在的方向性，因此，“向”是最恰当的答案。

(3) 去农村搞社会调查____了我很大的启发，从此我真正了解了农民。

A. 为　　B. 给

C. 让　　D. 向

答案：B

分析：“了”前应该是动词，而“给”恰恰有介词和动词两种作用。“为”也可以加“了”，但表示的是目的，不符合句子的意思。

(4) 自金融危机爆发____，已有数十家外国银行在中国内地设立了分行。

A. 以来　　B. 以前

C. 过来　　D. 后来

答案：A

分析：“自……以来”表示从以前某一个时间到今天，符合句子意思。“后来”一般不跟“自”搭配用。

(5) 来中国____，我曾经学习过一年半汉语，但只能听懂几个简单的句子。

A. 以后　　B. 以来

C. 以前　　D. 过来

答案：C

分析：“以后”、“以来”都有到目前的意思，而句中说的是“曾经”的事情，因此，只有“以前”最合适。

(6) 他____如何提高公司经济效益的问题从来都是一点儿也不关心。

A. 关于　　B. 至于

C. 对于　　D. 在于

答案：C

分析：“关心”的是“如何提高公司经济效益的问题”，“对于”表示的是对待关系，因此，用“对于”最合适。“关于”表示的是事物的范围或包含的内容，在这里不合适。“在于”后边跟的是原因，“至于”是引入另一个话题。

(7) 老板____我们要求过于苛刻，我们都非常不满意他的做法。

A. 给　　B. 让

C. 在　　D. 对

答案：D

分析：“要求”的对象是“我们”，由“对”引出这个对象作状语。与“给”搭配的动词常常是表示服务、帮助等性质的词语，如“买、写、拿、带”等。

(8) 李老师是一位知名教授，这是她____参加工作之日起就定下的目标。

A. 在　　B. 当

C. 自　　D. 离

答案：C

分析：“自/从/由……起”是比较固定的搭配，而“在、当”应该与“时”搭配。“离”在这里只是一个干扰性的词语。

(9) 北京城市轻轨五道口站____北京语言大学的直线距离仅300米。

A. 从　　B. 由

C. 距　　D. 自

答案：C

分析：“自、从、由”的用法基本相同，因此不能选择其中的任何一个。“距”与“直线距离”搭配最恰当。

(10) 平安大街修好以后，____街建起了很多富有民族特色的店铺。

A. 朝　　B. 向

C. 临　　D. 沿

答案：D

分析："朝、向"的用法基本一样；"临"后边跟动词性词语，如"临下课、临毕业、临回国、临出发"等，而"临街"是靠近街的意思，强调处所。"沿"后边应该跟名词，而且多是"街、路、河、道"一类的词语，而且强调在一条街上建了"很多店铺"，完全符合句子的意思。

(11) 你就____这条河骑，用不了30分钟就能到你要找的地方，门口有牌子。

A. 往　　B. 走

C. 顺着　　D. 随

答案：C

分析："顺着、沿着"的后边多是"路、河、街、道、方向"一类的词语，然后是"走、骑、开、看"等动作动词。

(12) 这次援助内蒙古灾区的活动，已经____全社会发出了献出闲置衣物的号召。

A. 往　　B. 向

C. 为　　D. 给

答案：B

分析："全社会"是表示处所和方向的抽象性词语，与"向"搭配非常合适，后边的"发出号召"正好与"向全社会"形成照应。"给、为"用法基本相同，"往"的后边应该是具体的方向或处所词语。

(13) 中俄两国领导人____共同关心的国际问题坦率地交换了意见。

A. 为　　B. 就

C. 从　　D. 关于

答案：B

分析："就"作为介词一般用在书面语中，而且是比较正式的语言环境中，如外交场合、比较重要的社会活动等。

(14) ____当代中国的经济情况，我们下次找时间再谈。

A. 对于　　B. 关于

C. 关系　　D. 由于

答案：B

分析："关系"是名词，不能用在句子中的这个位置；"由于"表示原因，同样不合适；"对于"的后边应该有表示心理活动的词语与之搭配。正确的答案是B。

(15) 首先是评委们给参赛者打分，然后____组委会综合评委的意见确定名次。

A. 凭　　B. 由

C. 从　　D. 以

答案：B

分析：具体动作的发出者应该由"由"引出来。"从"引出动作发生的起点；"凭"表示动作的依靠和凭据；"以"的意思比较多，在这个句子中都不合适。

第二课　“介词分析(2)”参考答案与分析

一、病句分析参考

(1) 在今天的联欢晚会，很多同学表演了汉语节目。

分析：“在……上”、“在……中”这两个格式都可以表示动作进行的过程，而如果没有“上、中”，句法结构就显得不完整。正确的句子应该是：

在今天的联欢晚会上，很多同学表演了汉语节目。

在今天的联欢晚会中，很多同学表演了汉语节目。

(2) 来中国以前，由于在大学上学习其他课程，我没有专门学习汉语。

分析：句子中的“大学”可以表示处所，但并不是具体的事物名词，如“桌子、楼、床”等，因此不能用“……上”。用“在大学”或“在大学里”、“在大学中”可以清楚地表达意思。正确的句子应该是：

来中国以前，由于在大学学习其他课程，我没有专门学习汉语。

来中国以前，由于在大学里学习其他课程，我没有专门学习汉语。

来中国以前，由于在大学中学习其他课程，我没有专门学习汉语。

(3) 这件事一定要在思想引起高度的重视。

分析：“思想”是抽象意义的名词，如“理论、情绪、文化”等，应该用“在……上”这个格式来表示某个方面。如果只用“在……”，一般表示处所，如“在教室、在宿舍、在学校、在食堂、在商店”等。正确的句子应该是：

这件事一定要在思想上引起高度的重视。

(4) 考试主要看学生在困难上解决问题的水平。

分析：“在困难上解决问题”不能清楚地表达意思，一般应该是“解决困难问题”。可以适当地加以调整。正确的句子应该是：

考试主要看学生在解决困难问题上的水平。

考试主要看学生在解决困难问题上的能力。

考试主要是考查学生解决困难问题的能力和水平。

(5) 按照天气预报，明天有大雨。

分析：“按照”换成“根据”才合适。“按照”常常引出所要遵从的“规定、条件、要求、规则、标准”等；“根据”是把某种事物作为结论的前提或语言行动的基础，与之搭配的多是“调查、研究、报道、法律”等。正确的句子应该是：

根据气象台的预报，明天有大雨。

(6) 根据学校的规定，我们早上8点上课。

分析：“学校的规定”应该遵从，因此，句子中的“根据”应该用“按照”。参看上面句子的分析。正确的句子应该是：

按照学校的规定，我们应该早上8点上课。

(7) 他的汉语水平提高了由于朋友的帮助下。

分析："由于"不能与"下"搭配，应该用"在……下"，而且表示原因的介宾词组应该在动词之前做状语。正确的句子应该是：

他的汉语水平在朋友的帮助下提高了。

在朋友的帮助下，他的汉语水平提高了。

由于朋友的帮助，他的汉语水平提高了。

(8) 我们应该凭自己的努力学习，而不能只凭别人的帮助。

分析："凭"有"靠"的意思，但在具体的句子中，这两个词语在用法上却存在一定的区别。在这个句子中，用"靠"更好，至少后一分句中的"凭"应该换成"靠"。正确的句子应该是：

我们应该靠自己的努力学习，而不能只靠别人的帮助。

我们应该凭自己的能力学习，而不能只靠别人的帮助。

(9) 这次汉语节目表演的成功，完全是以大家努力的结果。

分析："以"同样有"凭、靠"的意思，但是一般只在句子中做状语，不做定语或谓语。而相对来讲，"靠"所表达的意思更加明确。正确的句子应该是：

这次汉语节目表演的成功，完全是靠大家努力的结果。

这次汉语节目表演的成功，完全是大家努力的结果。

这次汉语节目表演的成功，完全靠大家的努力。

(10) 我想趁学习汉语好好了解中国。

分析："趁……"是"在……时候"、"利用……机会"的意思，后边一般应该跟动词性词语，有时也可以用"趁……的时候"或"趁……的机会"。句子中的"趁学习汉语"不够完全，应该适当补足其他成分。正确的句子应该是：

我想趁在中国学习汉语的机会好好了解中国。

趁在中国学习汉语，我想好好地了解一下中国的情况。

(11) 我们去农村进行语言实践为了提高口语水平。

分析："为了……"表示目的，一般应该用在句子的最前边，用在后一分句之前时应该是"……是为了……"或"……为的是……"。正确的句子应该是：

我们去农村进行语言实践，是为了提高口语水平。

我们去农村进行语言实践，为的是提高口语水平。

为了提高口语水平，我们去农村进行语言实践。

(12) 爸爸妈妈付出了为我们很大的心血。

分析："为……"在句子中应该放在动词之前做状语。正确的句子应该是：

爸爸妈妈为我们付出了很大的心血。

爸爸妈妈为我们付出了很多的心血。

(13) 我会说除了英语以外，还有法语和德语。

分析："除了……以外，还……"前后两部分表示的是具有共同特点、性质的事物。句子中的"英语"和"法语、德语"都是"我会说"的语言。应该注意这种格式中主语的位置。正确的句子应该是：

我除了会说英语以外，还会说法语和德语。

除了英语以外，我还会说法语和德语。

(14) 在这种情况里，我们只能这样做了。

分析：“在……里”一般只表示处所，而“情况”是抽象名词，不能用在“在……里”这个格式中。应该用“在……下”，表示某种条件。正确的句子应该是：

在这种情况下，我们只能这样做了。

(15) 在我的故乡上没有这种水果。

分析：“我的故乡”本身就表示范围和处所，因此没有必要再用“在……上”，至少可以不用“上”。正确的句子应该是：

我的故乡没有这种水果。

在我的故乡没有这种水果。

二、应用练习参考答案及分析

1. 用所给的介词完成句子

(1) ____________，别的书店都买不到这本书。(除了)

答案：**除了我们学校的书店以外，别的书店都买不到这本书。**

除了这个书店以外，别的书店都买不到这本书。

分析：应该注意“除了……以外，都……”与“除了……以外，还/也……”两个格式的区别。简单地说，前者强调差别，后者强调相同。

(2) ____________，李老师连续工作了48小时。(为了)

答案：**为了给同学们准备复习资料，李老师连续工作了48小时。**

为了照顾生病的同学，李老师连续工作了48小时。

分析：“李老师连续工作48小时”的原因或目的可能有很多，只要你能写出符合语法的句子，并且意思上合适就不会有问题。

(3) ____________，我们大家终于明白了这个问题。(在……下)

答案：**在老师耐心的启发下，我们大家终于明白了这个问题。**

在老师认真的帮助下，我们大家终于明白了这个问题。

分析：“在……下”格式中加上动词性的词语时，常常表示某种原因的意思，也就是“由于……”，经常用的词语有“关心、照顾、帮助、关怀、支持”等。

(4) ____________，我们不能把问题推给别人。(在……下)

答案：**在目前这种条件下，我们不能把问题推给别人。**

在现在这种状况下，我们不能把问题推给别人。

分析：这个句子中“在……下”格式中所用的名词性词语一般应该是“环境、条件、状况、情况、背景”等等，表示的是某种条件。

(5) 这样的结论，完全是____________得出的。(根据)

答案：**这样的结论，完全是根据对实际情况的调查而得出的。**

这样的结论，完全是根据你近期的具体表现而得出的。

分析：介词“根据”的宾语可以是名词，也可以是动词性的词语，常用的如“情况、现象、问题、意见、表现、调查、研究、规定、讨论”等。

(6) ______________，学校决定取消他们的考试资格。(由于)

答案：由于这几位同学的缺课时数超过了 30%，学校决定取消他们的考试资格。

由于他们破坏了考场的纪律，学校决定取消他们的考试资格。

分析：“取消考试资格”的原因一般应该与学生的出勤情况或考场纪律有关，如果是打架、盗窃等现象一般不会跟考试联系在一起。

(7) 山本幸子______________。(靠)

答案：山本幸子靠自己的努力取得了非常好的成绩。

山本幸子靠自己的能力获得了汉语水平考试八级证书。

山本幸子是靠自己打工的钱来北京学习汉语的。

分析：与“靠”搭配的常常是“努力、帮助、支持、帮忙”等动词，或是“能力、成绩、水平、条件、关系”等名词。

(8) ________________，他们在那里搜集了大量的材料。(趁)

答案：趁到广东去旅游的机会，他们在那里搜集了大量的资料。

趁这次到外地去学习，他们在那里搜集了大量的资料。

分析：“趁……”表示的常常是“在……的时候”、“利用……机会”，后边一般跟动词性的词语。也可以理解成表示原因，即“因为……，……”。

(9) 小张______________给大家做出了非常好的榜样。(在……中)

答案：小张在这次比赛中给大家做出了非常好的榜样。

小张在平时的工作中给大家做出了非常好的榜样。

小张在学习中给大家做出了非常好的榜样。

分析：“在……中”格式中加上动词性词语时表示的是动作的整个过程，可以解释成“在……的时候”。最常用的词语应该是“学习、工作、生活、比赛、讨论、研究、表演、战斗、运动”等。

(10) 同学们放弃休息时间进行排练，都是______________。(为了)

答案：同学们放弃休息时间进行排练，都是为了我们集体的荣誉。

同学们放弃休息时间进行排练，都是为了把节目演好。

同学们放弃休息时间进行排练，都是为了我们共同的目标。

分析：“同学们排练”的目的可能有很多，但基本上是一致的，即达到最终的成功。如何表达清楚，就要靠同学们组织好自己的语言。

2．给词语选择恰当的位置

(1) A 一个民族的风俗习惯和文化特色要 B 几百年 C 或者上千年才能 D 形成。

经过

答案：B

分析：“经过”是介词，后面可以跟名词性的词语，也可以跟动词性词语，可以用在主语之前，也可以用在主语之后谓语之前。这个句子的主语是“风俗习惯和文化特色”，谓语是“形成”，因此，B 是最合适的位置。

(2) 目前世界上A电脑通用的语言B主要C英语D为标准。

以

答案：C

分析："以……为……"是比较固定的搭配格式，是"把……当作……"的意思。"以"与"为"之间应该是名词性的词语。

(3) 他们A正在B参加C世界排球比赛作D各种准备。

为

答案：B

分析："他们作准备"是句子的中心词语，而准备什么？为什么准备？是我们应该认真分析的内容。"参加世界排球比赛"是准备的目的，因此，"为"这个表示目的的介词就应该放在"参加……"之前。其他位置都不合适。

(4) 他A惊人的毅力，B克服困难，C认真学习，终于D成了一位著名学者。

以

答案：A

分析："以"在这个句子中有"靠、凭借、用"的意思，而"惊人的毅力"正是"克服困难"和"认真学习"所凭借的，也是"成了著名学者"的依靠。A 是唯一正确的答案。

(5) A为了帮助灾区人民，我国除了B捐助款项，C派出了D赈灾志愿者。

还

答案：C

分析："除了……还……"是十分固定的搭配格式，看到前边的"除了"，"还"一定在它的后边，而且"还"是副词，一般应该用在动词之前，因此，C 是唯一正确的位置。

(6) A这次来中国的目的B就是C好好看看中国D市场经济发生的变化。

为了

答案：C

分析：如果选择 A，就错了！虽然"为了"常常用在句首，但是在本课的"知识讲解"中我们还说过，"为了"也可以与"是"搭配在句子中使用。关键是要能够找到这句话的目的到底在哪儿。当然"看中国的变化"才是"来中国"的目的。C 是唯一正确的位置。

3. 选择恰当的词语填空

(1) ____真实历史事件改编的电视剧《潜伏》在社会上引起了强烈的反响。

A. 随着　　B. 根据

C. 由于　　D. 经过

答案：B

分析："随着"的宾语常常与时间有关，"由于"表示的是原因，"经过"的宾语多是动词性词语。"根据"的宾语常常要有真实的依据，而"历史事件"恰恰是非常重要的依据。

(2) 在朋友们热情的支持和帮助____，我们的任务终于在月底以前完成了。

A. 中　　B. 里

C. 上　　D. 下

答案：D

分析："我们完成任务"的原因，是"在……的支持和帮助下"。记住，"在……下"之间插入动词多表示原因；"在……中"插入动词表示过程和时间；"在……上"表示方面；"在……里"表示处所。

(3) 十八岁以前爸爸妈妈照顾我的生活，那以后就只能____自己的双手了。

A. 以　　B. 靠

C. 由　　D. 从

答案：B

分析："靠"有"依靠"的意思，而"依靠自己的双手"是"照顾我的生活"的方式。"由、从"有相同的意思和用法，"以"有"凭借、靠"的意思，但宾语常常是抽象名词，如"能力、水平、成绩"等。

(4) 全体员工都要团结一致，____实现年初制定的宏伟目标而努力。

A. 对　　B. 为

C. 向　　D. 往

答案：B

分析："努力"的目的是"实现年初制定的宏伟目标"，"为……而……"恰恰有表示目的的用法。"向、往"多表示方向。"对"不能与"而"搭配使用。

(5) 在我的记忆____，他应该是一个很要强，也很讲面子的人。

A. 内　　B. 上

C. 下　　D. 中

答案：D

分析："在……中"中间可以是具体的名词，也可以是抽象的名词，当然也可以用动词。这个句子中，只有"中"是最恰当的选择。

(6) 只有____市场经济顺利发展的基础____，才能充分发挥每个人的作用。

A. 在……中　　B. 在……下

C. 在……上　　D. 在……里

答案：C

分析：当你看到"基础"这个词的时候，只能选择"在……上"，因为，基础一般应该是最底层最基本的。

(7) ____援助利比亚重建的问题____，中国始终持积极的态度。

A. 在……中　　B. 在……里

C. 在……上　　D. 在……下

答案：C

分析："在……上"表示的是某一方面，"在……中"表示的是某一过程。在"援助利比亚重建问题"这方面，中国政府的态度是积极的。C 是恰当的选择。

(8) 随着人民生活水平的不断提高，市场____绿色食品越来越受欢迎。

A. 里　　B. 中

C. 上　　D. 下

答案：C

分析：汉语中，"市场、广场、操场"等是一个没有房间和围墙的概念，而"里、中"都表示比较具体的场所，因此，"市场上"是最恰当的搭配。

(9) 这次到河南去语言实践，____惯例仍然要租用首都汽车公司的车。

A. 随着　　B. 经过

C. 按照　　D. 由于

答案：C

分析："随着"与变化有关，"由于"表示原因，"经过"一定跟事情搭配，因此，"按照"是最合适的选择，它的后边应该是"规定、要求、惯例"一类的词语。

(10) 张林是____自己一双勤劳的手，建立起了他们那个幸福而美满的家庭。

A. 让　　B. 凭

C. 把　　D. 给

答案：B

分析："凭"是"依靠"的意思，而"建立幸福美满的家庭"正是要依靠自己"勤劳的手"。其他词语都不能表达这个意思。

(11) 无论在车站买票还是在邮局取包裹，都要____本人有效证件。

A. 据　　B. 凭

C. 靠　　D. 由

答案：B

分析："凭"与"靠"有相同的用法，如后边的宾语是"能力、经验、努力"等，但在句子中，宾语是"有效证件"，按照汉语语法的要求，无论是什么证件，只能用在介词"凭"之后。其他词语在这里都不合适。

(12) 他在有全体新生参加的大会____详细而全面地介绍了学校的情况。

A. 里　　B. 外

C. 上　　D. 下

答案：C

分析："在……大会上"表示"在……过程中"的意思，与后边的"介绍了学校的情况"相符合。"在……里、外"表示的是范围；"在……下"常常表示具体的处所或加入"条件、环境、气氛、温度"一类的词语。

(13) 你马上去____我把他叫回来，千万不能让他闯出祸来。

A. 替　　B. 将

C. 用　　D. 由

答案：A

分析："替"有"为、给"的意思，表示帮助。应该注意，这个句子中的空处不能用"由"，因为"由"后的动作应该是由"由"后的人做的，而这个句子中的动作仍然是主语"你"来做。

(14) 南极上空的臭氧洞正____每年一个美国陆地面积的速度在增大。

A. 以 B. 从

C. 由 D. 为

答案：A

分析："以"在这个句子里的意思是"按照……"，与"速度"搭配共同做"增大"的定语。"从、由"有比较接近的意思和用法；"为"在这个句子里不能表达清楚意思。

(15) 半年后，他终于____着自己勤奋的工作被工人们选为车间主任。

A. 靠 B. 据

C. 借 D. 以

答案：A

分析："靠"可以做介词，也可以做动词。"着"前边应该是动词，而"据、以"作为介词都不能这样用；"借"虽然是动词，但在句子里不能表达明确的意思。

第三课 “副词分析(1)”参考答案与分析

一、病句分析参考

(1) 别着急，你在家好好考虑考虑才决定吧。

分析：“才”表示比较晚、慢或不顺利的意思，而句子主要是强调应该先认真考虑，然后做出决定的意思，因此，“才”用“再”最好。正确的句子应该是：

别着急，你在家好好考虑考虑再决定吧。

(2) 我来中国以前才学习了两年半汉语了，所以水平不高。

分析：这个句子中的“才”与“只”的意思一样，强调时间、数量少，程度低等。按照汉语语法的要求，用“才”的句子末尾一般不用“了”，因此应该删除句尾的“了”。如果想强调“学习汉语”的时间长，也可以把“才”换成“已经”，但相应地后边的“所以”也应该换成“但是”。正确的句子应该是：

我来中国以前才学习了两年半汉语，所以水平不高。

我来中国以前只学习了两年半汉语，所以水平不高。

我来中国以前已经学习了两年半汉语了，但是水平不高。

(3) 一见到老人上车，就大家马上给她让座。

分析：“一……就……”格式表示的是两个动作连接得比较紧，其中“就”这个副词一定要用在主语之后，不能用在主语之前。正确的句子应该是：

一见到老人上车，大家就马上给她让座。

一见到老人上车，大家马上就给她让座。

(4) 那天直到晚上 11 点，他就回到学校。

分析：“直到晚上 11 点”强调的是时间很晚，这样，后边就应该用表示动作发生得晚的“才”，而不是表示早、快的“就”。正确的句子应该是：

那天直到晚上 11 点，他才回到学校。

(5) 在中国，我走到哪里，常常看见有人一边走路一边吃东西。

分析：“哪里”在句子中表示的是“任何地方”，因此，后边应该有“都”跟它呼应，否则句子的语法搭配就显得不合适。正确的句子应该是：

在中国，我走到哪里都常常看见有人一边走路一边吃东西。

在中国，我走到哪里都能看见有人一边走路一边吃东西。

(6) 在韩国，教我汉语的老师都以前在中国学过汉语。

分析：在句子中，如果动词前有介宾词组做状语时，副词一般应该在介词之前，时间词应该在副词之前。这个句子把“都”与“以前”交换一下位置就可以了。正确的句子应该是：

在韩国，教我汉语的老师以前都在中国学过汉语。

(7) 昨天晚上我们参加了真热闹的联欢会。

分析：按照汉语的语法要求，“真+形容词”不能再修饰名词，即不做定语。因此，句子中的“真”应该换用其他副词。正确的句子应该是：

昨天晚上我们参加了一个十分热闹的联欢会。

昨天晚上我们参加了一个非常热闹的联欢会。

昨天晚上我们参加的联欢会真热闹。

(8) 老师希望我们取得更进步。

分析：句子中“进步”做“取得”的宾语，也就具备了名词的性质，因此，就不能只用“更”修饰，因为“更”不能修饰名词。应该用“更大”来修饰“进步”。正确的句子应该是：

老师希望我们取得更大进步。

老师希望我们取得更大的进步。

老师希望我们的学习更进一步。

(9) 她买了一件太漂亮的毛衣。

分析：副词“太”常常有过分的意思，因此在表示比较理想的意思时，一般不用“太”，而用“很、最、非常、十分”等。正确的句子应该是：

她买了一件很漂亮的毛衣。

她买了一件十分漂亮的毛衣。

她买的毛衣太漂亮了！

(10) 几年前他曾经来中国了。

分析：“曾经+动词+过”、“已经+动词+了”是比较固定的用法，因此，这个句子可以简单地加以调整。正确的句子应该是：

几年前他曾经来过中国。

几年前他已经来过中国了。

(11) 信已经寄，过两天她就会收到的。

分析：“已经”修饰的动词之后应该有“了”来呼应，否则是错误的句子。正确的句子应该是：

信已经寄走了，过两天她就会收到的。

信已经寄出去了，过两天她就会收到的。

(12) 最近常常我去友谊商店买东西。

分析：“常常”是表示时间的副词，应该在主语之后，谓语之前，一般不用在主语之前。正确的句子应该是：

最近我常常去友谊商店买东西。

我最近常常去友谊商店买东西。

(13) 哈尔滨的冬天天气很冷，还常常很刮风。

分析：“很”只修饰形容词或表示心理活动的动词，不能修饰普通动词。正确的句子应该是：

哈尔滨的冬天天气很冷，还常常刮大风。

(14) 我们是早上六点半出发的，你可能正睡觉了。

分析：“正、在、正在+动词……呢”是比较固定的形式，“了”一般不与“正”等搭配使用。正确的句子应该是：

我们是早上六点半出发的，你可能正睡觉呢。

(15) 我们去参观的那个地方很漂亮极了。

分析：用“很漂亮”或“漂亮极了”都可以，但是不能把它们用在一起，否则句子的结构就不符合汉语的语法要求。正确的句子应该是：

我们去参观的那个地方很漂亮。

我们去参观的那个地方漂亮极了。

二、应用练习参考答案及分析

1．选择合适的副词填空

一共　将　十分　更　赶紧　曾经　已经　尤其　都　就　到处

(1) 这次南方之行，给我留下了____深刻的印象。

答案：这次南方之行，给我留下了十分深刻的印象。

(2) 几年以前我____跟他见过一面，没想到他的变化这么大。

答案：几年以前我曾经跟他见过一面，没想到他的变化这么大。

(3) 学习汉语____八个多月了，你觉得最大的困难是什么？

答案：学习汉语已经八个多月了，你觉得最大的困难是什么？

学习汉语都八个多月了，你觉得最大的困难是什么？

(4) 他起床时____八点半了，早饭早____没有了。

答案：他起床时都八点半了，早饭早就没有了。

他起床时已经八点半了，早饭早就没有了。

(5) 我们____在四个月以后毕业，那时我们一定参加汉语水平考试。

答案：我们将在四个月以后毕业，那时我们一定参加汉语水平考试。

(6) 他特别喜欢看京剧，____是传统京剧。

答案：他特别喜欢看京剧，尤其是传统京剧。

(7) 王老师留的作业不少，张老师的作业____多。

答案：王老师留的作业不少，张老师的作业更多。

(8) 九月的北京，____是鲜花，人们也都兴高采烈的。

答案：九月的北京，到处是鲜花，人们也都兴高采烈的。

(9) 这次去山西语言实践，我____花了七百多块钱。

答案：这次去山西语言实践，我一共花了七百多块钱。

(10) 你女朋友在宿舍等你呢，还不____回去！

答案：你女朋友在宿舍等你呢，还不赶紧回去！

2．给词语选择恰当的位置

(1) A到北京B来以后，C我们D去过两次长城。

曾

答案：D

分析："曾经、曾"等词语应该用在动词之前，而且动词后常常有表示经历的"过"与之搭配。

(2) 不少人A达到B温饱的程度，怎么C就有人D浪费起来了？

刚刚

答案：A

分析："刚刚"表示动作发生得比较晚或慢，A是唯一正确的位置。

(3) 夜里A两点，B我们都C睡了，可妈妈还在专心地D批改着学生的作业。

已经

答案：C

分析："已经"表示动作的已然性，用在动词前，动词后常常应该有"了"。有的同学可能会选择A，但是"夜里已经两点"不如"已经夜里两点了"流畅，因此，C才是唯一正确的位置，即"我们都已经睡了"。

(4) 你怎么A还不去上班，B快C八点半了，你不怕D迟到啊？

都

答案：B

分析："都"在句中强调时间晚，有"已经"的意思。参考上一个句子的分析。

(5) 九寨沟自然风景区A是B世界上自然生态系统C保存得D完整的地区。

比较

答案：D

分析："比较"是副词，后边也应该跟形容词，句中只有D合适。

(6) 她的A美丽B吸引住了C我们全班同学D的视线。

一下子

答案：B

分析："一下子"与"立刻、马上"等副词用法相同，用在动词之前，表示后边的动作发生得快。

(7) 中国古代发明的造纸技术A在历史上B很早C向欧亚各国D传播了。

就

答案：C

分析："就"做副词，表示动作发生得早，进行得快或顺利，用在动词之前。句中动词如果有其他介宾修饰语，应该用在修饰语之前。如果有"早、很早"一类的词语时，应该用在这些词语之后。因此，C是最恰当的位置。

(8) 无情的岁月所A留下的痕迹，B使他不敢C相信站在自己面前的D是当年那个漂亮的小芳。

就

答案：D

分析：“就”在句中除表示时间外，还表示确认，因此，“就是”的搭配是最准确的答案。

(9) A 同学们 B 去教室 C 上课了，D 只有我一个人在宿舍。

都

答案：B

分析：记住：汉语的副词不能放在名词之前，因此 A 不可以选择。“都”是表示范围的副词，一般应该在主语后谓语前。B 是唯一正确的答案。

(10) 我早 A 想亲眼 B 看看长城了，今天 C 总算 D 实现了愿望。

就

答案：A

分析：“就”作表示时间的副词时，常常有强调早、快、顺利等意思，而且在句子中，“就”的前边常常会出现一些表示时间的名词、形容词或者副词等等，如“去年、昨天、五点、早、很快、马上、立刻、一下子”等。

(11) 这件衣服 A 你 B 穿 C 上 D 好，送给你了。

刚

答案：D

分析：句子中如果没有“好”，选择 B 是正确的。但是，因为有了“好”，而“刚好”又有“正好、正合适”的意思，因此，正确的答案就只能是 D 了。

(12) A 到十三五期间，B 接受高等教育的就业人口 C 会进一步 D 增多。

将

答案：C

分析：“将”是表示时间的副词，用在主语后谓语前。句子中的四个备选项后都是动词，但是，只有 C 后边才是真正的谓语。记住：抓住句子的中心词语非常重要！

(13) 他们班 A 除了格林 B 以外，C 别的同学 D 去长城游览了。

都

答案：D

分析：这个句子强调的是“别的人”与“格林”不同，因为“格林”没有“去长城”，而“别的人”去了。汉语语法“除了……都……”所强调的恰恰是前后相反的情况。另外，副词“都”也只能用在动词“去”之前。

(14) 你要是 A 不想让他 B 生气的话，这件事 C 好不要这么 D 快告诉他。

最

答案：C

分析：程度副词“最”一般放在形容词或表示心理活动的动词之前。句子中“快”前有“这么”表示程度，因此，C 是唯一正确的选择。

(15) 我们 A 大家 B 都 C 不 D 赞成他那种为人处世的态度。

太

答案：D

分析：“不太赞成”是惯用的表达方式，表示的意思常常是不赞成，但也并不坚决反对；而如果用“太不赞成……”则既不符合汉语的表达习惯，因为“太……了”才是比较正确的搭配形式，也不符合句子的语气。

3．选择恰当的词语填空

(1) 记得这个问题我们好像____议论过，难道你没有印象吗？

A. 曾经　　B. 已经

C. 正在　　D. 正要

答案：A

分析：句子中动词后有“过”，因此动词前用“曾经”最恰当。“已经”应该有“了”搭配。“正在”后应该用“着”。

(2) 今天星期几呀？你看看，____几点了？怎么到现在还不起床！

A. 才　　B. 就

C. 都　　D. 又

答案：C

分析：“都”在句中强调时间晚。其他词语不合适。

(3) 这件事我们____不太了解，你去问问对面办公室的人吧。

A. 都全　　B. 全都

C. 不全　　D. 全不

答案：B

分析：按照汉语语法要求，“全”与“都”搭配时的语序一定是“全都”。“不全、全不”的用法和意思都不能准确地表达句子的意思。

(4) 在国家之间的经济交往中，一定要____注意互利互惠的问题。

A. 特殊　　B. 特点

C. 特定　　D. 特别

答案：D

分析：“特别”是副词，在句中做动词的状语。“特点”是名词，“特殊、特定”是形容词，无法在句中使用。

(5) 我非常喜欢听中国的民族音乐，____是江南丝竹。

A. 而且　　B. 还

C. 尤其　　D. 更

答案：C

分析：“尤其”与“特别”的用法相同，做状语。“特别是、尤其是”几乎成了汉语中固定的搭配形式。

(6) 公共汽车上人们说话声音太大了，有时____两个人的秘密也能让人听见。

A. 而且　　B. 甚至

C. 别的　　D. 前面

答案：B

分析：“甚至”强调进一层的意思。说话的声音大，甚至大到“秘密也能让别人听到”的程度。这组词语我们还会在后边的课文中进行分析。

(7) 直到今天我____明白为什么爸爸妈妈总是舍不得我离开他们。

A. 就　　B. 才

C. 只　　D. 还

答案：B

分析："才"表示动作发生得比较晚，而"直到今天"强调晚的程度。

(8) ____是谁打来的电话？有什么事吗？

A. 刚　　B. 才

C. 刚才　　D. 刚刚

答案：C

分析："刚、才、刚刚"是副词，有相同的语法意义，而"刚才"是时间名词，在句中做状语。"刚才"是最恰当的选择。

(9) 目前，北京的缺水问题已____严重，必须尽快加强普通市民的节水意识。

A. 极了　　B. 够

C. 相当　　D. 真

答案：C

分析："严重"是形容词，前边一定用副词。句子的书面语成分比较重，因此，"相当"是最恰当的答案。"真、够"多用在口语中，"……极了"应该用在形容词的后边。

(10) 直到今天才知道，北京的冬天可____够冷____！

A. 真……了　　B. 真……的

C. 太……了　　D. 很……的

答案：B

分析："真够冷的"是最好的搭配。其他词语或格式都不合适。"很……的"、"太……了"一般不再与"够……"搭配；"真……了"常常不用在一起。

(11) 早上，我____要出门的时候，电话突然响了，原来是幸子从东京打来的。

A. 正　　B. 正在

C. 已经　　D. 曾经

答案：A

分析："正要……"是比较常见的格式，"正在要……"则不用。"已经、曾经"在这里都不合适。

(12) 你怎么还不出发？还差三分钟____十二点了！

A. 就　　B. 只

C. 快　　D. 将

答案：A

分析："就……了"格式中既可以加动词，也可以加表示时间、年龄的数量词。其他词语都没有这样的用法。注意："快……了"之前不能有时间词语。

(13) 老师说了三遍，我____听懂。我的听力真糟糕！

A. 才能　　B. 就

C. 可能　　D. 才

答案：D

分析：“才”表示时间晚、动作慢、不顺利等意思，其他词语不能表示这样的意思。正确的答案只能是“才”。

(14) 满街____是人，有什么好逛的，还是去看电影吧。

A. 净　　B. 竟

C. 总　　D. 仅

答案：A

分析：这里的“净”是副词，表示没有例外，与“都、全”相同。其他词语都不能表示这样的意思。

(15) 我____学习电脑，对一些网址、网站、电子信箱的操作还不太熟悉。

A. 将　　B. 刚

C. 还　　D. 就

答案：B

分析：因为刚刚开始学习，所以对很多情况还不了解。只有“刚”才对。

第四课　“副词分析(2)”参考答案与分析

一、病句分析参考

(1) 今年8月我来了中国，然后，再开始学习汉语了。

分析：“8 月来中国”与“开始学习汉语”两件事联系紧密，而且已经发生了，因此，中间不能用“再”，因为“再”后边的动词常常表示还没有发生的动作，应该用“就”才好。正确的句子应该是：

今年8月我来到了中国，然后就开始学习汉语了。

今年8月我来到中国以后就开始学习汉语了。

(2) 如果有时间，我再想去看一次这个电影。

分析：“再”表示的是尚未发生的动作，但是后边一般不跟“想、要”一类的词语。这时候应该用“还”，如果一定要用“再”，那么，就应该把“再”放在“想”之后。正确的句子应该是：

如果有时间，我还想去看一次这个电影。

如果有时间，我想再去看一次这个电影。

(3) 他们不同意你的意见，也我的看法跟你不一样。

分析：副词“也”只能放在主语之后，永远不能放在主语之前。其他单音节副词和多数双音节副词的用法也基本相同。正确的句子应该是：

他们不同意你的意见，我的看法跟你也不一样。

他们不同意你的意见，我的看法也跟你不一样。

(4) 有一天，妈妈让孩子放学以后去理发，也给他五毛钱。

分析：句子中的“也”使用不当，因为“也”一般表示的是同样，而不表示“另外”的意思。句子中“给他五毛钱”是“让孩子理发”之外的另一件事，这时的“也”用“还”才合适。正确的句子应该是：

有一天，妈妈让孩子放学以后去理发，还给了他五毛钱。

有一天，妈妈给了孩子五毛钱让他放学以后去理发。

(5) 我妈妈是个有耐性的人，却我爸爸一点儿耐性也没有。

分析：副词“却”与其他多数副词一样，在句子中一般应该放在主语之后，谓语之前，而不能放在主语之前。正确的句子应该是：

我妈妈是个有耐性的人，我爸爸却一点儿耐性也没有。

(6) 他最近工作很忙了，又身体不好，别麻烦再他了。

分析：这个句子中有两点应该注意：“很忙”后不能用“了”；“再、又”后不能跟名词、代词，只能是动词或形容词。正确的句子应该是：

他最近工作很忙，身体又不好，别再麻烦他了。

(7) 我喜欢美术，也音乐。

分析：“也”的后边同样不能是名词，应该跟动词、形容词。正确的句子应该是：

我喜欢美术，也喜欢音乐。

(8) 听说前两次他都没有参加，这次还没想参加。

分析：“这次”跟“前两次”一样，因此不能用“还”，而应该用“也”，因为“也”表示相同的意思，而“还”表示的是另外的意思。正确的句子应该是：

听说前两次他都没有参加，这次也没想参加。

听说前两次他都没有参加，这次也不想参加。

(9) 中国的白酒我从来不喝过。

分析：“从来+没+动词+过”是固定的语法形式，如果把“没”换成“不”，动词后就不能用“过”。正确的句子应该是：

中国的白酒我从来没喝过。

中国的白酒我从来不喝。

从来没喝过中国的白酒。

(10) 大家都没有知道他们结婚的事。

分析：动词“知道”是一个比较特殊的词语，跟“是”一样，不能用“没有”否定，只能用“不”否定，即使是对以前的事情加以否定，也只能用“不”。正确的句子应该是：

大家都不知道他们结婚的事。

大家都没有听说他们结婚的事。

(11) 表演已经开始了，请大家别说话吧。

分析：这是不少韩国同学喜欢用的一种句子形式，即“别……吧”，但它是错误的。按照汉语的语法要求，“别……了”是比较固定的搭配形式，表示劝阻的意义，而“……吧”表示的是请求的意义，如“咱们走吧”，“赶快休息休息吧”等，一般应该是肯定的形式。正确的句子应该是：

表演已经开始了，请大家别说话了。

表演已经开始了，大家别说话了。

(12) 你究竟去上海旅行吗？

分析：“究竟”与“到底”一样，表示对某种情况的追问，句子中一般应该有疑问词语或疑问形式，但是，不能使用带“吗”的疑问句。正确的句子应该是：

你究竟去不去上海旅行？

你究竟去不去上海旅行呢？

(13) 玛丽今天又没来上课，我恐怕她生病了。

分析：“恐怕”表示说话者对某种事情的估计和猜测，一般不能出现主语“我”，而当主语是“他、他们”时，做出估计和猜测的仍然是说话者，而不是“恐怕”的主语。正确的句子应该是：

玛丽今天又没来上课，恐怕她生病了。

玛丽今天又没来上课，她恐怕生病了。

(14) 他说明天可能有事，一定不来了。

分析：“可能有事”所导致的结果应该是“不一定来”，而不应该是“一定不来”。因为“不一定”是不确定的意思，而“一定不”是已经明确的事情。正确的句子应该是：

他说明天可能有事，不一定来了。

他说明天可能有事，未必来得了。

(15) 请你相信我，我决会办好这件事。

分析：“决”的后边常常跟否定词语“不、没”等，强调否定的程度和决心。但句子中所表达的应该是肯定的事情，所以不能用“决”，应该用“一定、肯定”等词语。正确的句子应该是：

请你相信我，我一定会办好这件事。

请你相信我，我肯定会办好这件事。

二、应用练习参考答案及分析

1. 用所给的词语改写句子

(1) 听说维也纳新年音乐会的门票很贵。(不)

答案：听说维也纳新年音乐会的门票不便宜。

分析：改写句子一般只应该是词语或语法上的改变，意思不能改变。句子中说的是“门票很贵”，而给出的词语是“不”，只能用“贵”的反义词的否定形式“不便宜”。注意，句子中不能把“不”放在“听说”之前。

(2) 两年前我们参观过北京的一个经济开发区。(没)

答案：两年前我们没参观过北京的经济开发区。

分析：改写句子一般不改变句子的意思，但是这个句子要检查的是你对否定形式的掌握情况。即，对曾经发生的动作或即将发生的动作进行否定时，除特殊情况外，宾语应该是确定的，而一般不能用“一个、两个”等词语。

(3) 我们先吃了菜，喝了酒，然后品尝了著名的北京烤鸭。(还)

答案：我们先吃了菜，喝了酒，然后还品尝了著名的北京烤鸭。

我们吃了菜，还喝了酒，然后品尝了著名的北京烤鸭。

分析：“还”一般强调另外的情况。如果把“吃菜、喝酒”算作同一类动作，那么，“品尝烤鸭”就是另外的事情；而如果强调“吃菜”与“喝酒”不一样，就可以在“喝酒”前加上“还”。

(4) 既然赵经理已经同意了，你们就可以留下来了。(不必)

答案：既然赵经理已经同意了，你们就不必走了。

既然赵经理已经同意了，你们就不必离开这里了。

分析：“可以留下来”与“不必走、不必离开这里”意思相同。

(5) 汉语进修学院的留学生有一千五百个左右。(大约)

答案：汉语进修学院的留学生大约有一千五百个。

汉语进修学院的留学生有大约一千五百个。

汉语进修学院的留学生大约一千五百个左右。

分析："大约、左右"意思相同，但用法却不一样："左右"只用在数量词之后，而"大约"一般用在数量词之前。有时二者还可以合用。

(6) 如果按照你们的计划去做，我估计不会成功。(恐怕)

答案：如果按照你们的计划去做，恐怕不会成功。

如果按照你们的计划去做，你们恐怕不会成功。

如果按照你们的计划去做，恐怕你们不会成功。

分析：副词"恐怕"就是估计、猜测的意思，因此用了"恐怕"就不能再用"估计"。另外，"恐怕"一般是说话者对事情做出的估计和猜测，所以，一般不会出现"我、我们"做主语的情况，而即使主语是其他词语，真正的估计者仍然是说话者自己。"恐怕"后可以带小句。

(7) 这次考试运气真不好，我只得了 59 分。(差一点儿)

答案：这次考试运气真不好，我差一点儿及格。

这次考试运气真不好，我差一点儿就及格了。

分析："及格"是通过考试的意思，应该说是比较理想的事情，因此，用在"差一点儿"后时，表示这个理想的事情没有实现。但是，如果说话者考了 61 分，我们则可以说"我差一点儿没及格"。

(8) 北京的城市轻轨铁路开起来非常快，非常稳，舒服极了。(可)

答案：北京的城市轻轨铁路开起来非常快，非常稳，可舒服了。

分析：汉语中"可……了"、"太……了"、"够……的"、"怪……的"、"……极了"等基本上有相同的表达效果，都表示程度高。

(9) 我们在楼下等了一个多小时你才回来。(可)

答案：我们在楼下等了一个多小时，你可回来了。

分析："可……了"格式中加上动词时表示的是"终于"的意思，即用了比较长的时间才达到或实现自己的目的，获得希望的结果。

(10) 你说的话我不太相信，小张不是那么不讲情义的人。(决不)

答案：你说的话我不太相信，小张绝不是那么不讲情义的人。

我绝不相信你说的话，小张不是那么不讲情义的人。

分析："绝不"的意思是"一定不"，因此，在句子中可以用在前后两个位置上，都可以表达相同的意义。

2．给词语选择恰当的位置

(1) 你告诉我的那个电影 A 我 B 去看了 C 一遍，还 D 是看不懂。

又

答案：B

分析："又"表示已经重复的动作，必须用在主语后，动词前，因此 B 是唯一正确的位置。"还是"是"仍然"的意思，中间不能插入其他词语。

(2) 两个小时以后，A 雨终于 B 停了，C 我的心情 D 轻松了一些。

也

答案：D

分析：“也”表示相同，“心情轻松”与“雨停”是伴随而来的，因此，D 是唯一正确的位置。“也”同样应该用在主语后，动词前。

(3) 受大家的影响，A 我们 B 都高兴地 C 加入了 D 前进着的人流。

也

答案：B

分析：副词作状语时的位置一般在动词之前，而当动词有其他状语时，副词一般放在其他状语之前，特别是当“也”和“都”相遇时，“也都……”是非常固定的搭配。

(4) 他觉得 A 弹钢琴 B 是他生活中 C 最大的乐趣 D。

可能

答案：B

分析：“可能”表示估计，用在“是”前最合适。副词一般修饰动词，而程度副词才修饰形容词。从语法上说，A 也可以用“可能”，但在一般的句子中，副词应该放在最重要的动词之前。

(5) 我上次 A 去时，主管这工作的人员出差了，昨天 B 只好 C 去了 D 一次。

又

答案：C

分析：“又”强调重复的动作，那么“上次去了”，“昨天只好又去了一次”。应该记住，“又+V+了”是比较固定的搭配形式。

(6) 我也不知是为什么，A 是 B 因为我对 C 自己产生了 D 自信心的缘故。

大概

答案：A

分析：“大概”表示的是估计，用在动词之前。A 是最合适的位置。

(7) 全班 A 十八个 B 同学 C 都 D 参加了今年的春季运动会。

几乎

答案：C

分析：“几乎”和“差不多”一样，一般用在“都、全”的前面。

(8) 汉语学习中 A 语调难的 B 问题 C 欧美同学所特有，亚洲同学 D 同样头疼。

并非

答案：C

分析：“并非”的意思是“并不是”，可以直接带宾语。C 的位置最恰当。

(9) A 身体的残疾 B 能影响一个人的事业，而心理上的残疾则 C 肯定会 D 影响人的一生。

不一定

答案：B

分析：“不一定”与后面的“肯定”相对应，因此，B 是唯一恰当的位置，

(10) 这次她真的 A 已 B 决定不 C 回那个可怕的魔窟 D 去了。

再

答案：C

分析：“再”在句子中一般表示动作在将来的时间重复。这个句子中只有 C 符合这一表达要求，其他位置都不合适。

(11) 以前是城里人 A 住楼房，如今咱农村人 B 都 C 住上了 D 漂亮的新楼房。

也

答案：B

分析：“也”表示相同的意思，它与“都”用在一起时，一般应该是“也都”的形式。如“你们都是学生，我们也都是学生”。

(12) 我们 A 一起 B 去上海 C 旅游 D 过。

没有

答案：A

分析：有的人会以为 B 是正确的选择，但是，A 才是正确的。为什么呢？因为句子一般告诉我们的是“没有一起去上海旅游过”，“没有”否定的应该是“一起”。也许我们已经分别去过了。

(13) 他的电话号码 A 说过好几次了，B 我 C 老是 D 记不住。

却

答案：C

分析：“却”是表示转折关系的副词，应该用在第二个分句的主语之后，谓语之前。句子中 C 是唯一恰当的位置。

(14) 我在网上挑花了眼，A 挑来挑去，B 至今 C 没有一个 D 满意的。

竟

答案：C

分析：“竟”与“竟然、居然”表示相同的意思，即没有想到。在句子中“竟”只能用在主语之后，谓语之前。而“竟然、居然”有时候却可以用在主语之前。记住：单音节副词只能用在主语之后。

(15) 我问遍了所有的人，A 谁也 B 说不清这 C 是怎么一回事 D。

究竟

答案：C

分析：“究竟、到底”有完全相同的意思和用法，在表示追问的句子中，它们的后边一定要出现疑问的形式，如“什么、怎么、谁、哪儿、V 不 V、A 还是 B”等等。

3. 选择恰当的词语填空

(1) 如果你们有机会的话，欢迎你们_____到我们厂来参观指导。

A. 又　　B. 再

C. 才　　D. 更

答案：B

分析：句中“到我们厂来参观指导”是尚未重复的动作，用“再”最合适。“又”表示的是已经重复的动作，应该有“了”与之搭配；“才”表示动作发生或结束得比较晚，不符合句子的意思。

(2) 你们的意见都有一定的道理，不过，我____上同意赵亮的观点。

A. 大概　　B. 几乎

C. 大体　　D. 大约

答案：C

分析：“大体上”是“基本”的意思。其他几个词语用法比较接近，因此也就都不可以用，特别是它们都不能与“上”组合使用。

(3) 进入2011年以来，北京的家政市场____次成为了人们关注的焦点。

A. 又　　B. 还

C. 再　　D. 也

答案：C

分析：看到“成为了”以后，有的学习者可能会选择“又”，但是，“又”是不能与“次”搭配在一起使用的，“还、也”同样如此。按照汉语语法要求和语言习惯，正确的答案当然只能是“再”。

(4) 2020年的奥运会____会在非洲的某一个国家举行，你觉得怎么样？

A. 可以　　B. 可能

C. 可　　D. 要

答案：B

分析：句中如果没有“会”，四个备选答案都可以用，但就因为有了这个“会”，正确答案只能是“可能”，表示估计。

(5) 你们所津津乐道的____不是什么新鲜事，外面早就传开了。

A. 并非　　B. 并不

C. 并无　　D. 并

答案：D

分析：“不是”的前边只能用“并”，其他几个词语都会使句子意思混乱。

(6) 你们所说的麻烦，在我们的行程中____会发生，我们进行了充分准备。

A. 不必　　B. 未必

C. 不要　　D. 必要

答案：B

分析：因为进行了充分的准备，所以麻烦不一定会发生。因此，“未必”是最正确的答案。

(7) 妈妈的话你____要记住，常常给家里打个电话或发个E-mail。

A. 十分　　B. 千万

C. 百万　　D. 亿万

答案：B

分析：“十分”后应该用形容词，“千万”常常在劝别人应该做什么或不应该做什么时用。“百万、亿万”只表示数量，在这里没有意义，只是干扰成分。

(8) 你____别以为那真是什么UFO，那不过是晚霞中飞机尾气形成的景象。

A. 总是　　B. 千万

C. 一直　　D. 从来

答案：B

分析：在劝别人的时候，“千万”后边常常跟“不要、别”等词语。“从来”后边用“不、没”等词语。“总是、一直”有相同的用法。

(9) 你____要记住，一定要把这封信亲手交给你们的领导。

A. 十分　　B. 千万

C. 百万　　D. 多半

答案：B

分析：在“千万、并、决”等表示强调的副词后多跟否定词语，但与另两个副词不同的是，“千万”后也可以是肯定的成分。备选的项目中，其他词语都不能进入句子。

(10) 王老师的病已经好了，不过____要恢复几天，请同学们尽管放心吧。

A. 就　　B. 还

C. 再　　D. 又

答案：B

分析：“还”在这里是“仍然”的意思，其他词语不能表达这层意义。

(11) 开发大西北应该加大投资，否则____很难达到预期的目的。

A. 可以　　B. 恐怕

C. 要不　　D. 左右

答案：B

分析：“很难达到预期的目的”只是说话者自己的一种估计和猜测，因此，应该用“恐怕”。“要不”与“否则”意思相同。

(12) 很快大家就忘了那些不愉快的事情，____在一起愉快地工作起来了。

A. 也　　B. 再

C. 还　　D. 又

答案：D

分析：“又”表示的是动作在过去时间里的重复，而且“又……了”是比较固定的格式。其他副词没有这样的用法。

(13) 这个地方太美了，以后我们一定____要来。

A. 又　　B. 也

C. 还　　D. 再

答案：C

分析：“以后”要发生的事情，按语法要求可以用“再”，但是，应该注意的是，当动词之前有“要、想、可以、能”等能愿动词时，表示重复的副词一般应该用“还”，特殊情况除外。

(14) 她学得真快，用了____不到两个小时，就把这个舞蹈学会了。

A. 只　　B. 却

C. 还　　D. 就

答案：C

分析：“还”在这个句子里用的是一种比较特殊的意义。即表示出乎预料，没想到，事情居然会如此。其他词语不能表示这样的意思。

(15) 为了避免事故____次发生，有关部门对这一地区实行了交通管制。

A. 又　　B. 还

C. 再　　D. 的

答案：C

分析：这个句子只能选择“再”，因为其他词语都不能与“次”搭配使用，只有“再次”可以搭配，表示的是第二次的意思。

第五课　“副词分析(3)”参考答案与分析

一、病句分析参考

(1) 他那种看不起别人的神气劲儿，使人们再忍不住了。

分析：副词“再也”有“无论如何”、“没有办法”和“永远”的意思，但是“再”只表示动作的未来重复。句子中“人们忍不住”的是“他那种看不起别人的神气劲儿”。正确的句子应该是：

他那种看不起别人的神气劲儿，使人们再也忍不住了。

(2) 这么重要的事情，他可从来不跟我说过。

分析：汉语副词“从来”后边可以加“不、没”组成“从来不、从来没”或“从不、从没、从未”等词语。需要注意的是，使用“从来”以后，如果跟的是“不”，其后的动词不用加“过”，而如果跟的是“没、未”，其后的动词应该加“过”。如“从没去过长城”，“从未到过北京”。正确的句子应该是：

这么重要的事情，他可从来没跟我说过。

这么重要的事情，他可从没跟我说过。

这么重要的事情，他可从不跟我说。

(3) 我按照约定的时间来到公园门口，没想到果然只有我一个人。

分析：副词“果然”常常是强调事实与说话者听说、猜想、预料的相同。句子中“我按照约定的时间来到公园门口”，应该与约定的对方见面，但是“只有我一个人”，而且是“没想到”。这样，句子中用“果然”就不合适了，应该改用表示出乎意料之外的“竟、竟然、居然”。正确的句子应该是：

我按照约定的时间来到公园门口，没想到竟只有我一个人。

我按照约定的时间来到公园门口，没想到竟然只有我一个人。

我按照约定的时间来到公园门口，没想到居然只有我一个人。

(4) 他打开门一看，哎呀！悄然同学们都坐在房间里。

分析：“悄然”的意思是安静无声，而且一般应该用在主语之后，谓语之前。而句子中的“哎呀！”告诉我们的却是吃惊、没想到，因此，“悄然”肯定是错误的，应该用“竟然、居然”，这两个词语虽是副词，但在实际语言应用中，常常可以用在主语之前，“竟”则只用在主语之后。正确的句子应该是：

他打开门一看，哎呀！竟然同学们都坐在房间里。

他打开门一看，哎呀！居然同学们都坐在房间里。

他打开门一看，哎呀！同学们竟然都坐在房间里。

(5) 来北京以后我还从不去过那个地方。

分析：句子中的“从不去过”应该用“从没去过”，请参考第(2)题中分析的内容。正确的句子应该是：

来北京以后我还从没去过那个地方。

来北京以后我还从来没有去过那个地方。

(6) 望着天上那无数的星星，我忽然了。

分析：“忽然”是副词，在句子中只能做状语。句子中的“忽然”之后应该有其他成分，否则句子就没有说完。当然，如果把“忽然”换成“茫然”也可以使句子成立，因为“茫然”有不知所措的意思。正确的句子应该是：

望着天上那无数的星星，我忽然想起了……

望着天上那无数的星星，我茫然了。

(7) 看到大家都举起了手，只好刘老根儿同意了他们的意见。

分析：“只好”有“不得不、没办法”等意思，一般应该用在主语之后，后面跟的多是表示不如意的意思的句子。正确的句子应该是：

看到大家都举起了手，刘老根只好同意了他们的意见。

(8) 多少年已经过去了，可是我永远不忘了她！

分析：“永远”常常指今天以后的事情，而句子中“多少年已经过去了”表示的是以往的事情，因此，用“一直、总是”更好。其后的“不忘了她”应该用“忘不了她”。如果坚持用“永远”，后边的成分应该用“也不会忘了她”或“也忘不了她”。正确的句子应该是：

多少年已经过去了，可是我一直没有忘了她。

多少年已经过去了，可是我总是忘不了她。

多少年已经过去了，可是我永远也忘不了她。

多少年已经过去了，可是我永远也不会忘了她。

(9) 那时我就下定了决心：以后我再也没来那个地方。

分析：“再也”常常是对以后的事情的否定，有“无论如何”、“永远”的意思，其后的否定词语一般应该是“不”，而不是“没”。另外，“那个地方”是距离说话者比较远的处所，动词应该使用“去”。正确的句子应该是：

那时我就下定了决心：以后我再也不去那个地方了。

(10) 我们帮助了他，他一连对我们说“谢谢！”

分析：副词“一连”在句子中使用的格式一般有两种：“主语+一连+动词+数量词+宾语”；“主语+一连+数量词+没+动词+宾语”。如：“他一连吃了三个面包”，“这里一连三个月没有下雨了”。正确的句子应该是：

我们帮助了他，他一连对我们说了几声“谢谢！”。

我们帮助了他，他一连说了三声“谢谢！”

(11) 考试以前我再三复习了，但是还是考得不理想。

分析：“再三”表示某个动作进行了几次，但是“复习”需要的是认真，而不一定只是次数多。因此，正确的句子应该是：

考试以前我认真地复习了，但是还是考得不理想。

考试以前我复习得很好，但考得还是不理想。

考试以前我复习了好几遍，但考得还是不理想。

(12) 她急得一直哭，你去劝一劝她吧。

分析："一直"做状语表示的是动作的不间断和状态不变，按照汉语音节组合规律，后面多跟双音节的动词性词语。这个句子中的"一直"用"直"更合适，因为"直"同样表示"不间断、一个劲儿"的意思。正确的句子应该是：

她急得直哭，你去劝一劝她吧。

(13) 天气预报说今天有雪，今天竟然下雪了。

分析："竟然"表示的意思是没有想到，但句子中的"下雪了"与"天气预报"正好相同，当然不能用"竟然"。这种情况下，最恰当的词语应该是"果然"。正确的句子应该是：

天气预报说今天有雪，今天果然下雪了。

天气预报说今天没有雪，今天竟然下雪了。

(14) 爸爸妈妈让我回国，不得不我回国了。

分析：与"只好"的用法一样，"不得不"也应该用在主语之后，谓语之前。其后多是不理想的事情。句子中的"回国"是"我"不愿意做的事情。正确的句子应该是：

爸爸妈妈让我回国，我不得不回国了。

(15) 来中国以前，我从没喝酒过，抽烟过。

分析：在上册第二课"'了、着、过'分析"中，我们已经介绍过，动态助词"过"只能跟在动词之后，不能用在宾语的后面。因此，"喝酒过，抽烟过"都是错误的用法，应该用"喝过酒，抽过烟"。正确的句子应该是：

来中国以前，我从没喝过酒，抽过烟。

二、应用练习参考答案及分析

1．用所给的词语完成句子

(1) 如果这次检查你们厂还是不能通过，____________。(只好)

答案：如果这次检查你们厂还是不能通过，你们就只好关门了。

如果这次检查你们厂还是没有通过，你们就只好停业整顿了。

分析：对一个工厂来说，"关门"和"停业整顿"都是最坏的结果，而"只好"的后边就应该是不希望的事情。

(2) ____________，请您多多谅解！(不得不)

答案：事情紧急，不得不来麻烦您，请您多多谅解！

时间太晚了，我们也不得不这样做，请您多多谅解！

分析：请求别人原谅的原因有很多，而且这个原因是你自己也不希望出现的，可是你又没有办法避免。"不得不"与"只好"的意思基本相同，后边都是跟不希望发生的事情。

(3) 自从来到北京以后，____________。(一直/再也)

答案：自从来到北京以后，我们俩就一直没有见过面。

自从来到北京以后，我们俩就再也没有见过面。

自从来到北京以后，我就一直没有见过他。

自从来到北京以后，我就再也没有见过他。

自从来到北京以后，我就再也不想见他了。

分析：“一直、再也”有相同的用法，但是，“再也”还可以表示“永远”的意思，即可以说以后的时间会怎么样，而“一直”一般只说以前的事情。

(4) ____________________，弄得我不知怎么办才好。(一连)

答案：他一连找了我好几次，弄得我不知怎么办才好。

这里一连下了三天雨，弄得我不知怎么办才好。

他一连三天都不在家，弄得我不知怎么办才好。

分析：注意“一连”的用法：“……一连+动词+数量词……”、“……一连+数量词+不/没+动词……”。

(5) ____________________，我们都特别佩服她。(从来)

答案：她做事情从来都这么认真，我们都特别佩服她。

她上课从来不迟到早退的，我们都特别佩服她。

她从来没有跟大家发过脾气，我们都特别佩服她。

分析：“从来”的后边常常加“没、不”等否定词语，强调从以前的某个时间一直到现在怎么样。“从来”也可以用在肯定句里。

(6) 大夫早就跟我说过这样的话，________________。(果然)

答案：大夫早就跟我说过这样的话，果然让他说着了。

大夫早就跟我说过这样的话，他果然说对了。

分析：“果然”强调事情的结果跟预想、预知的一样。

(7) ________________，你说让我多生气呀！(居然)

答案：我等了他两个小时他居然没有来，你说让我多生气呀！

我好心给他买的衣服他居然不穿，你说让我多生气呀！

分析：让人生气的原因会有很多，但“居然”强调的是说话者根本没有想到的事情。你不妨自己造几个句子，问问老师对不对。

(8) 队伍在崎岖的山路上行进着，________________。(忽然/突然)

答案：队伍在崎岖的山路上行进着，忽然下起了瓢泼大雨。

队伍在崎岖的山路上行进着，突然刮起了大风，下起了大雪。

分析：“忽然、突然”作副词的用法一样，指事情发生得迅速并出乎意料。

(9) ________________，他就是坚持自己的看法。(一再)

答案：我们一再劝他不要那样做，他就是坚持自己的看法。

我们一再劝他改变主意，他就是坚持自己的看法。

分析：“一再”的意思是很多次或不停地重复相同的动作，与“再三”有基本相同的用法。

(10) 不知是谁骑走了我的自行车，过几天又________________。(悄悄)

答案：不知是谁骑走了我的自行车，过几天又悄悄还了回来。

不知是谁骑走了我的自行车，过几天又悄悄地给我还了回来。

分析：“悄悄”的意思是没有声音或不让人知道，做好事可以“悄悄”的，做不好的事也可以用“悄悄”，但更多的是用“偷偷”这个词。

2．给词语选择恰当的位置

(1) 除了我以外，A 大家都 B 不了解情况，我 C 自己做 D 了。

只好

答案：C

分析：“只好”是“没有办法”或“不得不”的意思，应该用在动词谓语之前，因此，C 是唯一恰当的位置。

(2) A 我好像 B 不知道 C 什么是甜和苦，我的舌头 D 总是麻木的。

从来

答案：B

分析：“从来”的后边常常跟“不、没”等否定词语，有时也可以用做“从不、从没、从未”等。

(3) 没想到 A 他 B 会 C 说出 D 这样让人伤心的话。

竟

答案：B

分析：“竟”与“竟然”意思相同，但是只用在主语之后，动词之前；“竟然”有时也可以用在主语之前。因此，B 是唯一正确的位置。

(4) 走出火车站，A 望着 B 大街上的车流和人流，C 我 D 不知所措。

茫然

答案：D

分析：“茫然”有“无知”的意思，常常形容一个人刚刚来到一个陌生的地方或被突然问到一个问题时的样子。

(5) A 没想到马受了惊，拉着车跑 B 过去 C 挡住了 D 大卡车。

正好

答案：C

分析：副词“正好”应该用在动词之前做状语。B 的前后“跑”和“过去”形成了不能分开的动补结构，因此，C 是唯一正确的选择。

(6) A 天 B 没亮，就 C 听见外边有许多人在 D 大声喊叫。

还

答案：B

分析：“还”在句子中一般应该用在谓语动词或形容词之前。句子中除 A 以外其他三个位置似乎都可以用“还”，但仔细分析你会发现，C、D 是不能用“还”的，因为副词“就、在”分别限定了它们后边不能使用“还”。B 是唯一正确的位置，“还”在这里表示仍然的意思。

(7) 我相信 A 你 B 会 C 那样 D 做的，你果然没有辜负我。

一定

答案：B

分析：“一定”表示说话人的估计，用在“会、能”之前，符合汉语语法要求。

(8) A 我们今天 B 喝 C 咖啡 D 吧，这样聊起来会更有精神。
还是

答案：B

分析：“还是”作副词应该用在动词之前，其他位置不合适。

(9) 这本书昨天 A 我从 B 早上七点 C 看到 D 中午十二点。
一直

答案：C

分析：副词“一直”应该放在动词之前，而且“一直”的前边常常会有表示时间的词语。

(10) A 每次进城 B 我 C 最头疼的 D 是挤车，咱们骑车去吧。
就

答案：D

分析：副词“就”与“是”搭配常常具有特别强调的作用。句子中的其他位置都不能用“就”。

3．选择恰当的词语填空

(1) 都这么晚了，怎么可能还有出租汽车？我看咱们只____走着回去了。

A. 得　　B. 要

C. 是　　D. 可

答案：A

分析：“只得(dé)”是“只好、不得不”的意思。“只要、只是”在这个句子中都不能清楚地表达意思。

(2) 一些名牌轿车在其他轿车纷纷降价的形势下，也____放下了架子。

A. 只可　　B. 只要

C. 只好　　D. 只是

答案：C

分析：“只好”是没有办法的意思，在句中做状语。其他词语没有这个功能。

(3) 这样的结果让我感到太____了，根本没有什么思想准备。

A. 突然　　B. 忽然

C. 居然　　D. 竟然

答案：A

分析：“太……了”格式中应该是形容词，而四个备选答案中只有“突然”符合要求，因此，“A”是唯一正确的答案。

(4) 万万没想到局长会半路停车，小周____刹车，车身向前倾斜，戛然停止。

A. 居然　　B. 竟然

C. 猛然　　D. 果然

答案：C

分析：“居然、竟然”用法相同，不能选择其中之一；“果然”表示的是听说或预料与结果一样，在句子中不合适。正确的选择当然是 C。

(5) 她____走到母亲面前，注视着她在灯下专心学习的面庞。

A. 偷偷　　B. 悄悄

C. 暗暗　　D. 突然

答案：B

分析：“偷偷”的重点在于不让人觉察发现；“暗暗”的重点在于动作行为在暗中或心中进行；“悄悄”则重在没有声音或声音很低。句子中用“悄悄”最符合语言环境及所要表达的意思。

(6) 临行前妈妈____嘱咐我，到了北京一定及时给家里打电话。

A. 一连　　B. 再三

C. 再也　　D. 永远

答案：B

分析：“一连”的后边应该有数量词语搭配，“再也”后边常常有否定词语，而“永远”的后边不会跟“嘱咐”一类的词语，一般应该是表示心理活动的动词。正确的答案应该是“再三”，即很多次。

(7) 没想到这个男人____比自己还细心，花嫂觉得怪不好意思的。

A. 都　　B. 还

C. 很　　D. 竟

答案：D

分析：前边用“想不到、没想到、不料”等词语后，后边一般会用“竟、竟然、居然”等词语与之搭配，强调事实的出乎预料。

(8) 我也没想到，他____连这么简单的问题也回答不出来。

A. 果然　　B. 竟然

C. 固然　　D. 虽然

答案：B

分析：请参考上面一题的分析。

(9) 看着两个一模一样的孩子，我____分不清谁是哥哥，谁是弟弟。

A. 几乎　　B. 大概

C. 也许　　D. 左右

答案：A

分析：四个备选项目中，“大概、也许”无论意义还是用法都是相同的，因此不能选择其中任何一个。“左右”应该用在数量词语之后表示估计和猜测，同样不能用在句子中。正确的答案只能是“几乎”。

(10) 冬天北方哪儿都很冷，我看咱们____去南方玩儿吧。

A. 还是　　B. 宁可

C. 最后　　D. 到底

答案：A

分析：“还是”表示经过比较之后的选择，符合句子的意思。其他词语都没有这样的表达效果。

(11) 大刘干得可真快，____不到两个小时就把一天的活儿全干完了。

A. 还　　B. 就

C. 只　　D. 却

答案：A

分析：“两个小时”时间干一天的工作，当然是强调时间少。尽管“只、就”都可以强调少，但在这个句子里都不合适，因为在这个意义和用法上，这两个词语是完全相同的。而汉语口语中“还不到……”是一个非常普遍的表示时间短、数量少、年龄小、程度低等等的格式，这在上一课刚刚讲过，可以去参考一下。

(12) 这件事我问了____问，没有一个人能够告诉我到底是怎么发生的。

A. 就　　B. 又

C. 还　　D. 多

答案：B

分析：“V 了又 V”，是汉语中一个比较常见的表示动作反复的格式，如“看了又看、听了又听、想了又想”等等。

(13) 你为什么说你____不知道这件事呢？我不是告诉过你吗？

A. 从不　　B. 从没

C. 从未　　D. 从来

答案：D

分析：“从来+不”等于“从不”，而“从不、从没、从未”又不能与“不”搭配，因此，正确答案只能是“从来”。

(14) 刚刚进门，妈妈就____问了我好几个令我难堪的问题。

A. 一再　　B. 一连

C. 再三　　D. 几次

答案：B

分析：“一再、再三”常常表示做相同的事情，说相同的话，而句子中“妈妈”问的却是“好几个难堪的问题”，因此，应该用“一连”这个副词。“几次”在这里只是一个干扰成分，不用多考虑。

(15) 如果再没有人来营救咱们，咱们就____坐以待毙了。

A. 只好　　B. 只可

C. 只要　　D. 只是

答案：A

分析：“坐以待毙”是说话者最不希望而又不能避免或不得不面对的结果，因此，只能用“只好”这个副词。其他词语都不能清楚地表达这样的意思。

第六课　“副词分析(4)”参考答案与分析

一、病句分析参考

(1) 大家都以为她是中国人，实在她是日本人。

分析：副词“实在”一般只用在动词和形容词之前，不能用在主语之前。另外，这个句子的前边有“以为”一词，应该知道，“以为”后面的事情多是没有经过认真思考而发表的意见，因此，常常是错误的，紧跟着的应该是对这种意见的纠正，常常用“其实、原来、没想到”等词语。正确的句子应该是：

大家都以为她是中国人，其实她是日本人。

大家都以为她是中国人，原来她是日本人。

大家都以为她是中国人，没想到她是日本人。

(2) 昨天我听到了一条非常其实的消息，我们没有期中考试了。

分析：“其实”是副词，不能做定语，也不能被“非常”修饰。换成“确实、实在”就可以了，因为这两个词语既可以做副词，也可以做形容词，而且都有“不虚假、肯定”的意思。正确的句子应该是：

昨天我听到了一条非常确实的消息，我们没有期中考试了。

昨天我听到了一条非常实在的消息，我们没有期中考试了。

(3) 其实你们不用担心，只要准时复习就不会有什么问题。

分析：“准时”强调的是时间的不早不晚，一般用在参加某个活动，出席某个会议等方面。但复习不存在时间的早晚，只要在考试以前认真复习就可以了。因此，用“及时”更能清楚地表达意思，因为“及时”是指赶上时候，适合需求。正确的句子应该是：

其实你们不用担心，只要及时复习就不会有什么问题。

其实你们不用担心，只要好好复习就不会有什么问题。

(4) 和他约会我从来不担心，他是一个很按时的人。

分析：“按时”是副词，不能做定语。句子中的“按时”应该用“准时”，因为“准时”既可以做副词用，也有形容词的用法，指在规定的时间到达约定的地点或开始某个动作。也可以用“守时”，即遵守时间。正确的句子应该是：

和他约会我从来不担心，他是一个很准时的人。

和他约会我从来不担心，他是一个很守时的人。

(5) 我们都分头做好了准备，只等明天参加比赛了。

分析：“分头”与“分别”有相同的意义和用法，但“分头”过于随便，而“分别”更显得正式一些，也多用于书面语。正确的句子应该是：

我们都分别做好了准备，只等明天参加比赛了。

(6) 我一定知道他对唱歌跳舞不感兴趣。

分析：“一定”表示意志坚决或确信无疑，而这个句子要表示的是说话人的态度，用

“明明、当然”或换一下主语更好。正确的句子应该是：

我明明知道他对唱歌跳舞不感兴趣。

我当然知道他对唱歌跳舞不感兴趣。

你一定知道他对唱歌跳舞不感兴趣。

(7) 这是很明明的事情，你怎么不知道呢？

分析：“明明”是副词，在句子中不能做定语，只能做状语。句子中的“明明”用“明白、明显”等才合适。正确的句子应该是：

这是很明白的事情，你怎么不知道呢？

这是很明显的事情，你怎么不知道呢？

(8) 从最近几年来看，今年冬天简直冷！

分析：“简直”这个副词的后边常常带有夸张的语气，就是说，把比较小的事情说得很大。句子中的前半部分告诉我们，说话者是在推断某种情况，因此，可以不用“简直”。如果用“简直”，就应该对前半句及“简直”后做适当的调整。正确的句子应该是：

从最近几年来看，今年冬天一定很冷。

从最近几年来看，今年冬天肯定会很冷。

和去年相比，今年冬天简直冷死了。

(9) 这个问题大家看得很显然，不需要再讨论来讨论去了。

分析：“显然”在句子中可以做定语、状语或谓语，一般不做补语。用“明白、明显、清楚”来替换“显然”更好。正确的句子应该是：

这个问题大家看得很明白，不需要再讨论来讨论去了。

这个问题大家看得很明显，不需要再讨论来讨论去了。

这个问题大家看得很清楚，不需要再讨论来讨论去了。

(10) 只要我们这样工作照样，就一定能成功。

分析：“照样”有仍然、依然、依旧的意思，在句子中一般做状语，用在动词谓语之前。但这个句子中如果用“继续”，意思表达得更清楚。正确的句子应该是：

只要我们继续这样工作，就一定能成功。

只要我们仍然这样干下去，就一定能成功。

(11) 我知道，依旧她在心里惦记着这件事。

分析：“依旧”与“仍然、还是、依然”等一样，是副词，在句子中应该用在主语之后，谓语之前，不能放在主语之前。正确的句子应该是：

我知道，她在心里依旧惦记着这件事。

我知道，她在心里仍然惦记着这件事。

(12) 我不明白始终这件事情到底是为什么。

分析：“始终”的意思是指从开始到结束的整个过程，在句子中同样要用在主语之后，谓语动词之前。正确的句子应该是：

我始终不明白这件事情到底是为什么。

我始终不明白这到底是为什么。

(13) 你不必为我们担心，我们早晚在一起。

分析：“早晚”可以做名词，做副词表示的是“或早或晚、一定”的意思，带有比较强的语气，后面常常跟“会、要”等。正确的句子应该是：

你不必为我们担心，我们早晚会走到一起。

你不必为我们担心，我们早晚都会在一起。

(14) 他现在始终了解了我们的好心。

分析：“始终”表示的是从开始到结束的过程，而这个句子要表达的是不容易得到的一个结果，因此应该用“终于”。正确的句子应该是：

他现在终于了解了我们的好心。

他现在总算了解了我们的心意。

(15) 吃了两个星期药，总算小李的病好起来了。

分析：“总算”和“终于”一样，是副词，在句子中应该用在主语之后，谓语之前，不能用在主语之前。正确的句子应该是：

吃了两个星期药，小李的病总算好起来了。

吃了两个星期药，小李的病终于好起来了。

二、应用练习参考答案及分析

1．用所给的词语完成句子

(1) 表面看起来这个问题并不难办，__________________。(其实)

答案：表面看起来这个问题并不难办，其实一点儿也不容易。

表面看起来这个问题并不难办，其实非常不好办。

分析：“其实”常常强调相反的情况。一般是与前边提到的情况相反。

(2) __________________，你还是另请别人来做吧。(实在)

答案：这件事我实在干不了，你还是另请别人来做吧。

这个工作对我来说实在太难了，你还是另请别人来做吧。

分析：副词“实在”有相当、非常的意思，一般用在动词或形容词之前做状语。

(3) 我们公司要求全体员工每天__________________。(准时)

答案：我们公司要求全体员工每天准时上下班。

我们公司要求全体员工每天八点准时上班。

分析：“准时”强调的是不早不晚，多用在上班、上课、约会等场合。

(4) __________________，不然会造成极其恶劣的后果。(及时)

答案：出现问题应该及时想办法解决，不然会造成极其恶劣的后果。

有了矛盾就要及时解决，不然会造成极其恶劣的后果。

分析：“及时”有赶快、马上的意思，即不能耽误。

(5) 得知他突然病故的消息，我__________________。(顿时)

答案：得知他突然病故的消息，我顿时浑身颤抖起来。

得知他突然病故的消息，我顿时晕倒在床上。

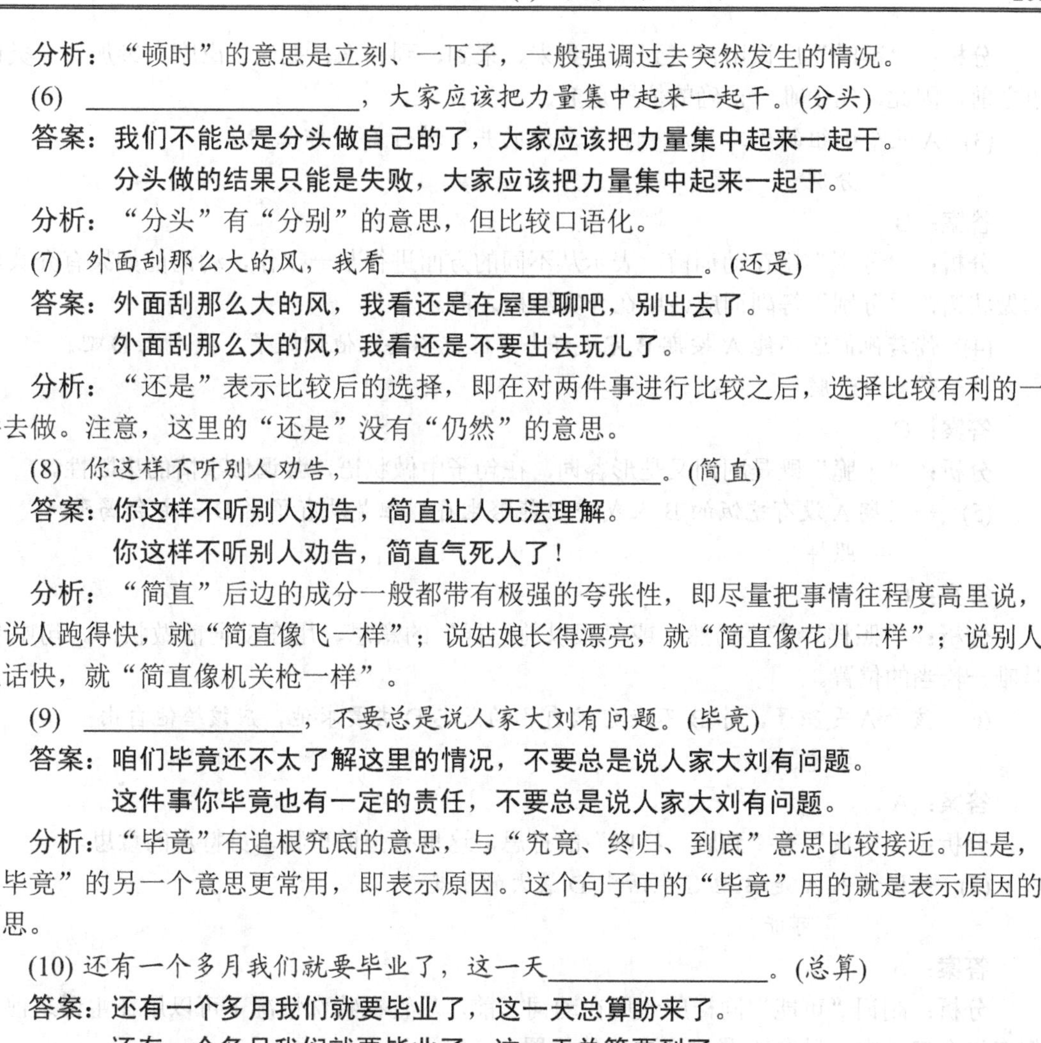

分析：“顿时”的意思是立刻、一下子，一般强调过去突然发生的情况。

(6) ____________________，大家应该把力量集中起来一起干。(分头)

答案：**我们不能总是分头做自己的了，大家应该把力量集中起来一起干。**

分头做的结果只能是失败，大家应该把力量集中起来一起干。

分析：“分头”有“分别”的意思，但比较口语化。

(7) 外面刮那么大的风，我看____________________。(还是)

答案：**外面刮那么大的风，我看还是在屋里聊吧，别出去了。**

外面刮那么大的风，我看还是不要出去玩儿了。

分析：“还是”表示比较后的选择，即在对两件事进行比较之后，选择比较有利的一件去做。注意，这里的“还是”没有“仍然”的意思。

(8) 你这样不听别人劝告，____________________。(简直)

答案：**你这样不听别人劝告，简直让人无法理解。**

你这样不听别人劝告，简直气死人了！

分析：“简直”后边的成分一般都带有极强的夸张性，即尽量把事情往程度高里说，如说人跑得快，就“简直像飞一样”；说姑娘长得漂亮，就“简直像花儿一样”；说别人说话快，就“简直像机关枪一样”。

(9) ____________________，不要总是说人家大刘有问题。(毕竟)

答案：**咱们毕竟还不太了解这里的情况，不要总是说人家大刘有问题。**

这件事你毕竟也有一定的责任，不要总是说人家大刘有问题。

分析：“毕竟”有追根究底的意思，与“究竟、终归、到底”意思比较接近。但是，“毕竟”的另一个意思更常用，即表示原因。这个句子中的“毕竟”用的就是表示原因的意思。

(10) 还有一个多月我们就要毕业了，这一天____________________。(总算)

答案：**还有一个多月我们就要毕业了，这一天总算盼来了。**

还有一个多月我们就要毕业了，这一天总算要到了。

分析：“总算”与“到底、终归、终于、究竟”等词语的意思一样，都可以表示经过长时间的努力或长久的等待，事情有了比较理想的结果。“总算”比较口语化，而且没有“到底、究竟、终归”等表示原因的意思。

2. 给词语选择恰当的位置

(1) 很多A年轻的父母B并不C了解自己的孩子，更D不知道如何教育孩子。
　　其实

答案：B

分析：“其实”的前后应该是相反的情况，有时，前面的情况暗含在句子中。这个句子中暗含的意思是，很多父母以为自己非常了解自己的孩子，“其实并不了解”。其他位置不可以。

(2) 飞机A能够B抵达令我们倍感欣慰，这次C会谈关系着公司D的前途。
　　准时

答案：B

分析：“准时”应该用在“到达、到来、来到、到、来、抵达、出席、参加”一类词语之前，因此，句中唯一正确的位置是B。

(3) A几个小组的矿工B在一百多米深的井下进行着C作业D。
　　分别

答案：B

分析：“分别”用在动词前，表示从不同的方面进行某一工作，动词前如果有介宾结构做状语，“分别”等副词应该用在介宾结构之前。

(4) 倘若他们还不能A按期B完成任务，C就不要让他们做了，换别人D吧。
　　干脆

答案：C

分析：“干脆”既是副词又是形容词，在句子中做状语，强调做事情的果断性。

(5) 一星期A没有吃饭的B人或许C能够生存，但是没有了水D一定会渴死。
　　照样

答案：C

分析：“照样”有“仍然”或“跟以前一样”的意思，用在动词前做状语。句中C是唯一恰当的位置。

(6) 孩子A是孩子，你B不应C按自己的意志D去要求他，应该给他自由。
　　毕竟

答案：A

分析：“毕竟”有“到底、终归”的意思，这里有强调事物本身特点的意思。

(7) 他说读书A是B他C生活中D最大的乐趣。
　　可能

答案：A

分析：副词“可能”同样应该用在动词之前，尽管在特殊情况下可以用在主语之前，但在这个句子中，只有A是唯一正确的位置。

(8) 你A千万要B记住C吃药D，别让妈妈着急啊！
　　可

答案：A

分析：副词“可”有“一定、千万”的意思，还可以用在“千万”前起强调作用。B不能用“可”，因为“可”不能用在“要”的后边。

(9) 这本书A我B整整看了C一天D看完。
　　才

答案：D

分析：“才”表示动作发生得晚，进行得慢，不顺利。在这个句子中，“才”只能放在D的位置，表示“看书”动作进行得慢。不能用在B的位置，因为用在B的位置表示时间少，后边应该有与之相对应的“就……了”。即“才看了一天就看完了”。

(10) A到北京语言大学以后，B我们C参加了D一次考试。
　　就

答案：C

分析：这个句子中的“就”表示的是“只、才”的意思，强调“参加”的次数少。“就”的这种用法在口语中常见。

3．选择恰当的词语填空

(1) 品茶品酒师看起来是个简单的职业，____需要很多专业知识。

A. 其实　　B. 实践

C. 实在　　D. 实话

答案：A

分析：句中前后意思相反，因此，“其实”是唯一正确的答案。

(2) 我__________没有在事发现场，非常抱歉我不能回答你的问题。

A. 确实确实　　B. 确确实实

C. 很确实地　　D. 非常确实

答案：B

分析：形容词或某些副词的重叠形式一般应该是“AABB”式，因此，B 是唯一正确的答案。“很确实、非常确实”在句子中一般应该做定语。

(3) 他们俩是在四十年前上大学时相识的，____他们都只有十八九岁。

A. 按时　　B. 当时

C. 及时　　D. 一时

答案：B

分析：“及时、按时”的用法基本相同，用在动词之前做状语；“一时”表示突然或短时间内发生的情况；“当时”指“那个时候”，是唯一恰当的答案。

(4) 记者们所问的问题，刘市长____难以回答，只好换了一个话题。

A. 此时　　B. 一时

C. 当时　　D. 同时

答案：B

分析：“一时”表示的意思是突然的短时间的情况，符合句子的意思。“此时”是这个时候，“当时”是那个时候，“同时”指相同的时间，在这个句子中都不合适。

(5) 在香港四国邀请赛上，中国队和巴西队____战胜了自己的对手进入决赛。

A. 一起　　B. 一块儿

C. 分别　　D. 平均

答案：C

分析：“一起、一块儿”的意思和用法基本相同，所以不能选择其中的一个，只有“分别”符合句子的意思和语法的要求。

(6) 中国上海和北京八月中旬出现的____不是 UFO，你怎么非说它是呢？

A. 明显　　B. 毕竟

C. 明明　　D. 明白

答案：C

分析：“不是 UFO”是一件十分明确的事情，大家都知道，因此，用“明明”最恰当。“明白”是动词，“明显”是形容词，用在句中都不合适。“毕竟”在语气上同样不合适。

(7) 孙老师的癌症已经到了晚期，但他____坚持完成了自己的工作。

A. 总是　　B. 终究

C. 仍然　　D. 同样

答案：C

分析：“孙老师”没有因为癌症而影响了工作，“仍然”是最恰当的答案。

(8) 你放心吧，就是你有一天变成了一个穷人，我____会跟你在一起。

A. 同时　　B. 又

C. 照样　　D. 再

答案：C

分析：“照样”强调跟以前一样，即不管你是有钱人还是穷人我都会跟你在一起。其他词语不能表示这样的意思。

(9) 跟其他动植物一样，人____会死的，这是大自然的规律，谁也无法抗拒。

A. 终于　　B. 总是

C. 究竟　　D. 总算

答案：B

分析：“总是”在这个句子中的意思应该与“毕竟、终归、总归”相同，表示最后必然如此。“终于、总算”意思和用法相同，表示希望的结果出现了，“究竟”多用在疑问句中，表示追问，也有“最后”的意思。

(10) 张小虎的条件是不错，但他____还是个孩子，不能对他要求太高。

A. 根据　　B. 甚至

C. 如何　　D. 毕竟

答案：D

分析：“毕竟”强调“张小虎还是个孩子”的特点，同时有表示原因的意思，即，因为他是个孩子，所以不能对他要求太高。

(11) 都已经七点了，咱们____不出发可就真的来不及了。

A. 也　　B. 再

C. 又　　D. 就

答案：B

分析：副词“也、又”只表示简单的重复，在这个句子里并不合适。“再”除表示一般的重复之外，当它与“就”搭配出现时，还含有一种假设的意义，即“再……就……”的意思大概相当于“如果……就……”。

(12) 你先想想这个问题，不想好____回答时会再次出错儿。

A. 免不了　　B. 免得

C. 以免　　D. 省得

答案：A

分析：“免得、省得、以免”三个词语的意义和用法都完全一样，只是“省得”更口语一些。正确答案当然应该是“免不了”。“回答时会出错”是不理想的事情，也是“不想好”不可避免的结果。

(13) 旅行途中我会____给你写信，告诉你我所见到的一切新鲜事儿。

A. 一定　　B. 分头

C. 明明　　D. 及时

答案：D

分析：“及时”常常有不耽误时间或是很迅速的意思，而能够把自己旅途中看到的事情尽快告诉给朋友，是说话者对朋友做出的承诺。其他几个词语不能表达这层含义。应该注意的是，句子中的“会”如果在空格之后，就应该选择“一定”，而不是“及时”。

(14) 说干就干吧，我们____按照老办法一个人负责一部分。

A. 究竟　　B. 总算

C. 还是　　D. 分别

答案：C

分析：“究竟”一般应该用在表示疑问的句子里，“总算”应该是说明经过努力后达到了目的，实现了愿望等，“分别”则表示几个人不在一起同时做共同的事情。正确答案应该是“还是”，即和以前一样，其实句子中的“按照老办法”已经告诉我们这个意思了。

(15) 虽然多少年已经过去了，可我____不能忘记儿时的那件事。

A. 再　　B. 又

C. 仍　　D. 只

答案：C

分析：“仍”强调某个动作或状态的持续，句子中的“不能忘记”恰恰表示这样的意思。其他词语没有这样的表达效果。

第七课　“固定格式分析”参考答案与分析

一、病句分析参考

(1)　两个月以后，我们都以张老师为好朋友。

分析：“以……为……”是一种比较固定的书面语表达形式，相当于“把……当作……”，而后者多用在口语中。这个句子是实实在在的口语表达形式，因此应该用“把”字句，而不应该用“以……为……”的格式。正确的句子应该是：

两个月以后，我们都把张老师当作好朋友。

两个月以后，张老师成了我们的好朋友。

(2)　所有问题都为大家努力所解释清楚了。

分析：“为……所……”格式同样是一个表示被动意义的书面语的表达形式，而且，“所”后的动词一般不能再加其他成分。用普通的被动句更简单清楚。正确的句子应该是：

所有问题都被大家努力地解释清楚了。

大家把所有问题都努力地解释清楚了。

大家努力地解释清楚了所有问题。

(3)　你所谓的话，所办的事，我都不能理解。

分析：“所谓……就是……”是一个固定的表示解释意义的格式，“所谓”的另一个意思是引述别人的词语，并含有不承认的意思。这个句子中的“所谓”明显是用错了，应该用“所+动词+的+名词”的格式。正确的句子应该是：

你所说的话，所办的事，我都不能理解。

(4)　春天到了，天气却一点儿冷。

分析：应该注意“一点儿”和“有点儿”的区别。“一点儿”一般用在形容词、动词之后，而“有点儿”则多用在形容词、动词之前。另外，“有点儿”的后边多是比较不如意的事情。句子中的“冷”即是不如意的事。正确的句子应该是：

春天到了，天气却有点儿冷。

春天到了，天气还是有点儿冷。

(5)　我一点儿喝水，然后考虑明天旅行的计划。

分析：“一点儿”是数量词，一般要放在动词谓语之后做补语，在宾语之前做定语。“一点儿”一般不能做状语。正确的句子应该是：

我喝一点儿水，然后考虑明天的旅行计划。

我喝一点儿水，然后考虑明天旅行的计划。

(6)　昨天去王府井我们一点儿都没买东西。

分析：“一点儿……也/都……”是一个固定的格式，强调程度低、数量少。在这个格式中，“都、也”后边动词的宾语常常被提前到“一点儿”的后边，形成与“连……都

/也……”相同的表达形式。正确的句子应该是：

昨天去王府井我们一点儿东西都没买。

昨天去王府井我们一点儿东西也没买。

(7) 第一次来北京的时候我不习惯，因为连夜里也没有洗澡的地方。

分析：句子中“夜里”只是“洗澡”的时间，而“连……也/都……”是一个特殊的强调格式，强调的是主语、宾语或动词。一般情况下，“都、也”后边动词的宾语才是强调的对象，而这个宾语要放在“连”的后边。正确的句子应该是：

第一次来北京的时候我不习惯，因为夜里连洗澡的地方也没有。

第一次来北京的时候我不习惯，因为夜里连洗澡的地方都没有。

(8) 他对我连一句也没有说过关心的话。

分析：句子中强调的应该是“一句关心的话”，而不只是“一句”。正确的句子应该是：

他对我连一句关心的话也没有说过。

他对我连一句关心的话都没有说过。

他对我没有说过一句关心的话。

(9) 这个句式连中国大学生难学，何况我们留学生！

分析：“连……都/也……”是固定的搭配格式，如果想省去某一部分，最多可以省去“连”，却不能随意省去“都、也”，否则就失去了强调的意味。正确的句子应该是：

这个句式连中国大学生都很难学，何况我们留学生！

这个句式连中国大学生都觉得难学，何况我们留学生呢！

(10) 这时候我的心里有点儿舒服了。

分析：“有点儿”所表达的多是不如意的事情，而“舒服”是精神或身体轻松愉快的感觉。因此，应该用“一点儿”。正确的句子应该是：

这时候我的心里舒服一点儿了。

这时候我的心里好受一点儿了。

(11) 今天我有点儿高兴，咱们去喝酒吧！

分析：“去喝酒”的原因是遇到了“高兴”的事，但是用“有点儿”却不能清楚地表达所要表达的意思。正确的句子应该是：

今天我很高兴，咱们去喝酒吧！

今天我遇到点儿高兴的事，咱们去喝酒吧！

(12) 来北京半年了，我还不去过颐和园呢。

分析：“还不……呢”格式中的动词之后不能加“过”，只有在“还没……呢”的句子里才可以使用“过”。因为“不”是对现在或以后要发生的事情或动作的否定，当然动词后不能用“过”，“没”则正好相反。正确的句子应该是：

来北京半年了，我还没去过颐和园呢。

(13) 我们来北京快一年了，对冬天来说，我非常不习惯。

分析：“对……来说”格式中一般应该加入表示人的词语，因为这个格式之后的内容表达的是这个人的具体的观点和看法。句子中的“冬天”不是人，也就不能放在格式之中，用“对”就可以了。正确的句子应该是：

我们来北京快一年了，对冬天，我非常不习惯。

我们来北京快一年了，对我来说，最不习惯的就是冬天。

(14) 我们班同学学习非常努力，拿迈克来说，就很努力。

分析：“拿……来说”是一个举例的格式，这个格式的前后都要有一个小句子，前句是包含所举例子在内的比较大的成分，后句则是对前句和例子进行的解释。也就是说，“拿……来说”的前后不应该是相同的句子形式和内容。正确的句子应该是：

我们班同学学习非常努力，拿迈克来说，周末也不休息。

我们班同学学习非常努力，拿迈克来说，每天只睡四个小时觉。

(15) 在这本小说看来，我觉得很有意思。

分析：与“对……来说”一样，“在……看来”格式中也应该加入表示人的词语，因为后边的内容是这个人的观点和看法。正确的句子应该是：

在我看来，这本小说很有意思。

二、应用练习参考答案及分析

1．用所给的词语完成对话

(1) A．玛丽，我们班有谁想参加运动会，你问过吗？

B．____________________________。(所+V+的+N)

答案：我们班所有的同学都想参加运动会。

我们班所有的男同学都想参加，女同学没有想参加运动会的。

分析：“所+有”之后可以直接加名词，也可以加“的”以后再加名词。

(2) A．请你说清楚，你刚才谈的到底是什么意思？

B．____________________________。(所谓……就是……)

答案：啊，没什么，所谓用心，就是不能分散自己的注意力。

所谓交流，就是我们双方互派人员到对方去学习考察。

分析：“所谓……就是……”是一个比较固定的下定义的格式，前边给出词语，后边对这个词语进行必要的解释。这个句子中，你几乎可以随便给某个词语下定义，但还是要考虑对话的语言环境。

(3) A．如果总是把自己当作中心人物，结果会怎么样？

B．____________________________。(以……为……)

答案：总是以自己为中心的结果肯定是众叛亲离。

总是以自己为中心，结果会招人讨厌。

分析：“以……为……”是一种特殊的“把”字句形式，一般用在书面语中。

(4) A．你觉得北京的交通拥堵问题应该怎样解决？

B．____________________________。(在……看来)

答案：在我看来，发展地铁是一方面，加强管理才是最重要的。

解决这个问题，在我看来，还是不要大量发展私人家庭用车好。

分析：“在……看来”是表明自己观点的一种格式，与“对……来说”的用法比较接近，但更强调中间插入成分的观点。

(5) A. 老师的讲课方法你们已经习惯了吗？有什么问题？

B. ________________________。(对……来说)

答案：对我来说，老师的方法很好，能够尽可能发挥我们的主动性。

对我来说，老师还是应该多给我们一些说话的机会好。

分析：“对……来说”与“在……看来”用法接近，但更强调说话人的观点和看法，即使中间插入其他人，也常常是表明说话者的看法。

(6) A. 山下小姐，你父母也会说汉语吗？

B. ________________________。(连……都/也……)

答案：他们连一个句子也不会说。

我父母连日语说得都不好，怎么会说汉语呢？

分析：这是一个特殊的强调格式，既可以强调宾语，也可以强调主语，甚至还可以强调动词表示的动作。关键是看你想表达什么内容。在不同的语言环境中，可以根据需要，在格式中插入适当的成分。

(7) A. 去年刚来的时候，你对这里的感觉如何？

B. ________________________。(一点儿也/都……)

答案：刚来时我一点儿都不喜欢这个地方，不过现在好多了。

刚来时我一点儿也不习惯，还差一点儿回国了呢。

分析：“一点儿都/也……”格式强调的是程度低，数量少，与“连……都/也……”一样，后边常常跟带有否定词语的动词性词组。

(8) A. 迈克，你都去过哪些国家？

B. ________________________。(还没……呢)

答案：来北京学习是我第一次出国，还没去过别的国家呢。

我只来过两次中国，还没有去过其他国家呢。

分析：“还没……呢”格式中一般应该插入动词性词组，表示某个动作目前没有发生，但是，将来一定会发生。也表示某个结果目前还没有出现，但将来肯定会出现。

(9) A. 我们学校周围的环境怎么样？

B. ________________________。(有点儿……)

答案：我们学校周围的环境挺好的，就是离市中心有点儿远。

我觉得我们学校周围的环境有点儿乱。

分析：“有点儿……”的后边一般应该加表示不够理想的词语，因此，像“有点儿高兴、有点儿舒服”一类的词语不能出现在这个格式中。

(10) A. 你喜欢穿什么颜色的服装？

B. ________________________。(……一点儿)

答案：什么颜色没关系，我只喜欢颜色深一点儿的服装。

我比较喜欢颜色浅一点儿的服装，你呢？

分析：“……一点儿”格式中可以加入的词语不受理想与不理想的影响，只要符合句子需要，任何词语都可以进入这个格式。应该特别注意“一点儿”与“有点儿”用法上的区别：形容词的位置完全相反。不能说“今天一点儿累”，也不能说“今天累有点儿”。

2. 给词语选择恰当的位置

(1) A令人高兴的是，B这里C发生的问题都跟D我们没有关系。

所

答案：C

分析：“所”后边应该跟动词加“的”加名词，因此，C是最合适的位置。不能选择A，因为“令人高兴”不属于名词性成分。

(2) A有建筑专家指出，B未来的居室中阳台C占有的空间D不宜过大。

所

答案：C

分析：“所+V+的+N”是比较固定的格式，因此，C是最恰当的位置。有的同学会选择A，那是被干扰的结果，因为从实际情况分析，不可能每个专家都同意这样的看法。

(3) 我们都为他A那坚强B不屈的精神C深深地D感动了。

所

答案：C

分析：“为……所……”是书面语中典型的被动句式，“所”后应该直接跟动词，但当动词前有形容词或副词状语时，“所”应该在这些成分之前。因此，C是最恰当的位置。

(4) A留学生，就是在B外国C学习的学生，也可指在国内某地D进修的学生。

所谓

答案：A

分析：“所谓……就是……”是一个比较固定的形式，是对某一个词语或事物进行解释，“所谓”一般要放在句首。

(5) 你A连这么简单的B话C听不懂，我们干脆D不用再谈了。

都

答案：C

分析：“连……都/也……”同样是一个固定的格式，“都/也”之后应该跟动词，而且动词常常是否定的形式。C是唯一恰当的位置。

(6) A这么一笔资金，B你们来说不算C什么，可我们D就不同了。

对

答案：B

分析：“对……来说”格式中一般应该是人，它的后边常常是这个人或这部分人的看法或观点，也可能只是说话人的看法。

(7) 他们昨天A刚刚B来到北京，C没有D去过长城、颐和园这些地方呢。

还

答案：C

分析：“还没……呢”是比较固定的语法形式，C是最恰当的选择。

(8) A这几天的天气B可能会C冷D，你们得多穿一点儿。

有点儿

答案：C

分析："有点儿"后边应该加形容词，而且常常是比较不如意、不理想的事情，因此，C 的位置最恰当。

(9) 今年流行 A 汉服，很有中国 B 特色，不过你这件太浅 C 了，深 D 就好了。
　　一点儿

答案：D

分析："一点儿"前边应该加形容词，从形式上说，C、D 似乎都可以。但是，"太浅了"形容"浅"的程度很高，中间不能再加其他成分，因此，D 是最恰当的位置。

(10) A 来 B 中国 C 留学的外国 D 人都必须遵守中华人民共和国的法律。
　　所有

答案：A

分析："所有+名词"是固定的形式，当然，名词之前还可以有其他的定语，如"所有新书、所有刚刚买来的新书、所有你看过的书"等。因此，A 的位置最合适。

3. 选择恰当的词语填空

(1) 这样一____，同学们学习的积极性很快就提高了。

A. 上　　B. 下
C. 来　　D. 去

答案：C

分析："这样一来"是口语中比较常见的一种句式，表示"这样做以后，会产生后面相应的结果"。

(2) ____每一位学生来说，认真学习都应该是最重要的。

A. 对　　B. 向
C. 朝　　D. 冲

答案：A

分析："对……来说"是固定的格式，中间加表示人的词语，后边是这个人的看法、观点、意见等。其他三个词语都不能用在这个格式中，而且它们有比较接近的用法。

(3) 第一次吃北京烤鸭你会觉得______也不腻，第二次就不同了。

A. 很　　B. 非常
C. 太　　D. 一点儿

答案：D

分析："很、太、非常"的意义和用法基本相同，不能选择其中任何一个。而"一点儿也不……"是比较固定的格式。

(4) 传达我的命令：______刑警马上集合，五分钟后出发。

A. 全体　　B. 全部
C. 一切　　D. 整个

答案：A

分析："全体"后常常加与人有关的词语，如"全体学生、全体老师、全体职员"等等。其他词语不能这样用。

(5) 她真喜欢中国菜，这周已经____去了四次中国餐馆了。

A. 一连　　B. 不断

C. 纷纷　　D. 难怪

答案：A

分析：“纷纷”强调比较多的人做同一件事情，而句子中只有“她”一个人。“不断、难怪”在这个句子中不合适，“一连”才是唯一正确的答案。

(6) 来北京快半年了，我____去过长城和颐和园____，你呢？

A. 不是……吗　　B. 还没……呢

C. 怎么……呢　　D. 多么……啊

答案：B

分析：“还没……呢”格式是说中间的动作尚未发生，但是将来应该发生，符合句子的意思。而其他都是反问或感叹语气，不合适。

(7) 金融危机后进口轿车降价幅度很大，____奔驰____，一下子降了15%。

A. 对……来说　　B. 拿……来说

C. 在……看来　　D. 在……时

答案：B

分析：“拿……来说”表示举例，常常用在一个比较长的句子的中间，所举事物与前后都有十分紧密的关系。“对……来说、在……看来”表示某个人的看法，“在……时”表示时间，都不符合句子的表达要求。

(8) ____我____，一个人有多少钱并不能说明他成功与否。

A. 拿……来说　　B. 在……看来

C. 在……上　　D. 由……来讲

答案：B

分析：“在……看来”的后边是格式中人物的主观看法。其他格式不能表达这样的意思。

(9) 自从参加工作以后，我们____从来没见过面呢，更不用说一起吃饭了。

A. 也　　B. 再也

C. 还　　D. 又

答案：C

分析：同样是“还没……呢”的格式，目前没有见面，但是相信以后一定会见面。选择C不会错。

(10) 我什么展览都喜欢看，目的就是__________自己的知识。

A. 丰富一点儿　　B. 一点儿丰富

C. 丰富有点儿　　D. 有点儿丰富

答案：A

分析：“丰富”是一个很好的词语，肯定不能跟“有点儿”搭配，而“一点儿”的后边又不能加形容词。正确答案应该是A。

(11) 任何人一生中______的事情绝不只是简简单单的一两件。

A. 所有　　B. 所经历

C. 所看见　　　　　　　　D. 所听说

答案：B

分析：人的一生中会遇到许许多多的事情，而这些事情都可以说自己亲身经历的，因此，B是最好的选择。

(12) 李德伦先生作为一位著名的指挥家，多年来一直____人们所尊敬和景仰。

A. 对　　　　　　　　B. 给

C. 为　　　　　　　　D. 是

答案：C

分析：“为……所……”的格式应该掌握，要特别注意“所”后的动词不能再带有其他成分。C是正确答案。

(13) ____对外汉语教学，____把汉语作为第二语言对外国人进行的汉语教学。

A. 所说……就是……　　　　　　B. 所谓……就是……

C. 只要……就是……　　　　　　D. 既然……就是……

答案：B

分析：这是一个典型的判断和解释的句子形式，当然应该用“所谓……就是……”。如果用“所说……就是……”，“所说”前应该有主语，后应该加“的”，否则不能用。

(14) 中国要和国际接轨，你看，____胡同的老人们____学起英语来了。

A. 连……也……　　　　　　B. 既……也……

C. 既……又……　　　　　　D. 要是……也……

答案：A

分析：B、C的用法相同，当然不能选择其中的任何一个。D是一种表示假设意义的句子形式，而句中明显是强调的意义，因此，应该用“连……也……”。

(15) 说实话，我______都不同意你们的意见，因为它不符合大多数人的利益。

A. 一会儿　　　　　　B. 一点儿

C. 一块儿　　　　　　D. 根本

答案：B

分析：“一点儿都/也……”是强调格式，选择“一点儿”没错。如果选择“根本”就错了，在一般句子中，“根本”后应该用“就”而不用“都”。

第八课 “代词分析”参考答案与分析

一、病句分析参考

(1) 前几天来我房间的这位朋友是我在上海认识的。

分析：如果“朋友”现在就在“房间”，完全可以用“这位朋友”，因为“这”常常表示距离和时间离自己近的人或事物。但是，“朋友”是“前几天来房间”的，那么，就不能再用“这位”来修饰“朋友”。正确的句子应该是：

前几天来我房间的那位朋友是我在上海认识的。

(2) 这个问题太难了，明天我们去王老师问吧。

分析：“去”的宾语应该是处所，而不能是人。由人变成处所的方式，就是在表示人的词语之后加上“这儿、那儿”。正确的句子应该是：

这个问题太难了，明天我们去王老师那儿问问吧。

这个问题太难了，明天我们去问问王老师吧。

(3) 这么晚了，外边怎么还这么很热闹呢？

分析：“这么”与“很”都表示程度比较高，选择其中之一就可以了，不应该把两种形式混用。另外，“外边”并不是自己所在的位置，因此，应该用“那么”。正确的句子应该是：

这么晚了，外边怎么还那么热闹呢？

这么晚了，外边怎么还很热闹呢？

(4) 玛丽是进修班的同学，本人聪明好学，热情开朗。

分析：“本人”一般是指说话者自己，而这个句子说的却是前边提到的“玛丽”。按照汉语语法的要求，可以用“此、该、这个”。正确的句子应该是：

玛丽是进修班的同学，此人聪明好学，热情开朗。

玛丽是进修班的同学，该生聪明好学，热情开朗。

玛丽是进修班的同学，这个同学聪明好学，热情开朗。

(5) 我去过桂林，此地风光秀丽，民情淳朴，是旅游的好地方。

分析：“此地”多用在比较书面的语言中，这个句子是口语化比较强的句子，用“这个”更确切。也可以用“该地”来代替“此地”，因为“该”更明确地代表前边提到过的人或事物。正确的句子应该是：

我去过桂林，这个地方风光秀丽，民情淳朴，是旅游的好地方。

我去过桂林，该地风光秀丽，民情淳朴，是旅游的好地方。

(6) 今年冬天咱们这儿没有下雪，你们那儿下了没有？

分析：在汉语普通话中，“咱们”应该包括听话的人，但是，这个句子后边又用了“你们”，那么，“咱们”肯定不包括对方，因此，只能用“我们”。如果一定用“咱们”，后边的“你们”就应该用“他们”。正确的句子应该是：

今年冬天我们这儿没有下雪，你们那儿下了没有？

今年冬天咱们这儿没有下雪，他们那儿下了没有？

(7) 朋友们都走了，我也只好搭另人的车回去了。

分析：“另”和“另外”一样，在句子中，可以用在动词之前，也可以用在名词之前，但在名词之前时，名词前应该有数量词定语。这个句子中的“另”用“别”更好。正确的句子应该是：

朋友们都走了，我也只好搭别人的车回去了。

朋友们都走了，我只好搭另一个人的车回去了。

(8) 你看小王人家多认真，从不马马虎虎。

分析：“人家”可以指“别人、他、他们、自己”，但在指“他、他们”时，可以与“他、他们”作同位语，顺序是“人家”在前，“他、他们”所代的名词在后，如“人家小王、人家玛丽、人家马克”等。正确的句子应该是：

你看人家小王多认真，从不马马虎虎。

(9) 我的辅导说学完这半年，我的汉语水平能够到达六级。

分析：“到达”的宾语应该是处所，而不是一个比较高的标准，因此，不能与“六级”搭配，用“达到”的宾语才常常是比较高的程度或数量。正确的句子应该是：

我的辅导说，学完这半年，我的汉语水平能够达到六级。

(10) 我喜欢很多城市，北京是一个漂亮的城市之一。

分析：“一个……之一”不是正确的汉语表达方式，这是两个格式的混用，即“一个……”和“……之一”。可以用“其中之一”。正确的句子应该是：

我喜欢很多城市，其中之一是漂亮的北京。

北京是一个我最喜欢的漂亮的城市。

(11) 朋友告诉我坐出租车去长城不用这样的多时间。

分析：“这样的多时间”搭配错误，应该用“那么多时间”。正确的句子应该是：

朋友告诉我，坐出租车去长城不用那么多时间。

朋友告诉我，坐出租车去长城用不了那么多时间。

(12) 听说哈尔滨离北京有五百公里那样远。

分析：“那样远”应该用“那么远”。正确的句子应该是：

听说哈尔滨离北京有五百公里那么远。

(13) 我们班 23 个同学中只有两个欧洲人，多余都是亚洲人。

分析：“多余”是指“超出需要的数量、不必要的”意思，但是，句子中没有这样的意思。应该用“其余”，“其”是代词，代替前边所提到的事物，特别强调数量。正确的句子应该是：

我们班 23 个同学中只有两个欧洲人，其余都是亚洲人。

(14) 在世界上二百多个国家中，中国其中人口最多。

分析：“其中”的意思是“在它们当中”，它的前后应该是有关系的两个数量，前边是大的数量，后边是小的数量。正确的句子应该是：

在世界上二百多个国家中，中国人口最多。

世界上有二百多个国家，其中中国人口最多。

世界上有二百多个国家，中国是其中人口最多的国家。

(15) 买完这两件衣服以后，我已经没有其余的钱了。

分析：“其余”的意思是仍然有某种事物，其中包括钱，但句子所要表达的意思是没有钱，那么，就应该用“剩余、多余”。正确的句子应该是：

买完这两件衣服以后，我已经没有剩余的钱了。

买完这两件衣服以后，我已经没有多余的钱了。

买完这两件衣服以后，我已经没有钱了。

二、应用练习参考答案及分析

1. 用所给的词语改写句子

(1) 你的房间太脏了，让我们怎么坐呀？(这么)

答案：**你的房间这么脏，让我们怎么坐呀？**

分析：“这么”常常用在形容词之前强调程度高。也可以用在动词之前强调动作的方式，与“这样”的用法基本相同。

(2) 你用完了玛丽的自行车就赶快还给她。(人家)

答案：**你用完了玛丽的自行车就赶快还给人家。**

分析：代词“人家”的三个意思中，表示“他、他们”的用法最普遍，而且一般是前边首先要出现“人家”所要代表的人。

(3) 你的做法我不赞成，因为会伤害好朋友。(这样)

答案：**你这样做我不赞成，因为会伤害好朋友。**

分析：“这样”在句子中做状语，表示动作的方式。类似的形式如“这样说、这样想、这样干，那样做、那样想、那样走”等等。

(4) 三年前我去过一次日本，从那时候开始我学习日语了。(那儿)

答案：**三年前我去过一次日本，打那儿起我就开始学习日语了。**

三年前我去过一次日本，打那儿以后我学起了日语。

分析：“那儿”既可以做处所的代词，也可以做时间的代词，口语中用得比较多，因此，造的句子也应该比较口语化。

(5) 十七个同学有的在看书，有的在做作业，只有两个人在偷偷聊天。(另)

答案：**十七个同学中七个在看书，八个在做作业，另两个人在偷偷聊天。**

分析：“另”与“另外”一样，后边可以跟动词，也可以跟数量词语。如“另想办法、另找工作、另买一本，另一个人、另一张桌子、另一所学校”等。

(6) 今天我们看录像，下课后老师让我们把录像内容写成故事。(这个)

答案：**今天我们看录像，下课后老师让我们把这个录像写成故事。**

分析：“这个”是一个指示代词，在句子中一般用来代替前边出现过的事物。使用中，它的后边直接跟名词即可。

(7) 要想彻底解决问题，我们就应该再想一个新的办法。(另外)

答案：**要想彻底解决问题，我们就应该另外想一个办法。**

分析：与“另”的用法一样，“另外”的后边一般也可以有两种词语，即动词和数量词语。如“另外想办法、另外找个人，另外一座楼、另外三位同学”等。

(8) 你花那么多钱买东西，这些有用，那些一点儿用也没有。(其余)

答案：你花那么多钱买东西，这些有用，其余的一点儿用也没有。

分析：“其余”的意思是别的、其他的。句子中说“一点儿用也没有”，当然就是有用的以外的东西。

(9) 张老师告诉我，我们的汉语水平比别的学生高一些。(咱们)

答案：张老师告诉我，咱们的汉语水平比别的学生高一些。

分析：“咱们”在不同的语言环境下可以代替“我们”。当“我”把“张老师”的话告诉给朋友们时，就可以把“我们”转成“咱们”。

(10) 天津离北京大约一百五十多公里，上海可远多了。(这么)

答案：天津离北京大约二百多公里，上海可没这么近。

分析：“这么”后一般直接跟形容词。句子中“上海”远，“天津”近，而从与北京的距离上说，强调“天津”近时，就应该用“这么”。

2．给词语选择恰当的位置

(1) 《诗经》A 是中国最古老的诗歌总集，B 集中 C 体现了 D 古代劳动人民的精神风貌。

它

答案：B

分析：“它”是代词，一般应该代替前边出现过的事物，在句子中可以做主语、宾语或定语。B 是最恰当的位置。

(2) A 俗话说，B “多个朋友多条路，少个朋友添堵墙”，C 说明中国人对 D 朋友关系的高度重视。

这

答案：C

分析：“这”与“它”的用法基本相同，代替前边出现过的内容。C 最恰当。有的同学会选择 B，但是，“这”代替的是什么呢？

(3) A 这个小区 B 多年没解决的 C 污水排放问题，D 新物业一下子就解决了。

那么

答案：B

分析：“那么、这么”后面常常可以用形容词，强调程度高。句中 B 是最合适的位置。C、D 都不合适。

(4) 这么重要的 A 开幕式就来了 B 几个客人，C 能不让 D 领导生气吗？

那么

答案：B

分析：句中没有形容词，但是“几个客人”含有“少”的意思，因此，B 是唯一可以选择的位置。

(5) 你们来北京两年了 A 还不适应 B，你看 C 金多喜，都 D 快成了北京人了。
人家

答案：C

分析：“人家”是代词，除了表示“别人、他、他们、自己”以外，也可以用在所代表的词语之前做同位语。唯一正确的位置是 C。

(6) 你们先走吧，A 我 B 在这儿 C 等等 D 一个朋友。
另

答案：D

分析：“另”可以放在带数量词的名词之前，也可以修饰动词，但在句子中只能放在 D 的位置上。

(7) 在改革开放初期，A 我国就有 B 城市居民 C 达到了 D 小康水平。
一部分

答案：B

分析：“一部分”作名词的定语，句子中只有 B 是最恰当的位置。

(8) 据统计，上海现在 A1.7B 户家庭就 C 拥有 D 一部汽车。
每

答案：A

分析：“每”后可以直接跟名词，如“每人、每年、每天”等，也可以跟量词再跟名词，如“每个学生、每本书、每张纸”等，还可以跟数量名，如“每一个人、每一本书、每三天”等。

(9) 有人说你 A 讲 B 普通话 C 没有他讲得 D 好听。
那么

答案：D

分析：首先，“那么”应该用在形容词之前，其次，在“A 没有 B+形容词”的比较句中，比较的结果之前应该用“这么”或“那么”。具体怎么用，请参考课文的解释。

(10) 他们 A 都是 B 非常熟练的 C 技术 D 工人，你就放心吧。
一些

答案：B

分析：数量词语“一些”等在修饰名词时常常离中心语比较远，这一点在本书的“的、地、得”分析中已经介绍过了，在后边的汉语语序分析中还要介绍，可以加以参考。

3．选择恰当的词语填空

(1) 三年前他做了胃癌切除手术，打____以后他每天坚持运动，从未间断。

A. 那样　　B. 那么

C. 那儿　　D. 那里

答案：C

分析：“那么、那样”的用法接近，“那里”表示处所，而句子中的意思是指时间。“那儿”既可以表示处所，也可以表示时间，是唯一正确的答案。

(2) 每一位来____公司应聘者，均须持学历、学位证明并交两张免冠照片。

A. 这　　B. 此

C. 某　　D. 本

答案：D

分析：“本”指说话或启事人所在的时间或地方，其他词语不能表达这样的意思。因此，正确答案只能是D。

(3) 我躺在床上，心里总是________地胡思乱想，不知什么时候才睡着。

A. 这些那些　　B. 这样那样

C. 这么那么　　D. 这里那里

答案：B

分析：“这样那样”是指各种各样的方式，符合句子的意思和词语的用法。“这里那里”指处所，“这些那些、这么那么”都不能清楚地表达语意。

(4) 不管是借了谁的东西，用完了就应该还给____，别让人看不起。

A. 别人　　B. 人家

C. 他人　　D. 那里

答案：B

分析：“人家”在句子中代替前边出现过的人，对象比较确定。“别人”不能表达这样的意思。因此，正确答案只能是“人家”。

(5) 参加这次太空飞行的除了中、美、俄宇航员外，还有____两位普通客人。

A. 别　　B. 另一

C. 另外　　D. 别的

答案：C

分析：“别的、别、另一”都不能再跟数量词，正确答案是“另外”。

(6) 你们只要认真做好自己的事情就行了，____的不用你们管。

A. 其中　　B. 其余

C. 剩余　　D. 多余

答案：B

分析：“剩余”与“多余”有相同的意思，不能使用；“其余”等于“其他”，即“别的”，正确答案是“其余”。

(7) 这个房间太潮湿了，告诉你们经理，我们要求换到____一个房间去住。

A. 另　　B. 另一

C. 别的　　D. 别

答案：A

分析：其他三个词语的后边都不能加数量词语。“别的”后边应该直接加名词，“别”后边可以跟动词，也可以跟名词，“另一”不是一个固定的形式。

(8) 你们不用担心，这次不行的话我们再____想办法，一定保证你们满意。

A. 另　　B. 别

C. 别的　　D. 另一

答案：A

分析："另"是"另外"的意思，后面可以跟动词。"别"的后边也可以跟动词，但"别"是"不要"的意思，常常在劝别人的时候用。

(9) 校长先生，我十分荣幸地向您推荐爱华同学，____生自2010年……

A. 本　　B. 某

C. 该　　D. 这

答案：C

分析："本"加名词一定与说话人有关，如"本人、本国、本班、本校，本月、本周"等；"某"表示不确定的事物；"这"与名词之间应该有量词。只有"该"在书面语中可以直接加名词，代替前边出现的人或事物。"该"的用法与"此"类似，但应该注意它们之间细微的差别。

(10) 对不起，今天不能陪你了，我答应今天晚上去爸爸妈妈____过节。

A. 这儿　　B. 那儿

C. 这　　D. 那

答案：B

分析："去"是指离开自己的位置，因此一定用"那儿"。而且"爸爸妈妈"只是称呼词语，不能表示处所，只有在后边加上"这儿、那儿"才能表示具体的地方。记住"来这儿"、"去那儿"！

(11) 在我们这个数百万人口的城市中，科技界____人并不很多，多数是引进的人才。

A. 此地　　B. 本地

C. 当地　　D. 该地

答案：B

分析："本地"指说话人所在的地方。其他三个词语都不能清楚地表达这样的意思。而且"此地、该地"的用法基本相同。

(12) 我们上大学____七八个人住一个房间，比你们现在艰苦多了。

A. 这时　　B. 那些

C. 当时　　D. 那会儿

答案：D

分析：句子中后面有一个相对于"上大学"这个时间的"现在"，因此，可以知道"上大学"一定不是"现在"，应该是"那会儿"。另外，其他几个词语一般也不能用在某个事情之后，只有"那会儿、那时候"等才可以有这种用法。

(13) 你们都是我们总经理请来的____宾，周到的服务是我们的责任。

A. 本　　B. 贵

C. 该　　D. 某

答案：B

分析：四个备选项目都可以直接用在名词之前，但"总经理请来的"一定是十分确定的人，因此不能用"某"，"本、该"的意思和用法也都不合适，当着客人的面说话，一定要表示对对方的尊敬，因此，"贵"才是唯一正确的答案。注意，"贵"常常与"客、宾"等连用。

(14) 这可是咱们____的事儿，谁都不能不上心，要不就退出。

A. 每个　　B. 别人

C. 大伙儿　　D. 人家

答案：C

分析：能够与“咱们”连用的只能是“大伙儿、大家、大家伙儿”等，备选项目中的其他几个词语都不合适。这是一句非常口语化的句子。

(15) 我相信你们的水平真的有____高，可我也不能给你们开后门儿啊！

A. 那么　　B. 什么

C. 这么　　D. 怎么

答案：A

分析：“我这么……”、“你那么……”。A 是唯一正确的答案。

第九课 “特殊词语分析(1)”参考答案与分析

一、病句分析参考

(1) 这么漂亮的杯子我可恨不得用。

分析：“恨不得”是非常希望的意思，而句子中的意思是由于对“漂亮的杯子”十分喜爱，不想用，以免杯子损坏，因此应该用“舍不得”，因为“舍不得”才是“很爱惜，不愿意使用”的意思。正确的句子应该是：

这么漂亮的杯子我可舍不得用。

(2) 圣诞节快到了，我恨不得回国。

分析：“恨不得”表示的是急切希望做某事，但在句子中，“恨不得”后常常应该加上“马上、立刻、一下子”或表示时间短的词语。正确的句子应该是：

圣诞节快到了，我恨不得马上回国。

圣诞节快到了，我恨不得现在就回国。

圣诞节快到了，我恨不得一下子回到妈妈身边。

(3) 那是一本不得了的好书，昨天晚上我整整看了一夜。

分析：“不得了”的意思是情况严重、程度较深，一般不做定语。句子中的“不得了”应该换成“了不得”，因为“了不得”有超出寻常、很突出的意思。正确的句子应该是：

那是一本了不得的好书，昨天晚上我整整看了一夜。

那是一本非常好的书，昨天晚上我整整看了一夜。

(4) 今天爱德华又没来上课，怪不得他住院了。

分析：“怪不得”与“难怪”一样，引出事情的结果，在它的前后常常应该用表示原因的句子，而这个表示原因的句子如果在后边，句首常常有“原来、没想到”等词语与之搭配。正确的句子应该是：

今天爱德华又没来上课，原来他住院了。

怪不得爱德华今天又没来上课，原来他住院了。

难怪爱德华没有来上课，没想到他又住院了。

(5) 本来你是学生，大家都觉得你像老师。

分析：句子中的“本来”应该用“原来”，因为“原来”表示的是突然明白了某件事情的真相。“本来”除表示原有的、以前以外，还表示理所当然的意思。正确的句子应该是：

原来你是学生，大家都觉得你像老师。

大家都以为你是老师，原来你是学生。

(6) 这是本来我们的房间，现在我们换到另一个楼去了。

分析：“本来、原来”都有表示原有、以前的意思，都可以做状语，“原来”也可以做定语。句子中的“本来”应该在“是”之前。正确的句子应该是：

这本来是我们的房间，现在我们换到另一个楼去了。

这原来是我们的房间，现在我们换到另一个楼去了。

这是我们原来的房间，现在我们换到另一个楼去了。

(7) 我有一个女朋友，她聪明、漂亮和温柔。

分析：“和”在连接动词或形容词谓语时，并列的动词或形容词前后应该有附加成分，即不能只是动词或形容词本身，同时还应该注意，“和”一般不连接单音节的动词或形容词做谓语。这个句子也可以不用“和”。正确的句子应该是：

我有一个女朋友，她十分聪明、漂亮和温柔。

我有一个女朋友，她十分聪明、漂亮、温柔。

我有一个女朋友，她聪明、漂亮而又温柔。

(8) 我们班的张老师发音很清楚和板书十分整齐。

分析：“和”一般不连接句子，只连接词语或短语。这个句子中的“发音很清楚”、“板书十分整齐”都是小句的形式，因此不能用“和”连接。去掉“和”，变成两个分句就可以了。也可以改用“也”。正确的句子应该是：

我们班的张老师发音很清楚，板书也十分整齐。

我们班的张老师发音清楚，板书整齐。

(9) 昨天晚上我们几个人决定并研究了假期旅行的事情。

分析：“并”可以连接动词性的词语，但句子中的“决定”与“研究”存在着时间顺序上的前后关系，应该是先“研究”后“决定”，而不能是相反的。正确的句子应该是：

昨天晚上我们几个人研究并决定了假期旅行的事情。

(10) 他找到钢笔而写了一张留言条。

分析：“而”多用于书面语，而且常常表示相反、对立或补充、目的等。这个句子只是两个并列的动作，而且口语性质比较强。因此，应该用“并”，或者什么都不用。正确的句子应该是：

他找到钢笔，写了一张留言条。

他找到钢笔并写了一张留言条。

(11) 玛丽来北京最少已经有五次以内了。

分析：“最少、至少”表示的都是不低于某个数量或某种程度，而句子中的“五次以内”表示的与“最少”的用法相矛盾，改用“以上”就可以清楚地表达意思了。应该记住这样的格式：“最少/至少……以外/之外/以上/之上”、“最多/至多……以内/之内/以下/之下”。正确的句子应该是：

玛丽来北京最少已经有五次以上了。

玛丽至少来过北京五次了。

(12) 现在我们的汉语水平最多在六级以上。

分析：与“最少”相反，“最多”则是不超过某个数量或某种程度，那么，后边的“六级以上”就不能清楚地表达意思。应该改用“以下、以内”。正确的句子应该是：

现在我们的汉语水平最多在六级以内。

现在我们的汉语水平最多在六级。

(13) 这件事幸亏了你们的帮助，不然还不知道会怎么样呢。

分析：“幸亏”与“多亏”的意思基本相同，但使用上却有明显的区别：“幸亏”是副词，只能做状语，而“多亏”是动词，可以带宾语，当然也可以加“了”。句子中的“幸亏”换成“多亏”就可以了。正确的句子应该是：

这件事多亏了你们的帮助，不然还不知道会怎么样呢。

这件事多亏你们帮助，不然还不知道会怎么样呢。

这件事幸亏有你们帮助，不然还不知道会怎么样呢。

(14) 对他来说，那是一件十分可惜事情。

分析：这个句子中的“可惜”应该用“遗憾”，因为“遗憾”常常形容事情，而“可惜”多对东西被损坏表示惋惜。正确的句子应该是：

对他来说，那是一件十分遗憾的事情。

(15) 他是违反了公司的规定，但是至于开除他吧。

分析：“至于”常常引出另外一种情况，而且这种情况目前还不十分清楚。句子中的“开除”对学生来说是十分不好的事情，因此，应该用“不至于”，因为“以至于、不至于”的后边常常是不好的事情。正确的句子应该是：

他是违反了公司的规定，但是不至于开除他吧。

二、应用练习参考答案及分析

1. 选择所给词语中的一个完成句子

(1) 这么好的饭菜，我可_______________________。(恨不得　舍不得)

答案：这么好的饭菜，我可舍不得一个人吃，还是等等大家吧。

分析：“恨不得”的意思是非常希望做某事，而“舍不得”表示的是很爱惜，不愿意使用或处置，符合句子的意思。如果用“恨不得”，句子中就不能有“可”，因为“可”在这里是“真的、确实”的意思。

(2) 已经连续在北京学习十个多月了，____________。(恨不得　由不得)

答案：已经连续在北京学习十个多月了，我恨不得马上回去看爸爸妈妈。

　　　已经连续在北京学习十个多月了，我恨不得明天就回国。

分析：在北京学习的时间太长了，非常希望尽快回去看爸爸妈妈，或者希望早点回国做更重要的事情。选择“恨不得”完成句子是最恰当的。“由不得”的意思是“不能依从，不能由……做主”或“不由自主地”做什么事情。如果把“由不得”换成“不由得”则可以用来完成句子，因为“不由得”是不能控制自己的意思。句子可以是“……，我不由得开始想家了。”

(3) 到时间我们必须返校，____________________。(了不得　由不得)

答案：到时间我们必须返校，这由不得我们自己。

　　　到时间我们必须返校，回去晚了可了不得。

分析：“由不得”是不能由谁说了算的意思，即应该按照学校的规定做；而“了不得”的意思是事情到了比较麻烦的程度。

(4) 他高兴得都差点儿跳起来，__________________。(怪不得　原来)

答案：**他高兴得都差点儿跳起来，原来他的HSK通过了八级。**

他高兴得都差点儿跳起来，原来妈妈又给他寄钱来了。

分析：“高兴”的原因有很多，而“原来”恰恰是解释原因的。“怪不得”则常常引出事情的结果，一般应该放在句首。

(5) ______________________，听说他妈妈来看他了。(本来　难怪)

答案：**难怪今天他那么高兴，听说他妈妈来看他了。**

难怪今天他没有来上课，听说他妈妈来看他了。

分析：“妈妈来看他”是事情的原因，而“难怪”告诉我们的应该是事情的结果。“本来”除表示原有的、原先以外，还有理所当然的意思，不能引出结果，所以不能用“本来”完成这个句子。

(6) 睡觉前喝杯牛奶__________________都有益健康。(并　或)

答案：**睡觉前喝杯牛奶或加蜂蜜的水都有益健康。**

睡觉前喝杯牛奶或起床后喝杯白开水都有益健康。

分析：句子后边有“都”这个表示范围的副词，而“都”的前边一般是有选择的或几种事情，因此，用“或”最恰当。“并”是连词，多表示递进的关系，在这个句子中不合适。

(7) 一个学期虽说有二十周，但__________________。(至少　最多)

答案：**一个学期虽说有二十周，但最多上十八周的课。**

分析：句子中的“但”告诉我们，后边一定是与前边的意思有所转折，前边是“二十周”，后边肯定不会到这么多，因此应该用“最多”来完成句子。“最多”的意思是不超过某个数量，常常强调数量少。如果选择“至少”，则很难表达应有的意思，因为“至少”常常强调数量多。

(8) _____________________我们才躲过那么多的麻烦。(幸亏　多亏)

答案：**多亏了你，我们才躲过那么多的麻烦。**

多亏朋友的帮助，我们才躲过那么多的麻烦。

幸亏有朋友们帮助，我们才躲过那么多的麻烦。

分析：“多亏”是动词，可以带词语宾语或小句宾语，表示对别人的感谢。“幸亏”只是副词，在句子中只能做状语。这个句子应该选择“多亏”来完成句子，因为“我们躲过麻烦”是由于别人的帮助。如果一定要使用“幸亏”也不是不可以。

(9) 他虽然做了不该做的事，_____________________？(至于　不至于)

答案：**他虽然做了不该做的事，但你不至于生那么大的气吧？**

他虽然做了不该做的事，但不至于把他抓起来吧？

分析：“不至于”表示的是不会达到某种不理想的程度，这个句子是疑问句，应该把说话者的想法表达出来，因此，只能用表示估计和猜测的“吧”来完成。如果用“吗”，就很难完成句子。“至于”常常是另外引出某个事情，在这个句子中不合适。口语中也可以说“……，但至于生那么大的气吗？”这个“至于”的意思和用法同学们也可以适当地了解。

(10) 美元贬值是有可能的，________________。(不至于 以至于)

答案：美元贬值是有可能的，但不至于贬到跟日元一样吧。

美元贬值是有可能的，但我觉得不至于贬得那么低。

分析：“以至于、不至于”的后边都是不理想的事情，只不过一个会发生，而另一个不会发生。这个句子要表达的是说话者自己的看法，因此，你完全可以按照自己的想法来完成句子。如果你写出“……，**以至于大家都在卖出美元。**”也是正确的句子。

2．给词语选择恰当的位置

(1) 在北京生活久了，A 一下子 B 真有点儿 C 离开 D。

舍不得

答案：C

分析：“舍不得”后边可以跟名词、代词和动词，有“不愿意”的意思。因此，C 是最好的位置。

(2) 手机 A 键盘的输入方法 B 一般电脑 C 键盘的输入方法 D 差不多。

和

答案：B

分析：“和”连接的应该是两个名词性的成分，句子中正好有两个“输入方法”，因此，B 是最恰当的选择。

(3) 健康 A 专家提醒人们，柿子和红薯 B 和鸡蛋一起吃 C 对身体健康不利 D。

或

答案：B

分析：句子中有两个“和”，分别是“柿子和红薯”、“(柿子)和鸡蛋”，与“和”不一样的是，“或”还可以连接两个动词性成分，句子中“或”连接的应该是“柿子和红薯(一起吃)”、“(柿子)和鸡蛋一起吃”。因此，B 是最恰当的位置。其他位置都不合适。

(4) 那么 A 有价值的古董，B 全都 C 沉入了大海，真 D 让人心疼啊！

可惜

答案：B

分析：“可惜”常常指心爱的东西被毁坏了，可以用在句子前边，也可以直接做谓语。在这个句子中，应该放在 B 处。D 处语气上不合适。

(5) 我现在只想 A 好好学习，B 以后会做什么工作，C 我还 D 没有考虑。

至于

答案：B

分析：“至于”一般是引入另一个话题，常常用在句子中间部分，因此，正确的位置应该是 B。

(6) 这条街上 A 也有 B 十几家小饭馆儿，C 顾客总是 D 特别多。

少说

答案：A

分析：“少说”常常用在谓语动词之前，有时也用在数量词语之前。在这个句子中，

A是唯一正确的位置，因为句子中有“有”。

(7) 他们在那里A住了五天，然后就B赶紧C去追赶大队D人马去了。

顶多

答案：A

分析：与“少说”相同，“顶多”也应该用在谓语之前，强调不会超过某个数。因此，A是最合适的位置。

(8) 快叫他上来，A我B马上C就D见到他。

恨不得

答案：B

分析：“恨不得”与“恨不能、巴不得”一样，都表示“非常希望”的意思，即希望后边的事情尽快发生或实现。“恨不得”的后边还常常跟“马上、立刻、立即、一下子”等词语。

(9) A跟她接触了B这么多年，真C说分手D就分手。

舍不得

答案：C

分析：“舍不得”的意思是很爱惜，不愿意放弃或离开等。在这个句子中，只有C这个位置可以用。其他位置不可以。

(10) A我在房间里B找不到钥匙，C原来D是你拿走了。

怪不得

答案：A

分析：“怪不得”告诉我们突然明白了某个结果产生的原因，和“难怪”一样，一般用在句首。后边常常由“原来”等引出产生结果的原因。

3. 选择恰当的词语填空

(1) 难怪大家都说你聪明绝顶，____你是个左撇子。

A. 本来　　B. 原来

C. 原先　　D. 原本

答案：B

分析：“难怪”后边是事情的结果，用“原来”引出产生这个结果的原因。这是“原来”的一个十分独特的用法。

(2) 这事可______你一个人，得由董事会共同协商来决定。

A. 舍不得　　B. 怪不得

C. 由不得　　D. 恨不得

答案：C

分析：“由不得”的意思是“不能由……说了算”，符合句子的意思。其他几个词语都有各自特殊的意义和用法。“怪不得”等于“难怪”，“恨不得”是非常希望的意思，“舍不得”参见第(1)题的解释。

(3) 中国足球队____拉美球队没有什么接触，对他们并不十分了解。

A. 从　　B. 与

C. 向 D. 或

答案：B

分析："与"与"和、跟、同"的用法基本一致，是连词，前后应该是名词性的成分。"或"虽然也是这样，但它表示的是选择，不符合句子的要求。

(4) 今天的事情，____了司机眼疾手快，不然就出大事了。

A. 幸亏 B. 多亏

C. 亏得 D. 幸好

答案：B

分析："多亏"是动词，可以加"了"，其他词语不可以。

(5) 目前，在中国的外国学生已经达到三十万人，其中欧洲学生____占50%。

A. 至少 B. 很多

C. 很少 D. 太多

答案：A

分析：四个备选答案中，只有"至少"符合句子的意思，在动词前做状语，其他几个词语均不能表达相同的意思。

(6) 没能跟你们一起去新疆考察真____！再有机会我一定会去的。

A. 遗憾 B. 可惜

C. 亏得 D. 可喜

答案：A

分析："遗憾"常常说的是事情，"可惜"则常常指喜爱的东西被损坏或没有得到。其他两个词都不能用在这样的句子中。正确答案是A。应该说明的是，如果你一定要用"可惜"，也不是不可以，但是最合适的还是"遗憾"。

(7) 我只知道他是清华大学的教授，____他研究什么，我就不清楚了。

A. 至于 B. 至少

C. 至多 D. 在于

答案：A

分析："至于"引出的是另一个话题，而"在于"是强调原因。"至少、至多"不符合句子的意思。最恰当的答案应该是A。

(8) 任何一个初学汉语的人，都______会听错说错，大胆一些。

A. 恨不得 B. 免不了

C. 由不得 D. 怪不得

答案：B

分析：刚刚开始学习汉语，很容易说错写错，因此，可以说"说错写错是免不了的"，也可以说"免不了说错写错"。但是，"恨不得、由不得"都不能表达这样的意思，在句子中不合适；"怪不得"是明白了某种结果，也不合适。

(9) 其实，王明迷恋网络早就不是新闻了，______原因，曾有媒体报道说，是因为爱女在国外留学。

A. 由于 B. 再说

C. 至于 D. 对于

答案：C

分析：“至于”的使用格式应该是“……，至于……，……”三段的形式，“至于”引出与前面的话题有关的另一件事情。“再说”也是这样的格式，但是它在句子中强调第二个原因。

(10) ______他急匆匆地走了，原来他家里出了急事啊！

A. 也许　　B. 可能

C. 怪不得　　D. 要不是

答案：C

分析：“怪不得”与“难怪”一样，都表示突然明白了为什么。一般来说，“怪不得、难怪”后边告诉我们结果，然后用“原来、没想到”等说明原因。备选项目中“也许、可能”的意思和用法都相同，不能选择任何一个。

(11) 今天晚上，我______跟你们一起去听听歌儿，绝对不会跳舞！

A. 少说　　B. 顶多

C. 最少　　D. 至少

答案：B

分析：A、C、D 三个选择项目的意思和用法完全相同，这就告诉我们必须选择 B。从语义上分析，也只有“顶多”符合句子的意思，即只能“听听歌儿”，“跳舞”是不可能的。

(12) 我个人认为，就我们公司目前的状况而言，还______申请破产。

A. 至于　　B. 以至于

C. 至多　　D. 不至于

答案：D

分析：说话者认为“申请破产”是不应该发生的事情，因为公司目前的状况还不会这么糟糕。“至于、至多”在这个句子里不合适，“以至于”在语气上也同样不能表达清楚意思。

(13) 看到一百对新婚夫妇隆重的结婚场面，张亮也______马上举行婚礼。

A. 恨不得　　B. 了不得

C. 由不得　　D. 舍不得

答案：A

分析：看到别人举行婚礼的场面，“张亮”也非常希望自己能够马上举行这样的婚礼，因此，当然应该选择“恨不得”。其他词语都不能表达这样的意思。

第十课 “特殊词语分析(2)”参考答案与分析

一、病句分析参考

(1) 一个人能力的大小将决定他未来工作的好坏。

分析：“能力”一般用“高低、强弱”来形容，不用“大小”形容。“大小”可以形容人的年龄、物体的体积、地方的面积等。正确的句子应该是：

一个人能力的强弱将决定他未来工作的好坏。

一个人能力的高低将决定他未来工作的好坏。

(2) 女孩子不能只看对方的高低，要全面考虑对方的条件。

分析：句子中的“对方”应该是指“女孩子”的男朋友，而“高低”多用来形容物体的高度或人的能力，形容人的个子应该用“高矮”。正确的句子应该是：

女孩子不能只看对方的高矮，要全面考虑对方的条件。

(3) 她个子高高，眼睛大大，是个十分漂亮的女孩子。

分析：汉语形容词重叠以后做谓语时后面应该加“的”，单音节形容词、双音节形容词都是这样。正确的句子应该是：

她个子高高的，眼睛大大的，是个十分漂亮的女孩子。

她高高的个子，大大的眼睛，是个十分漂亮的女孩子。

(4) 加入 WTO 一年以后，中国的 GDP 又提高了大幅度。

分析：“大幅度”在句子中应该做状语，意思是程度高，数量多。“大幅度”在句子中也可以做定语。正确的句子应该是：

加入 WTO 一年以后，中国的 GDP 又大幅度提高了。

加入 WTO 一年以后，中国的 GDP 又有了大幅度的提高。

(5) 你取得了这么好的成绩，我们替你都高兴。

分析：“替你”是介宾词组，在句子中做“高兴”的状语。我们知道，在有介宾词组做状语时，副词一般应该放在介宾词组之前，因此，“都”的位置应该在“替你”之前。正确的句子应该是：

你取得了这么好的成绩，我们都替你高兴。

你取得了这么好的成绩，我们都为你高兴。

(6) 回国以后，为我们请向系里的老师们问好。

分析：句子中的“为我们”和“向系里的老师们”都是“问好”的状语，而“请”是向听话者发出的请求，应该用在句首。正确的句子应该是：

回国以后，请为我们向系里的老师们问好。

回国以后，请替我们向系里的老师们问好。

回国以后，请代我们向系里的老师们问好。

(7) 除了故宫以外，清朝皇帝还有两个离宫，为颐和园和避暑山庄。

分析：“为”有“是”的意思，但在这个句子里，“为”应该用“即”——“就是”的意思。“为”重点在判断，“即”主要在解释。正确的句子应该是：

除了故宫以外，清朝皇帝还有两个离宫，即颐和园和避暑山庄。

(8) 汉语水平考试HSK，是一项非常科学的测试系统。

分析：“HSK”是对“汉语水平考试”的解释，因此，应该在“HSK”前用“即”，也可以给“HSK”加上括号。正确的句子应该是：

汉语水平考试即HSK，是一项非常科学的测试系统。

汉语水平考试(HSK)，是一项非常科学的测试系统。

(9) 这次考试成绩都不错，最好数山本洋子。

分析：应该注意“最……的要数……”和“数……最好”这两个固定的格式，并且能够正确地运用。正确的句子应该是：

这次考试成绩都不错，最好的要数山本洋子了。

这次考试成绩都不错，数山本洋子最好。

(10) 我们系两千多学生中，算迈克最高了，2.08米。

分析：同样要注意使用“最……的要算……”这个格式。但是还应该知道，“算”没有“数”的第二种用法。正确的句子应该是：

我们系两千多学生，最高的要算迈克了，2.08米。

我们系两千多学生，最高的要数迈克了。

(11) 这次运动会上算你得的奖牌最多了。

分析：句子中的“算”换成“数”就没有问题了，因为“算”没有“数”的这种格式。正确的句子应该是：

这次运动会上数你得的奖牌最多了。

这次运动会上得奖牌最多的要数你了。

这次运动会上得奖牌最多的要算你了。

(12) 这个数学题我怎么也数不出来，你来帮帮我吧。

分析：“数”虽然有与“算”相同的用法，但是它们之间也存在着区别，就是“算”还有“计算”的意思，而“数”却没有。这个句子中用的就是“算”表示“计算”的意思。正确的句子应该是：

这个数学题我怎么也算不出来，你来帮帮我吧。

(13) 我看样子你好像非常不舒服，躺下休息休息吧。

分析：“看样子、看起来、看来、看上去”的意思基本相同，用法也完全一样，在句子中做插入语。但是，必须注意，它们一般不能用“我”做主语，**因为无论主语是谁，句子表示的都是说话人的观点**。正确的句子应该是：

看样子你好像非常不舒服，躺下休息休息吧。

你看样子好像非常不舒服，躺下休息休息吧。

(14) 看起来今天我的心情不错。

分析：与“看样子”一样，“看起来”的主语当然也不能是“我”，那么，“我的心情”当然就是“我”。句子中的“我”可以换成“你”，也可以不用“看起来”。正确的句子应该是：

看起来今天你的心情不错。

今天我的心情不错。

(15) 这样的结果和我想必的完全一样。

分析：“想必”是副词，表示肯定。应该知道，汉语的副词是不能做定语的。用“想、想象”替换“想必”都可以。正确的句子应该是：

这样的结果和我想象的完全一样。

这样的结果和我想的完全一样。

二、应用练习参考答案及分析

1. 用所给的词语改写句子

(1) 你的鞋是42号的，我的鞋也是42号的。(大小)

答案：咱们俩的鞋大小完全一样。

你的鞋跟我的鞋大小一样。

分析：“大小”可以表示事物的面积、体积，也可以表示人的年龄等。如“房间的大小，苹果的大小，岁数的大小”等。

(2) 李老师家的客厅有30平方米，王老师家的也是30平方米。(尺寸)

答案：李老师和王老师他们两家客厅的尺寸完全一样。

李老师家与王老师家客厅的尺寸一样，都是30平方米。

分析：“尺寸”除表示长度外，也可以表示面积，特别是口语中。

(3) 那个地方远也好，近也好，反正我不会跟你们一起去。(远近)

答案：不管那个地方远近，我都不会跟你们一起去。

那个地方的远近没关系，反正我不会跟你们一起去。

分析：“远近”可以表示“远”与“近”的选择，也可以作为一个名词出现，即表示距离。应该特别注意汉语这种相反词语构成的新词语，它们常常有十分明确的意思，口语中用得很多。

(4) 我还没有去过桂林，今年春节有没有时间我都要去看看。(长短)

答案：我还没有去过桂林，今年春节我长短都要去看看。

分析：“长短”有“尺寸”的意思，同时，也可以做副词，有“无论如何、一定”的意思。这个句子中的“长短”就是“一定”的意思。

(5) 进入新世纪以来，中国的经济形势很好，GDP提高很快。(大大)

答案：进入新世纪以来，中国的经济形势很好，GDP大大提高了。

分析：“大大”做状语强调程度高，数量大。“大大”还可以做形容词用，表示的是体积大，如“大大的眼睛”。

(6) 我想请你向你父母转达我的谢意和问候。(代)

答案：我想请你代我向你父母表示谢意和问候。

请你代我向你父母表示感谢。

分析：“代”有帮助、代替的意思，在这个句子中有十分客气的意思。常常用在让别人转达感谢或感激之情的句子中。

(7) 中国的青藏高原号称世界屋脊，其中珠穆朗玛峰最高。(为)

答案：中国的青藏高原号称世界屋脊，其最高峰为珠穆朗玛峰。

中国的青藏高原号称世界屋脊，其中珠穆朗玛峰为最高峰。

分析：“为”是“是”的意思，一般用在书面语中。应该注意它与“即”的区别。

(8) 我们学校亚洲学生占58%，其次是欧洲学生。(数)

答案：我们学校数亚洲学生最多，其次是欧洲学生。

我们学校最多的要数亚洲学生了，其次是欧洲学生。

分析：应该记住“数……最……”和“最……的要数/算……”这两个格式，它们在汉语中是十分常见的，而且很有用。

(9) 你看，又阴天了，我觉得还要下雨。你说呢？(看起来)

答案：你看，又阴天了。看起来还要下雨，你说呢？

分析：“看起来、看样子、看上去、看来”都有相同的表达效果，注意它们在句子中的使用要求并很好地运用它们。

(10) 多数同学都没有把这道题做出来，肯定容易不了。(想必)

答案：多数同学都没有把这道题做出来，想必容易不了。

分析：“想必”是副词，表示偏于肯定的推断，句子中不能出现主语“我”。“想必”与“大概、差不多、可能、也许”等意义相近，也有与“看起来、看样子”等相同的意思和相近的用法。

2．给词语选择恰当的位置

(1) 这件A衣服B多合适C啊，你为什么D不喜欢穿呢？

大小

答案：B

分析：“大小”常常指年龄、体积、尺寸、力量等，句中B是最恰当的位置。

(2) 回国以后，A请B向你爸爸妈妈C问D个好。

替我

答案：B

分析：“替”有帮助的意思，最合适的位置是B。

(3) 加入世界贸易组织以后，A中国B降低了C进口商品的D关税。

大幅度

答案：B

分析：“大幅度”的意思是“数量多、程度高”，常常做“提高、增长、增加、降低、减少”等动词的状语。

(4) 特意为外国汉语学习者研制的A汉语水平考试，B HSK，C是由国家汉语考试中心D承办的，目前已经越来越受到世人的瞩目。

即

答案：B

分析："即"的意思是"就是"，常常是对前边所说的事情进行简单的解释。因此，只有B是最恰当的位置。

(5) 坐落在长江A入海口的B上海市，改革开放以来社会生产率C迅速增长，D全国经济发展速度最快的城市之一。

为

答案：D

分析："为(wéi)"与"即"的用法比较接近，但"为"的作用是判断，而"即"的作用是解释。D是最恰当的位置。

(6) 他偷偷A拿走的B只是几件小东西，C但这将D影响他的一生。

看起来

答案：B

分析："看起来"做插入语，可以用在句首，也可以用在主语之后，谓语之前，有估计的意思。

(7) A北京站B几年被评C为东城区D交通安全先进地区。

连续

答案：B

分析："连续"有与"一连"完全相同的意义和用法。在肯定句里，"连续、一连"之后也可以有表示时间的词语。

(8) 我记不太清楚了，大概是A一百B二十C本D吧。

左右

答案：D

分析："左右"在表示大概的时间、数量时，一般应该用在时间或数量词语之后，如"八点左右，三十岁左右"等。

(9) A说汉语B是中国人C说得D好。

当然

答案：B

分析："当然"做副词应该用在动词之前，而句子中的主语是"说汉语"，"是"是主要动词，"中国人说得好"是"是"的宾语，因此，"当然"只能用在"是"之前。其他位置不可以。

(10) A我B唱了C三支D外国歌曲。

一连

答案：B

分析：一定要记住"一连"的两个固定格式，即"一连+动词+数量+宾语"和"一连+数量+没/不+动词+宾语"。

3．选择恰当的词语填空

(1) 课堂上教师语速的____将直接影响学生的听说能力。

A. 强弱　　B. 远近

C. 快慢　　D. 大小

答案：C

分析：“快慢”表示速度，“强弱”表示能力、声音等，“大小”表示尺寸等，“远近”表示距离。正确答案只能是C。

(2) 改革开放以来，每年春节____都会有大批民工离京或返京。

A. 上下　　B. 先后

C. 左右　　D. 前后

答案：D

分析：“春节”是表示时间的名词，它的后边只能跟“前后”。“先后”一般单独做状语，表示顺序或在一定时间内动作发生的次数；“左右”一般用在表示时间、年龄、数量等的词语后；“上下”也只用在表示年龄、数量的词语之后。

(3) 你们到达那里以后，请____我们考察组的全体人员向当地群众表示问候。

A. 代　　B. 给

C. 向　　D. 对

答案：A

分析：“代”有“代替、帮助”的意思，其他词语起不到这个作用。

(4) 本世纪以来，各地区消费者协会受理投诉最多的要____保险和物业管理问题了。

A. 是　　B. 算

C. 为　　D. 有

答案：B

分析：“……最……要+算/数……了”是比较固定的格式，其他词语都不能用在这个格式之中。

(5) 在发达国家中，____美国的整体经济实力最强，日本紧随其后。

A. 算　　B. 数

C. 即　　D. 为

答案：B

分析：“……数……最……”同样是比较固定的表达形式，这里不能用“算”。

(6) 到北京半年以来，我的汉语口语水平已经____提高了。

A. 很大　　B. 大大

C. 大大的　　D. 很大的

答案：B

分析：“很大、大大的、很大的”后边一般直接跟名词，只有“大大”可以用在动词前做状语。

(7) 我很喜欢非洲的小孩子，一个个眼睛______，皮肤亮亮的，漂亮极了。

A. 很大　　B. 大大的

C. 多大　　D. 真大的

答案：B

分析：“眼睛大大的，皮肤亮亮的”构成对应的形式，无论从语气上还是从语法上都符合要求。其他词语不合适。

(8) 这套房子看____挺漂亮，住进去以后会怎么样，现在还很难说。

A. 上来　　　　B. 上去

C. 下来　　　　D. 下去

答案：B

分析："看上去"与"看起来、看样子、看来"有相同的表达效果，在句子中做插入语，而其他词语都不能跟"看"构成固定的表达形式。

(9) 这是一所____很普通的学校，但它却培养出了一代又一带的著名科学家。

A. 看下去　　　　B. 看上去

C. 看过去　　　　D. 看进去

答案：B

分析："看上去"表示估计、猜测，做插入语。参考第(8)题的解释。

(10) 上海是中国人口最多也是工业最发达的城市____。

A. 之中　　　　B. 之一

C. 一个　　　　D. 当中

答案：B

分析："最……之一"是比较常见的一种搭配形式，尽管并不十分符合语法要求。"之中、当中"意思相同，"一个"一般不会用在句子末尾。

(11) 他好几个星期没来上课了，____他的汉语比别人差。

A. 难怪　　　　B. 难说

C. 难道　　　　D. 原来

答案：A

分析："难怪"告诉我们的是事情的结果，即"他的汉语比别人差"，因为句子前边已经告诉我们原因了：他好几个星期没来上课。其他词语没有这样的表达效果，"原来"说明原因；"难道"用在反问句里；"难说"是说不清楚或说不准的意思。

(12) 老师耐心地给我们做解释，____我们能详细了解文章的内容。

A. 只好　　　　B. 显得

C. 特意　　　　D. 好让

答案：D

分析："好让"并不是一个固定的词语，但在这个句子里必须用"好让"。"好"有"以便"的意思，表示目的；"让"构成兼语句，即"老师给我们解释"的目的是"让我们了解文章内容"。

(13) 今天你好好儿休息，我来____你做饭，等你病好了咱们再换过来。

A. 代　　　　B. 替

C. 给　　　　D. 向

答案：C

分析："代、替"有相同的用法，都有"代替"的意思。"给"有"为"的意思，是唯一正确的答案。有的同学可能觉得"替"也正确，但"替"是帮助的意思，这里所要表达是为病人做事情的意思。

(14) 改制以后，只有我们全厂____劲往一处使，才能扭转被动局面。

A. 前后　　B. 先后

C. 左右　　D. 上下

答案：D

分析：与“全厂”搭配的只能是“上下”，表示的是全厂所有的人员，这里的“上”指的是领导，“下”指的是普通群众。其他几个词语都不能表达这样的意思。

(15) 他已经向我保证，____要考过英语六级，否则不回来见我。

A. 大小　　B. 多少

C. 长短　　D. 快慢

答案：C

分析：“长短”在这个句子中用的是副词，与“早晚、迟早”相同，有“无论如何、一定”的意思。其他几个词语没有这样的意思，因此，不能用在句子中。

第十一课　“特殊词语分析(3)”参考答案与分析

一、病句分析参考

(1) 什么时候去，我什么时候给你打电话呢。

分析：语气词“呢”的用法有几种：一是用于疑问句中：“我们去长城，你呢？”二是用于陈述句中：“我们正上课呢。”三是用于句中的停顿：“你们走吧，我呢，你们不用担心了。”这个句子是一种特殊的强调句，有告知与祈使的意义，因此，应该用具有祈使意义的语气助词“吧”。正确的句子应该是：

什么时候去，我什么时候给你打电话吧。

(2) 她已经非常伤心了，不要再为难她吧。

分析：“吧”有祈使的作用，但一般不用在含有“不要、别”等表示劝阻意义的句子中。与“不要、别”搭配的常常是表示语气的“了”。这个句子中即使用“吧”也应该用在“了”之后。正确的句子应该是：

她已经非常伤心了，不要再为难她了。

她已经非常伤心了，别再为难她了。

她已经非常伤心了，不要再为难她了吧。

(3) 咱们是走着去吗，还是骑自行车去吗？

分析：“吗”在表示疑问时一般应该是问是非，而不应该是选择的疑问句。“呢”在表示疑问时则可以用在选择的问句中，同时，还有缓和语气与句中停顿的作用。正确的句子应该是：

咱们是走着去呢，还是骑自行车去呢？

咱们是走着去还是骑自行车去呢？

(4) 这样的场合你大概还不太习惯吗？

分析：“大概”表示估计、猜测的意思，有很大的可能性，而“吗”表示的只是一般的疑问，没有猜测的成分。应该用“吧”代替“吗”，因为“吧”在疑问句中常常含有很大成分的猜测性。正确的句子应该是：

这样的场合你大概还不太习惯吧？

这样的场合你还不太习惯吧。

这样的场合你习惯了吗？

(5) 老板已经说过几遍了，难道你们还没听懂吧？

分析：反问句“难道……吗？”是比较固定的形式，而句子中使用的“吧”多表示大概的估计与猜测。正确的句子应该是：

老板已经说过几遍了，难道你们还没听懂吗？

老板已经说过几遍了，你们难道还没听懂吗？

(6) 你不是很喜欢她嘛，怎么又不理她了？

分析：“不是……吗？”同样是反问句的固定形式，“嘛”则多表示本来就是如此的意思，不能与“不是”搭配使用。正确的句子应该是：

你不是很喜欢她吗，怎么又不理她了？

(7) 嗬，你有什么了不起，不就是个小头头吗！

分析：“嗬”常常表示惊讶，而且是对别人的能力表示敬佩时用。这个句子表示的却是对“你”的不佩服，因此，应该用“哼”。正确的句子应该是：

哼！你有什么了不起，不就是个小头头吗？

(8) 啊，这到底是为什么呢？

分析：“啊”多表示惊异或赞叹。句子中表示的只是一般的疑问，因此，可以用“嗯？”，也可以用“哦？”。正确的句子应该是：

嗯？这到底是为什么呢？

哦？这到底是为什么呢？

(9) 我们几个人每天都一齐来上课，一齐去吃饭。

分析：“一齐”指同时，多用于书面语。“一齐”在句子中指几个人同时做同一件事，但这个句子中事实上不可能是“一齐”。应该用“一起”或“一块儿”，因为这两个词多是从处所方面去说或是指“一同”，而且多用于口语。正确的句子应该是：

我们几个人每天都一起来上课，一起去吃饭。

我们几个人每天都一块儿来上课，一块儿去吃饭。

(10) 进入新世纪以后，我们一带亚洲的经济发展令世界瞩目。

分析：“一带”表示处所应该用在比较大的处所词语之后，如“亚洲一带、长江一带、学院路一带”等。正确的句子应该是：

进入新世纪以后，我们亚洲一带的经济发展令世界瞩目。

(11) 我们大家一致意见，没有人唱反调。

分析：“一致”的意思是相同，在句子中可以做谓语、定语或状语。这个句子中的“一致意见”做什么成分并不清楚。正确的句子应该是：

我们大家的意见一致，没有人唱反调。

这是我们大家一致的意见，没有人唱反调。

我们大家一致同意，没有人唱反调。

(12) 她不高兴常常一点儿很小的事情。

分析：“高兴”是形容词，不能带“很小的事情”这个宾语，而“常常”是表示时间的副词，一般应该用在谓语之前做状语。正确的句子应该是：

她常常因为一点儿很小的事情就不高兴。

她常常因一点儿小事而不高兴。

(13) 每个星期六和星期天我们平常都不会上课。

分析：“平常”是常见的、不特别的意思，在句子中做谓语，而“每个星期六和星期天”所做的事情，应该用“通常”来修饰动词，因为“通常”是副词，在句子中常常做状语，而且表示的是大多数的，一般情况下，不是偶然的、个别的。正确的句子应该是：

每个星期六和星期天我们通常都不会上课。

通常星期六和星期天我们都不会上课。

星期六和星期天我们一般都不会上课。

(14) 对我自己来说，这是一个十分经常的事情。

分析：“经常”有次数多的意思，而“这”只是说某一件事，因此，应该用“平常”，它强调的是普通的意思，即不特殊。正确的句子应该是：

对我自己来说，这是一件十分平常的事情。

(15) 这件事老板都不能决定，何况你啊？

分析：“何况”应该与“呢”搭配使用，组成反问句，强调对比。正确的句子应该是：

这件事老板都不能决定，何况你呢？

二、应用练习参考答案及分析

1．选择所给的语气词、象声词分别填空

轰轰隆隆　　吗　　哦　　噼里啪啦　　吧　　嗬

哗啦哗啦　　哼　　呢　　咕咚咕咚　　呀　　哪

(1) 我已经吃过午饭了，你吃了____？

答案：我已经吃过午饭了，你吃了吗？

(2) 你说他不认真____，有点儿冤枉他，可他总出点小麻烦。

答案：你说他不认真吧，有点儿冤枉他，可他总出点小麻烦。

(3) 你____，怎么就是不能让父母省心____？

答案：你呀，怎么就是不让父母省心呢？

(4) ____！不简单____！这么快就有结果了？

答案：嗬！不简单哪！这么快就有结果了？

(5) ____？你们也都同意这个方案？

答案：哦？你们也同意这个方案？

(6) 怎么？他也陪客人去参观？____！他有什么资格！

答案：怎么？他也陪客人去参观？哼！他有什么资格！

(7) 代表们一走进来，会场里立刻响起了____的掌声。

答案：代表们一走进来，会场里立刻响起了噼里啪啦的掌声。

(8) 飓风过后，大片的房屋____地倒塌下来。

答案：飓风过后，大片的房屋哗啦哗啦地倒塌下来。

(9) 海湾上空，____的飞机声不绝于耳，战争已经临近。

答案：海湾上空，轰轰隆隆的飞机声不绝于耳，战争已经临近。

(10) 朝拜者跪在活佛跟前____地叩头，活佛心中暗暗为他们祈祷。

答案：朝拜者跪在活佛跟前咕咚咕咚地叩头，活佛心中暗暗为他们祈祷。

2．用所给的词语完成下列句子

(1) 平时训练中一点点小的失误，____________________。(往往)

答案：平时训练中一点点小的失误，往往会造成比赛中严重的失败。

平时训练中一点点小的失误，往往会给正式比赛带来麻烦。

分析：“往往”是副词，表示根据以往的经验推断，多数情况下事情总是这样，或一般是这样。与“常常”的用法不同，且多用于书面语。

(2) ____________________，那么，现在散会。(一致)

答案：既然大家的意见完全一致，那么，现在散会。

既然大家一致同意这个决议，那么，现在散会。

分析：“一致”的意思是没有分歧，在句子中可以做状语、定语和谓语。

(3) 中国的少数民族，主要聚集在____________________。(一带)

答案：中国的少数民族，主要聚集在西部和南部省份，特别是云南一带。

分析：“一带”泛指某处及附近的地方，一般是指比较大的地方。多用在处所词语特别是地名之后。

(4) 本公司全体员工自即日起____________________。(一律)

答案：本公司全体员工自即日起一律戴口罩上班，以预防“非典”。

本公司全体员工自即日起一律放假，休息两周。

分析：“一律”是没有例外的意思。在句子中多做状语，也可以做定语。

(5) ____________________，只有节假日除外。(平常)

答案：平常我们每天都要工作十个小时以上，只有节假日除外。

每天工作八小时是十分平常的事情，只有节假日除外。

分析：“平常”做副词有平时的意思，做形容词有普通的意思。在句子中可以做状语、定语或谓语。

(6) 他虽然近乎残废，但____________________。(日常)

答案：他虽然近乎残疾，但日常生活完全能够自理。

他虽然近乎残疾，但可以自行处理日常事务。

分析：“日常”是形容词，一般用在名词前做定语，如“日常生活、日常事务、日常工作、日常用语”等等。

(7) ____________________，可在联欢会上总是又唱又跳的。(平时)

答案：虽然他平时少言寡语，可在联欢会上总是又唱又跳的。

别看他平时不言不语，可在联欢会上总是又唱又跳的。

分析：“平时”与“平常”的意思相近，多指一般或普通的时候，与特殊的时候相对。句子中后边的“在联欢会上”，是比较特殊的时候，正好与“平时”相对。另外，“在联欢会上又唱又跳”，而“平时”肯定应该是“少言寡语”，这是按照语法关系和逻辑推理判断出来的，因为句子中有“可”这个词。

(8) ____________________，你千万不要那么客气。(嘛)

答案：咱们是多年的老朋友了嘛，你千万不要那么客气。

咱们是老同学嘛，你千万不要那么客气。

分析："嘛"这个语气词表示的是道理十分简单，理所当然。用在句子末尾也可以表示希望或劝阻，如"你不要走得那么快嘛！"

(9) 春节前后出行的人最多，____________________。(况且)

答案：春节前后出行的人最多，况且你身体又不好，就不要出去旅游了。

春节前后出行的人最多，况且我又几年没回来了，就别去凑热闹了。

分析："况且"与"再说"有相同的意义和用法，在句子中引出另一个原因，而这个原因与第一个原因有关系，其后应该有根据这个原因推导出的结果。

(10) 这样的事大人都很难做好，____________________？(何况)

答案：这样的事大人都很难做好，何况你们小孩子呢？

这样的事大人都很难做好，何况你们小学生呢？

分析："何况"常常表示反问的语气，而它的实际作用是用反问的语气表示更进一层的意思。句子中前面说大人都做不好这样的事，后面是告诉我们"小孩子、小学生"要想做好这样的事更不容易。

3. 选择恰当的词语填空

(1) 今年6月我打算去伦敦看世界杯比赛，你去____？

A. 吧　　B. 吗

C. 呢　　D. 呀

答案：B

分析：表示是非的疑问一般应该用"吗"。句中如果没有"去"则可以用"呢"。

(2) ____，你的意见很有道理，咱们是应该去拜访拜访张总了。

A. 嗯　　B. 哼

C. 哇　　D. 嘛

答案：A

分析："嗯"表示同意对方的意见，符合句子意思和语气。"哇"表示吃惊，"哼"表示不服气，"嘛"一般不用在句首。正确答案当然是A。

(3) 他们的这种做法也许可以用"有福同享，有难同当"来形容____。

A. 吗　　B. 呀

C. 吧　　D. 呢

答案：C

分析："吧"表示有主观猜测的成分，而且准确率比较高，常常与"大概、可能、也许"等副词搭配使用。其他语气词不能达到这样的效果。

(4) 我们想了解一下儿，每年"十一"七天长假人们是怎么度过的____？

A. 啊　　B. 吧

C. 吗　　D. 呢

答案：D

分析："怎么……呢"一般会同时出现，其他词语不能这样用。

(5) 如今过节时____的爆竹声又为节日增加了喜庆祥和的气氛。

A. 稀里哗啦　　B. 噼噼啪啪

C. 唧唧喳喳　　　　D. 轰轰隆隆

答案：B

分析：“爆竹”就是“鞭炮”，它的象声词应该是“噼噼啪啪”或“噼里啪啦”。其他几个象声词都不能表达这样的意思。

(6) 世纪之交，一个多么幸福而神圣的夜晚____！

A. 吧　　　　B. 吗

C. 呢　　　　D. 啊

答案：D

分析：“多么……啊！”是汉语中表示感叹的固定格式，中间可以插入形容词、表示心理活动的动词等，口语中常用“多……啊！”如“多漂亮啊、多精神啊、多难受啊、多想家啊、多可怕啊、多喜欢啊”。

(7) 听了叔叔的故事，孩子被吓得____大哭起来，这是谁都没想到的。

A. 哈哈　　　　B. 哗哗

C. 呼呼　　　　D. 哇哇

答案：D

分析：“哈哈”是笑的声音；“哗哗”是流水的声音，流泪的样子；“呼呼”是刮风的声音，睡觉的声音。孩子的哭声，一般用“哇哇”来表示。汉语中这样的象声词并不是很多，只要多注意，就一定能够掌握。

(8) 你们不就是想早一点回到广州去____？我同意就行了。

A. 吧　　　　B. 吗

C. 呢　　　　D. 啊

答案：B

分析：“不是……吗”是一种标准的反问句形式，其他词语不能放在这样的格式之中。其他的反问句形式如“怎么……呢、为什么……呢、难道……吗”。

(9) 大虎喝完最后一口酒，手一扬，____的一声，酒瓶碎了。

A. 唰　　　　B. 乒

C. 啪　　　　D. 笃

答案：C

分析：表示瓶子碎了的象声词应该是“啪”。“唰”表示快速经过的声音，“乒”多表示放枪的声音，而“笃”常常是敲门的声音。

(10) 学会骑自行车还得三天五天的呢，何况学习开汽车____！

A. 啊　　　　B. 吧

C. 呢　　　　D. 哈

答案：C

分析：“何况……呢”是反问句的固定搭配形式，其他词语都不能这样用。

第十二课 “关联词语分析”参考答案与分析

一、病句分析参考

(1) 他不喜欢这本书，与其送给别人，不如送给他。

分析：“与其……不如……”是在比较利害得失以后的一种选择，否定前者，选择后者。但这个句子的前边已经告诉我们“他不喜欢这本书”，后边还要“送给他”就不合适了。正确的句子应该是：

他不喜欢这本书，与其送给他，还不如送给别人。

既然他不喜欢这本书，还不如送给别人呢。

(2) 明天刮风还是下雨，我们准时出发。

分析：“明天刮风、下雨”都不会影响“我们准时出发”，而且“刮风、下雨”带有选择或疑问的形式，因此，应该用“无论……都……”的复句格式。正确的句子应该是：

明天无论刮风还是下雨，我们都准时出发。

不管明天刮风还是下雨，我们都准时出发。

(3) 这个地方不但贫穷，但是文化方面也很落后。

分析：与“不但”搭配的应该是“而且”，而且“贫穷、落后”属于同一类性质，符合“不但……而且……”复句的要求。“但是”表示的是相反的意思，不符合句子的语法语义要求。正确的句子应该是：

这个地方不但贫穷，而且文化方面也很落后。

(4) 他们一边说着、唱着，一边很愉快。

分析：“一边……一边……”格式表示同时进行的两个动作，因此，前后的两部分都应该是动词性的。句子中的“说着、唱着”是动词，但是“很愉快”却是形容词，不符合语法要求。正确的句子应该是：

他们一边说一边唱，非常愉快。

他们一边说着、唱着，一边吃着、喝着。

(5) 他各方面都很好，只是身体却不大好。

分析：“只是”表示比较轻微的转折，“却”表示比较重的转折语气，而且常常与“但是、可是、然而”等搭配使用。在这个句子里，转折的意味不是特别强，因此，用“只是”就完全可以了。另外应该注意的是：用“只是、不过”都表示转折，但“只是”一般是由好转向不好的方面，而“不过”表示转折，则既可以向好的方面转，也可以向不好的方面转。正确的句子应该是：

他各方面都很好，只是身体不大好。

他各方面都很好，不过身体不大好。

(6) 我宁可把这本书看完，也不吃饭。

分析：按照汉语表达的习惯，“宁可……也不……”格式表达的意思是前后两种情况都不满意，只能选择前者而放弃后者。但是，句子中的“把书看完”和“吃饭”都应该是比较理想的事情，因此，应该使用“宁可不……也要……”这个格式，因为它表示的是在两个都喜欢的事情里选择一个最重要、最希望做的事情。正确的句子应该是：

我宁可不吃饭，也要把这本书看完。

(7) 我的自行车虽然很旧，只是从来不出毛病。

分析：“只是”可以表示比较轻微的转折，而且一般是由好向不好的方面转化，而句子的意思表示的却是由不好向好的方面转化，因此，应该用“不过、但是、可是”等。正确的句子应该是：

我的自行车虽然很旧，但是从来不出毛病。

我的自行车虽然很旧，不过从来不出毛病。

(8) 她比我大十岁，不过我们俩成了好朋友。

分析：应该说，年龄的大小不会影响人们成为好朋友，因此，这个句子的前后两部分不应该存在转折的关系。可以考虑使用下面的这些句子形式：

她比我大十岁，我们俩倒成了好朋友。

她比我大十岁，我们俩还是成了好朋友。

尽管她比我大十岁，我们俩仍然成了好朋友。

(9) 不论我有多忙，他不帮助我。

分析：与“不论、无论、不管”搭配的一般应该是“都、也”，而且必须注意在它们之间应该有表示疑问的形式。正确的句子应该是：

不论我有多忙，他都不帮助我。

不管我有多忙，他也不帮助我。

无论我多忙，他都不帮我。

(10) 对于我来说，请客不是负担，也是增进我和朋友友谊的桥梁。

分析：“对于……来说”在口语表达中更多的是用“对……来说”。汉语中与“不是”构成固定搭配的应该是“而是、就是”，不能是“也是”。另外，根据句子所要表达的意思，说话者的观点是否定前者，肯定后者。正确的句子应该是：

对我来说，请客不是负担，而是增进我和朋友友谊的桥梁。

(11) 他又不说，你又不说，我怎么会知道呢？

分析：“你”跟“他”一样，都“不说”，因此，应该用“也”才合适。“又”常常表示补充或重复；“也”表示相同。正确的句子应该是：

他不说，你也不说，我怎么会知道呢？

他也不说，你也不说，我怎么会知道呢？

(12) 尽管学习怎么忙，他每天还是坚持锻炼。

分析：“尽管……还是……”格式中一般不用疑问词语，如果保留“怎么”，就应该用“无论……都……”。正确的句子应该是：

尽管学习非常忙，他还是每天坚持锻炼。

无论学习怎么忙，他都每天坚持锻炼。

不管学习多么忙，他每天都坚持锻炼。

(13) 既然你们邀请我，然而我一定去。

分析：“既然……就……”表示的是原因和结果的关系，“既然”不能与“然而”搭配使用。“然而”可与“虽然、尽管”搭配。正确的句子应该是：

既然你们邀请我，我就一定去。

虽然你们邀请我，但是我不一定能去。

尽管你们邀请我，但是我不一定去。

虽然你们没邀请我，但是我一定去。

(14) 即使明天下雨，我们要去参观。

分析：与“即使”搭配使用的应该是“也”，句子后边没有“也”这个关联词语，使句子显得不够完整。还应该注意，汉语中与“即使”意思相同的词语还有“即便、就是、就算、哪怕”等。正确的句子应该是：

即使明天下雨，我们也要去参观。

就是明天下雨，我们也要去参观。

哪怕明天下雨，我们也要去参观。

(15) 小李为大家做了不少事，他从来不说。

分析：句子前后有比较轻微的转折的意思，因此在后边的句子前应该使用表示转折意义的词语“不过、但是、只是、却”等，使句子前后的语法和语义关系明确。正确的句子应该是：

小李为大家做了不少事，可他从来不说。

小李为大家做了不少事，他却从来不说。

小李为大家做了不少事，不过他从来没有说过。

二、应用练习参考答案及分析

1. 用复句形式改写下列句子

(1) 风比刚才刮得大多了，天也暗了下来。(越……越……、越来越……)

答案：风越刮越大，天也暗了下来。

风刮得越来越大，天也暗了下来。

(2) 书架上那几本小说我只看过两三本，别的都还没看呢。(除了……都……)

答案：书架上那几本小说除了两三本以外我都没有看呢。

书架上那几本小说除了两三本以外，别的我都没看过。

(3) 他这个人不只是对朋友热心，对不认识的人也很热心。(无论……都……)

答案：他这个人无论对谁都很热心。

他这个人无论对朋友还是对不认识的人都很热心。

(4) 你就是出去卖报纸，也比整天待在家里强啊。(与其……不如……)

答案：你与其整天在家里待着，不如出去卖报纸。

与其整天待在家里，你还不如出去卖报纸呢。

与其整天在家里待着，你还不如出去卖报纸呢。

(5) 她非常漂亮，有人说她生气时别人也以为她在笑。(即使……也……)

答案：她非常漂亮，即使生气时别人也会以为她在笑。

她非常漂亮，她即使生气，别人也会以为她在笑。

(6) 中式快餐经济实惠，一点儿都不比洋快餐差。(既……又……)

答案：中式快餐既经济又实惠，一点儿都不比洋快餐差。

中式快餐既经济又实惠，一点儿也不比洋快餐差。

(7) 我们不能害怕事物之间那种复杂的联系。(尽管……但是……)

答案：尽管事物之间的关系很复杂，但是我们不能害怕。

尽管事物之间存在着复杂的联系，但是我们不能害怕。

(8) 她觉得把聊天与看书进行比较，还是看书更有意义。(宁可……也不……)

答案：她宁可一个人在家里看书，也不会去跟别人聊天。

她宁可不跟朋友聊天，也要去图书馆看书。

(9) 老张说你去叫他他就来，别人谁请也没用。(除非……否则……)

答案：老张说除非你去请他，否则他不会来。

除非你亲自去叫老张，否则谁请他也不会来。

(10) 你根本就不知道事情发生的原因，你说了不管用。(没有……没有……)

答案：没有调查就没有发言权，你不用说了。

你没有了解事情发生的原因，就没有权力说三道四。

2. 给句子后的词语选择恰当的位置或选择恰当的词语填空

(1) A如果从全局考虑，不要说B哪个小单位受些损失，C我们个人的利益受到损害D也要正确地对待。

即使

答案：C

分析：“即使……也……”是固定搭配的复句形式，表示退一步想的意思。“小单位”大于“个人”，而从实际考虑，“个人”的利益更直接，也就更重要。C是最合适的位置。

(2) 在这么紧张的时刻，他宁可自己A受些B损失，C不愿D拖累亲戚朋友。

也

答案：C

分析：“宁可……也不……”同样是比较固定的搭配形式，强调的是主观意愿。C是最恰当的位置。

(3) 内蒙古地处高原，A蒙古族人B又能歌善舞，C体力消耗大，D胃口特别好。

因此

答案：D

分析：“因此”的后边是结果，前边是原因，而“胃口好”的原因是“能歌善舞”和“体力消耗大”，因此，最合适的位置是D。

(4) A我的德语进步B很慢，很快就C丧失了信心而D放弃了学习。

由于

答案：C

分析："因……而……"和"由于……而……"是比较固定的因果搭配格式，因此，正确的位置只能是C。有的同学觉得"由于"应该放在句首，在这个句子中，这样的选择是错误的。

(5) 他虽然翻遍了昨天的报纸，A却B没有找到C自己D想要的那篇文章。

然而

答案：A

分析："然而"一般用在复句的第二个分句之前，为了进一步强调转折的语气，句子中还可以用上"却"。A是最恰当的位置。

(6) 倘若你A不同意我们的意见，B不要C参加我们的行动了，D以免造成不愉快。

就

答案：B

分析："倘若"与"如果、要是"意思相同，"就"与它搭配，在没有主语的情况下，"就"应该放在后一分句的最前面。B是最恰当的位置。

(7) 本公司职员在工作中，A遇到自己难以解决的B问题，在时间C允许的情况下，都应该尽量D请示公司领导或有关技术人员。

凡是

答案：A

分析："凡是"后一般跟名词，在名词有其他定语时，应该在定语之前。A是最恰当的位置。

(8) 这个买卖无论你A同意不B同意，C我们D要做成，一定要让你们满意。

都

答案：D

分析："都"与"无论"构成无条件复句，而且作为副词，应该放在主语之后，谓语之前。D是最恰当的位置。

(9) 他的意思A是除非总经理B亲自去邀请C他D会来参加我们的开业仪式。

才

答案：D

分析："除非……才……"是固定的搭配形式，"才"应该放在主语之后，动词之前。D是唯一恰当的位置。

(10) 今天晚上我们应该A早点儿B睡觉，明天早上C早点儿D出发。

好

答案：C

分析："好"与"以、以便"的意思相同，用法却有区别："好"应该用在主语之后，谓语之前，而"以便"应该用在主语之前。C是最合适的位置。

(11) 降低关税以前，____最普通的进口轿车____得几十万元，现在可好了。

A. 如果……就…… B. 宁可……也……

C. 即使……也…… D. 既然……就……

答案：C

分析：“如果……就……”表示一种假设的关系；“宁可……也……”的句子常常跟说话者的个人意愿有关；“既然……就……”是某种推断，而且带有规劝的意思。它们都不符合句子的意思。只有“即使……也……”表示在现有事实的基础上退一步考虑问题。正确答案就是C。

(12) 咱们____紧跟在别人后面爬行，倒不如想办法，闯出一条新路子。

A. 即使 B. 宁可

C. 与其 D. 就算

答案：C

分析：“与其……不如……”是固定搭配的复句形式，是比较利害得失之后的一种选择。备选项目中的其他几个，都应该跟“也”搭配使用。

(13) 观看传统京剧，不要说留学生，____我们中国人也不一定能听懂几句。

A. 与其 B. 宁可

C. 就是 D. 既然

答案：C

分析：“就是”与“即使、就算、即便”有相同的用法，后边应该有“也”搭配。其他词语不合适。其实，在这个句子中是“不要说……就是……也……”的格式，含有很强的比较意思。

(14) ____他再也坚持不下去了，____才决定放弃这个工作。

A. 要不是……那么…… B. 尽管……但是……

C. 因为……所以…… D. 只要……就……

答案：C

分析：“放弃工作”的原因是“坚持不下去了”，用“因为……所以……”最恰当。

(15) 过几年，就是感染了某些病也不用担心，____医疗技术会有更大的突破。

A. 因为 B. 既然

C. 所以 D. 然而

答案：A

分析：为什么“感染了某些病也不用担心”呢？“因为医疗技术会有突破”。“既然”也表示原因，但是应该有“就、才、为什么”等与它搭配，而且“既然”一般要用在句首。

(16) ____大家怎么劝，那个人都不肯从30米高的广告牌上爬下来。

A. 即使 B. 假如

C. 不管 D. 只管

答案：C

分析：“不管……都……”是正确的搭配，而且“不管”后有疑问代词“怎么”。

(17) ____你帮助我，____我一个人天黑也干不完这么多活儿。

A. 如果……就……　　B. 除非……才……

C. 除非……否则……　　D. 只要……就……

答案：C

分析：“就、才”不能用在主语之前，因此，只有 C 是唯一正确的选择。“否则”与“不然”意思基本相同，可以用在主语前或后。

(18) 日本公布发现放射性污染以后，外经贸部通知从即日起暂停日本的牛肉进口，____防影响消费者健康。

A. 为　　B. 使

C. 以　　D. 省得

答案：C

分析：“以、好、”都有“以便”的意思，但“以”多用在书面语中。“为、为了”同样可以表示目的，但常常用在句首。“省得”的意思是“以免”，与句子意思正好相反，当然不能用。因此，唯一正确的答案只能是 C。

(19) 年轻的妈妈缺少带孩子的经验，小孩子____冷了热了的。

A. 难免　　B. 难怪

C. 难得　　D. 免得

答案：A

分析：“难免”是不能避免的意思，符合句子的意思。“免得”是希望避免，不符合句子表达的意思。“难得”是不容易得到，“难怪”是不能责怪，都不能用在这个句子中。

(20) 我们已经商量好了，____把这个问题调查清楚绝____离开这里。

A. 没有……不……　　B. 不……不……

C. 不……没有……　　D. 没有……没有……

答案：B

分析：“调查问题”与“离开这里”都是未来的动作，因此正确答案应该是 B。因为“没有”是对以前的事情或动作的否定。

(21) 大家利用周末时间到你们这儿来，____是想乐一乐，没有别的意思。

A. 无非　　B. 没有

C. 没不　　D. 不无

答案：A

分析：“无非”是“只、就”的意思，是唯一正确的选择。“没不、不无”在汉语中很难见到这样的用法，只是干扰的选项而已，千万不要受影响。

(22) 你用这个时间做点儿什么不好，____要听那个烦人的广播!

A. 都　　B. 还

C. 非　　D. 只

答案：C

分析：“非”与“非……不可”都有强调的作用，即“一定”。其他词语不能表达同样的效果。正确的选择只能是 C。

(23) ____报答好心人的帮助，明华的父母把社会上为明华捐的款转捐给了“希望工程”。

A. 因为 B. 为了

C. 由于 D. 以便

答案：B

分析：“因为、由于”同样表示原因，用法也基本相同，不能选择。虽然“为了、以便”都表示目的，但是只有“为了”可以用在句首。B 是唯一正确的答案。

(24) 年轻人，结婚可____闹着玩的，____一辈子的大事，你还是好好地想一想吧！

A. 因为……所以…… B. 不是……而是……

C. 不是……就是…… D. 即使……也……

答案：B

分析：“结婚不是闹着玩的，而是一辈子的大事”，这是众所周知的道理。应该注意“不是……而是……”与“不是……就是……”的区别。

(25) 我认为，____再贫穷的孩子，____有受教育的权利。

A. 即使……也…… B. 尽管……也……

C. 无论……也…… D. 只有……才……

答案：A

分析：每一个孩子，无论贫富，都应该有受教育的权利。要想表达清楚这样的意思，只能选择 A，因为“即使……也……”句式中的结果是不能改变的，前边是一个表示让步的条件，或者说是假设的情况。其他几个选项都不能表达这样的意思。

第十三课 “成语俗语分析”参考答案与分析

一、病句分析参考

(1) 我好好想想，还是觉得那样做不合适。

分析：“好好想想”可以表达说话者的意思，但并不十分明确。如果能够正确地使用汉语成语或四字格，句子意思就会非常清楚。正确的句子应该是：

我左思右想，还是觉得那样做不合适。

我前思后想，还是觉得那样做不合适。

我想了又想，还是觉得那样做不合适。

(2) 课上我们应该集中精神地听课，不能三心二意。

分析：“集中精神”意思明确，但同样是语言色彩不够浓。如果把“集中精神”换成“聚精会神、专心致志”效果就更好了。正确的句子应该是：

课上我们应该聚精会神地听讲，不能三心二意。

课上我们应该专心致志地听讲，不能三心二意。

课上我们应该一心一意地听讲，不能三心二意。

(3) 对他，我真是没有办法一点儿，你去劝吧。

分析：“没有办法一点儿”语序有问题，应该用“没有一点儿办法”或“一点儿办法也没有”。但表达这样的意思时，汉语还可以使用“无可奈何”这个成语，而且语义更深。正确的句子应该是：

对他，我真是没有一点儿办法，你去劝吧。

对他，我真是无可奈何。你去劝吧。

(4) 他们俩是在晚会上见面爱上的，现在很幸福。

分析：“爱上”一般应该带宾语，即某个人“爱上”另一个人。表示这样的意思，汉语常常用“一见钟情”这个成语。正确的句子应该是：

他们俩是在晚会上一见钟情的，现在很幸福。

他们俩是在晚会上相爱的，现在很幸福。

(5) 中国的少数民族一般都喜欢唱歌和喜欢跳舞。

分析：“喜欢唱歌”与“喜欢跳舞”是两个动词短语，不能用“和”连接，可以改用“喜欢唱歌和跳舞”。当然，如果能够用“能歌善舞”这个四字格，在语言表达上就更加简洁明了。正确的句子应该是：

中国的少数民族一般都喜欢唱歌和跳舞。

中国的少数民族一般都能歌善舞。

(6) 中国的长城是有名世界的八大奇迹之一。

分析：“有名世界”不符合汉语的表达习惯，可以用“世界有名”。当然，用“世界闻名、闻名于世、举世闻名”等四字格或成语更好。正确的句子应该是：

中国的长城是世界闻名的八大奇迹之一。

中国的长城是举世闻名的八大奇迹之一。

中国的长城是闻名于世的八大奇迹之一。

(7) 做出这样的事情，真是让人又哭又笑。

分析：“又哭又笑”意思表达不明确。根据句子的意思，用“哭笑不得、啼笑皆非”最好。正确的句子应该是：

做出这样的事情，真是让人哭笑不得。

做出这样的事情，真是让人啼笑皆非。

(8) 听了老师的建议，我们大家一言一语地议论起来了。

分析：“一言一语”应该用“你一言我一语”来替换。汉语还有一个成语“七嘴八舌”，专门形容没有秩序地发表意见。正确的句子应该是：

听了老师的建议，我们大家你一言我一语地议论起来了。

听了老师的建议，我们大家七嘴八舌地议论起来了。

(9) 爷爷年轻的时候为了家庭生活也是东走走西走走。

分析：“东走走西走走”显得太随便了，不能清楚地表达对“爷爷”的感情。可以用“东奔西走”这个成语来替换，意义会更加明确。正确的句子应该是：

爷爷年轻的时候为了家庭生活总是东奔西走。

(10) 中国人说“不到河边心不死”，这到底是什么意思？

分析：“不到河边心不死”在汉语中的正确表达方式应该是“不到黄河不死心”、“不到黄河心不死”，也可以用“不撞南墙不回头”来表达。比喻不到绝境不肯死心，也比喻不达到目的绝不罢休。正确的句子应该是：

中国人说“不到黄河不死心”，这到底是什么意思？

中国人说“不到黄河心不死”，这到底是什么意思？

中国人说“不撞南墙不回头”，这到底是什么意思？

(11) 何必那么较真呢？你真是聪明一时，糊涂一世。

分析：“较真”是太认真的意思。根据句子的意思，“聪明一时，糊涂一世”应该用“聪明一世，糊涂一时”才合适，后者表示的是一直很聪明，只是某一件事上糊涂。正确的句子应该是：

何必那么较真呢？你真是聪明一世，糊涂一时。

(12) 别急，咱们慢慢地等。用长线才能钓大鱼嘛！

分析：“用长线钩大鱼”在汉语俗语中应该是“放长线钓大鱼”，意思是做长远的安排，才能获得更大的好处。正确的句子应该是：

别急，咱们慢慢地等。放长线才能钓大鱼嘛！

(13) 小张辞职的理由很充分，人走得越高，水流得就低。

分析：“人走得越高，水流得就低”不能清楚地表达意思。汉语的俗语应该是“人往高处走，水往低处流”，意思是任何人都希望自己有幸福的生活，也就是说人应该有进取心。正确的句子应该是：

小张辞职的理由很充分，人往高处走，水往低处流嘛。

(14) 做事情一定要专心，这叫做一个头不能想两件事。

分析：“一个头不能想两件事”意思明白，但是按照汉语的表达要求，应该用“一心不可二用”、“一心不能二用”。正确的句子应该是：

做事情一定要专心，这叫做一心不可二用。

做事情一定要专心，这叫做一心不能二用。

(15) 我怎么不想有好结果？只是心里有能力可是不能用出来！

分析：“心里有能力可是不能用出来”在汉语俗语中表示为“心有余而力不足”，意思是心里想做但是能力或力量不够。正确的句子应该是：

我怎么不想有好结果？只是心有余而力不足。

二、应用练习参考答案及分析

1．选择成语、四字词语填空

(1) 你们看，他把咱们的菜吃得___的。(一干二净　一心一意)

答案：你们看，他把咱们的菜吃得一干二净的。

分析：“一干二净”形容干净的程度，可以是打扫灰尘，洗衣服，当然也可以是吃东西。而“一心一意”表示的是某个人做事情专心的程度。

(2) 你____地来找我，到底有什么事呀？(四面八方　三番五次)

答案：你三番五次地来找我，到底有什么事呀？

分析：“三番五次”是很多次的意思，而“四面八方”泛指周围各地或各个方面，与句子的意思不符。

(3) 每年国庆节天安门广场上的人都____的。(千军万马　成千上万)

答案：每年国庆节天安门广场上的人都成千上万的。

分析：“成千上万”的意思是人多，而且是数以千计，数以万计。而“千军万马”则是形容雄壮的队伍和浩大的声势。

(4) 看到他那么不讲理，张老师___地摇摇头。(小心翼翼　无可奈何)

答案：看到他那么不讲理，张老师无可奈何地摇摇头。

分析：“无可奈何”的意思是没有办法解决问题，而“小心翼翼”是说做事情十分谨慎、小心。

(5) 做任何事都不能____，应该聚精会神。(诚心诚意　粗心大意)

答案：做任何事情都不能粗心大意，应该聚精会神。

分析：“粗心大意”的意思是不认真、不细心，与“聚精会神”正好相反。“诚心诚意”是说十分诚恳、真心地做某事。

(6) 这篇文章的最后几个句子简直是____。(滥竽充数　画蛇添足)

答案：这篇文章的最后几个句子简直是画蛇添足。

分析：成语“画蛇添足”是指事情本来已经做好了，但多余的补充使事情近乎失败，与“画龙点睛”正好相反。“滥竽充数”常常指人，比喻没有真正的才能，却混在有才能的人当中充数，也可以说把不好的东西混在好东西里充数。

(7) 你说话从来都像是在表演，总是____的。(兴高采烈 有声有色)

答案：你说话从来都像是在表演，总是有声有色的。

分析：“有声有色”形容表现得十分生动，与“绘声绘色”有相同的表达效果。“兴高采烈”只是形容高兴的程度很高。

(8) 你说了那么多，____就是要离开我们，对吧？(归根到底 争先恐后)

答案：你说了那么多，归根到底就是要离开我们，对吧？

分析：“归根到底”也用“归根结底”，意思是归结到根本上，也就是最重要的是什么。而“争先恐后”常常形容工作、比赛等热烈的场面。

(9) 在市场上可以随便地____，商场里可不容易。(讨价还价 七嘴八舌)

答案：在市场上可以随便地讨价还价，商场里可不容易。

分析：“讨价还价”是指在买卖中压低或抬高价钱的争论过程。“七嘴八舌”表示人多而且杂乱地发表意见。

(10) 王老板是我们这里____的名人，谁不知道他？(举世闻名 家喻户晓)

答案：王老板是我们这里家喻户晓的名人，谁不知道他？

分析：“家喻户晓”的意思是每个家庭、每个人都知道，而“举世闻名”则强调整个世界都知道，而且非常有名。后者比前者名气更大。

2．将下面的俗语、古语与它们的解释对号入座

A．不经一事，不长一智 (4)

答案：不经历某种事情，就不能增长某方面的知识。说明实践能使人增长知识。

B．机不可失，时不再来 (9)

答案：机会不能放弃，时间过去就不会再回来。说明机会难得，不能错过。

C．百闻不如一见 (1)

答案：听到一百次，不如亲眼看到一次。强调亲眼看很重要。

D．满招损，谦受益 (3)

答案：骄傲会招来损失，谦虚能得到好处。用来劝人要谦虚，不要骄傲。

E、聪明一世，糊涂一时 (6)

答案：聪明了一辈子，一时却糊涂了。指聪明人也有糊涂的时候。

F、亡羊补牢，犹未为晚 (7)

答案：羊丢了把羊圈修好还不晚。犯了错误及时改正还来得及。

G、冰冻三尺，非一日之寒 (2)

答案：三尺厚的冰，不是一天的寒冷冻成的。比喻事物的发展总要有个过程。

H、一寸光阴一寸金 (5)

答案：一分一秒的时间虽然很短，但价值却像黄金那样贵重。

I、差之毫厘，失之千里 (8)

答案：开始时错了一点点，结果就会造成很大的错误。

J、儿行千里母担忧　　　　(10)

答案：儿女出门在外，离家很远，母亲总是惦记着他们。

3．选择恰当的词语填空

(1) 你们夫妻俩可真是一____钟情啊！结婚十八年从没红过脸吗？

A. 看　　B. 面

C. 见　　D. 次

答案：C

分析：“一见钟情”表示两个人第一次见面就相互产生了爱慕之情，常常用在恋人、夫妻或情人之间。

(2) 李红这个人说话总是____相矛盾，你不必跟他太认真了。

A. 互　　B. 照

C. 自　　D. 思

答案：C

分析：“自相矛盾”是一个非常有名的寓言故事，常常用来形容某个人说话、做事前后矛盾，自己也不能解释清楚到底是为什么。“互”、“照”等都是用来干扰你的成分，因为有的同学看到“相”往往会想到“互相、照相”这样的词语。

(3) 对刘主任百忙____中光临我们的开业典礼，本公司全体员工深表敬意！

A. 其　　B. 的

C. 之　　D. 正

答案：C

分析：“百忙之中”的意思就是非常忙或“在非常忙的时候”。“其”同样是干扰因素。“正、的”在句子中都没有实际的意义。

(4) 中国人在为朋友送行的时候都喜欢说这样一句话，就是“祝一____顺风”。

A. 起　　B. 次

C. 路　　D. 直

答案：C

分析：“一路顺风”对同学们来说应该不陌生，在跟朋友告别，特别是欢送朋友的时候，是一个很常用的词语。这里的“起、次、直”同样是故意影响你的成分，因为常常会让人想到“一起、一次、一直”这几个词语，但它们都不能用在这样的句子里。

(5) 王琳就是那么个粗心大____的人，你别跟他一般见识。

A. 手　　B. 脑

C. 意　　D. 概

答案：C

分析：“大概、大脑、大手”都是作为影响成分安排的，只有“粗心大意”才是正确的答案。其实，“粗、大”与“心、意”正好是互相照应的，如果你能学会汉语的构词方式，对判断这样的问题会很有帮助的。

(6) 这部电影美____不足的是配音演员没有把剧中人物的心情把握准。

A. 丽　　B. 妙

C. 中　　　　D. 好

答案：C

分析：“美丽、美好、美妙”都是比较常用的词语，但是“美中不足”才是成语，意思是“在比较完美当中还有些不满意的地方”。

(7) 俗话说“远亲不____近邻”，以后还少不了麻烦大家。

A. 像　　　　B. 比

C. 是　　　　D. 如

答案：D

分析：汉语比较句中“A 不如 B”的形式，后面可以不用出现比较的差别，即形容词，如果用“比”就不行了。

(8) 做事情应该虚心一些，你没听说过这句古话吗？“三人行必有____师。”

A. 我　　　　B. 老

C. 教　　　　D. 军

答案：A

分析：“三人行必有我师”是孔老夫子说过的话，一年级的学生应该接触过了。如果没有见过，一定要记住这个句子，你会学到很多东西，因为它告诉我们应该努力向别人学习。而“老师、教师、军师”在这里都不对。

(9) 希望大家在工作中专心致志，最好不出次品，记住，一心不可____用。

A. 有　　　　B. 利

C. 一　　　　D. 二

答案：D

分析：“一心不可二用”是说应该专心地去做某一件事，不能不专心。“有用、利用”都是为了干扰你的视线而安排的。

(10) 这一次你就没有必要再为他担心了，俗话说，一回生，二回____嘛！

A. 生　　　　B. 烂

C. 硬　　　　D. 熟

答案：D

分析：“生”的反义词应该是“熟”。“一回生，二回熟”常常指与生人打交道、办事情，开始总会不习惯，时间长了就习惯了。

第十四课 “综合测验”参考答案与分析

一、选择位置参考答案

(1) 这么复杂的A人际关系B一个十几岁的孩子C怎么解释得D清楚呢？

对

答案：B

分析：“对”的宾语“孩子”是动词“解释”的对象。从词语搭配上说，“对”这个介词之后一般应该是人、事、物或处所，因此，其他位置都不能用“对”。

(2) 现在我只A想好好研究，B将来做什么，C我不D清楚。

至于

答案：B

分析：一般情况下应该记住“……，至于……，……”这个三段式的形式，“至于”在句子中引出另一个话题。

(3) 我A跑到B城里，C找到一个专卖中药的药店，D买到那种药。

才

答案：D

分析：“才”表示的是时间晚，动作慢，事情的不顺利。句子中“买到那种药”就是十分不容易的事情，因此，“才”应该用在D的位置上。

(4) A到中国B来以后，C我D去上海旅行过一次。

曾

答案：D

分析：“曾”用在动词之前表示动作发生在过去，“曾”修饰的动词之后常常有动态助词“过”。

(5) 这个世界上，A没有什么B比替别人做决定C不D负责任的了。

更

答案：C

分析：在比较句中，表示程度的副词“更”可以用在表示比较差别的词语之前，句子中的C，恰好就是这样的位置。

(6) 他A跟B中国朋友用汉语C谈话，所以他汉语D进步很快。

常常

答案：A

分析：副词“常常”应该用在谓语“谈话”之前的介宾状语之前。

(7) 我A朋友从来B不C吸烟D不喝酒，没有什么恶习。

就

答案：B

分析：“就”强调早、快、顺利，用在谓语之前。但是，句子中的 C、D 都不能用“就”。正确答案只能是B。

(8) 他们A给大家唱了B一支歌，C我们D唱了一支歌。

也

答案：D

分析：“也”强调相同，用在主语后谓语前。记住：汉语副词永远不能用在名词之前，只能用在动词或形容词之前。

(9) 真抱歉，两年没见A我B忘了C你的D名字了。

都

答案：B

分析：“都”在这里表示程度，有“已经”的意思。在口语表达中，可以强调时间晚、年龄大、程度高等。

(10) 这儿风景真A不错，B有时间的话，我C想D来。

还

答案：C

分析：“还”用在动词之前表示重复，而且常常用在“想、要”之前。不能用在 B 的位置，因为那样不能清楚地表达意思。

(11) 如果A下次B有C这样D的机会，我一定去。

再

答案：B

分析：“再”在这个句子中表示未来的重复，如果没有前边的“如果”，也可以表示假设。记住：“再”应该用在动词之前。

(12) A来这里的人B都说这儿C玩的地方D特别多。

可

答案：C

分析：“可”在这里是“值得”的意思，即“值得玩儿的地方”。

(13) 我刚A来北京的时候，一句B汉语C不会说D。

也

答案：C

分析：副词“也”永远不会出现在句尾，也不会用在名词之前，因此，句子中只有 A 和 C 两个位置可以加“也”。但是，A 前的“刚”和“也”搭配时，一般应该是“也+刚+动词”。这样，只有 C 是唯一正确的位置了。其实，这个句子应该说是“连……也……”的省略形式。

(14) 早就想来中国了，今天A我B来到了北京，C我D感到特别高兴。

终于

答案：B

分析："终于"在句子中用在动词之前，表示经过长时间的努力或等待之后实现的愿望，达到了目的等。句子中只有C能够满足这样的要求。

(15) 周末他们A聚在房间里，B说说C笑笑，D真是热闹。

又

答案：A

分析：有的同学会选择C，形成"说说又笑笑"。但是，我们强调过，"又"做副词最重要的意义是强调动作在过去时间的重复，因此，A才是最恰当的选择。

(16) 通过这件事，A我们B知道了他C是个D什么样的人了。

总算

答案：B

分析："总算"与"终于"的意义和用法都相同，只是更口语化一些。用在主语之后，谓语之前，强调努力后实现了愿望，达到了目的等。

(17) 学校附近A有B几家商店， 可是营业C的时间已D经过了。

好

答案：B

分析："好"的用法比较多，用在"几+量词"前强调在1~9的数量中处于比较高的位置。"好几家商店"常常是指"比较多的数量"。

(18) 如果你A在家庭生活中B就沉默寡言，C在公开场合也很难D抛头露面。

往往

答案：C

分析："往往"是对于到目前为止出现的情况的总结，或做出比较正确的判断，而且多有一定的规律性。"常常"则可以用在过去或将来的事情中。

(19) 参加今天招待会的A都是老朋友，B你又不是第一次C跟大家见面，D有什么不好意思的嘛！

况且

答案：B

分析："况且"与"再说"有相同的用法，强调另外的原因，B是唯一正确的位置。

(20) 你这个人，A去哪儿B不好，C去那么危险的D地方！

非

答案：C

分析：在这个句子中，"非"的意思是"一定"，与"非……不可"用法一样。最恰当的位置当然是C。

二、选词填空参考答案

(1) 自从和他分手____，我的生活又重新见到了阳光，充满了希望。

A. 以前　　B. 以后

C. 后来　　D. 过来

答案：B

分析：“自从……以来”、“自从……以后”是比较固定的用法，前者表示到今天，后者强调某个时间之后的时间。其他三个备选项目都不能与“自从”搭配使用。

(2) ____这次事故发生的原因的报道、文章以及宣传活动已经够多的了。

A. 由于　　B. 按照

C. 关于　　D. 根据

答案：C

分析：“关于”的后边多是比较重大的事情，而且一般用在句首。“由于”后边应该用“因此、所以”与之搭配，“根据、按照”的用法基本相同。

(3) 北大二年级的学生利用暑假的时间____长征的路线进行了实地考察。

A. 往　　B. 顺

C. 沿　　D. 跟

答案：C

分析：“顺、沿”有相同的意义和用法，但是，只有“沿”的后边才可以跟“路线”这样抽象的词语。

(4) 他总是为朋友们着想，____自己，他好像从来没有做过什么。

A. 有关　　B. 为

C. 从　　D. 向

答案：B

分析：“为自己”与前边的“为朋友们”相对应，其他词语不能表达这样的意思。

(5) 我已经通知他了，____他来不来，那就要看他自己了。

A. 对于　　B. 至于

C. 关于　　D. 由于

答案：B

分析：按照句子三段的格式，“至于”是唯一正确的答案。“至于”所引出的是与前面的事情有关的另一个话题。

(6) 我代表公司____贵方的热情招待表示诚挚的感谢。

A. 向　　B. 对

C. 为　　D. 对于

答案：B

分析：“对、向”有相同的意义和用法，但是，“向”的宾语一般应该是人或表示人的词语，而“对”则既可以是人，也可以是与人有关的其他词语。在这个句子中，“感谢”的对象不是简单的人，而是“贵方的热情招待”，因此，只能选择“对”，不能选择“向”。“对于”和“为”在这个句子中都不合适。

(7) ____走时别忘了告诉王主任一下，明天千万不要误机。

A. 当　　B. 才

C. 临　　D. 就

答案：C

分析：“临”这个介词有“在……以前”的意思，符合句子所要表达的内容。其他词语不能表达同样的效果。

(8) 这个菜凉了就不好吃了，请大家赶快____热吃吧。

A. 还　　B. 就

C. 趁　　D. 正

答案：C

分析：“趁”做介词有“在……时候”或“利用……机会”的意思，后边多跟动词或形容词。其他几个副词在句子中都不能表达明确的意思。

(9) ____与国际官员的谈判____，张部长充分展示了他所特有的个人魅力。

A. 在……上　　B. 在……下

C. 在……里　　D. 在……中

答案：D

分析：“在……中”表示过程和时间，符合句子的意思，因为只有在谈判的时候才能“充分展示……个人魅力”。

(10) ____你的学习成绩，今年完全可以考上全国重点大学。

A. 依照　　B. 根据

C. 凭　　D. 拿

答案：C

分析：“你能够考上大学”所凭借的当然是“你的学习成绩”。而“依照、根据”如果在这个句子里虽然说得通，但过于正式或庄严，“拿”则比较随便。只有“凭”能够清楚地表达句子的意思。因此，C是唯一恰当的答案。

(11) 人们____所说的环境污染，主要是指大气污染、水污染和噪声污染等。

A. 经常　　B. 通常

C. 常常　　D. 时常

答案：B

分析：“通常”指的是一般的时候或一般情况下。其他三个词语的用法基本一致，不能选择其中任何一个。

(12) 他一般不喝酒，____喝上一点儿，那也是在跟朋友相聚的时候。

A. 突然　　B. 居然

C. 偶然　　D. 偶尔

答案：D

分析：“突然、偶然”有比较接近的意思；“居然”有出乎意料的意思；句子中只能用表示“有时候”的“偶尔”，即不常常喝酒。

(13) 他的病虽然好了，可是____需要休息一段时间。

A. 又　　B. 还

C. 再　　D. 就

答案：B

分析：“还”在这个句子中用的是“仍然”的意思。如果选择“再”，则应该用在“需要”之后。

(14) 他不过刚学了几句日常用语，还____谈不上当翻译。

A. 本来　　B. 根本

C. 一定　　　　D. 彻底

答案：B

分析：“根本”在这里用的是“全然、一点儿都”的意思，强调程度低。还要知道的是，“根本”也有“本来、彻底”的意思，但这里用的不是这样的意思。

(15) 这个时候交通____非常拥挤，咱们还是等一会儿再出发吧。

A. 千万　　　　B. 万万

C. 绝对　　　　D. 哪怕

答案：C

分析：“千万、万万”有相同的意义和用法，即劝人应该怎么做或不要怎么做；“万万”还有“根本、一点儿都”的意思；“哪怕”是“即使、就算”的意思；它们都不能用在这个句子里。“绝对”有猜测、估计的意思，相当于“一定、肯定”等，是唯一正确的答案。

(16) 他是很聪明，但____还是个孩子，不能要求他什么都懂。

A. 根据　　　　B. 毕竟

C. 甚至　　　　D. 至于

答案：B

分析：“毕竟”有表示原因的意思，“他聪明”，但因为“他还是个孩子”，所以“不能要求他什么都懂”。其他词语没有这种用法。

(17) 这次的活动全部是学生自己收集资料、自己确定题目，教师____是起组织和指导的作用。

A. 只　　　　B. 都

C. 就　　　　D. 全

答案：A

分析：“全、都”的意义和用法相同，不能选择任何一个；“就”虽然可以与“是”搭配表示强调作用，但这个句子中，前边有“全部是……”，这里用“只是……”最恰当。

(18) 我们每个人都在期待着他的回答，他____坐在那儿无动于衷！

A. 果然　　　　B. 忽然

C. 竟然　　　　D. 悄然

答案：C

分析：句子中“他”的做法与“我们”的期盼恰恰相反，而四个备选项目中能够表示这种意思的只有“竟然”。在汉语应用中，“竟然、竟、居然”常常与“没想到、不料”等连用，强调出乎预料。

(19) 在北京语言大学学习还算不错，就是宿舍楼______挤。

A. 一点儿　　　　B. 有点儿

C. 一下儿　　　　D. 一会儿

答案：B

分析：“就是”在句子中表示转折，前边说的是比较满意的事情，后边当然是不太满意的事情了。“有点儿挤”恰恰表达了这样的意思。

(20) 医疗部门再次请大家放心，新的流感病毒新年____不会影响我市。

A. 上下　　B. 左右

C. 前后　　D. 先后

答案：C

分析：这四个词语都可以表示大概的估计，但用法却有所不同。“左右、上下”一般只用在数量词语之后，“先后、前后”则多用在动词之前。此外，“前后”还可以用在数量词语之后，更可以用在名词、动词之后，如“八点前后、午饭前后、开学前后”等。

(21) 上海是中国人口最多也是工业最发达的城市____。

A. 之中　　B. 之一

C. 一个　　D. 当中

答案：B

分析：“最……之一”是比较常见的一种搭配形式，尽管并不十分符合语法要求。“之中、当中”的意思相同，“一个”一般不会用在句子末尾。

(22) 减员增效的问题不是一位领导、一两个部门的事，必须全厂____一起抓。

A. 先后　　B. 左右

C. 上下　　D. 几乎

答案：C

分析：“上下”除了和其他几个词语一样表示大概的估计以外，还可以表示“从上到下”的意思，即从工厂的领导到每一个普通员工。

(23) ____没有想到，我们全班同学竟然都顺利地通过了！

A. 多半　　B. 十分

C. 千万　　D. 万万

答案：D

分析：“万万”在这个句子里强调程度低，即“一点儿都……、丝毫”的意思。而其他几个词语，“千万”常常是劝别人应该怎么做或必须怎么做；“多半”表示估计；“十分”表示程度，都不符合句子的意思。

(24) 你已经是孩子的妈妈了，____身体又不怎么好，何必那么苦着自己呢？

A. 何况　　B. 再说

C. 不但　　D. 但是

答案：B

分析：“再说”引出产生后边结果的第二个原因，与“况且”有相同的用法。“何况”应该用在疑问句中，表示更进一层的意思。

(25) 在农村插队的三年半中，我们同吃同住，____面对当地的恶劣环境，直到返城。

A. 分别　　B. 一起

C. 分头　　D. 分手

答案：B

分析：“分别”有“分头”的意思，同时也有“分手”的意思，这三个词语都不能在这个句子中明确表达意思。而“一起”有“共同”的意思，与句子中前边的“同吃同住”密切相关，是唯一正确的答案。

(26) 在如何改善服务质量这个问题上，经理们的观点并不是完全____的。

A. 一起　　B. 一律

C. 一致　　D. 一齐

答案：C

分析：“一致”的意思是意见相同，在句子中可以做定语、状语或谓语。“一起”有“一块儿”的意思；“一齐”是同时，在句子中一般都做状语；“一律”指没有例外，在句子中常常做状语。而这个句子中，“一致”做谓语。

(27) 进入新世纪以后，汽车、彩电的价格降下来了，可____生活用品的价格却在慢慢上涨。

A. 常常　　B. 平常

C. 日常　　D. 时常

答案：C

分析：“常常、平常、时常”有相同的意思和用法，在句子中多做状语，表示时间。而“日常”是形容词，在句子中一般做名词的定语。

(28) 2008 年金融危机影响最严重的是欧美____，现在已经开始好转了。

A. 一带　　B. 一部分

C. 一边　　D. 一面

答案：A

分析：“一带”可以指一个比较大的地区，当然也可以指相对较小的地方，如“王府井一带、西单一带”等。“一边、一面”的用法基本相同，“一部分”常常不直接表示某一地区。正确答案当然是 A。

(29) 三年来大卫很少迟到，不知怎的，最近他____迟到，一定有什么问题了。

A. 多　　B. 很多

C. 很常　　D. 常常

答案：D

分析：“常常”是次数多的意思，在句中常常做状语。其他词语不做状语。

(30) 纳米技术给人们带来了新希望，____，纳米走进我们的生活还为时尚早。

A. 而且　　B. 然而

C. 反而　　D. 从而

答案：B

分析：句子前后是转折的语气，因此，用“然而”是最恰当的选择。“反而”一般跟“不但不”或“不但没有”搭配。

(31) ____有一天你一个人到了月球上，没有空气没有水，你说你该怎么办？

A. 虽然　　B. 尽管

C. 倘若　　D. 既然

答案：C

分析：“虽然、尽管”的用法基本相同，不能选择其中的任何一个；“既然”是表示推论因果关系的复句形式，应该有“就、才、为什么”与之搭配；只有“倘若”表示假设的意义，因此，C 是唯一正确的答案。

(32) 我现在工作不错，收入也算可以，但处处追名牌____不实际____不可能。

A. 即使……也…… B. 既……也……

C. 既然……就…… D. 连……都……

答案：B

分析：“不实际”与“不可能”是比较接近的语言形式，按照语法的要求，“又……又……、既……又……、既……也……”等格式中应该插入相同的语言形式。其他备选格式都不合适。

(33) ____你亲自去才能解决那个问题，其他任何人都无济于事。

A. 除了 B. 除非

C. 只要 D. 即使

答案：B

分析：“除非……才能……”是比较常见的搭配形式，而其他备选词语都不能与“才能”搭配，在这个句子中，也不能清楚地表达意思。

(34) 对于学生来说，学习____是第一位的，但身体也要锻炼好。

A. 既然 B. 要是

C. 虽然 D. 仍然

答案：C

分析：从词语搭配的角度看，与“但”搭配的当然应该是“虽然”。意义上也完全如此：学习固然重要，身体更不能忽视。

(35) 他____已经承认错误了，你____原谅他吧。

A. 既然……就…… B. 如果……就……

C. 因为……所以…… D. 只要……就……

答案：A

分析：“所以”不能用在主语“你”之后；“如果……就……”与“只要……就……”有比较接近的表达意义，也不能选择。正确的答案当然是A。

(36) ____谁看了，____能马上明白这幅画到底是什么含义。

A. 不但……而且…… B. 尽管……也……

C. 无论……都…… D. 因为……所以……

答案：C

分析：根据汉语复句关联词语的搭配关系，只有“无论……都……”适合用在这个句子中，因为句子中的“谁”决定了这一切。

(37) 机构精简以后，单位的经济效益____没有减少，____比以前增加了。

A. 虽然……但是…… B. 因为……所以……

C. 尽管……可是…… D. 不但……反而……

答案：D

分析：前一分句中的“减少”与后一分句中的“增加”形成了明显的对比关系，因此，应该选择具有转折意义的关联词语。但是，A、C 两个格式具有完全相同的语法和语义关系，不能选择其中的任何一个。与“没有”搭配，用“不但……反而……”最恰当，即“不得不/不但没……反而……”。

(38) “一失____成千古恨”，你一定要吸取教训，重新做人。

A. 掉　　B. 去

C. 足　　D. 明

答案：C

分析：“一失足成千古恨”的意思是，一旦做错了事或犯了严重错误，一辈子都会悔恨的。而“失掉、失去、失明”在这里都没有任何意义。

(39) 这件事你不用太着急，我们大家一起想办法，车到山前必____路！

A. 须　　B. 有

C. 然　　D. 定

答案：B

分析：“必须、必然、必定”同样只是一个词语，而在俗语中，只能是“车到山前必有路”，意思是在困难面前一定会有解决问题的好办法。

(40) 他总是一个人在房间里来回地走着，嘴里还自言自____地嘟哝着什么。

A. 己　　B. 然

C. 语　　D. 从

答案：C

分析：“自己、自然、自从”都是一个完整的词语，但我们不是在做综合填空练习，而是在做成语、四字格的练习，“自言自语”才是一个真正完整的形式。

补充内容 “结课考查”参考答案

一、选择位置参考答案

(1) D (2) D (3) B (4) B (5) B (6) C (7) D (8) C
(9) D (10) C (11) C (12) B (13) D (14) A (15) D (16) B
(17) C (18) C (19) A (20) C

二、选词填空参考答案

(1) B (2) D (3) D (4) A (5) D (6) A (7) D (8) B (9) D
(10) C (11) D (12) B (13) A (14) D (15) D (16) B (17) C (18) C
(19) C (20) A (21) D (22) C (23) B (24) B (25) D (26) C (27) A
(28) D (29) C (30) D (31) C (32) B (33) B (34) C (35) A (36) D
(37) B (38) C (39) D (40) C (41) C (42) A (43) A (44) C (45) B

读 者 的 话

我觉得，韩、汉两种语言的语法顺序不一样，所以，刚刚开始学习汉语的韩国人常常容易犯错误。《现代汉语　实用语法分析》这本书可以很好地帮助我们解决这个问题。这本书的上册，是比较基础的汉语语法，开始学习时，好像里边的内容都曾经学过，其实还是有很多陌生的地方。这本书能够把我们不明白的地方解释得清清楚楚，对我们的学习和理解有很大的帮助。

特别是第三部分的“病句分析”，大家会觉得比较难，有时候靠我们自己根本不知道该怎么办，但是，不用担心，这本书的后面有参考答案和分析，它能够帮助我们解决所有的问题。仔细地去读一读，肯定很有收获。

总之，这本书对我很有用。我想对其他同学也会有很大的帮助。

——韩国学生　金周禧

这本书可读性很强，为我们外国学生提供了很大的帮助。老师把每种语法讲解得都很清楚，很仔细，让我们在学习时能够很快了解并掌握所学的内容。这本书不仅有准确的解释，而且也有丰富的例证，语法学习中经常出现的问题，在这本书里都得到了解决。

我最喜欢的部分是“病句分析”，老师对我们留学生在汉语学习和实际使用中经常出现的问题进行了非常充分的分析，同时给出了标准的答案，这样更有利于我们的汉语学习。

我向朋友们推荐，学这本书，上这门课。相信我，你的理想——掌握好汉语，会成为现实的。

——印度尼西亚学生　黄文婷

学习了“实用语法分析”这门课以后，我对自己的汉语水平有了更多的自信！

这门课不仅内容丰富，而且十分有用。虽然预习的时候我们会有这样或那样的问题，但是，经过课上老师清楚、有效的讲解，我们的问题就都解决了。所以，我觉得，课本的形式和上课的安排是密切关联的。

我认为，学好《现代汉语　实用语法分析》，是汉语学习的极其重要的部分。

——英国学生　苏珊

在我看来，“实用语法分析”这门课是最有意思、最好，也是学生最需要的课程之一。对我们了解汉语语法，加强汉语语感很有好处，还能够帮助我们整理自己的中文知识。

我觉得这门课最大的优点是老师的讲课方法，老师和学生之间融洽的关系非常重要。上课的时候大家十分开心，老师讲得非常热情，也非常清楚，所以同学们都不会疲劳，一直聚精会神地学习到下课。

我喜欢这本书，更喜欢这门课！

——俄罗斯学生　贝科夫